Novo Presbítero Católico
Sob a Mística do Cuidado

Pe. Jésus Benedito dos Santos

Novo Presbítero Católico Sob a Mística do Cuidado

Diretor Editorial:
Marcelo C. Araújo

Coordenação Editorial:
Ana Lúcia de Castro Leite

Organização:
Lessandra Muniz de Carvalho

Revisão:
Lessandra Muniz de Carvalho
Leila Cristina Dinis Fernandes

Diagramação:
Simone Godoy

Capa:
Erasmo Ballot

Dados Internacionais de Catalogação na Publicação (CIP)
(Câmara Brasileira do Livro, SP, Brasil)

Santos, Jésus Benedito dos/ Novo presbítero católico sob a mística do cuidado / Jésus Benedito dos Santos. - Aparecida, SP: Editora Santuário, 2012.

Bibliografia
ISBN 978-85-369-0254-8

1. Cuidados 2. Espiritualidade 3. Identidade 4. Identidade social 5. Igreja Católica - Clero - Identidade 6. Metamorfose 7. Padres 8. Presbíteros 9. Psicologia social 10. Secularização 11. Teologia 12. Vocação sacerdotal I. Título.

12-00598   CDD-302

Índices para catálogo sistemático:
1. Mística do cuidado e espiritualidade: Padres católicos: Psicologia social 302
2. Padres católicos: Mística do cuidado e espiritualidade: Psicologia social 302

3ª impressão

Todos os direitos reservados à **EDITORA SANTUÁRIO** — 2018

Rua Padre Claro Monteiro, 342 – 12570-000 – Aparecida-SP
Tel.: 12 3104-2000 – Televendas: 0800 16 00 04
www.editorasantuário.com.br
vendas@editorasantuario.com.br

Agradecimentos

"Há pessoas que desejam saber só por saber, isso é curiosidade; outras, para alcançarem fama, isso é vaidade; outras, para enriquecerem com a sua ciência, isso é negócio; outras, para serem edificadas, isso é prudência; outras, para edificarem os outros, e isso é caridade".

Santo Agostinho

Muitos estão abertos, desejam e buscam incessantemente o saber, encaram a jornada do saber como uma peregrinação constante em busca de novos conhecimentos, informações e aprendizados que favoreçam o melhor cumprimento de sua missão, da edificação pessoal, da edificação dos outros e do mundo. A jornada do saber é uma viagem em busca de respostas para que se possa chegar a outro lugar; uma viagem de descobertas diversas, formando nossa identidade.

Diz o salmista: "É vossa face que eu procuro Senhor!" (Sl 27,8). Buscar a face de Deus é buscar a sabedoria, é buscar o saber! O saber é um dos maiores desejos do ser humano. Esta busca inclui saber quem se é e quem gostaria de ser, quem são os outros, o mundo e Deus e qual o sentido da existência humana, na esperança de poder melhor cuidar e compartilhar toda felicidade do existir, pensar e ser. Algumas pessoas efetuam essa viagem de forma física, indo a um determinado local, procurando gurus, mestres, igrejas, templos, universidades etc. Outras aprofundam-se na bíblia, alcorão, livros sagrados e outros compêndios com o mesmo intento. Há ainda aqueles que realizam viagens interiores, meditando sobre o que sentem, veem ou pensam... Entre tropeços e encontros o ser humano vai atravessando a vida...

Sou grato a todas as pessoas que sempre me incentivaram na peregrinação do saber, esperando não estar vivendo em vão...

Dedicatória

Dedico estas páginas a todos os meus amigos e amigas, companheiros e companheiras de caminhada, irmãos e irmãs na fé e no seguimento de Jesus Cristo; dedico aos presbíteros católicos, incansáveis cuidadores; dedico aos paroquianos e paroquianas de todas as comunidades, os quais têm feito ou desejam fazer de suas vidas cuidado; dedico àqueles que querem liberar seu potencial de vida, querem voar mais alto, querem flutuar em busca de seus sonhos; dedico àqueles que sabem que não são perfeitos, mas são capazes de ir à busca de sonhos; dedico àqueles que são ousados em sonhar sem medo de mergulhar em suas infâncias e descobrir que, se hoje estão vivos, é porque foram importantes para alguém e receberam cuidados; dedico àqueles que ousaram ler, perguntar e comentar meu primeiro livro, *O Presbítero Católico: uma identidade em transformação*, e humildemente manifestaram seus questionamentos dizendo que "o ministério do presbítero hoje precisa de algumas respostas", para que ele possa exercer melhor a mística do cuidado; dedico de modo especial a todos os cuidadores e cuidadoras da fé, do amor, da união, da espiritualidade, da ecologia, do mundo e da existência humana, pois se estamos vivos é porque fomos cuidados.

Epígrafe

A fábula – Mito sobre o cuidado
Autor: Gaius Julius Hyginus
Versão: Leonardo Boff
Origem: Grega

Certo dia, ao atravessar um rio, Cuidado viu um pedaço de barro. Logo teve uma ideia inspirada. Tomou um pouco do barro e começou a dar-lhe forma. Enquanto contemplava o que havia feito, apareceu Júpiter.

Cuidado pediu-lhe que soprasse o espírito nele. O que Júpiter fez de bom grado.

Quando, porém, Cuidado quis dar um nome à criatura que havia modelado, Júpiter o proibiu. Exigiu que fosse imposto o seu nome.

Enquanto Júpiter e Cuidado discutiam, surgiu, de repente, a Terra. Quis também ela conferir o seu nome à criatura, pois fora feita de barro, material do corpo da Terra. Originou-se então uma discussão generalizada. De comum acordo pediram a Saturno que funcionasse como árbitro. Este tomou a seguinte decisão, que pareceu justa:

Você, Júpiter, deu-lhe o espírito; receberá, pois, de volta o espírito por ocasião da morte dessa criatura.

Você, Terra, deu-lhe o corpo; receberá, portanto, também de volta o seu corpo quando essa criatura morrer.

Mas como você, Cuidado, foi quem, por primeiro, moldou a criatura, ela ficará sob seus cuidados enquanto viver.

E uma vez que entre vocês há acalorada discussão acerca do nome, decido eu: essa criatura será chamada *HOMEM,* isto é, feita de *húmus,* que significa terra fértil.

Sumário

Introdução – 17

Parte I
Psicologia social e o cuidado – 27

Psicologia social e o cuidado – 28
Crescimento das pesquisas na linha do cuidado – 33
O cuidado e a atenção para com as subjetividades humanas – 35
O cuidado e a integração do *Self* religioso – 49
O cuidado presbiteral numa visão psicossocial – 54
Função social do novo presbítero católico – 58
O cuidado como um novo pentecostes na vida presbiteral – 76
Conclusão – 86

Parte II
Gênese do cuidado – 89

A gênese do cuidado na tradição judaico-cristã – 89
O cuidado numa dimensão de fé cristã – 93
O novo presbítero católico como sacramento do amor de Deus – 95
O cuidado como experiência de percepção do outro – 97
O cuidado como modo de se evitar
a instrumentalização espiritual – 100

O cuidado e o atendimento às necessidades individuais – 105
A sacralidade presbiteral como dimensão curativa
   e criadora da vida humana – 108
Conclusão – 120

Parte III
O novo presbítero católico e o cuidado no pastoreio – 123

O novo presbítero católico e a arte do cuidado litúrgico – 124
O novo presbítero católico e as missões populares – 127
O novo presbítero católico e o cuidado no pastoreio – 135
O novo presbítero católico e o reconhecimento
   e atenção para com o outro – 137
O novo presbítero católico e os entraves
   do cuidado no pastoreio – 138
O novo presbítero católico e o cuidado da eucaristia – 144
O novo presbítero católico e os sacramentos da reconciliação
   e unção dos enfermos – 153
O novo presbítero católico e o anúncio da Palavra de Deus – 159
O novo presbítero católico e a morte dos entes queridos – 166
O novo presbítero católico e os lutos da vida diária das pessoas – 175
Conclusão – 179

Parte IV
O novo presbítero católico e as novas identidades sociais – 181

O novo presbítero católico e os novos sujeitos sociais – 182
O novo presbítero católico e as mudanças ecológicas – 193
O novo presbítero católico e os meios
   de comunicação social e informação – 199
O novo presbítero católico e a geração Net – 202
O novo presbítero católico e as transformações comportamentais – 211

O novo presbítero católico e a população envelhecida – 217
O novo presbítero católico e os avanços da biogenética – 223
O novo presbítero católico e as formas plurais de viver a fé – 226
O novo presbítero católico e a busca de segurança – 235
O novo presbítero católico e o cuidado da paróquia – 240
O novo presbítero católico e o cuidado das comunidades – 257
O novo presbítero católico e as novas constituições familiares – 261
Conclusão – 268

Parte V
O cuidado e a vida celibatária na modernidade – 269

O novo presbítero católico e o amor de Cristo – 269
O cuidado e a lei canônica do celibato católico – 278
O cuidado celibatário e a realidade dos novos
    presbíteros católicos – 280
O modo cuidado na questão da vivência do sexo
    na sociedade moderna – 284
Retorno ao mito grego para a discussão do cuidado
    do celibato presbiteral – 290
Conclusão – 295

Parte VI
O novo presbítero católico: uma identidade de cuidador – 299

O paradigma do cuidado: identidade e missão
    do novo presbítero católico – 300
A ordenação presbiteral e a identidade
    do novo presbítero católico – 304
O novo presbítero católico e a vocação presbiteral – 311
Implicações do modo cuidado na ação presbiteral – 323

Identidade e espiritualidade presbiteral
nas trilhas de Jesus Cristo – 325
Identidade e espiritualidade presbiteral
e a arte do cuidado na modernidade – 329
O cuidado como centralidade da identidade
e espiritualidade presbiteral – 332
A figura do novo presbítero católico como cuidador – 333
Dia do padre: dia do cuidador – 335
O cuidado de si mesmo e de todo o rebanho (Ato 20,28) – 339
Conclusão – 347

Parte VII
A arte do cuidado como espiritualidade
do novo presbítero católico – 349

O cuidado como modo de se viver a espiritualidade cristã – 350
Espiritualidade e felicidade do novo presbítero católico – 352
A espiritualidade do cuidado e a evangelização na vida
do novo presbítero católico – 355
O novo presbítero católico e os novos sinais dos tempos – 357
Por uma espiritualidade presbiteral encarnada e profética – 364
Por uma espiritualidade presbiteral relacional e ecumênica – 366
Por uma espiritualidade orante – 370
Por uma espiritualidade apostólica – 373
Por uma espiritualidade centrada na misericórdia – 374
Conclusão – 378

Parte VIII
Pastoral presbiteral: atenção e cuidado
  com o novo presbítero católico – 381

Nascimento da Pastoral Presbiteral e a fraternidade presbiteral – 382
Pastoral Presbiteral e o relacionamento
  do novo presbítero católico com o bispo – 391
A Pastoral Presbiteral: uma forma de humanização
  do novo presbítero católico – 394
A Pastoral Presbiteral e a afetividade do presbítero católico – 399
A Pastoral Presbiteral e o reencantamento da missão presbiteral – 403
O novo presbítero católico e a formação permanente – 407
Por uma Pastoral Presbiteral do novo presbítero católico – 413
Conclusão – 419

Conclusão – 421

Bibliografia – 425

Introdução

A palavra presbítero vem do grego que significa, literalmente, "ancião". No Novo Testamento, quando se refere à liderança cristã, presbítero indica uma pessoa que possui um ofício de autoridade (1Tm 4,12-14), não sendo somente alguém idoso, mas idôneo (2Tm 2,1-2). Assim, indo além da maturidade puramente biológica, presbítero significa ter alcançado a maturidade espiritual, ter sido transformado no encontro com Jesus Cristo, deixando de ser considerado neófito (1Tm 3,6), pois a idade avançada não significa ter chegado ao topo da montanha, tendo uma visão melhor. Segundo a visão bíblica, para poder ser presbítero, o mais importante, para além da experiência de vida, é a maturidade religiosa que deve contar.

Segundo João Paulo II, na *Pastores Dabo Vobis* (1992, n. 5): "Há uma fisionomia essencial do presbítero que não muda: o padre de amanhã, não menos que o de hoje, deverá assemelhar-se a Cristo, que ofereceu em si mesmo o rosto definitivo do presbítero, realizando um sacerdócio ministerial do qual os apóstolos foram os primeiros a ser investidos; aquele é destinado a perdurar, a reproduzir-se incessantemente em todos os períodos da história. O presbítero do terceiro milênio será, neste sentido, o continuador dos irmãos que, nos precedentes milênios, animaram a vida da Igreja (...), mas, é igualmente certo que a vida e o ministério do presbítero deve-se adaptar a cada época e a cada ambiente de vida". De fato, não é a essência do presbiterato que muda nos diferentes tempos e regiões, mas os modos nos quais ele se desvela, as maneiras nas quais é interpretado e compreendido e, consequentemente, como é criado e recriado ao longo da evolução histórica da Igreja Católica e, porque não, da história da humanidade. A memória necessita da repetição, mas os novos enunciados são expressos de modo a se ajustarem acusticamente a reflexões, a ação do pensamento, a necessidades e compreensões dos tempos e regiões, sendo a unidade substituída pela multiplicidade, em que o múltiplo tende a dominar sobre o uno. A sabedoria, na questão da discussão da identidade e da espiritualidade presbiteral, está em saber ver o todo, compreender a multiplicidade, envolvendo-se na unidade, e incluir as diferenças. Mas como entender e fazer isso na vida presbiteral? É um pouco disso que queremos ver nas páginas que se seguirão.

Falar de um novo presbítero católico é falar de alguém em permanente processo de adaptação a cada época e a cada ambiente de vida. A base sólida que o Documento de Aparecida (2007) coloca para se viver o cristianismo hoje é a mística de ser discípulo missionário. É a partir desta base que deve nascer a capacidade de entusiasmar homens e mulheres na mística do seguimento de Jesus Cristo. É a partir desta base que deve nascer o profetismo, deixando de ser um mero propagador de uma doutrina ou negociante de coisas sagradas.

Falar do novo presbítero é falar de alguém que tem os "olhos fixos em Jesus" (Lc 4,20) para traçar sua identidade e espiritualidade. Vivemos hoje, mais do que nunca, inusitadas e velozes transformações da sociedade, as quais, de um lado, têm trazido muitos benefícios e bem-estar para a sociedade como um todo, mas, de outro lado, vemos também, muitas destruições, sofrimentos, violências, descrença. Assim, ao mesmo tempo em que vemos muitos avanços, conquistas, superações de tabus, percebe-se, também, a fragilidade, os medos, as inseguranças, a destruição, as violências, o vazio existencial, a falta de sentido etc. É uma sociedade que está sendo "cuidada", mas carente de cuidados que favoreçam a vida em abundância para todos. Falar de um novo presbítero católico é falar de alguém que busca construir sua identidade e espiritualidade presbiteral a partir desta realidade.

O cuidado, a partir da mística cristã, poderá oferecer suporte para a construção de uma identidade e espiritualidade presbiteral capaz de melhor responder às transformações e às necessidades abrangentes de cuidados na contemporaneidade. O cuidado se apresenta como um modo de vencer a tentação de pensar a identidade e a espiritualidade presbiteral como atemporalidade. Pois sabemos que por muito tempo estas se revestiram de uma atemporalidade que escondia tanto a história de seus desenvolvimentos como a existência de outras possibilidades de expressão, que foram preteridas ou derrotadas ao longo da história.

O cuidado é uma forma de traduzir a doutrina cristã numa linguagem moderna. Na linguagem moderna, cuidado significa amor, atenção, carinho, zelo, higiene, saúde, alegria, felicidade, bem-estar, cidadania, energia, dedicação, caridade, partilha, vitória, companheirismo, amizade, liberdade, bênção ou proteção de Deus, mudança, novidade, cura, melhor qualidade de vida, preservação do ecossistema, conhecimento, crescimento, paz, harmonia, vida longa, autoestima, respeito, reconhecimento, valores que fazem parte do Evangelho de Cristo. Assim, o cuidado é uma expressão que visa a traduzir a mística do mestre Jesus Cristo na atualidade.

Num olhar, mesmo que superficial, perceber-se que crescem hoje as pesquisas religiosas na linha da psicologia social. Mas falta algo ligando o cuidado, numa dimensão psicossocial, com a mística da espiritualidade cristã.

Na questão do cuidado, a partir da mística cristã, temos as pesquisas de Leonardo Boff, de Leo Pessini e de Vasconcelos; na questão do cuidado, na linha da psicologia e questões religiosas, temos os pesquisadores Benelli; Costa-Rosa; Amatuzzi, M. M.; Freire, J.C; Moreira, V.; Linares, R. Lopez M.; e Padre Edênio Valle; entre outros. Mas, de todos estes pesquisadores relacionados, poucos ousam fazer a ligação entre psicologia social, cuidado e espiritualidade cristã.

Antigamente acreditava-se que a oração era a única forma de se proteger contra todos os males do mundo e também contra os males físicos e emocionais. Hoje cresce a consciência de que, para que se tenha uma melhor qualidade de vida, se faz necessário o cuidado para com a vida humana e a natureza, tais como: praticar exercícios físicos, ter uma boa alimentação, conviver em ambientes saudáveis, ter acesso aos recursos da tecnologia e aos avanços da sociedade, preservar a natureza, cultivar bons relacionamentos, ter bons hábitos, cultivar a espiritualidade.

Cada vez mais testemunhamos que a saúde e a vida longa, que dependiam quase que exclusivamente de uma vida espiritual intensa ou da bondade ou proteção dos deuses, passaram a depender, também, da qualidade de cuidados recebidos e devotados. A vida longa, que antes era vista como um prêmio dos deuses aos seus escolhidos e prediletos, hoje se apresenta como fruto de todo um avanço na qualidade de cuidados em todas as suas dimensões e amplitudes para com os seres humanos.

A mística do cuidado é o caminho que leva à preservação da vida humana e à vivência de uma existência saborosa e harmoniosa. O cuidado, ligado ao cultivo da espiritualidade cristã, inspirado no cuidado de Jesus com as pessoas, leva-nos a valorizar todo pensamento filosófico, ético e psicológico que desenvolve o valor e a preservação da vida. O cuidado parece ser uma das coisas mais simples da vida humana, mas sem cuidado nenhuma existência é possível! É através do cuidado que se pode prevenir contra alguns desequilíbrios ecológicos, destruição de valores morais e cristãos, destruição de culturas, abandono de espiritualidade, destruição de relacionamentos e de alguns distúrbios psicossociais que dizimam a pessoa humana e a sociedade.

A humanidade atravessa problemas sérios de destruição e dizimação. Para subverter tais questões, preservando a vida, a articulação das reivindicações das ciências psicológicas com as demandas da vida espiritual apresenta várias indicações. Se a destruição e a dizimação da vida humana, da natureza, dos valores morais e cristãos, das culturas, da espiritualidade, dos relacionamentos acontecem por causa do descuido, o cuidado, a partir da mística cristã, apresenta-se com a capacidade para reverter este quadro.

As primeiras palavras que escutamos quando começamos a dar os primeiros passos talvez foram: "Cuidado, você vai cair!"; "Cuidado, não coloque a mão!"; "Cuidado! Cuidado!". Quando o adolescente ou o jovem começa a se tornar independente, os pais continuam a falar: "Cuidado com as amizades!"; "Cuidado, não volte tarde!"; "Cuidado com o trânsito!"; "Cuidado, não beba!"; "Cuidado com esses amigos!"; "Cuidado, não case com esta pessoa!"; "Cuidado, não acesse essa página na internet"; e assim por diante.

Cuidado! Cuidado!... A vida se torna um contínuo preocupar-se em cuidar para não tropeçar naquilo que pode levar a um final infeliz. Ninguém quer ou deseja entrar no fracasso de uma decisão malsucedida, por isso é preciso cuidado.

O cuidado sempre foi essencial e necessário para a sobrevivência dos seres humanos, para a manutenção e permanência das instituições e religiões, para a preservação dos relacionamentos, para a preservação da vida. O cuidado sempre esteve presente em todas as épocas e realidades.

Dentre tudo o que vemos na natureza, o ser humano, mais do que nunca, parece que sempre foi o mais carente e necessitado de cuidados. Um modo sublime do cuidado do ser humano é a religião, a qual, por si mesma, denota cuidado. O Deus de Jesus Cristo é um Deus que cuida de seus filhos, como diz Pedro Apóstolo (1Pd 5,7): "lançai sobre ele toda a vossa preocupação, porque é ele que cuida de vós".

Se nos propomos a discutir psicossocialmente o cuidado na vida presbiteral é porque, na maioria das vezes, sua falta pode comprometer a missão presbiteral. E, se falta cuidado na vida presbiteral, de algum modo, podemos dizer que alguma coisa de errado pode estar acontecendo ou aconteceu em sua vida. A própria Palavra de Deus já diz (1Tm 3,5): "Pois se alguém não sabe governar bem a própria casa, como cuidará da Igreja de Deus?".

Propor uma identidade e espiritualidade presbiteral como cuidado pressupõe um caminho a ser seguido, um itinerário a ser cumprido, não sem dificuldades, na perspectiva da maturidade, mas também um longo aprendizado a ser enfrentado com paciência e coragem. Somente quem tem uma identidade pode ajudar o outro a descobrir a sua. Falar de um novo presbítero católico é falar de alguém que descobre sua identidade e, a partir de sua espiritualidade, se lança nela para fazer algo de bom para a humanidade. Um presbítero católico saudável é alguém que não anula seu eu, mas, a partir de suas escolhas, missão e espiritualidade, se eleva para poder elevar seus semelhantes. Na mudança de época em que vivemos, o novo presbítero católico que tem como mística o cuidado deve redimensionar sua vida, não anulando seu eu, mas, a partir de sua subjetividade, abrindo-se para acolher toda a riqueza da tradição da Igreja e, ao mesmo tempo, discernindo o que já caducou e avançando para acolher toda riqueza do mundo moderno, buscando colacar tudo a serviço do crescimento do Reino de Deus.

Parafraseando um renomado Teólogo, Paul Tillich (1965), ao dizer que "não existe um caminho direto entre Deus e o ser humano", na questão do cuidado parece que não existe uma receita, todo cuidado deve estar contextualizado, isto é, marcado pela história, geografia, buscas incessantes na tentativa de perceber as necessidades dos seres humanos de cada época. Nossa reflexão, lançando mão de algumas contribuições psicológicas, sociológicas, filosóficas, teológicas e da psicologia social, tenta fundamentar o cuidado como pressuposto da estruturação da identidade e espiritualidade presbiteral na modernidade. O cuidado passa a ser um caminho de crescimento na santidade, de organização da missão presbiteral, uma tentativa de fazer a vontade de Deus. Desta forma, o novo presbítero católico vai delineando sua identidade e espiritualidade tendo como fonte de humanidade e de sentido de toda sua vida presbiteral o cuidado.

Em se tratando da religião cristã, sobretudo da figura do novo presbítero católico, esta reflexão quer contribuir para a renovação da complexa construção da identidade e espiritualidade presbiteral na mudança de época em que vivemos. A mudança de época, segundo as *Diretrizes Gerais da Ação Evangelizadora da Igreja no Brasil* (2011-2015, n. 27-28): "é o maior desafio a ser atualmente enfrentado". Tal reflexão quer ser um instrumento de ajuda aos novos presbíteros católicos para que possam melhor atender, numa dimensão religiosa, mas também numa linguagem moderna, às necessidades de cuidado de nossa sociedade contemporânea, colocando "vinho novo em odres novos" (Mt 9,17). Novo presbítero católico, aqui entendido, são todos os que ousam, na mudança de época em que vivemos, em meio à complexa transformação e avanços da sociedade, fazer o discernimento do Espírito de Deus, para melhor desempenhar suas ações de cuidado na missão de levar o Evangelho de Cristo. Mas é também aplicado, indistintamente, a todos os presbíteros católicos que estão vivendo neste século, tanto os recém-ordenados, quanto os que se encontram em idade avançada.

O cuidado se manifesta como uma nova forma do novo presbítero católico estar no mundo. O Concílio Vaticano II abordou o paradigma da mudança/movimento/abertura como um novo jeito de estar no mundo. Os novos modos de viver e de pensar constituem o desafio para o novo presbítero católico pensar sua ação de cuidado. Na verdade, psicossocialmente, nosso modo de pensar é determinado, em grande parte, pelo lugar em que nossas primeiras experiências de contato com o mundo se deram, e também pelo meio em que existimos. Penso que os novos presbíteros católicos do presente e do futuro vão se destacar, não mais pela oratória, mas pela capacidade de cuidado, pois eles vivem em um mundo em que o cuidado está passando a ser tomado como um modo de ser, pensar e existir. É um cuidado que exige sempre qualificação, atenção, busca, superação, respeito, discernimento constante do que o Espírito de Deus diz no hoje da existência humana.

Sob a mística do cuidado, o novo presbítero católico deve ser capaz de rever suas prioridades, evitando a sobrecarga com tarefas burocráticas ou secundárias, descentralizando as atividades e confiando aos leigos e leigas os serviços, os ministérios que lhes convém, respeitando a iniciativa e a justa autonomia de todos os que se entregam ao serviço do Evangelho.

Sob a mística do cuidado, o novo presbítero católico deve tomar consciência de suas fragilidades e de suas potencialidades, crescer na capacidade de confiar em si e nos outros, de modo a sentir-se equilibrado em todas as dimensões que os realiza como ser humano. Assim se sentirá uma pessoa adulta, realizada e feliz, capaz de ser ele mesmo em suas ações, sendo capaz de travar relações maduras com todos os que o cercam, na esperança de não estar vivendo em vão.

Sob a mística do cuidado, o novo presbítero deve cultivar o espírito crítico em relação à cultura e participar ativamente no campo social e político, sabendo que numa sociedade desigual e pluralista, como a do Brasil, ele não tem o direito de renunciar ao exercício da cidadania. Por isso, buscará viver sua responsabilidade sociopolítica na perspectiva de seu serviço específico à comunidade e em comunhão com seus irmãos presbíteros e o bispo, trazendo rejuvenescimento para todos os que o cercam.

Sob a mística do cuidado, o novo presbítero católico deve comportar-se como um aprendiz em permanente processo de formação e atualização, adquirindo sempre mais o hábito do estudo, da reflexão, da leitura e da pesquisa para que possa oferecer o melhor para seu povo. Mas deve fazer tudo isso na consciência de ser um simples servo (Lc 17,10).

Sob a mística do cuidado, o novo presbítero católico deve deixar-se conduzir pelo Espírito de Deus, "que faz novas todas as coisas"

(Ap 21,5), ouvindo o pedido do Senhor para avançar em águas mais profundas e lançar as redes (Lc 5,4).

Assim, a presente obra, quer contribuir para uma pesquisa sobre o novo presbítero católico a partir da mística do cuidado, na linha da psicologia social, ousar ligar o cuidado e a espiritualidade cristã, tendo como principal executor de cuidado o presbítero católico.

Desejo que esta humilde reflexão e questionamentos possam servir como início de um novo pentecostes a todos os cuidadores, de modo especial, aos novos presbíteros católicos, renovando-lhes o amor, a paixão, o entusiasmo, o fascínio, o serviço e a dedicação pelo Reino de Deus: "E ficaram cheios do Espírito Santo" (At 2,4). Que os leitores desta obra possam seguir o conselho de São Paulo (1Ts 5,21): "Examinem tudo e fiquem com o que é bom". O Espírito de Deus é um Espírito criador e, portanto, sempre renovador. Assim, deixem também ser invadidos pela paciente luz do Espírito da Verdade (Jo 16,13) e renovem suas atitudes de cuidado com a existência humana.

Parte I

Psicologia social e o cuidado

A modernidade deixou atrás de si um rastro de destruição e morte, perdendo a sensibilidade, a admiração e o encantamento diante da vida, esquecendo que ela é frágil e limitada, transformando os seres vivos em objetos de análise e de intervenção para o bem-estar exclusivo dos humanos, sem se importar com o equilíbrio e a preservação do ecossistema.

Tomamos a psicologia social e a mística cristã para compreender e aprofundar a identidade e espiritualidade presbiteral sob a mística do cuidado. Tais ferramentas nos levam a compreender que o novo presbitero católico não deve resumir suas ações apenas a um conjunto de procedimentos tecnicamente orientados para o sucesso no trabalho, nos relacionamentos, na preservação da natureza e no alinhamento dos indivíduos à doutrina e valores que acredita ser importante. Cuidado implica preservação da vida humana como tal, da sua permanência sobre a Terra e da sua abertura para o transcendente.

Pautar a vida pela mística do cuidado, psicossocialmente, quer significar busca de modos, caminhos e estratégias de proporcionar vida e vida em abundância a todo gênero humano; significa estar disposto a escutar as subjetividades humanas e investir os melhores recursos para que ela seja respeitada e direcionada para o bem de todos; significa investir tempo e talentos para cuidar e cuidar... E melhor cuidar.

Psicologia social e o cuidado

As ciências psicológicas evoluíram na busca de melhor conhecimento do ser humano, em vista de poder cuidar melhor da vida humana. Mesmo de relance, vemos vários pesquisadores usando as ferramentas das ciências psicossociais, ligadas às riquezas do fenômeno religioso, buscando caminhos e luzes para melhor desenvolver um cuidado mais qualificado da existência humana.

No âmbito da saúde mental alguns autores manifestam uma visão negativa da religiosidade. Como exemplo temos a concepção psicanalítica de Freud (1856-1939), que considera a atitude religiosa uma patologia ou transtorno neurótico. Segundo o autor, a religião seria a neurose obsessiva universal da humanidade. Tal como a neurose obsessiva da criança, ela surgiu do complexo de Édipo, do relacionamento com o pai. Assim, Freud reduz o fenômeno religioso a um epifenômeno do complexo de Édipo (Gouveia, Clemente & Vidal, 1998; Urbina, Biaggio & Vegas, 1998).[1]

Mesmo tendo certa reserva para com o fenômeno religioso, vários pesquisadores têm se debruçado sobre esta questão. Assim, destacamos, na linha sociológica, psicossomática e psicossocial, vários pesquisadores que se interessaram pelo fenômeno religioso, dos quais citamos alguns: Durkheim, Jung, Viktor Frankl, William James, Mircea Eliade, padre Edênio Valle etc.

Não poderíamos deixar de citar William James, que defendia a ideia de se estudar o fenômeno religioso a partir das manifestações individuais. Na história da psicologia da religião, James é um marco fundamental, ao ter interpretado o fenômeno religioso pelo fluxo das

---

[1] Cf. Urbina, C. I.; Biaggio, A. & Vegas, C. (1998). "Relações entre julgamento moral pós-convencional, grau de fé, afiliação religiosa e participação religiosa". In Moura, M. L. S.; Correa, J. & Spinillo, A. (Orgs.). *Pesquisa brasileira em psicologia do desenvolvimento*. Editora da UERJ, p. 36-48.

emoções e sensações, tendo em vista que, até então, esses conceitos só eram estudados à luz da teologia. Não poderia deixar de citar também Viktor Frankl[2] com a sua teoria sobre a logoterapia, que se constituiu em uma escola de psicoterapia que se preocupou com a busca do sentido do ser humano. Temos também Rulla, Cencini, Manenti, Geraldo José de Paiva e muitos outros.

Dizem que as ciências psicológicas são ateias. Mas quando se trata de cuidado, elas se aproximam da vida humana para poder desvendar seus mistérios e propiciar uma melhor qualidade de vida. Parafraseando Boff (1986), que diz que em Cristo Deus se fez humano para que o humano pudesse se tornar mais divino,[3] podemos dizer que, quanto mais as ciências psicológicas se aproximam dos mistérios da vida humana para torná-la mais humana, mais elas começam a se revestirem do divino. Se os homens puderem se elevar através das ferramentas psicológicas, não há como não reconhecê-las e negar sua ajuda.

As ciências psicológicas tem se lançado no conhecimento dos recônditos dos mistérios da vida humana, ajudando cada um a melhor compreender, lidar ou curar seus traumas, complexos, angústias e dramas. Reconhecer as contribuições de Freud (1856- 1939), de C. Jung (1875-1961), de William James (1842-1910), de Vitor Frankl (1905-1997), e de muitos outros pesquisadores nesta área, vem se tornando quase que imprescindível para poder avançar em qualquer ação de cuidado da existência humana.

A psicologia, mesmo tendo surgido vinculada ao modelo de ciência natural, consagrou-se como a ciência que estuda o comportamento hu-

---

[2] Frankl, V. E. (1992). *A presença ignorada de Deus*. São Leopoldo: Sinodal; Petrópolis: Vozes.

[3] Os apóstolos que conviveram com o homem Jesus de Nazaré, com o passar do tempo, puderam afirmar: humano assim como Jesus só pode ser Deus mesmo. Para maiores aprofundamentos confira Boff, Leonardo. *Jesus Cristo libertador: ensaio de cristologia crítica para nosso tempo*. Editora Vozes, 1986, p. 131.

mano, e, nesse sentido, é notável que desde o início tenha se preocupado em estudar o comportamento religioso, quando ainda não se falava em espiritualidade. A religião tornou-se uma temática de interesse de vários ramos das ciências, incluindo a psicologia, que, ao estudar o homem, não indaga sua opção religiosa, propondo-se apenas compreendê-lo. De acordo com William James, para o psicólogo, as tendências religiosas do homem hão de ser, pelo menos, tão interessantes quanto quaisquer outros fatores pertencentes à sua constituição mental.

A ciência nos dá a todos a telegrafia, a iluminação e a diagnose, e consegue prevenir e curar algumas moléstias. Na forma da cura psíquica, a religião nos dá, a muitos de nós, serenidade, paz, equilíbrio moral e felicidade e previne determinadas formas de doenças, como faz a ciência, ou até mais. É evidente, portanto, que a ciência e a religião são chaves genuínas destinadas a abrir a casa do tesouro do mundo àquele que for capaz de utilizá-las.

Nas pesquisas de psicologia social[4] há um interesse em entender como as disposições psicológicas individuais produzem as instituições sociais ou como as condições sociais influem no comportamento dos indivíduos. Segundo Jean Piaget (1970) é tarefa dessa disciplina conhecer o patrimônio psicológico hereditário da espécie e investigar a natureza e a extensão das influências sociais. A psicologia social é a ciência que procura compreender os "comos" e os "porquês" do comportamento social.

Em 1895, o cientista social francês Gustave Le Bon (1841-1931) apresentou, em seu pioneiro trabalho sobre a "Psicologia das

---

[4] A Psicologia Social surgiu no século XX como uma área de aplicação da psicologia para estabelecer uma ponte entre a psicologia e as ciências sociais (sociologia, antropologia, etnologia). Sua formação acompanhou os movimentos ideológicos e conflitos do século, a ascensão do nazifascismo, as grandes guerras, a luta do capitalismo contra o socialismo etc. O seu objeto de estudo é o comportamento dos indivíduos quando estão em interação, o que ainda hoje é controverso e aparentemente redundante, pois como se diz desde muito tempo: o homem é um animal social.

Multidões", a proposição básica para o entendimento de uma psicologia social: sejam quais forem os indivíduos que compõem um grupo, por semelhantes ou dessemelhantes que sejam seus modos de vida, suas ocupações, seu caráter ou sua inteligência, o fato de haverem sido transformados num grupo, coloca-os na posse de uma espécie de mente coletiva que os fazem sentir, pensar e agir de maneira muito diferente daquela pela qual cada membro, tomado individualmente, sentiria, pensaria e agiria, caso se encontrasse em estado de isolamento.

O que a psicologia social faz é revelar os graus de conexão existentes entre o ser e a sociedade à qual ele pertence, desconstruindo a imagem de um indivíduo oposto ao grupo social. Um postulado básico dessa disciplina é que as pessoas, por mais diversificadas que sejam, apresentam socialmente um comportamento distinto do que expressariam se estivessem isoladas, pois imersas na massa elas se encontram imbuídas de uma mente coletiva. É esta instância que os leva a agir de uma forma diferente da que assumiriam individualmente. Este ponto de vista é desenvolvido pelo cientista social Gustave Le Bon, em sua obra "Psicologia das Multidões". Este pesquisador esteve em contato com Freud e, desse debate entre ambos, surgiu no alemão o conceito de "massa" que, por problemas de tradução, foi interpretado por "grupo", culminando na publicação de *Psicologia de Grupo*, em 1921.

A psicologia social também estuda o condicionamento – processo pelo qual uma resposta é provocada por um estímulo, um objeto ou um contexto, distinta da réplica original – que os mecanismos mentais conferem à esfera social humana, enquanto por sua vez a vivência em sociedade igualmente interfere nos padrões de pensamento do ser humano. Esse ramo da psicologia pesquisa, assim, as relações sociais, a dependência recíproca entre as pessoas e o encontro social. Estas investigações teóricas tornam-se mais profundas ao longo da Segunda Guerra Mundial, com a contribuição de Kurt Lewin (Psicólogo social alemão, 1890-1947)[5], hoje concebido por muitos pesquisadores como o criador da psicologia social.

No Brasil, destacam-se, na esfera da Psicologia Social, dois psicólogos que trilham caminhos opostos: Aroldo Rodrigues – que tem um ponto de vista mais empirista, ou seja, acredita nas experiências como fonte única do conhecimento – e Silvia Lane – que adota uma linha marxista e sócio-histórica. Ela tem discípulos conhecidos nos meios psicológicos, entre eles Ana Bock, influenciada por Vygotsky, e Bader Sawaia, que realizou importantes estudos sobre a exclusão e a inclusão, e Ciampa, que sob a influência de Habermas trabalha a questão da identidade, metamorfose e emancipação. Estes psicólogos acreditam que a economia neoliberal e o Estado que a alimenta criam

---

[5] Kurt Lewin propôs que o comportamento humano fosse visto como parte de um *continuum* com variações individuais e diferentes da norma, como resultado de tensões entre as percepções do *Self* e do ambiente. Segundo Lewin, para bem compreender e predizer o comportamento humano, é necessário ter em conta todo o campo psicológico ou "espaço de vida" onde cada ato do indivíduo ocorre. A totalidade dos acontecimentos no "espaço de vida" determina o comportamento a cada momento. Lewin verificou a existência de dificuldades de comunicação entre as pessoas, o que o inspirou na formulação de três hipóteses: a) a integração do grupo só acontece e a criatividade só é aproveitada, no bom sentido, quando a comunicação entre os membros do grupo for autêntica e aberta; b) o relacionamento humano não é um dom inato, mas sim fruto de aprendizagem; c) é necessário cada indivíduo pôr em causa os seus esquemas pessoais de comunicação normais e ter consciência de que é preciso empenho para mudar. Com base nestas hipóteses, Lewin criou o primeiro grupo de formação dirigido a docentes universitários, tendo por objetivos melhorar a comunicação, favorecer a autenticidade da comunicação e gerir o problema do relacionamento com figuras de autoridade. Kurt Lewin acreditava que os grupos alteram o comportamento individual dos seus constituintes. Na base das suas análises estão os efeitos dos métodos de liderança democrático, autocrático e de *laissez-faire*. Lewin afirmou estar convencido de que os grupos pequenos operam com mais sucesso quando conduzidos de forma democrática. Deixou obras importante como *The research center for group dynamics at Massachusetts Institute of Technology* (1945), *Frontiers group dynamics* (1948) e *Psychologie dynamique, les relations humaines* (1959).

subjetividades moldadas segundo as suas características próprias, ou seja, têm grande influência sobre o desenvolvimento emocional dos indivíduos.

Crescimento das pesquisas na linha do cuidado

Crescem hoje as pesquisas religiosas na linha da psicologia social. Mas falta algo ligando o cuidado com a mística da espiritualidade cristã. No entanto, na questão do cuidado e mística cristã, temos as pesquisas de Leonardo Boff, *Saber cuidar: ética do humano – compaixão pela terra* (Editora Vozes), *Princípio de compaixão e cuidado* (Editora Vozes), *Ethos mundial: um consenso mínimo entre os humanos* (Editora Sextante); as pesquisas de Leo Pessini, *Espiritualidade e arte de cuidar* (Editora São Camilo & Paulinas)"; e as pesquisas de Eymard Mourão Vasconcelos (org.), *A espiritualidade no trabalho em saúde* (Editora Hucitec). Na linha da psicologia e do dado religioso, temos os pesquisadores S. J Benelli & A. Costa-Rosa (2002) com os artigos "A produção da subjetividade no contexto institucional de um Seminário católico" (*Estudos de Psicologia*, Campinas, 2003b), "Estudo sobre a formação presbiteral num seminário católico" (*Estudos de Psicologia*, Campinas) e a Tese de doutoramento em Psicologia de A. Costa-Rosa (1995), *Práticas de cura nas religiões e tratamento psíquico em saúde coletiva* (Instituto de Psicologia, Universidade de São Paulo); temos as pesquisas de M. M. Amatuzzi, "Fé e ideologia na compreensão psicológica da pessoa" (*Psicologia: Reflexão e Crítica*, 2003); os trabalhos de M. N. F. Barros e R. A. C. Santos, "A Busca de significados nos movimentos religiosos" (*Revista de psicologia social e institucional*, Universidade Estadual de Londrina, 1999); os trabalhos de J. C. Freire; os trabalhos de V. Moreira com o artigo "Psicopatologia e Religiosidade no lugar do outro: uma escuta Levinasiana" (*Psicologia em Estudo*, Maringá, 2003); a pesquisa de R. Linares, "O significado da experiência religiosa na vida das pessoas", Dissertação de Mestrado (PUC-Campinas, Campinas, 2001); e os trabalhos de Marília Ancona M. Lopez, "A espiritualidade e os psicólogos" (In Mauro Martins Amatuzzi (org.), *Psicologia e Espiritualidade*, Editora Paulus, 2005). Temos, também, as pesquisas de Padre Edênio Valle, *Psicologia e Experiência religiosa* (Editora Loyola, 1998). Mas de todos estes artigos relacionados poucos ousam ligar psicologia social, cuidado e espiritualidade cristã, e muito menos ao presbítero católico.

Se de um lado vemos crescer as pesquisas ligando cuidado e as ciências psicológicas e religiosas, pouco ou quase nenhum estudo tem sido feito no sentido de perceber as ações de cuidado do presbítero católico numa visão psicossocial.

Podemos dizer que este assunto recebe pouca valorização por parte da Igreja Católica e ainda pouca atenção dos pesquisadores. O cuidado ligado à mística cristã, tendo como um cuidador o presbítero católico, parte do pressuposto de que o valor da vida humana deve prevalecer em todos os sentidos, que o cuidado passa tanto pelas técnicas mais sofisticadas da medicina, quanto pelas biotecnologias que visam a uma melhor qualidade de vida no planeta, como também pela mística cristã.

O cuidado de Jesus com as pessoas serve de inspiração para a psicologia social implementar a pesquisa sobre o cuidado como um modo sublime de preservar a vida em toda a sua amplitude e dimensão.

A partir de uma visão psicossocial do cuidado, e tendo o presbítero católico como um cuidador inspirado no mestre Jesus, percebe-se que o cuidado deve ser visto como uma forma de intervenção especializada, em que o presbítero católico como cuidador deve objetivar a ajudar a melhorar a vida dos indivíduos e do planeta. Com relação aos indivíduos, tornando-os autônomos, criativos, saudáveis, confiantes em si e em Deus e conscientes dos seus direitos, e ainda sendo facilitadores para que todos possam experienciar e viver, a partir de suas diferenças, costumes e valores, a busca de sintonia com o Evangelho de Jesus Cristo; com relação ao planeta, preservando-o contra toda forma de destruição e dizimação.

Desta forma, o cuidado deve ser compreendido, pelo novo presbítero católico, como um campo de possibilidades para a estrutura de sua identidade e espiritualidade presbiteral, levando-o à preservação da vida, do planeta, dos relacionamentos, da cultura, da fé de todos que necessitam de cuidados.

O caminho da vida passa pela ação do verbo cuidar: cuidem, cuidem muito de todos e, de modo especial, dos que não foram cuidados. Somente o cuidado pode curar a dor profunda do silêncio do descuido, tornando o ser humano uma pessoa humana entre os humanos. É na arte de cuidar que se é possível sentir humano, preservar a vida, curar os outros e a si mesmo.

O cuidado e a atenção para com as subjetividades humanas

Através dos avanços das ciências psicológicas foi possível perceber melhor a importância das subjetividades humanas. Percebe-se que, melhor conhecendo-as, melhor se pode cuidar delas. A questão dos cuidados, serviços e/ou programas sociais e espirituais, ouvindo as subjetividades humanas, vem se tornando um ponto central de problematizações e debates desenvolvidos nos últimos tempos.

O ser humano é o único que pode, conscientemente, escolher o direcionamento de suas ações, tornando claros o sentido de sua existência e, através de suas atitudes e gestos, demonstrar o valor de suas palavras, o poder de seus pensamentos, a grandeza de sua confiança no transcendente e o calor de seus sentimentos em tudo o que realiza.

Na investigação do cuidado dos seres humanos, vemos que eles fazem história. Eles fazem história porque são seres históricos e, como a própria história, são seres inacabados, que constituem a sociedade e também são constituídos por ela. Segundo Teilhard de Chardin (1881-1955),[6] um erudito jesuíta, nada é inteligível fora de seu lugar histórico. Se perdêssemos nossa história pessoal através da amnésia, não poderíamos saber quem somos. Segundo a professora Chiristine Gudorf (1949),[7] não existe nada mais esclarecedor para as pessoas do que um passeio pela história.

O ser humano é orientado por uma tendência natural ao crescimento e age criativamente diante de suas condições concretas de existência. Assim, lançado no mundo, este ser humano faz escolhas, modifica, constrói, desconstrói, faz história, sonha, como diz Morato (1999).[8]

No cuidado está a "preocupação por", que possibilita ao cuidador ir ao encontro do outro. O "nosso tempo" parece, mais do que nunca, carente deste sentido do cuidar. E é por isso que, a seu modo, o cuidado quer contribuir também para a renovação da complexa questão da transição do "problema do homem" para o "homem como problema". A pergunta pelo "homem como problema" é já, em si mesma, um gesto de cuidado da existência humana. Nas sociedades contemporâneas, o grande desafio parece continuar a ser de fato o do próprio homem, que precisa, a partir da mística do cuidado, ser repensado pelo próprio homem, a cada novo dia.

Em uma época em que o individualismo rege as regras sociais, gerando assim solidão e isolamento, o ato de cuidar deve envolver jus-

---

[6] Pierre Teilhard de Chardin, francês, foi padre jesuíta, teólogo e paleontólogo.

[7] Professora Chiristine Gudorf é professora de ética religiosa, cristianismo moderno e feminismo, uma estudiosa reconhecida internacionalmente, que trabalha na Universidade Internacional, Miami.

[8] Henriette Tognetti Penha Morato é professora Doutora do Instituto de Psicologia da USP, coordenadora do Laboratório de Estudos e Prática em Psicologia Fenomenológica e Existencial nos projetos de Plantão Psicológico e Supervisão de Apoio Psicológico à comunidade e no SAP. Veja seu livro *Aconselhamento Psicológico Centrado na Pessoa: novos desafios*. São Paulo: Casa do Psicólogo, 1999.

tamente a preciosa oportunidade de estar acompanhado de alguém capaz de estender a mão, não como forma de punição, mas como um convite para o crescimento, para a potencialização dos dons e carismas, para a aceitação de si mesmo, para a vivência em comunidade.

Na arte do cuidado está a necessidade de cada ser humano perceber o quanto confia e sente-se a vontade junto de seus cuidadores, podendo compartilhar seus sentimentos, suas experiências, sua vida, suas crenças, seus conflitos, seus traumas, medos, sonhos e ansiedades. A arte do cuidado desperta para o processo de crescimento e amadurecimento afetivo e espiritual de cada ser humano. É como se a todo o momento o cuidador e o indivíduo cuidado dissessem um ao outro "me dê a mão, vamos sair para ver o sol", "vamos falar com Deus, vamos pedir sua bênção, sua graça, sua proteção", "vamos falar de sonhos, de conflitos, de medos, de amor, de relacionamento", "vamos ser sujeitos da história" etc.

Psicossocialmente, o presbítero católico, na sua ordenação recebeu a missão de cuidador do Povo de Deus. No ritual de ordenação de bispos, presbíteros e diáconos, se lê: "apascentando o rebanho do Senhor sob a direção do Espírito Santo". O "rebanho do Senhor" não é formado por "espíritos puros", nem por "seres desencarnados", nem por "pessoas racionalistas", nem por "pessoas sem sentimentos e afetos, o que seriam mais psicopatas funcionais que não conhecem o medo ou conseguem eliminá-los", nem por "coisas ou objetos manipuláveis", mas por pessoas humanas de carne e osso, seres corpóreos, relacionais,[9] espirituais,[10] indivíduos que se caracterizam

---

[9] A partir dos avanços da Psicologia Social na pesquisa da construção histórica e social do ser humano na linha de Vygotsky, Leontiev, Luria, Habermas, Berger e Luckmann e das ciências cognitivas, na linha Howard Gardner, segundo sua obra *A Nova Ciência da Mente – Uma História da Revolução Cognitiva,* uma nova compreensão de ser humano vem surgindo, como ser histórico e psíquico, um ser relacional.

[10] Segundo Joseph Ratzinger (in *Introdução ao Cristianismo.* Herder, 1970, p. 306-307), "'ter alma espiritual' significa exatamente ser objeto de um bem-querer especial, de um especial conhecimento e amor de Deus; ter uma alma espiritual denota: ser um

por linguagem, pensamento, consciência, identidade, emoções, sentimentos e comportamentos que lhes são peculiares. Assim, é próprio da natureza humana possuir sentimentos, desejar e buscar ser, o que o leva a interagir, a se relacionar com o outro. Por isso ao falar da missão presbiteral de "apascentar o rebanho do Senhor sob a direção do Espírito Santo", estamos entendendo o apascentar como a arte de cuidar do rebanho do Senhor, formado por seres relacionais que possuem subjetividades. E, assim, ao cuidar do rebanho a ele confiado, naturalmente, cada vez mais, deve adaptar-se aos modos de subjetivação de cuidado de cada indivíduo de sua comunidade. A compreensão psicossocial da subjetivação da necessidade de cuidado de cada indivíduo favorece para que ele não caia nas "armadilhas do cuidador descuidado".

Psicossocialmente podemos dizer que o cuidado é um "espaço de jogo". É preciso que o cuidador saiba viver neste espaço de modo criativo. O novo presbítero católico, como cuidador, deve evitar ocupar o lugar de ser um "substituto materno-paternal" na vida das pessoas. Ocupar o lugar de substituto materno-paternal tende a levar apenas ao encontro dos dois inconscientes, mas opondo-se ao diálogo. Seguindo nas trilhas da psicanálise, baseado em Freud, e aplicando à dimensão do cuidado do novo presbítero católico na visão psicossocial, o cuidado de cada indivíduo não é apenas uma técnica, mas um "saber estar com", saber estar com cada indivíduo sentindo e compartilhando todo o seu ser. É no "saber estar com" que está o poder curador e transformador do novo presbítero católico.

A noção de escuta está associada à ideia de cuidado. Freud já advertira para a difícil "arte de escutar". Somente o processo de escuta é que possibilitará ao novo presbítero católico, como cuidador,

---

ente chamado por Deus para o diálogo eterno e, por isso, estar em condições de conhecer Deus e de responder-lhe".

"falar de cada indivíduo" e "falar com cada indivíduo". Quando o indivíduo não é ouvido, não é o indivíduo somente que perde, mas o próprio cuidador. Isto implica em desconstruir o cuidado no modo tradicional de ser, no qual o outro era visto como ser passivo e não como sujeito capaz de fala, sentimentos e conhecimento. Psicossocialmente, o cuidado para atender as subjetividades humanas, na atualidade, deve passar pela "difícil arte da escuta das subjetividades humanas" e não pela sua supressão. Segundo Pessini (2010, p.171): "Cresce a convicção de que a medicina não deve ignorar a subjetividade das pessoas, a psique. A fé e a oração favorecem a saúde, criando um ambiente saudável, pessoal e socialmente, condições para o florescimento da vida".

A escuta cura. Os novos presbíteros católicos devem saber escutar os gritos, os apelos, os sonhos, os anseios que a vida e a natureza levantam. E para escutar precisam de silêncio interior e exterior. Cerca de 10% da humanidade sofre de alguma forma de depressão, quer dizer mais de 600 milhões de pessoas. Pessoa barulhenta por dentro e por fora se deixa manipular facilmente, perde raízes, personalidade. Os novos presbíteros católicos devem ser portadores de uma religião que valoriza a escuta, assim devem evitar o barulho e a gritaria nos espaços religiosos e valorizar a escuta amorosa e curadora de todo ser humano.

Neste caso a escuta passa a ser o instrumento fundamental para o exercício do cuidado, pois ela tem sua função terapêutica associada às ideias de ajuda, acolhimento e atenção. O novo presbítero católico não apenas deve "escutar por escutar", mas para dar crédito às palavras de cada indivíduo, buscando reconhecê-lo.

Crianças, jovens, adultos, doentes, homens e mulheres, homossexuais, loucos e primitivos permanecem aí como o nosso tradicional Outro. Como afirma Mannoni "... as estruturas propostas ao alienado são estruturas de cuidados, a ele não é deixada outra oportunidade a não ser a de se cristalizar numa certa apresentação: a história de suas desgraças" (1971, p. 67).[11] O cuidado na perspectiva da escuta deve implicar necessariamente, para os novos presbíteros católicos, cuidar da sua própria escuta no sentido de livrá-la dos preconceitos e de manter-se aberto às interpelações das subjetividades do outro. Segundo Lacan (1985, p. 237), devemos escutar o outro mesmo que o que ele diga seja incomunicável e sem sentido para nós.

Como isso pode ser feito e quais as chances de sucesso, só a história de cada caso poderá dizer. O importante é assinalar que, nesta perspectiva, a escuta do discurso de cada indivíduo é fundamental, mais do que por razões humanitárias. Segundo Mannoni (2004), só pelo fato de ser escutado, o outro passa a escutar a si mesmo, e isto já é o bastante para que a transformação, a libertação e a cura aconteçam.

O outro, na verdade, precisa ser escutado e não calado, como acontece em muitas práticas de cuidado presbiteral. Psicossocialmente, para não cair nos "engodos" do cuidado que, ao final das contas, pode acabar sendo descuido por desrespeitar as subjetividades de cada indivíduo, se faz necessário aceitar o desafio permanente de manter-se aberto para a escuta do outro e a escuta de si próprio, em um constante questionamento de seu lugar e de sua prática. No

---

[11] Maud Mannoni (1923-1998), psicanalista francesa, fundadora da Escola Experimental de Bonneuil-Sur-Marne, estudou criminologia em Bruxelas. Teve sucesso na elaboração teórica de sua experiência, graças aos ensinamentos de Jacques Lacan. No Brasil há um renomado livro de Mannoni, *A primeira entrevista em psicanálise* (Editora Elsevier, 2004). O livro de Maud Mannoni é um documento-testemunho, acessível a muitos. Ele faz com que o leitor coopere na primeira medida tomada por uma pessoa que vem se consultar, podendo o objeto da consulta ser ela mesma ou um ser querido, e motivada por um pedido de auxílio ao psicanalista. Compreenderá o que se quer dizer quando se diz, falando do psicanalista, que o que faz a sua especificidade é a sua receptividade, a sua escuta. Essas pessoas, na presença de um psicanalista, começam a falar como falariam com qualquer indivíduo, e, no entanto, a única forma de escutar do psicanalista, uma escuta no sentido pleno do termo, faz com que o discurso delas se modifique, adquira um sentido novo aos seus próprios ouvidos. Temos também seu livro *O psiquiatra, seu "louco" e a psicanálise* (Zahar Editores, 1971).

escutar cada indivíduo, o novo presbítero católico, como cuidador, deve transformar-se em um facilitador da libertação, da cura, do crescimento e do amadurecimento físico, emocional e espiritual de cada indivíduo.

O cuidado não pode impedir que o outro seja sujeito de sua própria caminhada espiritual. O presbítero católico ocupa uma representação simbólica do amor de Deus. Muitas vezes, o presbítero católico, como cuidador, torna-se insensível a esta subjetivação do cuidado e não consegue entrar no "jogo do cuidado", falando de cada indivíduo e com cada indivíduo. A falta de sensibilidade para com esta questão acaba refletindo no modo de cuidado do presbítero católico, podendo cair nas formas patológicas de cuidado da contemporaneidade: de total dependência ou de total independência.

A tarefa do novo presbítero católico, como cuidador, é de acolher o outro em sua diferença, cuidando-lhe de acordo com a sua subjetivação. Isto se torna mais fácil se o novo presbítero católico estiver bem preparado psicologicamente, tiver uma abertura para acolher as formas plurais de ser e pensar, sabendo valorizar o outro como sujeito capaz de fala e ação e não simplesmente como alguém passivo. Caso contrário, suas ações de cuidado tenderão ser limitadoras e conservadoras, não conseguindo avançar para poder cuidar de cada indivíduo a ele confiado, não sendo capaz de buscar a "criação de um espaço de jogo" gerador de novas formas de subjetivação, de valorização, de inclusão e de participação de todos.

A noção de acolhimento é fundamental para que se possam transformar as maneiras tradicionais de lidar com o cuidado espiritual de cada indivíduo, inicialmente no sentido da humanização das relações e, mais radicalmente, no sentido do respeito à palavra de cada indivíduo. Não se trata de acolher o indivíduo para infantilizá-lo com o objetivo de reeducá-lo ou readaptá-lo, a partir de algum saber já pronto, mas proporcionar-lhe possibilidade de autonomia, de crescimento, de vida e vida, em abundância.

As relações de cuidado, atento às subjetividades de cada ser humano, facilitam, no rompimento das fronteiras que limitam ou travam o diálogo, a escuta, a valorização do outro, a inovação, a processualidade da existência humana, o compartilhamento e as necessidades que uns seres humanos têm dos outros para existirem. A realidade da evasão de muitos católicos da Igreja católica revela o descaso com que as subjetividades humanas são tratadas na atualidade por muitos presbíteros católicos. Segundo Anjos (*in* Trasferetti & Zacharias, 2010, p. 139): "Nas relações de cuidado entre humanos persiste sempre o fato contundente de todos se encontrarem na condição comum de ser 'carne da carne, ossos dos ossos'. A partir do reconhecimento desta condição, nasce a compaixão diante das necessidades do outro".

O cuidado do novo presbítero católico, numa dimensão psicossocial, atento às subjetividades humanas, não implica na criação de uma série de atividades, como reuniões, missas, celebrações, visitas, oficinas etc., algo que pode ser até necessário. O mais importante é abrir um espaço de fala e produção para cada indivíduo poder ser e expressar sua espiritualidade, suas angústias, desejos e esperanças, evitando recair numa prática moralizante de cada indivíduo.

Fazer da subjetividade, na contemporaneidade, a materialidade sobre a qual pensar a organização do viver da religião cristã proposta pela Igreja Católica, respeitando a longa tradição de seu pastoreio, mas também avançando para que cada um se torne sujeito da história, transformando os modos limitares e conservadores de pensar e agir, se apresenta como um enorme desafio para o novo presbítero católico. Por isso vamos olhar, a partir de Goffman (1922-1982), cientista social e escritor canadense, Foucault, (1926-1984), filósofo francês e historiador, e Deleuze (1925-1995), filósofo francês, um pouco esse desafio e caminhos a serem trilhados.

Segundo Erwing Goffman, em *Manicômios, prisões e conventos* (Editora Perspectiva, 1996), a Igreja Católica, através do seu pastoreio, exerce um controle constante e individualizante em todos os raios de ação do seu orientando, grupos ou comunidade, numa espécie de "vigilância hierárquica", na qual todos vigiam todos, para que possam seguir as normas segundo um modelo em que este é chamado a revelar àquele todos os impulsos de sua subjetividade, para indicar-lhe a presença da ação de Deus ou a presença do pecado em sua alma.

Dentro desta mesma visão, Deleuze (in *Conversações*, Editora 34, 1992) tematiza a sociedade contemporânea como sendo a sociedade do controle, segundo a qual, primando-se pela subjetividade, orgulhando-se da liberdade e erradicação de toda forma de controle disciplinar, reagindo com rebeldia ou apática aos modelos de controle disciplinares impostos pelas instituições de cunho mais tradicionais, sobretudo as religiosas, não conseguiu fugir ao controle social. A sociedade do controle é, para Deleuze, algo diferente das sociedades disciplinares, tematizadas por Foucault (in *Vigiar e Punir: nascimento da prisão*, 10ª ed. Vozes: 1993, e in *Microfísica do poder*, 16ª ed. Graal, 1993). Na sociedade de controle, segundo Deleuze, as instituições disciplinares ainda permanecem, mas com outra lógica e escopo diferentes das impostas pelas instituições religiosas, sobretudo, de cunho mais tradicionais.

Todavia, poderíamos nos perguntar de onde nasceram esses mecanismos de controle, na contemporaneidade. Do mesmo modo, podemos nos questionar de onde surgiram as técnicas disciplinares nas sociedades cristãs. Segundo Foucault, a sociedade disciplinar retirou seus instrumentos, técnicas de controle e disciplinamento dos indivíduos, das tecnologias de criação de subjetividades cristãs da Igreja Católica, denominada por ele "Poder pastoral". Através da lógica do pastoreio cristão nasceram, se desenvolveram e se difundiram as disciplinas. Esse poder pastoral se manifestou como técnicas de criação de subjetividades cristãs por meio do controle de uma interioridade forjada, particularmente, nas técnicas existentes nos mosteiros medievais, e como estas se difundiu dentro das sociedades, preparando o nascimento da sociedade disciplinar.

Tal modelo de pastoreio, segundo Foucault (in *O Sujeito e o Poder*, H. L. Dreyfus; P. Rabinow, *Michel Foucault: uma trajetória filosófica*, Editora Forense Universitária, 1995) ainda marca a subjetividade cristã presente, provocando um questionamento do modo como ser cristão hoje, levando-o a submeter e reencontrar a verdadeira identidade nas orientações do Evangelho de Jesus Cristo. O poder pastoral é um poder que se exerce, como diz o próprio nome, a partir da autoridade de um pastor que conduz o seu rebanho, determinando por onde ele deve andar, protegendo, reunindo e guiando-o para a salvação. Sem tal pastoreio as ovelhas se perdem, pois só o pastor sabe o caminho da salvação para suas ovelhas, por isso a conduz, zelando de todas e de cada uma individualmente. O poder do pastor é um poder oblativo e sacrifical, devendo este deixar tudo para viver na solidão do combate espiritual, como os anacoretas e monges. O modo de ser presbítero católico foi transposto deste referencial de pastor baseado nos anacoretas e monges, devendo este, ao aceitar ser ordenado, assumindo a função de pastor, fazer os votos de pobreza, obediência e castidade. Tais exigências são compreendidas pela Igreja Católica, na atualidade, como algo essencial, fundamental e imprescindível para exercício do poder pastoral e o saber conduzir as ovelhas para a salvação.

A subjetividade que nasce hoje é uma subjetividade que emergem como recusa deste tipo de individualidade que nos foi impressa há vários séculos pela Igreja Católica. Mas qual é essa individualidade que nos é impressa pela Igreja Católica, de origem longínqua? Quais são as suas características e o que ela produz? Podemos afirmar que é uma individualidade que nasceu com a Igreja, criada e impressa na subjetividade ocidental, historicamente, pelo poder pastoral – e das técnicas de subjetivação oriundas das filosofias e espiritualidades greco-romanas e orientais, no nível da ética-moral –, para nos imprimir uma identidade calcada num modelo religioso de origem semita. Essa identidade cristã tem uma longa proveniência, seja no âmbito do saber, do poder ou dos modos de subjetivação. Segundo Foucault (in *Ditos e Escritos*, v. 4. Editora Forense Universitária, 2003), é esse poder pastoral, presente ainda hoje, que as lutas atuais querem negar ou superar.

Retomando um pouco as críticas a esse modelo de pastoreio, costuma-se criticar a Igreja Católica, principalmente durante a Idade Média, ou mesmo o Cristianismo em geral, por ter esquecido os indivíduos e por exercer o seu poder no pastoreio de forma massificadora, isto é, homogeneizadora. Segundo Foucault o poder pastoral e a Igreja não desconsideram o indivíduo, ao contrário, não só levam em conta os indivíduos como buscam construir um modelo de individualidade. O controle das massas, da população, os procedimentos de totalização de controle combinaram-se com as técnicas de individualização inauguradas pelo poder pastoral para que se realizasse da melhor maneira possível o procedimento de controle individual. A individualização, por sua vez, também é uma forma de melhor garantir os procedimentos de totalização.

A preocupação pastoral com o indivíduo não era apenas para obrigá-lo a agir de determinada maneira, mas também para conhecê-lo, desvendá-lo, fazer aparecer sua interioridade, visando a estruturar a relação dele consigo mesmo e sua consciência. Segundo Foucault, as técnicas da pastoral cristã relativas à direção da consciência, ao cuidado e ao tratamento das almas vão do exame de consciência, direção espiritual, confissão, passando pelo reconhecimento das faltas, algo fundamental para o fortalecimento do poder pastoral sobre o fiel.

Através das técnicas disciplinares provenientes do poder pastoral tencionava-se gerar na população um aumento de suas forças e um fortalecimento do poder do pastor para administrar a massa, fazendo os guiar pelas mesmas regras e pelos mesmos valores. Além disso, se as disciplinas operam sobre o detalhe, será o poder pastoral, com o seu apreço pelo que é insidioso, quase invisível, íntimo, buscar observar o menor impulso da alma – estruturando-se em mecanismos de confissão e vigilância –, que difundirá a exigência da ênfase no detalhe. No poder pastoral, o modelo de identidade, de subjetividade, de ação humana, de sociedade etc. era dado pela fé e construído pelas técnicas disciplinares descritas. Entretanto, entre essas técnicas, duas eram muito importantes como modos de subjetivação cristã: a confissão e a direção espiritual. A confissão era um modo de professar ou "confessar" a grandeza de Deus e a pequenez do indivíduo diante dele, e, ao mesmo tempo, de revelar o pecado do fiel e a graça do perdão divino. Assim como a confissão, a direção espiritual era uma maneira de se deixar conduzir pelo pastor-mestre, que, por ter parte com Deus-Pastor, possuía o conhecimento, seja dos planos de Deus, seja da natureza humana. A transparência e veracidade ao confessar ao pastor, em confissão ou direção espiritual, toda a verdade do que se sente é fundamental para que o poder pastoral se efetive, promovendo a correção do errante.

Assim eram, ou são ainda, criadas as subjetividades cristãs, ou as almas cristãs. Aceitando esse poder, o fiel, por meio das técnicas de controle do corpo e da alma, interioriza em si tal modelo. Este, segundo a tradição cristã, seria o próprio Jesus, protótipo do rosto, da subjetivação que sobrecodifica o corpo e faz girar em torno de si todos os significantes que são interpretados. Esse poder pastoral pode ser visto, portanto, como modo de imprimir uma identidade cristã, mediante técnicas precisas de controle da alma e controle do corpo. O poder sobre o corpo foi exercido pela Igreja Católica através das mortificações, as aquais era um modo de controle sobre o indivíduo. Mas a Igreja Católica tem outro modo de controle, que é o poder sobre a alma, a qual se dá através da ameaça da destruição da alma com o fogo do inferno. Esse segundo poder tem maior repercussão na vida do indivíduo. Para Foucault (in *Microfísica do poder*, 16ª ed. Graal, 1993, p. 182), "os corpos são sujeitados, os gestos são dirigidos e os comportamentos são regidos". Como o poder é relacional, isto é, circula entre as pessoas, assim o poder do pastor acaba circulando através das pessoas que fazem parte do círculo de pastoreio do presbítero católico, existindo, assim, poderes que circulam formando uma rede ou cadeia de poderes. Na Igreja Católica o poder é piramidal. Segundo Friedrich Nietzsche (in *Assim falou Zaratustra*, São Paulo, Círculo do Livro, 1983, p. 107): "Se o mais fraco serve ao mais forte, é que a isso é persuadido por sua vontade que quer dominar sobre alguém mais fraco ainda. E essa é a única alegria de que não se quer privar. (...) onde há sacrifício e serviço e olhares de amor, há igualmente vontade de ser senhor. Por caminhos secretos desliza o mais fraco até a fortaleza e até mesmo ao coração do mais poderoso, para roubar o poder".

A sociedade contemporânea, buscando fugir ao modelo de controle imprimido pela Igreja Católica, parece viver nova forma de controle. A diferença de controle, na contemporaneidade, é que os modelos impostos para a subjetivação de indivíduos, grupos e comunidades, são produzidos, registrados e lançados para o consumo por grupos poderosos que hierarquizam modos de existência e expressão por meio da mídia. Esses modelos seculares, não mais religiosos, são impostos por técnicas tão ou mais insidiosas e coercitivas que a confissão, o exame, a direção espiritual e a vigilância no poder pastoral. Assim, resta perguntar: como recusar esse modo de subjetivação moderno imposto em nossa contemporaneidade? Como o novo presbítero católico deve desenvolver seu pastoreio? Pois, do mesmo modo em que vivemos uma crise do controle disciplinar das instituições religiosas, sobretudo de cunho mais tradicional, vemos os membros de nossa sociedade sendo reféns dos modos de controle da sociedade consumista.

Assim, o novo presbítero católico apelar na era da globalização para uma pluralidade de modelos como se fossem a saída para as coerções não constitui uma solução satisfatória, pois todos os modelos são sempre limitados e limitantes: tendo uma tendência ao fechamento para o pensamento, para a inovação, para a mudança, para a ação, para a vida, para o campo do possível, tornando "natural" aquilo que é efetivo.

O que deve ficar claro para o novo presbítero é que a saída é fugir de modelos muito rígidos, os quais tendem a impedir o devir, a transformação, pois naturaliza algo, barrando a processualidade da vida e a experimentação de novos modos de vida, algo afirmativo de diferenças próprias e saudáveis para a existência humana, que precisa ter oportunidade de sempre poder escolher.

Assim, não fugindo ao processo histórico da construção da identidade, o novo presbítero católico deve continuar apostando na subjetividade como sendo o lugar do encontro de cada ser humano consigo mesmo, do avanço, do crescimento e da transformação da cada indivíduo, grupo, instituição ou sociedade. Reconhecer as subjetividades do outro é reconhecê-lo como sujeito. Mas resta perguntar: como promover novas formas de subjetividade no pastoreio atual, recusando os modelos de individualidades limitadores e controladores que vinham sendo impressos pelo pastoreio da Igreja Católica ao longo dos séculos? Como não ser refém do poder econômico imposto pela mídia?

Para se evitar o sequestro da subjetividade, a identidade cristã deve ser construída à luz do discernimento do Espírito de Deus, não à margem ou negação das contextualizações vividas pelo homem, contextualizações de suas relações sociais, culturais, econômicas, religiosas e políticas. É possível pensar que o conhecimento produzido a partir dessas contextualizações pode contribuir para ampliar a leitura e a compreensão da psicologia social em torno das relações que se estabelecem entre sujeito e religião, sobretudo, como ele se tornar agente da história, ou seja, como ele pode atuar na Igreja Católica em que vive, atento às novas demandas do perfil religioso na sociedade atual. Sabemos que isto é algo desafiante para o novo presbítero católico, o qual estaremos problematizando ao longo dessas páginas.

Mas fica aí a indicação dessa possibilidade, na certeza de que a escuta das subjetividades humanas proporciona um espaço maior ao novo presbítero católico, para que ele possa, em suas práticas de cuidado, ajudar cada indivíduo, grupos ou comunidades a melhor lidar com os dramas, acontecimentos, conflitos, sonhos e esperanças, tanto humanos, quanto espirituais, alcançando o patamar de serem sujeitos da própria história.

O cuidado e a integração do *Self* religioso

O cuidado na comunidade tem possibilidade de integrar o ego dos indivíduos da comunidade criando um "ambiente cuidador da vida", um controle mágico, um sentimento de "proteção", exercido nas experiências de ilusão e desilusão, mecanismo que constitui a base da integração do *Self. Self* entendido aqui como *si mesmo*, na linha de Mead.[12]

---

[12] Cf. Georg Herbert Mead (1863-1931), filósofo e psicólogo social americano. Para Mead o *Self* deve ser compreendido tanto filogenéticamente, resultado da evolução das espécies, como ontogenéticamente, em termos do desenvolvimento de cada membro individual. A individualização é o resultado da socialização não sua antítese. Preocupado com a construção da identidade social, Mead tenta compreender como se forma esta individuação. Para ele só poderá existir o senso do Eu se existir um senso correspondente a um Nós. Ou seja, são as relações sociais e o papel que desempenhamos na sociedade que irão nos constituir como pessoa. De acordo com Mead o Eu nasce na conduta, quando o indivíduo se torna um objeto social por sua própria experiência. Para o indivíduo, o Eu é uma terceira pessoa, e sua expressão na conduta para com outros é um papel a ser representado. Age-se conforme o que se espera dessa ação, ou melhor, como se imagina que é a expectativa de nossa ação. Para Mead, a formação da mente acontece quando o indivíduo consegue tomar a si mesmo como objeto de reflexão. Este processo, que ele denomina comunicação triádica, se dá pela interação reflexiva entre três instâncias simultaneamente subjetivas e objetivas: o "Eu", o "Mim" (que constituem o *Self*) e o "outro generalizado". Neste sistema, o outro generalizado corresponde a reflexividade estabelecida entre o indivíduo e a sociedade à qual pertence. A sociedade seria o mecanismo que nos permite viver com o outro, representado pelas instituições.

No cuidado há uma transferência de segurança, de fé, de amor, de proteção. Basta o cuidador saber propiciar a integração do *Self religioso* de cada indivíduo da comunidade. Essa dinâmica implica, na verdade, uma solidão compartilhada que pode ser a fonte do "gesto criador".

Para que seja favorecido o processo de integração do *Self religioso* do indivíduo é necessário que o cuidador saiba falar "do indivíduo" e "com o indivíduo". Este é um mecanismo dos processos de subjetivação através do "sentir com", do "compartilhamento" da vida do indivíduo. Podemos chamar, na linguagem do psicanalista inglês Winnicott, de um "espaço intermediário" que promove o encontro afetivo do indivíduo (in *Maturational Processes and Facilitating Environment*, Londres: The Hogarth Press, 1965).

O indivíduo religioso adquire mais facilmente a capacidade de usar os seus mecanismos mentais de fé se o seu contato com a mãe-Igreja for satisfatório. Ele precisa do ambiente seguro para crescer e amadurecer na sua crença, na sua abertura ao transcendente. É o mecanismo do cuidado que propicia a segurança para que o indivíduo possa criar ou recriar as bases de sua crença. Numa linguagem psicanalítica, o indivíduo crente precisa da "maternagem" suficiente e boa da Igreja ou religião, da alimentação satisfatória dos postulados da sua crença e da união dessas duas primeiras coisas na sua mente para poder criar ou recriar sua crença. A crença constitui o sustentáculo de nossas estruturas mentais e sociais.

Para Winnicot (1965), na estrutura de cada indivíduo existe um medo, uma angústia. Angústias diante das várias ameaças do existir humano, tais como o medo do retorno a um estado de não integração ou de não vida e, nesse sentido, de aniquilação e de quebra da linha do ser, o medo da perda de contato com a realidade, da desorientação no espaço, do desalojamento do próprio corpo, pânico num ambiente físico imprevisível etc.

As angústias dão-se diante do encontro com o mundo, inesperado e incompreensível para cada ser humano, num determinado estágio de amadurecimento. Sua condição inicial não é a de ser um Édipo em potencial, mas a de ser um ser humano frágil, finito, que precisa do outro ser humano para continuar existindo. Numa dimensão religiosa, o indivíduo crente leva dentro de si as fragilidades humanas e precisa de um "porto seguro" de orientação e desenvolvimento de sua crença para mais facilmente poder criar as bases de suas convicções religiosas. O novo presbítero católico, em suas ações de cuidado, deve procurar dar atenção a esses dados psicológicos que influenciam nos comportamentos religiosos.

Muitos indivíduos, através da preocupação materna primária excessiva, não tiveram a possibilidade de integrar no seu próprio ego o "ambiente cuidador" e o "ambiente criativo", isto é, um mecanismo de controle que constitui a base da integração do *Self*. A deficiência deste mecanismo de integração, entre necessidade de cuidado e criatividade, tende a orientar o modo como cada indivíduo irá subjetivamente lidar com o cuidado, podendo ser "totalmente dependente", "totalmente independente" ou agir de modo integrado.

Os primeiros tenderão a buscar um "cuidado excessivo" dos outros, pois em seu *Self* existe uma insaciabilidade de amor. Estes estão sempre reclamando "falta de cuidado", e dizem que os "outros" recebem mais atenção que eles, exigindo sempre exclusividade de cuidados. Os segundos tenderão a viver a total independência, sendo onipotentes, agindo como se não precisassem de cuidado algum, pois em seu *Self* existe descrença da força do amor. Estes tendem a desqualificar os cuidadores, lançando lhes muitas críticas ou ignorando-os, e, quando desenvolvem algum trabalho, não buscam a opinião do cuidador. O melhor é o terceiro grupo. Estes tendem a fazer a integração entre criatividade e necessidade de cuidados, aceitando caminhar juntos, buscando ajuda e aceitando orientações quando necessário. Em suas ações de cuidado, o novo presbítero católico deve ficar atento para não ser refém de nenhum grupo, devotando cuidado a todos, procurando, desta forma, favorecer a integração do *Self* de cada indivíduo que estiver aos seus cuidados.

O cuidado em qualquer dimensão da vida humana – social, psicológica e espiritual –, se não estiver atento a totalidade do ser humano, tende a não ter o efeito esperado, bem como a falta de cuidado, em qualquer uma das dimensões, pode levar ao comprometimento ou, até mesmo, à desintegração do *Self* do indivíduo envolvido. Podemos perceber isto quando uma criança é mal cuidada pelos pais, ou por uma das partes, ou recebe cuidado acentuando mais uma das dimensões em detrimento da outra, o que pode se tornar prejudicial para a criança na integração do seu *Self*, repercutindo-se ao longo de sua vida.

A falta de integração do *Self* poderá comprometer o senso de valor pessoal do indivíduo, levando-o a cair nos vícios, vida desenfreada afetivamente, comportamentos violentos, revoltas, baixa autoestima, dificuldades em ser sociável e outros comportamentos do mesmo intento. O *Self* é como um juiz do qual não se consegue, na maioria das vezes, escapar, sendo manifestada exterior ou interiormente sua desintegração. Na dimensão externa, a falta de integração é manifestada através de todas as formas consideradas patológicas de comportamento, tais como as já citadas acima; na dimensão interna, através de tristezas, fechamento aos relacionamentos, mau humor, irritação, estresses, doenças ou outras patologias. A verdade é que a falta de integração do *Self* leva a todas as formas de desequilíbrios, tanto externa quanto internamente. Internamente se dá, sobretudo, porque a pessoa tende a evitar que as pessoas conheçam a verdade a seu respeito, mas não consegue evitá-la de si mesmo. Todas as manifestações de desequilíbrios exteriores ou interiores se dão por falta de integração do *Self*. O cuidado, atento a totalidade do ser humano, se apresenta como um caminho de integração do *Self*, causando um impacto muito grande no senso de valor do indivíduo, repercutindo de modo positivo no desenrolar da vida humana.

O novo presbítero católico, como cuidador atento a esses fatores psicológicos, deve buscar capacitar-se para ser sempre um operador de cuidado religioso capaz de facilitar a integração do *Self* religioso de cada indivíduo de sua comunidade, de modo que a experiência de Deus e a mística religiosa possam tornar-se o eixo estruturante do *Self* deles e de modo que tenha uma repercussão positiva em todos os seus afazeres e no desenrolar de sua existência.

O que vem ficando claro na contemporaneidade, a partir dos avanços das ciências sociais, é que o cuidado, visando à dimensão espiritual, não deve desconsiderar a dimensão psicológica dos seres humanos, nem as questões sociais, relacionais, culturais, políticas e econômicas do seu viver. Assim, o cuidado religioso do novo presbítero católico se reveste de um poder maior de integração do *Self* religioso de cada indivíduo se estiver atento aos fatores psicológicos e aos outros fatores que influenciam a existência humana.

Quando o indivíduo percebe que está recebendo cuidado numa dimensão espiritual ele tende a se tornar mais receptível, mas pode haver bloqueios nesta dimensão. Mesmo sabendo que, segundo Jung (1987),[13] o retorno para o transcendente é um caminho de cura e de integração do *Self*, caso haja algum bloqueio no indivíduo, ele tende a resistir a esta abertura para o transcendente. Nestes casos, o novo presbítero católico, no intuito de melhor ajudar o indivíduo a alcançar a integração de seu *Self*, deverá oferecer cuidados que pos-

---

[13] Para Jung, todo ser humano é constituído de algo "numinoso", algo que é independente de sua vontade. As práticas religiosas são executadas unicamente com a finalidade de provocar deliberadamente o efeito do "numinoso", mediante certos artifícios: invocação, encantação, sacrifício, meditação, ioga, mortificações etc. (Jung, 1987, p. 7-38). Ele cita a Igreja Católica na administração dos sacramentos: "A Igreja católica administra os sacramentos aos crentes, com a finalidade de conferir-lhes os benefícios espirituais que comportam. Mas como tal ato terminaria por forçar a presença da graça divina, mediante um procedimento sem dúvida mágico, pode-se assim arguir logicamente: ninguém conseguiria forçar a graça divina a estar presente no ato sacramental, mas ela se torna inevitavelmente presente nele, pois o sacramento é uma instituição divina que Deus não teria estabelecido se não tivesse a intenção de mantê-la" (Jung, 1987, p. 9-10).

sam favorecê-lo a melhor lidar com esses bloqueios. Isto exige, então, uso das ferramentas psicológicas, as quais favorecem-no mais nessas questões. Caso contrário, haverá sempre inconstância religiosa ou tentativa de negação do aspecto religioso. Não havendo a integração do *Self*, que seria uma fonte de saúde e bem-estar de modo geral, todos os cuidados religiosos oferecidos pelos presbíteros católicos tendem a ter pouca eficácia.

Assim, podemos dizer que o cuidado presbiteral, atento à dimensão psicológica de cada ser humano, se reveste de um poder maior de integração do *Self* de cada indivíduo que o recebe. Isto acrescido do fato de o presbítero católico ser entendido como um cuidador que tem um poder transcendente ou que é portador de algo transcendente.

O cuidado presbiteral numa visão psicossocial

Ao falar do cuidado na missão presbiteral, quer se oferecer um contributo para um "repensar" do ser presbiteral com o(s) outro(s) no mundo. Buscando, assim, um "re-despertar" da missão do presbítero católico a partir do conceito de cuidado, tema teorizado por Heidegger como pré-ocupação ou pré-ser. Falar de cuidado é falar de saúde, de salvação, de vida, termos cooriginais, nascidos de um mesmo conceito e que codividiram durante muito tempo a mesma sorte e o mesmo significado, que é de bem-estar, de plenitude, de integridade da existência humana. Salvação, saúde e vida são termos próprios das religiões. Tudo isso indica que as religiões procuram salvar o ser humano na sua totalidade física, psicológica e espiritual. Assim, por si só, o sacro representa, no imaginário social, a salvação, a integridade, a saúde, a vida. Trazendo isso para repensar o cuidado do presbítero católico, podemos dizer que este, como representante do sagrado, em si, já representa algo bom, representa saúde, salvação, integridade, vida. Portanto, a construção social do presbítero católico como algo sacro tem uma riqueza muito profunda, algo que vamos tentar refletir nesse item.

Em sentido heideggeriano (1998), o cuidado permite, precisamente, conferir sentido e significação a toda existência humana, pelo desvelamento do ser. Apesar de comungar dos valores centrais da antropologia filosófica, o cuidado amplia e aprofunda o ministério presbiteral na medida em que o seu ponto de partida reflete a anterioridade da própria essência de ser presbítero católico. Neste sentido, a pergunta pela identidade e espiritualidade do presbítero católico é já, em si mesma, um gesto de cuidado.

O cuidado se reveste da máxima importância ao nível das referências do ministério presbiteral, que deve se pautar pela excelência da sua missão. O cuidado constitui-se, em nosso entender, como uma ferramenta ao alcance de todos os presbíteros católicos, tornando-se, cada vez mais, necessária no quotidiano individual, profissional e coletivo de sua ação.

Em uma época em que o individualismo é o que rege as regras sociais, gerando assim solidão e isolamento, o ato de cuidado do novo presbítero católico deveria envolver justamente a preciosa oportunidade de cada indivíduo estar acompanhado de alguém que a todo momento estende a mão, não como forma de punição, de castigo, mas como um convite de que é possível estar ao lado de alguém importante, que respeitará suas dificuldades, reconhecerá suas potencialidades e aceitará que ele seja do jeito que é, algo indispensável para o crescimento e abertura para o transcendente.

A atitude de cuidado se apresenta com poder de gerar confiança no cuidador. Ser um presbítero católico cuidador é se empenhar em gerar, naqueles que recebem cuidados, confiança em si e no cuidador. Confiar é sentir-se à vontade diante do cuidador, é poder compartilhar os sentimentos, as experiências, a vida, os sonhos, as alegrias e as tristezas. Percebe-se a confiança quando o cuidador e o indivíduo que recebe cuidados, a todo o momento, são capazes de dar as mãos para um voo, para uma vida mais digna, um voo espiritual, algo que se torna um bom indicativo do sucesso do processo de cuidado na dimensão espiritual.

Segundo Bauman (2003, p. 23) as pessoas querem segurança e liberdade, mas "a liberdade e a segurança, ambas igualmente urgentes e indispensáveis, são difíceis de conciliar sem atrito – e atrito considerável na maior parte do tempo". O novo presbítero católico, em suas ações de cuidado, à luz da mensagem cristã do Evangelho de Jesus Cristo, deve favorecer a segurança e a liberdade, bandeira dos indivíduos na contemporaneidade. Tal atitude de cuidado do novo presbítero católico deve levar em consideração essa bandeira, proporcionando assim a segurança e a confiança de cada indivíduo em suas capacidades, e a liberdade para viver e participar na construção de uma melhor qualidade de vida para si e para todos.

O cuidado que o novo presbítero católico é chamado a dispensar em sua ação presbiteral deve ter uma dimensão abrangente. A pessoa do cuidador não deve colocar em primeiro lugar sua abordagem teológica, nem suas técnicas, seu *status,* sua posição, sua espiritualidade, seu reconhecimento social, nem os honorários a receber etc. O que deve estar em primeiro lugar é o reconhecimento do outro. A atitude de cuidado deve levar o cuidador para além de todos os impedimentos ou ideias que possam travar ou limitar a atitude de cuidado. Na própria parábola do samaritano encontramos esta orientação (Lc 10,30-37). Agir com bases prefixadas de comportamento pode trazer dificuldade de reconhecimento de "novos sujeitos" individualizados, bem como ser um entrave no acolhimento da vontade de Deus ou retardar a abertura e o acolhimento da evolução social (cf. Santos, 2010, p. 226).

Muitas questões sociais se resolvem com a mobilização coletiva. Desta forma, aqueles que atuam em áreas que envolvem cuidados da vida humana, se tiverem uma visão reduzida da sua ação, como simplesmente de cuidado espiritual, entendido aqui apenas como cultual, correrão o risco de ter pouco ou nada de representatividade na sua ação. Reduzir o cuidado apenas à dimensão espiritual do ser humano, com pouco comprometimento com os problemas e questões comuns do cotidiano de sua localidade, traz comprometimento para o cuidado. O cuidado, atento à totalidade da vida humana, deve envolver-se com os problemas da existência humana, tais como: moradia, educação, saúde, locomoção, novos valores éticos, emprego, quantidade de áreas para o lazer ou práticas esportivas, culturais e recreativas, qualidade de vida, segurança pública etc.

Pensar a identidade e a espiritualidade presbiteral a partir do cuidado, implica em abrir-se para a compreensão de que a solução de muitos problemas que evolvem a vida humana não são passíveis de serem resolvidos somente com os conhecimentos filosóficos e teológicos, mas se fazem necessárias as ferramentas das outras ciências. Assim, em muitas situações de cuidado deve haver a valorização do espiritual, mas sem deixar de lado as outras ferramentas como: acompanhamento psicológico, terapias grupais, mobilização coletiva para a reivindicação de melhorias, momentos de debates e aprofundamento comunitário da fé cristã, responsabilização em relação à educação dos filhos e à manutenção da saúde de si e de seus familiares (crianças, adolescentes e idosos), reivindicação dos direitos e denúncia de possíveis ilegalidades (ou irregularidades) quanto aos benefícios dos programas sociais, cuidado para com a natureza, melhor distribuição de renda, melhorias das condições e artifícios para a ascensão social dos menos favorecidos, inclusão social etc.

Diante disto se faz necessário resgatar a dimensão social e espiritual do cuidado na configuração da identidade e espiritualidade do presbítero católico. A "questão da dimensão social da missão do presbítero levou-o a ser um 'pai' ou 'irmão' mais próximo dos problemas sociais da humanidade. A dimensão social vai desembocar no Concílio Vaticano II – 1964-1965" (Santos, 2010, p. 48). Tal resgate atuará no sentido de poder elevar o índice baixo de luta contra as injustiças sociais, que segundo pesquisa do CERIS de 2000 era de 2 a 5 (in Medeiros & Fernandes, 2005, p. 23-37). Na dimensão espiritual do cuidado, a partir da mística cristã, busca-se elevar a materialização da vida, favorecendo a luta para se evitar a "coisificação" da vida humana. E isto se torna possível a partir de uma atitude de cuidado abrangente, isto é, não reduzida a uma única dimensão da vida humana.

Assim, numa visão psicossocial, a ação presbiteral deve reger-se pela mística do cuidado da vida em todas as suas dimensões e amplitudes, de modo que a vida seja respeitada e valorizada como um todo. A mística cristã unida às ferramentas da psicologia social deve ser a luz a guiar as ações de cuidado do novo presbítero católico. Ele não deve mais se contentar apenas com os estudos da filosofia e teologia, mas buscar nas outras ciências, sobretudo nas ciências sociais e psicológicas, ferramentas que possibilitem um maior cuidado da vida humana em todas as suas dimensões e amplitudes.

Função social do novo presbítero católico

Falar de função social do presbítero católico é perguntar por sua identidade e espiritualidade, e perguntar por sua identidade e espiritualidade é perguntar por sua razão de ser e o significado de sua ação na sociedade. Mas, ao falar desta questão, precisamos ter bem presente toda história do desenrolar do presbiterato durante quase dois mil anos, bem como saber que os presbíteros são atores que se inserem na sociedade de modo multidimensional, abraçando as esferas da cultura, da política, da vida econômica e da religião. É uma história de contradições, tensões, dilemas e realizações de alguém inserido numa instituição total como a Igreja Católica, formada por não menos ambiguidades e antíteses. Assim, falar da função social do presbítero católico é tarefa nada fácil.

Mas, sabendo que, se a função social do presbítero católico estiver mal definida, ele terá dificuldade em ser eficaz em sua ação, nos lançaremos na tentativa de traçar algumas indicações da sua estruturação, bem como perceber as mudanças, transformações e inovações sofridas ao longo da história. Por último, daremos algumas pinceladas sobre o entendimento psicossocial da função social presbiteral na atualidade, traçando algumas pistas de ação.

Nos primeiros séculos do cristianismo a função social dos presbíteros primou-se pelo acento do anúncio das novidades da mensagem trazida por Jesus Cristo (At 2,14-41; 3,11-26). De acordo com o crescimento do cristianismo, percebem-se também que várias ações vão se somando a essa função social: formação e estruturação de comunidade de comunhão fraterna, com fração comum do pão e orações comunitárias (At 2,42-47; 5,1-11); atendimento dos doentes, dos pobres, das viúvas, das famílias enlutadas (At 3,1-10; 6,1-7; 9,32-43; 2Cor 8,19); denúncia do poder escravizador, tanto da religião judaica quanto do poder civil (At 6-7,54); celebrações de batizados (At 8,26-40;10,44-48); fundação de comunidades e viagens missionárias (At 11,19-21; 16,11-15; 18,1-11; 19,8-10). É uma estruturação que vai sendo construída tendo como referência as ações dos Apóstolos. Nestas delineações, o que fica claro é que os presbíteros devem ser líderes, compondo a liderança da igreja local (At 11, 30; 14,23; 20,17; Tt 1,5; 1Tm 4,14; Tg 5,14; 1Pd 5,1-4), podendo serem dignos de dupla honra (1Tm 5,17-18). A primeira novidade que aparece aí é que não vemos nenhuma igreja, por menor ou mais isolada que fosse, que tivesse um só presbítero, sendo o padrão a pluralidade de presbíteros; em segundo lugar, não vemos mais de uma forma de governo e sim uma única forma, que é de presbíteros em cada igreja local, pastoreando, dirigindo, zelando e cuidando dela; em terceiro, que os presbíteros devem ser exemplo e modelo para o rebanho. A incumbência principal era pastorear a comunidade, protegendo dos falsos mestres, arrebanhando novos adeptos e estando atentos para não haver contendas nem disputas internas. O comportamento deles deveria refletir as marcas de uma vida pautada na Palavra de Deus, devendo zelar para que o rebanho recebesse um bom alimento espiritual.

Já a partir do século III vemos o presbiterato, como toda a organização da Igreja, sendo tomado pelos monges. A partir desta época, o acento da função social do presbítero passa a recair sobre o espiritual, ganhando corpo, sobretudo, a partir do século V, por volta da queda do Império Romano no ocidente (476) e da conversão dos bárbaros, tendo o contorno de defesa dos valores cristãos e da punição do mal. Tal configuração da função social dos presbíteros favoreceu a geração de presbíteros criadores de instituições de caráter assistencialista voltadas aos pobres e de apoio aos doentes, criadores de ordens mendicantes, criadores de grupos de resistência e punição como os templários na França (1119), para lutar contra os infiéis, ou inquisidores.[14] Assim, chegamos até o Concílio de Trento (1545-1563), no qual a função social do presbítero passa a ser mais de doutrinação dos fiéis, culminando-se no Concílio Vaticano I (1846-1878). A estruturação da função social do presbítero nesta época sofre também as influências da concepção de Igreja da época, que era a de uma sociedade perfeita, fora da qual não haveria salvação. Esta função social do presbítero foi também estruturada tendo-se a concepção do primado do poder espiritual sobre o poder temporal, postulado que se concretiza na relação de autoridade papa-bispos-presbíteros sobre os leigos e leigas, cujo direito é apenas de receber a graça sacramental administrada por ministros ordenados. Este período é conhecido também como cristandade, no qual o poder imperial coexistia com

---

[14] Inquisição é o Tribunal eclesiástico criado para averiguar e julgar os acusados de heresia. A sua instituição jurídica data de 1232, pelo papa Gregório IX, para disciplinar as frequentes práticas persecutórias da parte do povo e dos príncipes, muitas vezes sob a forma de linchamentos.

o poder da Igreja, privilegiando os sacramentos, as irmandades e a difusão da devoção aos santos. Todos esses fatores contribuíram para delinear uma fisionomia muito rígida da função social do presbítero. Tal rigidez passou pelos monges, pela reforma gregoriana do século XI,[15] e foi reforçada pelo Concílio de Trento (século XVI), culminando no Concílio Vaticano I (século XIX). Esta estrutura recebe forte resistência à mudança, na medida em que, no imaginário católico, é revestida com o conceito de perenidade, como se ela tivesse permanecido a mesma desde as primeiras comunidades cristãs. Resumindo, no contexto medieval, acentuaram-se muito mais a situação de unanimidade, conformismo e tradicionalismo, obtida por um consenso social homogeneizador e normatizador, consenso este favorecido pela constituição progressiva de uma vasta rede paroquial e clerical. As instituições todas tendiam, pois, a apresentar um caráter sacral e oficialmente cristão. Podemos dizer, de modo geral, que quase tudo o que a Igreja Católica produziu de documentos, desde o Concílio de Trento (1545-1563) até o Concílio Vaticano I, foi marcado pela desconfiança ou recusa dos modelos modernizadores, sobretudo porque muitas das inovações tinham como seus protagonistas e interlocutores os profissionais liberais e os socialistas.

A partir do século XIX, com a doutrina social da Igreja Católica, especificamente, com a publicação da encíclica *Rerum Novarum* (1891) pelo Papa Leão XIII, inicia-se uma nova era de revisão e estruturação da função social do presbítero católico, sobretudo com acento no so-

---

[15] Ocorreu então a reforma "gregoriana", no século XI, que operou a síntese de uma reforma na e da Igreja, de uma reforma "na cabeça e nos membros". O objetivo da Reforma Gregoriana era fazer com que a Igreja e a cristandade voltassem aos tempos de Cristo, época primitiva do cristianismo marcada pelos Apóstolos. Mas por outro lado os fins da reforma visavam estabelecer o poder do papa sobre o poder feudal. A evolução da Idade Média havia feito com que o poder dos senhores feudais crescesse e praticamente comandassem a Igreja, a proposta de voltar aos tempos de Cristo era um artifício para acabar com esse controle da Igreja.

cial e político, que vai culminar no Concílio Vaticano II (1961-1965), convocado por João XXIII, com o objetivo de promover o incremento da fé católica, uma saudável renovação dos costumes do povo cristão e adaptação da disciplina eclesiástica às condições dos tempos atuais. Tal evolução desemboca-se no Concílio Vaticano II (1962-1965). A era do Concílio Vaticano II ficou conhecida como a "Primavera da Igreja", havendo um convite para a revisão, a renovação e a estruturação da função do presbítero católico. Um dos mais conhecidos documentos conciliares é a Constituição Pastoral *Gaudium et Spes* sobre a Igreja no mundo atual. Entre várias renovações, este concílio reformou a liturgia, a constituição e a pastoral da Igreja, que passou a ser alicerçada na igual dignidade de todos os fiéis e a ser mais virada para o mundo; clarificou a relação entre a revelação divina e a tradição; e impulsionou a liberdade religiosa, o ecumenismo e o apostolado dos leigos. Temos também a *Presbiterorum ordinis*, que centra na caridade pastoral o ministério presbiteral; por isso, ela se configura a alma e a forma da pastoral presbiteral. Essa caridade pastoral é o eixo para o agir do presbítero, que se torna, por meio dela, instrumento do Espírito na história e, a exemplo de Jesus, homem consagrado ao povo que lhe é confiado. Tal posição foi fortalecida pela encíclica de João Paulo II, *Pastores* Dabo Vobis, o pensamento do papa sobre o presbiterato e as encíclicas sociais: *Centesimus Annus* (1991) e *Sollicitudo rei socialis* (1987), que constituem etapas marcantes do pensamento social católico. A fisionomia da função social que daí vai se formando é de um presbítero católico que se lança no diálogo com o mundo como um meio privilegiado de evangelização. Sobre o eixo Povo de Deus, Igreja, comunhão e participação, abre-se um grande leque para a reflexão da função social do presbítero católico, algo que se esbarra no eixo da autoridade de Roma, a cuja tensão assistimos até hoje. As tentativas de construção de um novo modelo de função social do presbítero católico, inspirado nas mudanças promovidas pelo Concílio Vaticano II, contemplaram também a emergência da teologia da libertação e a implantação das pastorais específicas.

Fazendo um parênteses, e olhando para os presbíteros do Brasil, sobretudo, nas últimas décadas, perceber-se uma tendência muito forte entre eles de retorno ao tradicionalismo, a uma visão tridentina de sua função social. Percebe-se também uma amplitude de sua função social, indo desde a distribuição dos sacramentos e a pregação, o testemunho engajado do Evangelho, o culto, a santificação do povo de Deus, o bom exemplo, a animação das comunidades e o serviço à Igreja como Instituição (serviço administrativo), até ao engajamento nas causas sociais e políticas. Mas, como são diversas e, às vezes, perplexa e abrangente a função social do presbítero católico, muitos acabam ficando numa atitude mais conservadora e cultual. A tendência mais conservadora recebeu um reforço, sobretudo do Código do Direito Canônico de 1983. Existe, na contemporaneidade, uma ênfase da Igreja Católica na questão missionaria dos presbíteros católicos. A ação missionária é algo constitutivo do catolicismo. Resta perguntar se esta ação não se ressume numa nova roupagem apenas para a sobrevivência da instituição.

Retomando a linha da História, a função social do presbítero católico pós-Vaticano II, com acento na administração paroquial, tem como centro o serviço às pastorais e a administração do culto e dos bens da Igreja. Mas, a partir do ano 2000, percebe-se que vem sendo gerados alguns questionamentos da função social do presbítero católico delineado pelo Concílio Vaticano II. Tais questionamentos nascem, sobretudo, a partir dos avanços dos meios de comunicação social e informação e do surgimento de uma nova geração, que se prima por ser menos "conteudista", tendo um senso crítico mais aguçado, com acento na felicidade, na atualização, na novidade, na estética, no prazer, no entretenimento, sem muito compromisso social e voltado para a segurança, a liberdade e a personalização. Tal delineamento da função social dos presbíteros católicos na contemporaneidade será mais aprofundado ao longo das páginas seguintes.

Assim, resumindo as diversas configurações ou transformações do delineamento da função social do presbítero católico, podemos dizer que, na época dos Apóstolos, a função social dos presbíteros tinha o contorno do anúncio da boa-nova trazida por Jesus Cristo, da libertação de formas de escravidão e de isolamento, da formação de comunidades, da partilha, da criação de sentido e esperança tanto nesta vida quanto na outra. A partir do século III, a função social do presbítero católico ganhou novas configurações. O lugar de onde foi gerada essas novas configurações foi um lugar distante e separado da comunidade. Tal função social ganha o delineamento do enquadramento das pessoas no modo tradicionalista de ser, primando-se pela homogeneidade de comportamentos, punição e condenação, nesta e na outra vida, dos pecadores. Existindo, dentro desta visão, preocupação excessiva para com a pureza da doutrina e a salvação da alma, o sacrifício e a renúncia dos prazeres da vida terrena e não faltando nesta época também as ordens mendicantes, missionárias etc., a função social, se resume na sacralização do mundo, sacramentalização da vida das pessoas e doutrinação de todos, em vista da salvação na outra vida. A partir do Concílio Vaticano II, temos novo delineamento da função social do presbítero católico, com acento nas questões sociais, erradicação das injustiças, retorno para o meio do povo, – sendo o irmão entre os irmãos –, engajamento na transformação da realidade, diálogo com as culturas e o mundo, luta pela vida. Isto ele deve fazer de forma democrática, sendo flexível, rompendo a separação entre ele e os leigos e leigos, estando inserido no meio do povo, organizando as pastorais e os conselhos e administrando os sacramentos. No século XXI percebe-se que se vai delineando nova função social do presbítero católico, agora como aquele que ajuda as pessoas a discernir, sistematizar e organizar, à luz do Espírito de Deus, o conteúdo da mensagem cristã, da palavra de Deus e da moral em razão da felicidade e da segurança, sobretudo momentânea. O desafio para o novo presbítero católico trabalhar nesta nova fase é de ser capaz de transformar o antigo em novo, sendo criativo e inovador.

Deixando em aberto tais problematizações para serem aprofundadas nas paginas seguintes, passamos ao aprofundamento do significado psicossocial da função social do novo presbítero católico.

O novo presbítero católico é um homem capaz de grandes feitos em favor do povo de Deus, mas também de grandes misérias. Eles "não são engenheiros das almas" imprimidos por um mandato divino, mas homens que, da mesma forma que são encantadores, cumprem uma função social na sociedade, podendo proporcionar vida em abundância ou ser ineficiente ou até empecilho para que a vida seja cultivada.

Na sua função social, os novos presbíteros católicos, enquanto categorias sociais, desempenham ações de limitação, de conservação, de transformação e de atualização da fé na vida dos seres humanos. O novo presbítero católico tanto pode agir atendendo a todas essas dimensões, quanto pode, apenas, privilegiar uma, deixando à desejar nas outras.

A função social do presbítero católico é revestida de uma abrangência muito maior do que se pode imaginar. Basta olhar a repercussão social de muitas de suas ações: muitos casamentos permanecem firmes devido às orientações recebidas dos presbíteros católicos, muitos mudaram de vida, converteram-se devido às suas pregações. Através de suas ações é possível perceber que: muitas vidas foram salvas; muitas organizações sociais de cuidado da vida humana, tais como escolas, creches, hospitais, associações, foram criados para a preservação e cuidado dos seres humanos; muitos lares foram refeitos; relacionamentos foram preservados; muitas estruturas foram criadas para a preservação da natureza; a paz foi estabelecida em muitas regiões; muitos encontraram consolo e sentido para a vida; comunidades foram criadas; raças foram preservadas; templos foram construídos; etc. Assim, na história da humanidade, na maioria das vezes, é possível perceber a ação positiva de cuidado do presbítero católico muito mais do que ele mesmo imaginou. Do mesmo modo como vemos sua grandiosidade, de outro lado, muitas vidas foram ceifadas, tristezas e sofrimentos foram plantados, coisas que ele nem mesmo imaginou. Quando a função social do presbítero católico fica limitada apenas a uma dimensão, isto é, a limitação, ou a conservação, ou a transformação, ou a atualização da fé na vida dos seres humanos de onde este presbítero católico presta cuidados, é possível perceber os seus limites ou até mesmo o seu descuido.

Em ambas as dimensões não precisamos ir muito longe para se ter algo a dizer sobre a função social do presbítero católico. Mas o aspecto positivo da sua função social parece ser maior. A contribuição de cuidado que os presbíteros católicos deram e dão a comunidade católica, com reservas em alguns casos, sempre foram e serão positivas para a humanidade. Se os presbíteros católicos fizeram e poderão fazer algo de positivo, isto é graças à mística cristã de cuidado que, inspirada no mestre Jesus e fortalecida pelo Espírito de Deus, compreende que toda existência humana é digna de respeito, de reconhecimento, de atenção, de valor e merece o mínimo de cuidados (Mt 10,42).

Olhando para a abrangência do cuidado, o ideal de que o novo presbítero católico seja um ser distante do social, exercendo somente função espiritual, isto é, de culto, pode ser mais negativo do que positivo, no sentido de favorecer a separação dele da comunidade, criando um modo dualista ou limitador de entender sua missão, possibilitando somente a criação de um presbítero católico acomodado ou limitado em suas ações de cuidado presbiteral. A atuação dos presbíteros católicos na dimensão simplesmente espiritual pode não dar conta de resolver os problemas de desigualdade social, de analfabetismo, os problemas políticos, sociais e religiosos da sociedade. Eles podem acabar reproduzindo essas desigualdades mesmo sobre a bandeira da fé, da irmandade em Jesus Cristo, da conversão.

A história vem atestando que a oposição entre "mundo da terra" e "mundo do céu" tem sido algo que mais tem atrapalhado do que ajudado na evangelização e no cuidado da vida humana. O novo presbítero católico se define por desempenhar certas funções, e isto ele o faz, quer nos processos de reprodução de alguns conhecimentos, de transformação da ordem social, quer na implementação de um modo mais humanizado de viver, iluminado pela mística cristã. O idealismo de que basta somente ficar na dimensão cultual vai contra o evangelho de nosso Senhor Jesus Cristo, que diz que também é necessário ser fermento misturado na massa (Lc 13,21) ou, ainda, sal que dá gosto e sabor: "Vocês são o sal da terra" (Mt 5,13).

Para transformar a sociedade, muitas vezes, são necessárias ações de cuidado além das ações puramente espirituais, ou além daquelas que se fecham em uma das funções sociais do cuidado, isto é, fecham na limitação, ou na conservação, ou na transformação, ou na atualização da fé na vida dos seres humanos. Em muitas situações ou ocasiões, o maior bem que o presbítero católico pode prestar à comunidade é ajudar o povo, a partir da fé cristã, a se organizar e lutar por seus direitos, por mais vida para todos. Assim, para que o novo presbítero católico possa ter atitudes de cuidado ao modo de Jesus Cristo, trazendo vida e vida em abundância para todos, deve ter "cuidado" para não reduzir sua ação somente à dimensão, entendida aqui como culto ou como dimensão única da sua função social.

Percebe-se, com muito pesar, que muitos presbíteros católicos têm reduzido sua função de cuidado a apenas "uma ideia ou entendimento que se tem da Igreja", e até afirmam que Roma pede isso. Assim, se desligam da realidade em que atuam, voltando o seu atendimento e ações àquilo que ele imagina ser os interesses de "Roma".[16] Desta forma, acabam agindo como se o certo fosse somente que ele intuiu que a instituição determina. Ademais, os

---

[16] Roma entendida aqui, por muitos, como lei, disciplina, sede do tradicionalismo, e usada como uma camisa de força, por muitos, para manifestar todo o seu poder. Muitos, devido a suas inseguranças pessoais, usam este modo de ser, falar e agir como forma de afirmação da autoridade. É preciso atentar que Roma é também a sede do catolicismo, da união, de orientações gerais e seguras para a Igreja Católica como um todo. A doutrina católica está repleta de bom senso e flexibilidade, muito mais do que uma pessoa imaginária. Assim, usar a autoridade de "Roma" para afirmar suas ideias e posições é um sinal de desconhecimento da riqueza da fé cristã e de sua função social.

problemas ou necessidades institucionais podem ser diferentes dos problemas ou necessidades de uma comunidade do interior, como os problemas e necessidades de hoje podem ser muito diferentes dos do passado, requerendo, à luz do Espírito de Deus, novas e inusitadas ações cristãs de cuidado. Assim, exercer o ministério presbiteral somente visando aos interesses e necessidades da organização ou baseando-se nas questões do passado, muitas vezes, não contribui em nada para transformar ou atualizar a fé do povo na contemporaneidade, podendo ser apenas mais um "sino ruidoso ou estridente" (1Cor 13,1) a clamar por algo que há muito tempo já foi ou deveria ter sido sepultado.[17]

Para que o novo presbítero católico possa fugir a uma tendência limitadora ou conservadora da sua função social, penso que seria bom retomar o princípio Agostiniano: "No necessário, unidade; no contingente, liberdade; no todo, caridade". Muitas vezes o novo presbítero católico acaba não sendo um membro, irmão e representante da comunidade em que atua, mas simplesmente um "fiscal", "controlador" ou "mantenedor" da ordem que ele entendeu que a instituição orienta manter, ou do que é a fé cristã, ou do que seria sua função social. Ter uma atitude de cuidado atento à abrangência de sua função social significa ser capaz de traçar um círculo, não somente em volta de si, ou de sua família, ou daquilo que se entendeu da instituição, ou da fé cristã, ou do culto, ou da sua paróquia, ou da

---

[17] Segundo o Concílio Vaticano II: "É dever permanente da Igreja perscrutar os sinais dos tempos e interpretá-los à luz do Evangelho, de forma a poder responder, de modo adaptado a cada geração, às permanentes indagações dos homens sobre o sentido da vida presente e futura e sobre suas mútuas relações (GS 4). João XXII, na *Pacem in terris*, havia considerado sinais dos tempos alguns valores da atualidade, tais como: emancipação da mulher, emancipação de povos colonizados, unificação do mundo, progresso da civilização. Assim, para o novo presbítero católico a existência concreta do homem torna-se fonte teológica para discernir sua identidade e espiritualidade presbiteral.

comunidade em que atua, mas um círculo que possa abranger a comunidade como um todo e com todas as suas necessidades; significa ser capaz de diálogo, de flexibilidade e de misericórdia. Isto significa fugir ao modo limitador de compreender a função social do presbítero católico, preocupado somente consigo mesmo, com sua família e com sua paróquia, fechado em suas ideias e ações ou fechado numa das funções sociais do cuidado.[18]

O novo presbítero católico, contrapondo-se à tendência tradicional[19] ou ao modo limitador de compreender sua função social, deve distinguir-se pelo hábito do trabalho coletivo, pela democracia, flexibilidade e disciplina em seu trabalho, pela acolhida e respeito às diferenças, pelo reconhecimento do outro, pelas ações de valorização da vida, pelo respeito à tradição, mas também pela capacidade de ser criativo, aceitar o novo e estar atualizado, pelo espírito crítico e pelo profetismo, pela vida de oração, espiritualidade e amor à Igreja e ao Evangelho de Jesus Cristo, pela capacidade e qualidade de liderança, enfim, pelas ações abrangentes de cuidado, sendo tanto limitadoras e conservadoras quanto transformadoras ou atualizadoras da fé na vida

---

[18] O novo presbítero católico em sua função social abrangente de cuidado não deve se comportar como quem "sabe tudo", o "puro" ou "santo", mas aquele que está a caminho da pureza, da santidade e da verdade, o "irmão entre os irmãos" (Concílio Vaticano II, *Presbiterorum ordinis*, n. 9).

[19] O tipo tradicional de presbítero católico é aquele que é bem formado em literatura, filosofia, direito canônico e "missal romano", mas apresenta limites e resistência com relação à realidade social, aos avanços da sociedade, à acolhida, ao respeito e ao reconhecimento das expressões religiosas do povo. Este é marcado pela autonomia em relação àquilo que a sociedade possui. Ele se julga como um "deus" investido dos poderes da instituição e acima de qualquer instância de poder. O tipo tradicional a que me refiro, tenderá sempre a tomar atitudes bem parecidas com aquele fato acontecido na celebração dos 500 anos de evangelização brasileira, em que impediram os índios de celebrar com a comunidade. A resposta dos índios foi imediata: entraram com uma "lona preta" para dizer que estavam de luto nos 500 anos de evangelização do Brasil.

dos seres humanos, desde que possa alcançar o benefício de proporcionar vida em abundância para todos.

Num mundo de pouco acesso à informação o presbítero católico era aquele que se distinguia pelo conhecimento, aquele que trazia uma "receita pronta para a sociedade". No mundo de hoje, no qual mais pessoas têm acesso à informação, mundo da evolução e transformações muito rápidas, o novo presbítero católico, em sua função social abrangente de cuidado, precisa saber atuar como coordenador ou dinamizador de talentos, sabendo delegar tarefas aos membros da comunidade, não vindo com "receitas prontas", mas aberto para construirem juntos o Reino de Deus. Desta forma, ela avança para compreender que, mesmo o mundo não sendo seu amigo ou sendo um mundo oposto ao seu, mesmo assim, ele se comporta como amigo do mundo, buscando desempenhar suas ações de cuidado de forma a bem cumprir missão de profetismo cristão.

O novo presbítero católico é aquele que passa a entender sua vida, sua identidade, não somente como "sacerdote", mas como presbítero, fugindo à "minimização" de sua ação e identidade. Na "minimização" do presbiterato a tendência é aparecer na agenda do presbítero apenas as ações sacramentais. Desta forma, a tendência é haver limitação de sua função social de cuidado a apenas "rezar missas" ou administrar os sacramentos ou sacramentários, o resto do tempo gasta com "encontros", filmes, internet, festas, "noitadas", passeios locais, nacionais e internacionais, faltando ações de pastoreio e de governo do povo de Deus. Além do mais, muitos nem procuram fazer nenhum curso ou estudar mais, pois para "celebrar missa"[20] e presidir

---

[20] Sobre as celebrações litúrgicas, mais especificamente a missa, vemos que, por mais que tenha havido um esforço de renovação litúrgica no Concílio Vaticano II, ainda ela é um ritual muito pesado, muito carregada de termos e conceitos metafísicos, os quais muitos presbíteros católicos não conseguem internalizar. Tanto é verdade que, sem o missal, muitos presbíteros católicos não conseguem presidir a celebração,

os sacramentos só basta saber "ler bem o missal", usar bem o "microfone" e ter uma boa oratória. O modo somente "sacerdotal" de atuação presbiteral pode levar a alguns desvios da sua função social de cuidado, tais como: "presbíteros católicos" que se desconectam progressivamente do verdadeiro sentido da celebração eucarística e se tornam especialistas do "*show*-missa", como também aqueles que ficam apegados a "minúcias rituais" ou fundamentalismo litúrgicos, ou aqueles que não fazem mais nada a não ser celebrar a missa. O despreparo da maioria desses presbíteros católicos para atuar no novo "espaço pós-moderno"se torna, muitas vezes, gritante.[21] Tais presbíteros tenderão a pautar sua função social de cuidado em uma visão tradicional e autoritária, sendo reativos a toda caminhada de libertação social do povo de Deus. Isso acontecendo estarão fugindo ao autêntico discipulado de Jesus Cristo.

Os novos presbíteros católicos, com uma visão mais abrangente de sua função social de cuidado, terão mais possibilidades de estar dispostos a fazer parte do grupo dirigente da comunidade da qual participam, lutando por melhores condições de vida pelo seu povo; de ser agentes transformadores da sociedade; de promover ações religiosas que abarquem a vida em todas as suas dimensões e amplitudes; de não fechar seus olhos à realidade social; de promover a partilha, a comunhão e a vida digna para todos; de formar comunidades cristãs,

---

outros tropeçam nas expressões e formulações aí contidas. Desta forma, a celebração acaba não brotando de dentro do presbítero católico, ficando algo muito exterior e pouco envolvente, faltando emoção. O que falta emoção tende a ser descartado na contemporaneidade. Faltando emoção, a espiritualidade tende a morrer. Estar atento a isso é de vital importância para o novo presbítero católico.

[21] Mesmo não se referindo às questões citadas acima, o artigo da Revista *Época*, datado de 20-04-2010, de Débora Crivellaro e Marceu Viera, intitulado "Santa ignorância", bem como o artigo de Urbano Zilles, "Formação intelectual dos futuros presbíteros", publicado na Revista *Teocomunicação*, Porto Alegre, v. 37, n. 155, p. 5-18, mar. 2007, trazem à tona a questão do baixo nível cultural dos presbíteros católicos na atualidade.

Igreja Viva; de se deixarem fascinar pelo Evangelho de Jesus Cristo, tornando-se profetas e mensageiros da boa-nova do Reino de Deus.

O povo continua doente e adoecendo por razões econômicas, políticas, sociais, raciais e, até mesmo, religiosas. No exercício de sua função social, se o novo presbítero católico não pode curar um doente ou transformar tal situação pelo poder de Deus a ele conferido, ao menos deve comportar-se como o "bom samaritano" a curar as feridas ou arranjar-lhe uma hospedaria, fazendo isso ao menos para alguns deles. Não podemos negar que existem muitas conquistas neste sentido, mas é também verdade que encontramos muitos presbíteros católicos indiferentes ou apáticos a estas questões. Mas como diz Moser (in Trasferetti & Zacharias, 2010, p. 267): "O importante é lembrar que isto não acontece por acaso, mas é decorrência lógica de um modo de pensar e agir que descarta qualquer tipo de consideração teológica e, até mesmo, ética".

O novo presbítero católico desempenha sua função social de cuidado numa sociedade, na qual, o sucesso, o dinheiro, a felicidade, o *status*, o entretenimento, o prazer,[22] o poder, a novidade, a estética, a qualidade de vida, a saúde e a inovação são algumas das palavras que traduzem a realidade de valores no presente. Sabemos que sua função social não deve ficar refém destes novos modos de vida. Em sua função social, o novo presbítero católico deve ser capaz de reco-

---

[22] Segundo Libânio (2011, p. 26), "O prazer está no centro dos sentidos. Nisso somos como os animais. Esse dado vem à tona com enorme evidência. Negar o prazer implica negar a condição humana". A missão profética dos presbíteros seria de reconhecer a positividade do prazer, mas abertos à verdade, ao bem, ao sentido, à beleza e ao amor. E ainda, segundo o mesmo autor: "A identidade formada sob a tirania do prazer termina por tornar-se desumana. E, pelo contrário, quando o prazer sensitivo se articula com os sentidos maiores da existência, ele aumenta, cresce e nos faz felizes. Uma espiritualidade a que faltasse totalmente a capacidade do sacrifício de prazeres imediatos em vista de bens maiores falharia na raiz. A vida exige momentos de renúncia".

nhecer a positividade de tudo isso, mas sabendo também ser profeta, apontando, à luz do Espírito de Deus, a necessidade de renúncias, de sacrifícios, de partilha, convidando-os a colocar tudo a serviço do crescimento, da felicidade, da preservação da existência humana, da vida em abundância para todos, cumprindo o que diz na primeira carta de São Paulo aos Coríntios (10,31): "Porquanto, quer comais, quer bebais, quer façais qualquer outra coisa, fazei tudo para a glória de Deus".

A função social de cuidado do novo presbítero católico vai além daquela identidade "tipo tradicional",[23] "com receitas prontas" e reprodutoras da "mesmice"[24] de ser e agir, a qual parece somente acreditar em valores eternos, em ações miraculosas, na repetição dos atos e não nos cuidados práticos e humanos a partir da força do alto. Sua função

---

[23] Como tipo tradicional de presbíteros católicos estou aqui me referindo àqueles que tendem a olhar com desconfiança a abolição das condições tradicionais da comunidade e o aniquilamento dos valores éticos e religiosos ligados a essas tradições. Esses dão a impressão de amar mais a tradição do que a humanidade, por isso têm dificuldade em aceitar qualquer inovação ou mudança, não aceitando a novidade do Concílio Vaticano II, que convida a aprender da história, buscando ouvir, discernir e interpretar as linguagens do tempo presente a fim de comunicar a boa-nova do Reino de Deus de modo mais convincente e não apenas proclamar verdades. Muitos ainda duvidam de uma mudança de valores, outros são apocalípticos ou escatológicos e acham que haverá um fim profético da humanidade, que Deus vai intervir... É preciso acreditar que Deus quer intervir, mas através das ações e atitudes de cuidado dos novos presbíteros católicos e não de maneira miraculosa. Já faz dois mil anos que muitos continuam esperando a segunda vinda de Jesus Cristo e esquecem que Jesus está vindo em cada ser humano.

[24] Segundo Birman (2005, p. 65-86), pesquisador no programa de mestrado e doutorado em Teoria Psicanalítica na Universidade Federal do Rio de Janeiro, nas análises das pesquisas realizadas pelo CERIS entre os presbíteros do Brasil, muitos deles vieram de famílias rurais e tradicionais. Esta origem parece, em muitos casos, influenciar a compreensão da identidade e espiritualidade presbiteral, direcionando-a para a garantia moral de sua comunidade, da homogeneidade e da mesmice das ações, da manutenção da tradição e da disciplina e de uma atitude permanente de medo e de insegurança.

social deve ir além da defesa de valores como manutenção da tradição, da disciplina, da conservação, da limitação, do *status* e do poder. Tudo isso pode ser importante, mas é necessário gerar confiança, vida de comunidade, partilha, justiça, fé, amor, esperança, paz, comunhão, libertação, emancipação, vida em todas as dimensões e amplitudes.

Na função social do presbítero católico está a dimensão política. Na história da Igreja já tivemos presbíteros católicos que colocaram toda a sua paixão a serviço da política e se esqueceram de viver a fé no meio do povo. Ficar somente no político também não resolve, mas eliminar a questão política é esquecer que o ministério presbiteral tem uma dimensão política. Pensar que o presbítero católico, pelo simples fato de estar no meio político, teria a capacidade de ter uma visão global da sociedade e melhor atuar, parece ser ingenuidade.[25] Mas seria mais ingênuo pensar que o presbítero católico sem o envolvimento social e político, seria mais santo e estaria melhor cumprindo sua missão. Ter uma postura de não envolvimento social e político é ter uma postura tipo "romantismo espiritual", algo superado pelo Concílio Vaticano II.[26]

Desta forma, pensar a função social do novo presbítero católico significa também perguntar: que tipo de presbítero católico queremos formar tendo presente a mística de ser discípulo missionário de Jesus Cristo? Como ser pastor e guia da comunidade, conforme

---

[25] Ser simplesmente político geralmente consiste em confundir com ser profeta e pastor. Ser de esquerda, assim como de direita, é uma das infinitas maneiras que o novo presbítero católico pode escolher para ser um imaturo: na verdade, ambas são formas de hemiplegia moral. Muitas vezes o partido político traz programas dogmáticos, permanentes e organizados, não permitindo outra forma de pensar. Assim, o novo presbítero católico pode acabar sendo refém dessas malhas, tornando-se um "benzedor" tanto das estruturas que escravizam e dizimam a vida, quanto daqueles que são vítimas dessas estruturas de pecado.

[26] É bom lembrar que até bem próximo do Concílio Vaticano II a Igreja e a política andavam juntas. A questão era o tipo de posicionamento. Pós-Concílio Vaticano II, o posicionamento se tornou mais crítico, defendendo a liberdade, a igualdade, a partilha, a justiça e a maior fraternidade entre os povos.

sugere o documento da Congregação para o clero, *O presbítero: pastor e guia da comunidade paroquial*, Editora Paulinas, 2003, cumprindo de forma abrangente sua função social de cuidado na contemporaneidade?

Concluímos, assim, que o novo presbítero católico, em sua função social de cuidado de forma abrangente, deve levar a chave para que o povo possa ler a realidade, seja iluminado pelo Espírito de Deus e possa fazer, daquilo que possui, uma bênção para todos, como foi a multiplicação dos pães e peixes por Jesus (Mt 14,13-21). Sua função social está em relação ao Evangelho de Cristo, favorecendo o contato dos fiéis com Cristo. Sua maior contribuição social é a transformação do mundo a partir do Evangelho de Jesus Cristo. Para isto ele deve ter os mesmos sentimentos de Cristo (Fl 2,5).

Concluímos também que nada deve impedir ou reduzir a função social de cuidado do novo presbítero católico nem impedi-lo de ser uma pessoa humana com família, origem, sexo, raça, cidadania ou pátria e de estar integrado na vida da sociedade em que vive.[27] Pois não é não tendo família, sexo, origem, pátria,

---

[27] No cumprimento de sua função social o novo presbítero católico não deve se comportar como se não tivesse pátria, sexo ou raça. É certo que somente o reconhecimento disso não é suficiente como não foi com Jesus Cristo. Em Mt 13, 53-56, o reconhecimento do seu trabalho, origem, sexualidade, irmandade e família somente serviram para bloquear as ações de Jesus: "De onde vem essa sabedoria e esses milagres? Esse homem não é filho do carpinteiro? Sua mãe não se chama Maria, e seus irmãos não são Tiago, José, Simão e Judas? E suas irmãs, não moram conosco? Então, de onde vem tudo isso? De onde então lhes vem todas as coisas? E se escandalizavam dele. Mas Jesus lhes disse: 'Não há profeta sem honra, exceto em sua pátria e em sua casa'. E não fez ali muitos milagres, por causa da incredulidade deles" (Mt 13,53-56). Em Marcos 6,6, se diz: "E admirou-se da incredulidade deles". Assim, é necessário o reconhecimento da humanidade do novo presbítero católico, não opondo sua humanidade, família, origem, sexo ou raça, pois o problema não está aí, mas na "incredulidade". Ele deve cumprir sua função a partir da sua humanidade, família, origem, sexo ou raça, como fez Jesus.

raça, nem ficando à margem do envolvimento das questões sociais e políticas que terá mais chances de cumprir sua função social de cuidado. Mas, sim, é na qualidade do seu serviço, do seu cuidado, da sua capacidade de fazer a vontade de Deus em sua vida, de despertar a fé nas pessoas, sabendo, à luz do Espírito de Deus, quando necessário, limitar, conservar, transformar e atualizar a fé na vida das pessoas, que estará melhor representado a grandiosidade de sua função social.

O cuidado como um novo pentecostes na vida presbiteral

Existem muitas queixas com relação ao atendimento dos presbíteros católicos. Muitos fiéis se queixam de que os presbíteros católicos "parecem apresentar-se muito ocupados", "viajam muito", "são apressados", "dão pouco valor ao atendimento personalizado", "presidem as celebrações sem muito envolvimento ou espiritualidade", "são autoritários" ou "dominadores"; outros dizem que o presbítero católico, muitas vezes, mais parece um funcionário "malpago" ou "descontente" do que alguém a serviço do Reino de Deus, outros que suas celebrações são "barulhentas" ou "apagadas". Assim, as queixas são muitas. Queixas que vão desde o comportamento até ao modo de viver e cuidar da evangelização, administração e espiritualidade. Na realidade, seria bom perguntar: isto não seria mais uma desmitificação da figura do novo presbítero católico pela qual vem-se passando na contemporaneidade, do que, até mesmo, lacunas e contradições em suas ações ou comportamentos? Ou não seria também uma necessidade de segurança, de atenção, de coerência, de qualificação, algo essencial hoje, para se confiar em alguém e aceitá-lo como líder? Ou seria também uma insatisfação com as instituições de cunho mais tradicional, descrença religiosa, vazio existencial pelo qual vem passando a humanidade?

Deixando algo em aberto, mas tematizando os efeitos negativos de dois possíveis comportamentos dos novos presbíteros católicos, acima de tudo, vamos tentar avançar em algumas indicações de cuidado, aos quais os novos presbítero católicos devem estar atentos para que aconteça um novo pentecostes na Igreja Católica.

Primeira insatisfação com relação aos presbíteros católicos: que "os presbíteros católicos acabam, muitas vezes, sendo bons burocratas da Igreja Católica, mas pouco pastores".[28] A burocracia sem o propósito prático de cuidado como pastor acaba sendo um "lixo religioso", que mais afasta os fiéis da religião ou da instituição religiosa do que os evangeliza. Não que a burocracia não seja necessária, mas é que ela pode acabar, muitas vezes, não favorecendo o seguimento de Jesus Cristo. Quando a burocracia torna-se essencial na vida do presbítero católico, a pessoa de Jesus Cristo e seu Reino tendem a ficar em segundo plano. Ademais, parece que a Igreja se burocratizou, e manter esta burocracia exige muito o fator econômico, ficando em segundo plano as necessidades das pessoas. Nesse modelo de atendimento, há uma tendência em deixar desprovido de atendimento as comunidades mais pobres e os mais pobres.[29]

Uma segunda insatisfação é com relação ao comportamento dos presbíteros católicos: "a má conduta" de alguns deles ou, como

---

[28] Segundo Pereira (in Trasferetti & Zacharias, 2010, p. 153): "Outro modo de descuidar é pela imposição, repressão, dominação e controle, que não considera ou mesmo é insensível à opinião, aos desejos e às vontades do outro". Muitos presbíteros católicos acabam impondo um fardo pesado nos ombros dos fiéis, sendo, na maioria das vezes, impositores, repressores, dominadores, controladores e insensíveis às novas situações em que se encontram os fiéis. São repressores do novo, da curiosidade pelo diferente, e tudo isso o fazem em nome do amor, da proteção e da salvação.

[29] No contexto social de injustiça, opressão e marginalização dos pobres, a identidade e a espiritualidade do presbítero católico se expressa na dimensão profética pela opção pelos pobres. Algo que não pode ser renunciado. Segundo Bento XVI, no seu discurso em Aparecida, "a opção preferencial pelos pobres está implícita na fé cristológica naquele Deus que se fez pobre por nós, para enriquecer-nos com a sua pobreza".

diz Nasini (2001),[30] o mau comportamento e as atitudes de não cuidado ou de descuidado com que, muitas vezes, o presbítero católico exerce seu ministério presbiteral. Estes fatos são um entrave para a abertura do fiel para o transcendente e a acolhida amorosa e prazerosa da Palavra de Deus, a recepção dos sacramentos, a formação da vida de comunidade, numa palavra, o seguimento de Jesus Cristo.

Outro desafio para o cuidado presbiteral é "certo cansaço religioso" do mundo em geral. Psicossocialmente, percebe-se certo cansaço religioso na sociedade. Mesmo que possamos dizer que há um deslocamento do "carisma religioso" para outras regiões que se abrem à ação do Espírito de Deus, é certo que o modo tradicional de conceber a fé cristã parece dar sinais de cansaço, de desilusão. Segundo Bento XVI (2009): "O cansaço espiritual é um preocupante sinal dos tempos, que não poupa, infelizmente, nem mesmo as comunidades religiosas".[31] Às vezes, a tentação de Elias (1Rs 19,1-8) se faz muito forte: "sentar-se debaixo de um junípero", "pedir a morte", "deitar e dormir".

---

[30] Veja o livro de Gino Nasini, *Um espinho na carne: má conduta e abuso sexual por parte dos clérigos da Igreja Católica do Brasil*. Editora Santuário, 2ª edição, 2001.

[31] O alerta do Papa foi lançado no dia 18 de fevereiro de 2008, durante uma audiência aos membros do Conselho para as relações entre a Congregação, os Institutos de vida consagrada e sociedades de vida apostólica e as Uniões Internacionais dos Superiores e Superioras Gerais. Segundo números divulgados recentemente pelo Vaticano, existem mais de 945 mil consagrados e consagradas. Bento XVI observou que "o processo de secularização que avança na cultura contemporânea não poupa as comunidades religiosas". Segundo o Papa, contudo, não é caso para desanimar, porque há "também crescentes sinais de um providencial despertar, que suscita motivos de esperança". "O Espírito Santo – afirmou – sopra com força, por toda a parte na Igreja, suscitando novo empenho de fidelidade nos institutos históricos e também em novas formas de consagração religiosa em sintonia com as exigências dos tempos. Hoje em dia, como em todas as épocas, não faltam almas generosas dispostas a abandonar tudo e todos para abraçar Cristo e o seu Evangelho, consagrando ao seu serviço a existência, em comunidades marcadas pelo entusiasmo, a generosidade, a alegria".

Sabemos que esses modos de não cuidado geram sentimentos de desvalorização, perda e atração pela vida espiritual, destruindo a alegria e aumentando a vulnerabilidade dos fiéis, mas é preciso ter presente que eles não dão conta de explicar todas as insatisfações, inconsistências e dramas pelos quais vem passando a humanidade na questão da religião, sobretudo no seguimento de seus líderes.

Mas, mesmo assim, é preciso acreditar que o novo presbítero católico possa fazer alguma coisa, sendo um novo pentecostes religioso para humanidade. Mas isto ele deve fazer a partir da mística do cuidado estruturado sobre novas bases, isto é, bases que privilegiem a humanização, a inclusão social, a preservação da existência humana, a libertação de toda forma de escravidão, a segurança, a liberdade, a flexibilização, a democracia, a felicidade, a personalização, o prazer, o entretenimento, a valorização e o reconhecimento de cada membro da comunidade, a inovação, a criatividade, a valorização dos carismas e capacidade dos membros da comunidade, a experiência de Deus, a transparência, mas, tudo isso, feito com muita humildade e misericórdia e, sobretudo, tendo um espírito de pastor.[32]

Mas penso que um dos maiores desafios que se apresenta para o novo presbítero católico poder fazer acontecer um novo pentecostes religioso dentro da Igreja Católica é a superação dos modos tradicionais de pensar, de ser e de evangelizar.[33] Estamos numa sociedade

---

[32] Aqui vale o que diz um leigo na saudação de seu novo pároco: "Espero que o senhor nos ajude a perceber e a viver as riquezas do Evangelho de Jesus Cristo, mas também seja misericordioso quando, por nossas fraquezas, nos vemos longe da Igreja. Pode ter certeza, vamos precisar muito de misericórdia".

[33] É bom lembrar que a tradição é como a alma da religião, sem tradição religião alguma é possível. Segundo Le Bon (2008, p. 82): "Por isso as duas grandes ocupações do homem desde que existe foram criar um conjunto de tradições e depois destruí-las quando seus efeitos benéficos se exaurem". Sem tradição estável não há religião, mas sem lenta eliminação dessas tradições não há progresso na religião. O novo presbítero católico é aquele que se lança no desafio de fazer este processo de discernimento à luz do Espírito de Deus, mesmo sabendo de suas poucas chances de sucesso.

com dificuldade ou pouca tolerância para aceitar restrições. Talvez seja porque temos muitas restrições fora, isto é, o mundo restringiu muito a vida das pessoas, vivemos, como diz Lipovetsky, o mundo do controle social (in *Metamorfoses da cultura liberal*. Editora Sulina, 2004). Durante séculos, parece que a missão da Igreja Católica foi manter a tradição, mantendo o controle social, apresentando-se com "receitas prontas" para o viver social. Uma explicação psicossocial deste modo de ser é que ela, quase sempre, foi coordenada por pessoas mais idosas. Nada contra isto, mas é preciso ter presente que uma realidade muito forte de mudança atinge hoje o ser humano. Na visão tradicional corre-se o risco de dizer que tudo deve ser "enquadrado" de acordo com o passado. Esse modo de pensar tem dificultado o novo presbítero católico no acolhimento das novidades da vida presente, pois o correto seria somente o que é igual ao passado.

Para o novo presbítero católico, a dificuldade está em encontrar o equilíbrio entre a estabilidade e a variabilidade. É uma dificuldade imensa. Quando um povo deixa sua tradição religiosa se fixar por muito tempo, pode se tornar incapaz de aperfeiçoamento como aconteceu com o Judaísmo, o Budismo e muitas outras religiões que, até hoje, servem apenas para uma pequena parcela da humanidade. O cristianismo nasceu com uma vocação universal de avanço, de crescimento e de adaptação a cada época ou circunstância. A principal tarefa dos membros de uma religião é fazer a interpretação dos postulados religiosos, dos seus dogmas, de seus escritos e adaptá-las às circunstâncias culturais de cada época. Nesta tarefa deve buscar, portanto, preservar a religião e suas instituições, modificando-as pouco a pouco. Difícil tarefa para o novo presbítero católico. Jesus já falara disso, mesmo que de outra forma ou em outro contexto, dizendo: "Se o grão de trigo que cai na terra não morrer, permanecerá só; mas se morrer produzirá muito fruto". Assim, para que aconteça um novo pentecostes na vivência da fé, dentro da Igreja Católica, se faz necessário que algumas coisas da tradição morram para desocupar lugar para outras. Caso contrário, ela tenderá a ficar só, como vem acontecendo na Europa, quando o cristianismo chegou ao final do século XX com apenas 29,98% de adeptos.

O novo presbítero católico, no intento de fazer acontecer um novo pentecostes na vida das pessoas na atualidade, deve atentar-se para aquilo que está invisível, psicologicamente, na alma dos seres humanos que escapa a todo esforço de mudança e cede apenas ao lento desgaste dos séculos. Assim, muitas coisas podem ser descartadas em determinadas épocas ou contexto histórico ou cultural, mas voltar no futuro com muita força e vigor. Como exemplos, no fim do século passado, diante das igrejas destruídas, presbíteros expulsos ou guilhotinados, perseguição geral do culto católico, novidades do Concílio Vaticano II, era possível pensar que a Igreja Católica tivesse mudado sua postura. Diante destes fatos, era possível acreditar que as velhas ideias religiosas tinham perdido todo o seu poder. Todavia, alguns anos depois, as demandas generalizadas conduziram ao restabelecimento do culto abolido ou de muitas tradições que pareciam superadas, como missa em Latim, uso da batina, movimentos tradicionais como os da Toca de Assis (que se retiraram da burguesia para viver junto aos pobres, vestidos em andrajos medievais e tonsurados), Ordens Templárias (com vestes ostentosas de túnicas brancas, botas no pé, estandarte com brasões pontifícios dos Arautos do Evangelho), entre outros. Mas nada disso, que pode até encantar o novo presbítero católico, deve paralisá-lo no passado, impedindo-o de ser vinho novo, de lançar as redes para águas mais profundas. Diante disto se faz necessário para o novo presbítero católico fazer o discernimento à luz do Espírito de Deus e libertar-se de muitos valores, costumes, doutrinas, preceitos morais, modo de pensar e ser que parecem não fazer mais sentido para a vivência dos seres humanos, ser um novo pentecostes na contemporaneidade.

O novo presbítero católico está neste mundo de avanços e de retrocessos, de ânsia de transformar as tradições e de mantê-las ou de resgatá-las, ou de abandoná-las, como que num conflito permanente. A dificuldade do novo presbítero católico de mudar as tradições é porque elas não nascem da noite para o dia, mas são frutos de uma longa história. O tempo acumula o imenso resíduo de crenças e pensamentos sobre os quais nascem as ideias de cada época. Elas não nascem do acaso. E, longe dos membros de cada época serem os criadores das tradições, são criados por elas. Nas tradições encontramos ideais, sentimentos, costumes que são difíceis de se refazer mudando apenas os códigos. Às vezes são necessários séculos para formar alguns valores e costumes e séculos para mudá-los. Logo, uma geração não possui o poder de mudar realmente seus valores, costumes e religião. Assim, podem-se fazer decretos e impô-los a preço de violências, mas no fundo não se modifica quase nada. Cada mudança leva a etiqueta de seus idealistas, a qual pode ser aceita por uma parcela de pessoas e rejeitada por outras. As tradições são mudadas não por raciocínios especulativos, mas por influência de necessidades imediatas. A inovação deve ser o suficiente para se livrar do mal-estar, jamais para estabelecer uma proposição mais ampla que o caso particular. Estamos cheios de documentos, de leis, mas muitos deles estão mortos, outros nem conseguiram se firmar como leis.

O novo presbítero católico deve, cada vez mais, tomar consciência de que a modificação de qualquer costume tende a se estabelecer muito lentamente. Podemos dizer como Le Bon (2008, p. 88): "Os povos continuam sendo governados por seu caráter, e todas as instituições que não estão intimamente amoldadas a esse caráter não representam mais que uma roupa emprestada, um disfarce transitório". As leis e normas, bem como as instituições, não têm poder de tornar os seres humanos nem mais éticos nem mais felizes, pois como diz Le Bon comentando o filósofo Herbert Spencer (2008, p. 89), elas "não modificam seus instintos e suas paixões hereditárias e podem, mal dirigidas, tornar-se muito mais perniciosas do que útil". Além do mais, as instituições religiosas perdem sempre mais o poder de normatização da vida individual e social. De outro lado, segundo Leo Pessini (in Trasferetti & Zacharias, 2010, p. 26): "A tradição e a estabilidade pura e simplesmente não são garantia de se prestar serviços de qualidade e, muito menos, de continuar a existir o futuro". Assim, o novo presbítero católico é aquele que avança no sentido de compreender que o novo e a tradição convivem conflitivamente na realidade. Nas instituições, sobretudo as religiosas, o novo tem um preço, não acontece num mero passe de mágica. É sempre fruto da ousadia, criatividade, clareza de visão e missão, convicção, competência e, sobretudo, determinação para fazer com que as coisas aconteçam, a partir da acolhida dos "novos sinais dos tempos". Os novos tempos trazem a possibilidade de lançar outro olhar sobre a tradição para projetar o futuro.

Crescer no discernimento do que deve permanecer e no que deve ser descartado vem se tornando sempre mais um desafio para o novo presbítero católico poder fazer acontecer um novo pentecostes na Igreja Católica. O que se percebe, na maioria das vezes, é que falta clareza e coragem para avançar nesta questão. Assim, mais do que nunca, se faz necessário espelhar-se no mestre Jesus, que disse: "Não leste o que fez Davi e seus companheiros quando tiveram fome? Como entrou na Casa de Deus e como eles comeram os pães da proposição, que não era lícito comer, nem ele, nem os que estavam com ele, mas exclusivamente os sacerdotes? Ou não leste na Lei que com os seus deveres sabáticos os sacerdotes no Templo violam o sábado e ficam sem culpa? Digo-vos que aqui está algo maior do que o Templo. Se soubésseis o que significa: 'Misericórdia é o que eu quero e não sacrifício', não condenariam os que não têm culpa. Pois o Filho do Homem é senhor do sábado" (Mt 12,1-8). Diante de tantas transformações e avanços sociais, dos novos valores, costumes e comportamentos, dos quais muitos o "código do Direito Canônico" nem dá conta de problematizar, resta ao novo presbítero católico, como cuidador da existência humana, proclamar que a misericórdia de Deus está acima de todas as leis e normas, que Jesus Cristo é Senhor de tudo e que significa, muitas vezes, seguir o senso fides.[34]

Jesus Cristo, no monte das Oliveiras, citou um texto do profeta Zacarias que diz: "Ao ferir o pastor, as ovelhas se dispersarão" (Zc 13,7; Mt 26,31). Um pastor ferido em suas emoções se torna incapaz de arrebanhar as ovelhas. Muitas vezes este presbítero é ferido pelas transformações sociais, pelas mudanças culturais, políticas e religiosas ou pelas críticas por suas atitudes, ideias ou comportamentos. As transformações trazem certo desgaste para aqueles que foram formados para trabalhar com algo estático, permanente, homogêneo e eterno. O mundo das transformações coloca a questão do "descartável", da "inovação", do "novo", do heterogêneo, do plural. Na modernidade, mais do que nunca, o novo presbítero católico vem sentindo

---

[34] O *sensus fidei*, ou seja, o senso dos fiéis, é uma das fontes na busca da verdade na teologia católica. Quer dizer que a consciência e a experiência das pessoas servem inclusive de guia que até a hierarquia eclesiástica deveria consultar. Por exemplo, durante muito tempo a hierarquia católica ensinou que cobrar juros de empréstimos era pecado de usura, inclusive mínimas somas. No entanto, os leigos ponderaram se isto não se trataria de um equívoco, que, de fato, cobrar juros muito altos é que caracterizaria o pecado. Um ou dois séculos depois a hierarquia eclesiástica concordaria com tal ponto de vista, especialmente depois que o Vaticano abriu um banco e teve que lidar com a realidade da vida financeira. O *sensus fidei* é o fruto do relacionamento pessoal do fiel com Deus, encontrados por meio de Cristo no poder do Espírito. A fé é uma comunhão pessoal de amor com Deus. Um sentido desta fé está fundamentado em uma relação pessoal de amor. Paulo podia dizer: "Sei em quem pus a minha confiança" (2Tm 1,12). Por causa da comunhão do crente com Deus, existe um "conhecimento conatural" da pessoa amada. Esse conhecimento é muitas vezes mais intuitivo, tácito, do que capaz de ser claramente articulado de conceitos. Através do conhecer a Deus revelado em um nível intuitivo, o fiel adquire sabedoria prática para aplicar a "fé" dentro dos desafios de um contexto particular, embora dentro da tensão entre pecado e libertação. Muitas vezes, é difícil dar razões para este sentido da fé, mas o amor sabe o que o amor deve fazer. O *sensus fidei* é também um sentimento de fé que emerge de uma experiência de salvação na própria vida do fiel. Assim, o *sensus fidei* é um senso crítico, no qual o fiel faz seu julgamento crítico, julgamento de consciência e escolha.

na pele a questão do "vinho novo" do qual falava Jesus: "Vinho novo se coloca em odres novos" (Mt 9,17). Mas o novo pentecostes só vai acontecer quando o novo presbítero católico for capaz de colocar "vinho novo em odres novos".[35]

Neste sentido, os novos presbíteros católicos devem ter sempre uma postura acolhedora, buscando monitorar as necessidades espirituais de cada indivíduo, acolhendo os avanços e transformações pelos quais passa a humanidade na contemporaneidade, na tentativa de descobrir as sementes do Verbo de Deus aí ocultas (Concílio Vaticano II, *Ad Gentes*, n. 11), em vista a possibilitar uma melhor qualidade de vida, pensar e agir sobre outros prismas, sendo, como diz Ciampa (2001 p. 36), "uma porta abrindo-se em mais saídas". Tudo isto requer, como diz o Documento de Aparecida, um novo pentecostes para o novo presbítero católico.[36] A Igreja espera que aconteça constantemente um pentecostes na vida dos seus filhos e filhas.

---

[35] Mas, para o novo presbítero católico, continua o desafio, o desafio de colocar vinho novo, faltando-lhes, muitas vezes, a inspiração, a ousadia, a autonomia, a clareza, a confiança e o reconhecimento do seu trabalho. Talvez, o modo como Jesus Cristo agiu com os discípulos seria mais louvável na atual situação: "João disse: 'Mestre, vimos um homem que expulsa demônios em teu nome. Mas nós lhe proibimos, porque ele não anda conosco'. Jesus lhe disse: 'Não lhe proibais. Pois quem não está contra vocês, está a favor de vocês" (Lc 9,49). Esta é uma passagem profética para a ação dos novos presbíteros católicos no mundo atual, no sentido de que eles não impeçam com suas tradições, "neuras litúrgicas", disciplina e "pureza de fé" o Reino de Deus de ser cultivado pelas mais diversas formas, ações e modos de compreender e viver o Evangelho de Jesus Cristo.

[36] "Esperamos um novo Pentecostes que nos livre do cansaço, da desilusão, da acomodação ao ambiente; esperamos uma vinda do Espírito que renove nossa alegria e nossa esperança. Por isso, é imperioso assegurar momentos de oração comunitária que alimentem o fogo de um ardor incontido e tornem possível um atraente testemunho de unidade, para que o mundo creia" (Documento de Aparecida, n. 362). Ainda no Documento de Aparecida, n. 548, se diz: "Necessitamos de um novo Pentecostes! Necessitamos sair ao encontro das pessoas, das famílias, das comunidades e dos povos para lhes comunicar e compartilhar o dom do encontro com Cristo, que tem preenchido nossas vidas de 'sentido', de verdade e de amor".

Diante disto se faz necessário para o novo presbítero católico fazer o discernimento à luz do Espírito de Deus e libertar-se de muitos valores, costumes, doutrinas, preceitos morais, modo de pensar e ser que parece não fazer mais sentido para a vivência dos seres humanos.

O modo cuidado, desta forma, quer significar novo pentecostes na representação da identidade e espiritualidade presbiteral. Sabemos que as contradições e reclamações sobre os presbíteros católicos nunca cessarão, o próprio Jesus já os preveniu sobre isto (Mt 10,23-24; Mc 10,30). E por mais que eles façam o possível para transformar os limites naturais e as contradições comportamentais no mais bem guardado dos segredos, se tivessem sucesso nesse esforço, teriam pouca razão para esticar ou avançar "além" e "acima" dos limites que desejam transcender. É a própria impossibilidade de esquecer nossa condição natural que nos lança e permite que pairemos sobre ela. Mas nada deve impedir ou dispensar, à luz do Espírito de Deus, os novos presbíteros católicos de fazerem o discernimento de como devem cuidar do povo de Deus.

Conclusão

O cuidado pelo outro é, originariamente, respeito à pessoa do outro. Na noção de cuidado do novo presbítero católico prestado a cada indivíduo, grupo, comunidade ou sociedade, deve estar a afirmação do amor, como atenção a si e ao outro, a valorização da justiça, da misericórdia, da flexibilização, da escuta das suas subjetividades, da atenção à totalidade da existência humana e aos novos perfis religiosos, da acolhida às novidades existenciais e às formas plurais de ser, pensar e agir.

Assim, o novo presbítero católico, diante da grandiosidade que é o cuidado, do seu poder e de sua função social, deve ter a sensibilidade e a coragem para assumir como sua identidade e espiritualidade ser presbítero católico cuidador de modo mais abrangente. Pois me parece que somente a identidade e espiritualidade de presbítero católico cuidador de modo abrangente tem poder de melhor potencializar a realização de sua missão de ser discípulo missionário de Jesus Cristo.

A espiritualidade que o novo presbítero católico deve ter como modelo e inspiração não pode ser outra, senão a de Jesus Cristo. Pensar a identidade e espiritualidade do novo presbítero católico como cuidador, tendo Jesus como inspiração, implica em pensá-lo tendo abrangência maior no cumprimento de sua função social, tirando-o do eixo bipolar entre espiritual ou temporal. O cuidado do novo presbítero católico deve se situar para além deste eixo, cuidando da existência humana necessitada de cuidados em toda a sua totalidade.

Parte II

Gênese do cuidado

Nesta parte buscaremos respostas mais adequadas sobre a gênese do cuidado e sobre sua importância no dia a dia dos seres humanos, de modo especial, no modo de ser do novo presbítero católico.

As ideias aqui partilhadas não têm nenhuma pretensão de ser a última palavra às perguntas que as pessoas fazem sobre o cuidado, o sentido da vida, a relação com Deus, o modo de ser do novo presbítero católico na modernidade.

O novo presbítero católico, no exercício de seu ministério presbiteral, deveria aprender a conceber sua identidade e espiritualidade como cuidado, ao modo de Jesus Cristo.

Conceber a identidade e espiritualidade presbiteral na modernidade, atento a mudança de época em que vivemos, tendo como centralidade Jesus Cristo, é se dispor a ver os membros de sua comunidade como dignos de confiança, de respeito e de parceria; é agir com misericórdia e não com autoritarismo; é ir para o meio do povo, não com "receitas prontas", mas como irmão entre os irmãos, aberto ao novo aprendizado e crescimento.

A gênese do cuidado na tradição judaico-cristã

Em meio a tantas adversidades, catástrofes, violências, destruições e conflitos, o mundo moderno parece estar sendo convidado a pensar a humanidade a partir da centralidade do cuidado, mas de um cuidado capaz de atender a totalidade da existência humana.

Para a religião judaico-cristã a questão do cuidado é algo muito marcante no relacionamento entre Deus e os seres humanos. Psicossocialmente, falar do cuidado de Deus para com o seu povo na tradição judaico-cristã não é voltar a uma religião do medo ou à ideia de um Deus "controlador" e autoritário, mas cultivar uma atitude de respeito para com o mistério mais profundo, que envolve a criação e todas as criaturas viventes.

Segundo a Palavra de Deus (Gn 1,1), depois de Deus ter criado os céus e a terra, ele não deixou o mundo à sua própria sorte. Pelo contrário, continuou interessado na vida dos seus, cuidando da criação. Deus não é como um hábil relojoeiro que formou o mundo e o abandonou à própria sorte, mas sim o Pai amoroso que cuida daquilo que criou. O constante cuidado de Deus por sua criação e por seu povo é chamado, na linguagem bíblica, de providência divina.

Na Palavra de Deus encontramos muitas vezes Deus sendo apresentado como aquele que cuida do seu povo. O cuidado que Deus tem por cada um dos seus filhos(as) é uma verdade enfatizada através de sua palavra. Vejamos isto nos Salmos: 27,10: "Meu pai e minha mãe me abandonaram, mas Iahweh me acolhe!"; 37,5: "Entrega teu caminho a Iahweh, confia nele, e ele agirá"; 55,23: "Descarrega teu fardo em Iahweh e ele cuidará de ti; ele jamais permitirá que o justo tropece".

Olhando para a Palavra de Deus, vemos que Deus nunca se esqueceu dos seus filhos. Em qualquer momento ou situação as pessoas podem contar com Ele, pois Ele não abandona aqueles que confiam em sua providência. Quando se busca em primeiro lugar o seu Reino, aí Ele cuida das demais coisas como vemos em Mateus 6,33: "Buscai, em primeiro lugar, o Reino de Deus e a sua justiça, e todas essas coisas vos serão acrescentadas".

O profeta Isaías (49,15) nos mostra o quanto Deus se preocupa com os seus filhos quando diz: "Por acaso uma mulher se esquecerá de sua criancinha de peito? Não se compadecerá ela do filho do seu ventre? Ainda que as mulheres se esquecessem eu não me esqueceria de ti".

No primeiro livros dos Reis (17,4-6.9; 19,5-8), encontramos Deus manifestando cuidado para com Elias usando os corvos para trazer-lhe o alimento, preparando uma viúva para alimentá-lo e enviando-lhe um anjo para animá-lo e alimentá-lo em sua caminhada pelo deserto.

No deserto, durante os quarenta anos de peregrinação, Deus ia adiante do seu povo, durante o dia numa coluna de nuvem para mostrar-lhe o caminho, durante a noite, numa coluna de fogo, para aluminá-lo, a fim de que caminhassem de dia e de noite (Êx 13,21). O povo que confiou na palavra de Deus caminhou no deserto sob seu cuidado e carinho todo especial.

Na passagem de Isaías 60,19-22, vemos como o cuidado de Deus pelo seu povo atinge todas as dimensões da vida humana: "Não terás mais o sol como luz do dia, nem o clarão da lua te iluminará, porque Iahweh será a tua luz para sempre, e o teu Deus será o teu esplendor. O teu sol não voltará a pôr-se, e a tua lua não minguará, porque Iahweh te servirá de luz eterna e os dias de teu luto cessarão. O teu povo, todo ele constituído de justos, possuirá a terra para sempre, como um renovo de minha própria plantação, como obra de minhas mãos, para a minha glória. O menor deles chegará a mil, o mais fraco, a uma nação poderosa. Eu, Iahweh, no tempo próprio apressarei a realização dessas coisas".

Encontramos muitos outros textos que falam do cuidado de Deus para com seu povo. Vejamos mais algumas dessas passagens: "Podeis ir em paz. A vossa viagem está sob os cuidados de Javé" (Jz 18,6); "Fui envolto em fraldas e rodeado de cuidados" (Sb 7,4); "E, durante mais ou menos quarenta anos, cercou-os de cuidados no deserto" (At 13,18); Por fim, José disse aos irmãos: "Estou para morrer, mas Deus cuidará de vós e far-vos-á sair daqui para a Terra que Ele prometeu, com juramento, dar a Abraão, Isaac e Jacob" (Gn 50, 24); "É a Terra da qual Javé vosso Deus cuida. Ele olha sempre por ela, desde o começo do ano até ao fim" (Dt 11,12); "Bendito seja o Senhor dia após dia! Deus cuida de nós: Ele é o nosso salvador!" (Sl 68,20); "Se o justo é filho de Deus, Deus cuidará dele e o livrará da mão dos seus adversários" (Sb 2,18).

Em Mateus 6,25-34, encontramos Jesus falando do cuidado que Deus-Pai tem para com seus filhos: "Por isso eu vos digo: não vos preocupeis com a vossa vida quanto ao que haveis de comer, nem com o que o vosso corpo quanto ao que haveis de vestir (...). Ora, se Deus veste assim a erva do campo, que existe hoje e amanhã será lançada ao forno, não fará ele muito mais por vós homens fracos na fé? (...). Não vos preocupeis, portanto, com o dia de amanhã, pois o dia de amanhã se preocupará consigo mesmo. A cada dia basta o seu mal".

Assim, o cuidado de Deus na tradição judaico-cristã se reveste de uma confiança que cada um deve ter na providência de um Deus cuidador dos seus filhos e filhas. É um cuidado que envolve a totalidade das necessidades humanas, a ponto de, segundo Mt 6,27-34, cada um poder esperar tudo de si, mas também tudo da providência divina, sobretudo, naquelas horas mais difíceis, ou derradeiras.

A ação de cuidado de Deus, segundo a tradição judaico-cristã, se materializa nas formas mais abrangentes de atendimento das necessidades da existência humana. Tal cuidado passa pela reconciliação e pela conversão do ser humano para com Deus. A base da confiança neste cuidado de Deus está na certeza de que a vida tem uma única origem e fim: a vontade de Deus. É desta base que se chega à consciência de que tudo aquilo que existe, mesmo sendo compreendido como resultado de processos naturais ou esforço humano, foi chamado à existência segundo a vontade de Deus, tendo todas as coisas sua origem e fim em Deus.

O Deus cuidador, na visão judaico-cristã, se revela didaticamente na existência humana. Temer a ira divina foi a primeira atitude humana após desvincular-se do criador. Após o temor, surgiu a confiança na providência divina como "fio condutor" de que Deus não abandona a sua criação. É um fio condutor que leva a ter confiança na providência divina, sabendo que, por mais bem preparado, protegido e qualificado que cada um possa estar, em determinado momento, precisará do cuidado de um Deus.

É a partir desta fé na providência divina que a tradição judaico--cristã chegou à consciência de que o mundo é o palco da manifestação da graça divina. Desta forma, a confiança nesta providência divina se torna "terapêutica", trazendo sentido, esperanças e certeza, nesta e na outra vida, de que em tudo e em todos os momentos pode--se contar com a providência divina.

O cuidado numa dimensão de fé cristã

O cuidado sem a abertura à fé, à transcendência, tende a ser mais técnico e materialista, não atendendo à totalidade da vida humana. Para que o cuidado da vida seja pleno, se faz necessário a abertura à fé, à transcendência. A fé cristã possui uma dimensão afetiva, racional e espiritual, que lhe é essencial. Sem tais dimensões, a fé deixaria de ser ela mesma. A fé cristã é uma fé que salva e liberta, que irradia e muda o viver humano.

Os crentes devem estar "Sempre prontos a responder (…) a todo aquele que vos perguntar a razão da vossa esperança" (1Pd 3, 15). Não se trata apenas de aprender as coisas evidentemente úteis, mas de conhecer e compreender a estrutura interna da fé na sua totalidade, de modo que a mesma se torne resposta às questões dos homens, os quais, do ponto de vista exterior, mudam de geração em geração e, todavia, no fundo, permanecem os mesmos. Assim, se faz necessário ultrapassar as questões volúveis do momento para se compreender as questões verdadeiras e próprias e, deste modo, perceber também as respostas como verdadeiras respostas.

Psicossocialmente, o cuidado do ser humano, a partir da abertura à fé, proporciona a síntese feliz entre as necessidades materiais, emocionais e espirituais. A fé, neste caso, não deve ser confundida como práticas de piedade, mas sim tida como aquela que leva a fazer a experiência do amor cuidador do Deus manifestado em Jesus Cristo, que, em seu amor, tem palavras de consolo e de cura para com a humanidade.

A fé leva a suplicar as bênçãos e graças divinas nas horas mais difíceis. Vemos isto em Lc 7,11-17, quando o Deus de amor responde ao clamor da viúva de Naim, tendo compaixão e devolvendo a vida ao seu filho morto. A fé, no âmbito pessoal, tem poder para promover a harmonia interior consigo mesmo, com o transcendente, com os outros e com o grande Outro; a fé tem poder para libertar o ser humano de si próprio e dos fatores geradores de estresse, de sofrimento e da morte.

Numa dimensão de fé, a missão do novo presbítero católico deve estar voltada para despertar as forças criadoras e curativas do ser humano como um caminho de encontro consigo mesmo, com o outro, com a natureza e com Deus. Segundo Pessini (2010, p. 172): "Não é propriamente a doença, mas é a cura que leva a pessoa à fé, à conversão do coração e à comunhão".

O cuidado, numa dimensão de fé cristã, implica buscar despertar as forças interiores das pessoas, a fim de que sejam protagonistas de seu próprio processo de cura. Em inúmeras passagens dos Evangelhos, nos relatos de milagres, após a solicitação de cura, Jesus disse-lhe (Lc 17,19): "Levanta-te e vai. A tua fé te salvou". Assim, o cuidado, numa dimensão de fé, trata-se de uma identificação com Jesus Cristo, como Paulo escreveu (Gl 2,20): "Já não sou eu que vivo, mas é Cristo que vive em mim". Segundo Mateus 13,58, Jesus não consegue fazer milagre algum em Nazaré, pois ali não se creem nele. Muitos relatos evangélicos de cura são concluídos com a palavra de Jesus: "Sua fé salvou você". Asssim, as curas religiosas são sempre realizadas num clima de fé, algo que comove os sentimentos de todos os que as cercam.

O novo presbítero católico é aquele que se dispõe a compreender o processo psicológico da fé. No processo psicológico da fé, pode haver a adesão existencial a Jesus, incluindo a prontidão em segui-lo, ou a confiança no fato de que ele pode e quer curar. Ora, a ciência psicossomática tem algo a dizer a respeito do influxo das situações psíquicas no organismo. Assim, o novo presbítero católico se abre para esta questão e, mesmo não sabendo como se dá este influxo, de qualquer forma se lança na compreensão de que está diante do elo final de uma longa cadeia de explicações, cuja outra ponta é a cura.

O novo presbítero católico como sacramento do amor de Deus

Segundo Boff (2000), o cuidado é tão importante que deu origem a uma fábula-mito. Na fábula-mito vemos que o ser humano não é só matéria, ele recebeu de Deus o princípio da vida, o espírito, tornando-se realmente completo.

Trazendo esta compreensão do cuidado para a compreensão da identidade e espiritualidade do novo presbítero católico, vemos que isto implica numa nova postura presbiteral, num novo redesenhar da identidade e espiritualidade presbiteral, uma vez que ele é, de modo especial, um alguém que tem um poder transcendental do cuidado para com a vida.

Assumir ser presbítero católico como cuidador é colocar o modo de ser de Jesus Cristo como central em seu ministério. O modo de ser de Jesus Cristo indica crescer na capacidade de compaixão, de colocar-se a serviço dos irmãos e irmãs mais pobres e de empenhar-se para despertar a confiança do outro; de buscar, da melhor forma possível, o bem do outro; de investir os melhores recursos para que o outro tenha vida e vida em abundância; de devotar "cuidado integral" para que o outro possa crescer humana, afetiva, comunitária e espiritualmente. Desta forma, o cuidado se torna uma obrigação moral para a mística de ser novo presbítero católico.

Cuidar, como modo de exercer o dever próprio da missão presbiteral, significa estar disposto a acolher os que se aproximam, tendo o coração, a mente, os olhos e os ouvidos voltados para Jesus Cristo. Isto significa deixar que a ternura de Jesus Cristo, a força do Espírito Santo e o amor do Pai os guiem para trazer a vida e a cura verdadeira a todos que se aproximarem Dele.

Diante da dura realidade do sofrimento humano, cuidar da vida humana é cuidar do próprio Deus. Jesus Cristo se torna o homem que viaja de Jerusalém para Jericó, na parábola do bom samaritano (Lc 10,29-37), de modo que se pode cuidar dele como o fez o samaritano. É o próprio Jesus Cristo que diz (Mt 25,35-36): "Pois tive fome e me deste de comer. Tive sede e me deste de beber. Era forasteiro e me recolheste. Estive nu e me vestiste, doente e me visitaste, preso e vieste ver-me". E ainda, em Mateus 10,40: "Quem vos recebe, a mim recebe, e quem me recebe, recebe ao que me enviou".

A espinha dorsal do cuidado presbiteral, numa diaconia de seguimento a Jesus Cristo, manifesta-se: no cultivar a bondade, tendo no coração os mesmos sentimentos de Cristo; deixar-se guiar pelo Espírito Santo, acolhendo as pessoas como dons de Deus; ter serenidade para ouvir com atenção e abertura de coração os sinais dos tempos; buscar restaurar o primeiro amor; servir a Deus na pessoa dos irmãos e irmãs; cultivar a gratuidade; formar grupos de crescimento; ter abertura para incorporar o "novo"; buscar auxílio para superar as dificuldades; acolher os peregrinos.

Assim, o novo presbítero católico como cuidador, seguindo Jesus Cristo, se torna um sacramento do amor do Deus-cuidador de todos os seres humanos, sinal que torna o amor de Deus real na vida dos seres humanos.

O cuidado como experiência de percepção do outro

A palavra cuidado deriva do latim *coera*, usada em um contexto de relações de amor e de amizade, expressando a atitude de cuidado, de desvelo, de preocupação e de inquietação pela pessoa amada ou por um objeto de estimação. Prosseguindo, segundo Boff (2000, p. 33), o cuidado é: "... mais que um ato (e sim); é uma atitude. Portanto, abrange mais do que um momento de atenção, de zelo e de desvelo. Representa uma atitude de ocupação, preocupação, de responsabilização e de envolvimento afetivo com o outro".

O cuidado aproxima o que está distante, aproxima a distância do "outro" na temporalidade afetiva. O cuidado permite que se desloque em direção ao outro, não numa escala de tempo, mas numa escala de ser-com-o-outro; o cuidado permite sair da condição de estranhamento com o outro para fazer parte de um sentimento correspondente, numa reciprocidade de dar e receber; o cuidado antecipa a possibilidade de existência para o outro, salvando-o; o cuidado revela a grande necessidade de estar perto, próximo, aberto, envolvido e comprometido com o outro; o cuidado é uma maneira humilde de tentar compreender melhor os sofrimentos e as possibilidades de felicidade do ser humano.

Na experiência cristã, o cuidado é o elemento chave, numa ministerialidade, qual dom do Espírito Santo. A Igreja Católica viveu, desde o seu início, o cuidado como serviço de cura, organização, orientação e salvação das "almas". Como diz Agostini (in Trasferetti & Zacharias, 2010, p. 118-119): "num cuidado dos fiéis na sua trajetória espiritual e em todo tipo de diaconia".

Só é possível devotar cuidado ao outro se o outro for visto como irmão(a) e sua existência como sendo importante. É a partir da mística da irmandade e da importância de sua existência que se é possível devotar cuidado.

O novo presbítero católico é tido, segundo o Concílio Ecumênico Vaticano II (*Presbyterorum Ordinis*, n. 9), como o irmão entre os irmãos: "Na companhia de todos os que se regeneram na fonte do batismo, os presbíteros são irmãos entre os irmãos, como membros de um só e mesmo Corpo de Cristo, cuja edificação a todos foi confiada". No cuidado dos irmãos e irmãs é que está a experiência de ser próximo. Próximo não é aquele que se coloca no caminho do presbítero católico, mas sim aquele em cujo caminho ele se coloca.

O cuidado como mística espiritual da identidade e espiritualidade presbiteral leva-o a ter mais sensibilidade para com os problemas e necessidades do outro. A friezada disciplina, das leis canônicas e morais, é transformada pela necessidade de cuidado pelo outro, pela sensibilidade para com o outro, entendido, segundo Agostini (in Trasferetti & Zacharias, 2010, p. 121): como "um movimento necessário para ver, sem autocensuras nem preconceitos, a verdade das coisas".

É somente a partir da capacidade sensível de perceber o outro que surge a responsabilidade pelo outro e o assumir a realidade pelo outro. Somente assim se é irmão entre os irmãos e irmãs. A dinâmica do cuidado nos coloca na dinâmica do face a face com o outro, deixando irromper um projeto de justiça, na partilha e responsabilidade pelo outro.

O processo da globalização possibilitou o rompimento de todas as fronteiras levando a uma necessidade de criticidade, mas também de respeito para com o outro, ao que vai além de suas fronteiras. Na sociedade globalizada, um de seus aspectos positivos é que as organizações não são mais baseadas puramente numa razão ou num saber. A globalização exige uma mistura entre saber e afeto, é necessário um balanço de razão com afeto e uma aposta. No mundo globalizado está sendo criada uma "nova elite global", que repete constantemente que "precisa cada vez mais e em maior quantidade" de bens econômicos. Nessa sociedade os "líderes locais" tendem a desaparecer e a autoridade dos "expertos", que são pessoas "que sabem", e a "autoridade dos números" passam a ocupar os postos de comando no poder.

Em resumo temos então um cenário no qual se estabelece "uma nova hierarquia global", com uma "elite global" composta por "empresas globais", instituições internacionais e um significativo número de governos, bem como "novas regras do jogo", reconfigurando a dinâmica da dominação, que não é mais um jogo "jogado entre o 'maior' e o 'menor', mas entre o mais rápido e o mais lento".

Cuidar do outro, colocar-se a serviço do outro, para o novo presbítero católico, neste mundo globalizado, implica em um compromisso, uma obrigação, uma disposição de romper e ultrapassar todos os limites que possam se interpor na realização desta missão. Como diz Agostini (in Trasferetti & Zacharias, 2010, p. 122): "Isto nos faz desembocar na atitude disciplinar de um contínuo saber-ouvir e um saber servir para amar de verdade". O modo cuidado, como identidade e espiritualidade do novo presbítero católico, favorece melhor a uma atitude, não de condenação, mas de respeito pelos outros modos de compreender e viver a vida.

Na modernidade, o cuidado vem ganhando, segundo Agostini (in Trasferetti & Zacharias, 2010, p. 112): "categoria chave ou 'matricial' capaz de inspirar um novo acordo entre os seres humanos e uma nova relação com a natureza".

O modo cuidado como identidade e espiritualidade do novo presbítero católico o leva a sair de si, descentrando-se, e se centrar no outro, numa atitude fundamental de desvelo e solicitude. Isto representa desdobrar-se em preocupação, inquietação e responsabilidade pelo outro.

A proximidade do outro é essencial para sua felicidade, para ajudá-lo a "arranjar o coração". Em *O Pequeno Príncipe* a raposa já falara disso ao principezinho, quando a respeito da importância de "arranjar o coração" e no momento em que ele estava a descobrir que as "coisas" simples são as mais belas, mas também as mais difíceis, lhe disse: "Se vieres, por exemplo, às quatro horas, às três, já eu começo a ser feliz. E quanto mais perto for da hora, mais feliz me sentirei" (in Saint-Exupéry, Antoine, *O pequeno príncipe*. Editora Agir, 1979, p. 70).

O cuidado é uma atitude de proximidade que faz com que o outro se sinta feliz só pelo fato de saber que poderá contar com a proximidade do outro. A possibilidade de proximidade do outro ajuda a "arranjar o coração", a dar rumo, sentido e beleza para a vida. Assim, podemos imaginar o quanto se faz essencial a proximidade dos novos presbíteros católicos com as pessoas, a comunidade, a sociedade, o quanto isto poderá trazer de conforto, felicidade e bem-estar, proporcionando "arranjar muitos corações" para melhor acolher Jesus Cristo e seu Evangelho.

Ser próximo parece ser uma coisa bela e simples, mas muito difícil. Assim, para os novos presbíteros católicos, a proximidade aparece aí como o conteúdo desta aprendizagem para que possa ajudar as pessoas, a comunidade e a sociedade a "arranjar o coração". "Arranjar o coração" se dá através da capacidade do outro de se fazer próximo. "Arranjar o coração" assume aí um valor precioso onde quer que a pessoa esteja para que se possa começar a germinar a semente do amor, da acolhida, da felicidade, do amor de Deus. Desta forma, se os novos presbíteros católicos quiserem ajudar as pessoas, comunidades e sociedade a "arranjar o coração" para melhor acolher Jesus Cristo e seu Evangelho, devem, então, exercitar--se no aprendizado de se fazer próximo, algo belo e simples, mas desafiador.

O cuidado como modo de se evitar a instrumentalização espiritual

No cuidado do rebanho do Senhor é preciso evitar a instrumentalização. Na instrumentalização da missão presbiteral o cuidado pode se resumir apenas em cuidado da tradição, da disciplina, das leis canônicas e morais, de bens móveis e imóveis. Muitos fiéis se queixam que, às vezes, existe muito incentivo ao cuidado de normas e doutrina, mas pouco cuidado do povo de Deus. Consequentemente, poderá haver instrumentalização dos seres humanos ou da tradição, ou da doutrina, ou das leis canônicas e morais, intrumentalizando-se em razão de um fim ou transformando-se em uma "camisa de força" ou em objetos de *status,* de poder, de projeção para o novo presbítero católico.

Representantes de uma cultura milenar, de uma tradição e de uma fé cristã, muitos presbíteros católicos acabam exercendo muito mais o mecanismo de regulação e vigilância da vida de fé da comunidade que o cuidado de modo evangélico, no qual os indivíduos são também sujeitos e não meros receptores. Neste caso, parafraseando Foucault[1] e aplicando ao presbítero católico, ele acaba exercendo, assim, somente a disciplina do controle, como estratégia biopolítica para se fundar ou redimensionar a ordem social vigente da Igreja Católica. Sendo os indivíduos apenas receptores dos serviços do presbítero católico e não sujeitos da fé.

Os sujeitos humanos carregam as características de suas subjetividades e carecem de cuidados em todas as dimensões. Psicologicamente, cada pessoa é única, representa um mundo com sua subjetividade, experiências, valores, interesses e expectativas. As pessoas são diferentes, mesmo quando passam pelas mesmas experiências, pois o significado será próprio para cada uma, e é só pela negociação de significado que podemos compreender o outro. Assim seria um equívoco o novo presbítero católico cuidar apenas da pureza da disciplina e descuidar dos modos subjetivos de ser, implantando um modo único de ser, viver, dar significado e organizar o viver humano.

---

[1] Cf. Foucault, *A verdade e as formas jurídicas*. 3ª edição. Nau Editora, 2005, e *O nascimento da biopolítica: curso no Collège de France (1978-1979)*. Editora Martins Fontes, 2008. Em *Vigiar e Punir*, Foucault (1993) trata de como nossa subjetividade moderna foi forjada em virtude de todo um disciplinamento geral na sociedade europeia. No terceiro capítulo desse livro, tão detalhista quanto perturbador, afirma que as disciplinas são "métodos que permitem o controle minucioso das operações do corpo, que realizam a sujeição constante de suas forças e lhes impõem uma relação de docilidade e utilidade" (Foucault, 1993, p. 126).

Quando o presbítero católico não consegue ouvir as subjetividades humanas, pode ser que ele tenha se deixado instrumentalizar em sua missão presbiteral.

Na dimensão subjetiva existem valores e sentidos que animam o contexto e a vida de cada indivíduo, algo que necessita de cuidados, e que só são passíveis de serem entendidos quando se abrem para a comunicação, o entendimento do outro. As pessoas buscam entendimento de si mesmas e sobre o mundo numa relação compartilhada intersubjetivamente (Habermas, 2004, p. 16).

A comunicação representa, portanto, uma espécie de troca, em que as pessoas expressam o que sentem e pensam e, também, recebem as informações do outro. Isto representa, como diz Habermas (2005), uma mudança de postura, do agir instrumental para o agir comunicativo.

A dinâmica do cuidado, fugindo à lógica da instrumentalização, coloca para o novo presbítero católico o desafio de formar consciências com discernimento e capacidade de serem sujeitos autônomos, tomando decisões em favor da vida, da inclusão, desafios evidentemente presentes nos dias de hoje. O cuidado, como inclusão do outro, possibilita ao novo presbítero católico colocar muitos que estão à margem da sociedade, da Igreja, das leis canônicas e morais, no seguimento de Jesus, como aconteceu com o cego de Jericó (Mc 10,46-52).

Na linha da instrumentalização da missão presbiteral, os presbíteros católicos não precisam ouvir as pessoas. Mas sabemos que é somente a partir da escuta do clamor do outro e de seu reconhecimento, assim como a mãe que é capaz de reconhecer na multidão o clamor de seu filho, que a ação de cuidado evangélico dá lugar na vida do novo presbítero católico. Neste sentido o clamor que brota dos modos subjetivos como necessidade de compreensão e acolhida se torna como que uma provocação da ação do Espírito Santo nos presbíteros católicos. Como a estrela guia no evangelho de Jesus Cristo, em Mateus 2,1-18, podemos dizer que o cuidado se torna a estrela guia dos novos presbíteros católicos, no sentido de reconhecimento da fragilidade do outro e não como o poder de Herodes, que mata e destrói quem se interpõe em seu caminho.

Em nossos dias, o individualismo, o tecnicismo, o isolamento, a instrumentalização do outro e o descaso para com a vida se tornam angustiantes. O modo de ser cuidado como identidade e espiritualidade do novo presbítero católico aponta para o cenário da valorização da vida, para o encontro com o outro, para a integração, para a estruturação de comunidades promotoras de vida, para a participação. O modo cuidado aponta para as pessoas participarem por aquilo que são, distinguindo-se daquelas formas societárias, nas quais as pessoas participam por aquilo que têm. Desta forma, o modo cuidado, como categoria essencial da identidade e espiritualidade presbiteral, assume a categoria chave ou "matricial", capaz de inspirar um novo modo do presbítero católico estar na modernidade.

Se o novo presbítero católico deve ter cuidado para não ser instrumentalizado, os leigos também devem estar atentos para não instrumentalizar a fé, nem serem instrumentalizados pelas instituições religiosas.

É bom ter claro que, na verdade, o que muitos seres humanos buscam não é o distanciamento de Deus, da Igreja Católica ou das instituições, mas uma melhor qualidade de vida, entretenimento, lazer, felicidade, segurança e liberdade. Todos esses "valores" se traduzem na possibilidade de cuidado da vida humana, da natureza, do mundo, da busca do saber, da verdade e de Deus. Os cuidados vão desde a espiritualidade, vida profissional, conforto, lazer, valorização do corpo, perspectiva de futuro, até a aparência estética. No meio dessas transformações, novos valores, sentidos e comportamentos vêm se impondo. Os valores são buscados na profundidade do sentido e significados para o pragmatismo da vida, e Deus ou o transcendente pode até acabar sendo descartado, sendo muitas vezes uma questão de conveniência ou não.

O que se percebe, na maioria das vezes, é a instrumentalização de tudo, sobretudo da dimensão espiritual, pois os novos modos de construir a identidade são contraditórios. Percebe-se em alguns casos a tendência em deixar de lado as considerações de cunho espiritual; em outros casos, a supervalorização do subjetivismo e do individualismo; em outros, o pragmatismo do estético e do poder; em outros, uma tentativa de renovação espiritual ou carismática dentro das igrejas históricas; em outros, a tentativa de experimentar o divino de modo "mais livre", numa versão mais "*light*" da espiritualidade.

Psicossocialmente, o que se percebe é que cada pessoa parece buscar dentro de si mesmo, ou no grupo, caminhos para vencer os medos, superar barreiras, ser feliz, ter segurança e usufruir da liberdade. Assim, buscam consolo em todas ou qualquer direção, como fuga das instituições religiosas, busca de comunidades de cunho mais tradicional, retorno às religiões orientais ou antigas práticas religiosas, filosofias de vida.

Vemos assim que a humanidade não perdeu o interesse pelo religioso, mas o busca de outra forma. Os indivíduos parecem buscar um sentido espiritual para a vida, uma explicação para os dramas humanos, o que não se trata da busca de uma fé, mas de benefícios para si mesmos (as) ou uma corrida ao dinheiro, à fama social e à segurança, levando, muitas vezes, até uma tendência ao fechamento social, ao fanatismo religioso ou a uma religião reciclada. É isto que chamamos de instrumentalização religiosa. Esta instrumentalização atinge todas as dimensões da vida humana.

A instrumentalização da religião favorece a contradição da vivência religiosa. Isto se torna perceptível naquilo que é essencial da vivência religiosa, isto é, a preocupação em fazer a vontade de Deus e colocar em prática seus ensinamentos: "Felizes, antes, os que ouvem a palavra de Deus e as observam" (Lc 11,28), e ainda: "Todo aquele que faz a vontade de meu Pai, que está nos céus, esse é meu irmão, minha irmã e minha mãe" (Mt 12,50). A contradição aparece também na questão de amigos, de compromissos, de relacionamentos e de profissão que passam a ser assumidos não mais como duradouros, permanentes e estáveis, mas em vista apenas do momento presente e em alcançar o máximo de prazer e sucesso possíveis. Em nome do prazer, da segurança e do sucesso, sacrificam-se família, princípios religiosos, amigos, tempo, cuidado consigo mesmo, com o meio ambiente, com o transcendente.

Não ser instrumentalizado, nem deixar que os indivíduos instrumentalizem a fé, nem sejam instrumentalizados, é o desafio do cuidado para o novo presbítero católico na modernidade. Precisamos redescobrir que é pelo cuidado de si que se pode escolher e se comportar do melhor modo possível, podendo governar a própria vida, dando-lhe a forma mais bela possível e contribuir para que a vida do outro seja, também, a mais bela possível. É no cuidado de si que se localiza a essência transformadora do indivíduo de cuidador da vida ao seu redor. Isto deve ser feito evitando-se cair em qualquer cilada de instrumentalização.

O cuidado e o atendimento às necessidades individuais

Segundo Boff (2000, p. 200), a atitude de cuidado nos leva "a protestar, a resistir e mobilizar-se para mudar a história". A alma humana não pode ser radiografada como a tecnologia tem possibilitado à parte física do ser humano. Os seres humanos mostram uma alma com conteúdo e sentimentos, valores, humanismo, bom humor, felicidade, capacidade de reflexão, consciência de serem filhos e filhas de Deus, criatividade e amor. Saber cuidar é perceber as necessidades do outro e reconhecê-las. O ser humano é individualizado, e não uma massa. Dizer que todo mundo tem que ser igual é ferir a criação de Deus, que nos fez plurais.

Num mundo cada vez mais individualizado o cuidado presbiteral deve primar-se para poder atender às necessidades individuais.

A individualização é um anseio que todo ser humano tem dentro de si de se diferenciar dos melhores padrões coletivos ou tradicionais de autoentendimento, e de fazer uma jornada tipicamente sua, profundamente pessoal, de ser "si mesmo". A individualização é um processo que vem enriquecer todos aqueles que buscam esta possibilidade como projeto de vida. Para Freitag, alcançar a individualização "caracteriza-se pela competência interativa, assimilando símbolos do sistema social, e pela independência face à sociedade e seus símbolos quando retrabalhados pela consciência" (in *Piaget e a Filosofia,* Editora Unesp, 1991, p. 83).

A Igreja Católica tem exigido que as vidas individuais estejam estreitamente inscritas no coletivo. Para o novo presbítero católico, fazer a separação entre vida individual e vida coletiva representa uma verdadeira emancipação, algo que acontece de modo muito lento ou quase imperceptível. Numa visão tradicional, quanto maior era a "nulidade" da individualidade, maior era o "grau de santidade", ou, como afirma Foucault (in *Ditos e Escritos,* v. 4, Editora Forense Universitária, 2003), não existia uma desconsideração da individualidade, mas o reconhecimento do seu valor, só que tendo como finalidade o controle pastoral sobre o indivíduo. E aí está o problema, pois quando se nega ou reconhece a individualidade, tendo como finalidade o controle pastoral sobre o indivíduo ou sua sujeição e docilidade, exerce-se um direcionamento da sua existência, não permitindo a manifestação de sua totalidade. Ultrapassar este limite, para o novo presbítero católico, parece significar "desamarrar suas mãos", para que possam seguir um caminho de maior autonomia, liberdade, diferenciação e individualização,[2] não se limitando mais ao modelo

---

[2] Diz Habermas que vivemos numa sociedade individualizada, e "Na sociedade individualizada o indivíduo precisa aprender... a se compreender a si mesmo como um centro de ação, como uma secretaria de planejamento em relação ao seu currículo, suas capacidades, parcerias etc." (2002a, p. 229-230).

tradicional da identidade coletiva ou de controle pastoral em vista a homogeneização.

Valorizar as individualidades implica, para o novo presbítero católico, diante de Deus e dos seres humanos, tomar nas mãos a responsabilidade pela existência humana e ter a possibilidade de tomar a vida individual e construí-la de modo afável, ficando livre da teia dos laços do controle pastoral que poderiam, em muitos casos, apenas tolher seus movimentos.

A negação da individualidade ou seu reconhecimento, tendo como finalidade o controle pastoral da vida do indivíduo, parece ser somente uma condição para dispor do outro de modo livre e total. Pois em os ambos os casos, tende-se a primar pelo ideal de observância comum da disciplina, das regras, horários, prevalecendo o conformismo, como diz Cencini.[3] Aqui entra o formalismo, a importância excessiva para cada norma; conformismo geral, tendo como consequências a hipocrisia, a falta de espontaneidade e desenvoltura nos relacionamentos, as atitudes de agrado para com os superiores e a ausência de liberdade e consciência individual.

Assim, o novo presbítero católico, na modernidade, deve estar atento para não cair na armadilha de cuidado pastoral, pensando que o deslocamento de uma pastoral coletiva ou de controle social para uma pastoral de valorização das individualidades seria a solução, pois ambas podem ter como finalidade o controle pastoral sobre cada indivíduo. Outra armadilha é agir pensando que a valorização da subjetividade, em detrimento do coletivo e do controle pastoral, seria a solução. Segundo Bauman (2003, p. 33), a valorização da

---

[3] Neste caso o acento é retirado, segundo Cencini (2007, p. 39): "de motivações internas e pessoais, de trabalho sobre a zona menos visível do eu, sobre o mundo interior e inconsciente, sobre sentimentos e sobre as atrações", fazendo prevalecer o conformismo. Segundo Cencini (2007, p. 48): "O conformismo é um vírus, não é uma virtude".

subjetividade pode apenas significar outra gaiola de ferro: "Essa nova disposição era seu destino, e a liberdade de independência não passaria de um breve e transitório estágio entre duas gaiolas de ferro igualmente estreita". Assim, a supervalorização de uma, em detrimento de outra, pode apenas trazer a ilusão de estar no caminho certo, mas na verdade ser apenas um caminho de submissão ou controle pastoral diferente, ostensivamente artificial, sustentada pela coação nua e sem termos de "dignidade, mérito ou honra".

O novo presbítero católico deve estar ciente de que vive no hoje, em espaços alargados de opção, num mundo plural e democrático, e que cresce a necessidade de decisão individual, mas que também deve valorizar a família, a comunidade, o coletivo, e portanto é bom não ser unilateral nesta questão. Pois, tanto é importante o coletivo quanto as possibilidades individuais de ser. Assim, o novo presbítero católico, no seu cuidado pastoral, deve evitar a finalidade do controle pastoral do indivíduo e sua homogeneização. Seu modo cuidado deve ser direcionado para gerar, em cada ser humano que estiver aos seus cuidados, a responsabilização de compartilhamento de cuidado da existência humana de acordo com seus talentos, valores, motivações, carismas ou capacidades.

A sacralidade presbiteral
como dimensão curativa e criadora da vida humana

Segundo Anjos[4] (in Trasferetti & Zacharias, 2010, p. 136-137): "os espaços religiosos se destacam pelo cultivo de sentidos e significados que guiam a interpretação dos processos vitais e

---

[4] Márcio Fabri dos Anjos é doutor em Teologia Moral, professor no Instituto São Paulo de Estudos Superiores e no Centro Universitário São Camilo.

as relações de modo geral. Implicam uma visão de mundo, do conjunto dos seres humanos, do próprio ser humano, da marcha e do desfecho da história (...). O cuidado se dá no encontro com a finitude do outro, lá onde o outro está acuado pelas fronteiras do não-ser".

O cuidado se apresenta para o novo presbítero católico com poder de curar e de transformar, tanto a vida dele, quanto daquele que recebe cuidados. No cuidado está a misericórdia, a possibilidade de rompimento de barreiras, a capacidade de refazer laços humanos, de unir pessoas e comunidades, de dar sentido e razão para a vida. Segundo Zoboli[5] (2011, p. 6): "a finitude é algo inerente à concretude da vida humana e, por isso, cuidamos sempre e curamos frequentemente, mas não sempre". Pensar a dimensão curativa da fé significa colocar vinho novo em odres novos, uma saída para o crente moderno em busca de cura, de libertação, de energia positiva, de paz e harmonia interior, de comunhão com Deus.

Para que o novo presbítero católico possa levar a cura e a transformação interior, se faz necessário que suas ações repletas de cuidados respondam às individualidades de cada um. O cuidado se manifesta nas pequenas gentilezas, serviços, atenção, escuta, acolhida, disposição, flexibilidade, valorização, reconhecimento, gestos de carinho e doação, compreensão do outro necessitado de cuidados. O outro tem sempre motivos para ser como se é. A condição favorável à cura e transformação é o cuidado, sem julgamento ou preconceito pela sua história ou situação.

O cuidado tem poder de curar e transformar porque transmite segurança, sentido para a vida, autoestima, amor, respeito,

---

[5] Elma Lourdes Campos Pavone Zoboli é professora Doutora da Escola de Enfermagem da Universidade de São Paulo – USP e possui título de Livre-docência.

consideração, reconhecimento, valorização da vida e do bem. Mas ele será tanto mais benéfico quanto mais atender às necessidades individuais da pessoa, algo que vem bem ao encontro do homem moderno, que acolhe melhor tudo aquilo que é personalizado para ele. Assim, o novo presbítero católico deve estar atento a esta questão, pois a pessoa que recebe cuidado terá mais possibilidade de sentir-se cuidada se perceber que foi reconhecida no cuidado recebido e que aquele cuidado está personalizado para ela. Esse cuidado do qual estamos falando vai além do modo tradicional de cuidado prestado pelos presbíteros católicos através dos sacramentos e das pastorais da Igreja Católica.

Diante de muitas doenças, males e sofrimentos a pessoa tende a perguntar pelo sentido religioso daquilo. Podemos dizer que todo ser humano nutre-se do religioso e necessita do apoio religioso para poder vencer e sair daquela condição.

Dado que chama nossa atenção é que as religiões, em sua maioria, condenam os doentes, reforçando a ideia de culpa, afirmando ser a doença, um castigo das ordens superiores pela ausência de compromisso de fé do enfermo para com a crença. Além dessa compreensão religiosa temos também as compreensões culturais e psicossociais da doença. Assim, podemos dizer que a cura do doente não depende simplesmente do biológico ou físico, mas também da compreensão dessa complexidade maior de sua existência.

Numa visão psicossocial, vamos retomar a questão religiosa para nossa discussão da cura. As religiões, segundo o teólogo Hans Kung (teólogo e filósofo suíço – 1928), são todas mensagens de salvação que procuram responder as mesmas perguntas básicas dos seres humanos: amor, sofrimento, culpa, perdão, vida, morte, origem do mundo e suas leis. Em todas as grandes religiões existe uma espécie de regra de ouro a nortear o sentido ou não sentido da existência humana. Assim podemos falar de Confúcio (551-489 a.C.): "O que não desejas para ti, também não faças para os outros"; do Judaísmo: "Não faças aos outros, o que não queres que façam para ti" (Rabi Hillel, 60 a.C. a 10 d.C.); de Jesus de Nazaré: "O que quereis que os outros vos façam, fazei-o vós a eles" (Mt 7,12); do Islamismo: "Ninguém é um crente a não ser que deseje para seu irmão o que deseja para si mesmo" (Samyutta Nikaya, V, 353-342.2). Cada indivíduo, sendo simpatizante de uma dessas religiões, tende, mais ou menos, a compreender os acontecimentos da vida de acordo com as doutrinas dessas religiões. Mesmo que alguém não seja simpatizante de nenhum credo religioso, seu equilíbrio psíquico emocional tende a ser influenciado pela filosofia de vida por ele simpatizada. Na maioria dos casos de doenças, sua explicação está condicionada à religião ou à filosofia de vida professada. Desta forma, a cura depende de tocar nesse núcleo de compreensão e sentido, tendo muitas vezes que haver uma terapia capaz de proporcionar uma nova reorganização de sentido ou de reparação, proporcionando ao sistema imunológico ou às "forças psicológicas" de vida falarem mais alto. Diante disso entendemos porque muitos indivíduos, na hora mais difícil de sua saúde, se religioso, tende a fazer uma promessa, a participar de um rito de reparação de sua culpa e, não sendo religioso, a buscar uma nova logística da sua existência, assumindo algumas renúncias e mudanças de comportamento. Em qualquer dos casos, podemos dizer que há uma tendência a reorganização do sentido da vida. Assim, podemos dizer que, para que o doente possa alçar novamente a saúde, precisa retomar o equilíbrio da vida, pois a doença é tida como a falta de equilíbrio em alguma dimensão da sua existência humana.

Segundo Heidegger, o sacro já é por excelência salvífico. O presbítero católico, pelo fato de estar a serviço do transcendente, é compreendido como uma pessoa revestida de sacralidade. A saúde e a salvação são termos cooriginais, nascidos de um mesmo conceito, e codividiram, durante muito tempo, a mesma sorte e o mesmo significado, que é de bem-estar, de plenitude e de integridade da existência. O presbítero católico, revestido da sacralidade, representa tanto a salvação para a outra vida como a salvação nesta. Essa compreensão pode ser deduzida do entendimento que os fiéis têm das religiões. As religiões são compreendidas pelos fiéis como algo que procura salvar o ser humano na sua totalidade física, psicológica e espiritual. Ambos, salvação e saúde, evocam cuidados. Assim, podemos dizer que o presbítero católico, em suas ações de cuidado, se torna o represente desse núcleo maior, que é salvação e saúde.

Segundo Reale (2002, p. 8), citando Pico Della Mirandola (italiano, intelectual e filósofo platônico – 1494), que comenta a citação do *Corpus hermeticum* (escrito por volta do ano 100 a 300 d.C.): "o homem é o grande milagre". Todas as criaturas são determinadas pela essência que lhes foi dada, segundo a qual não podem ser diferente do que são, mas o homem não é assim. De fato, o homem foi posto como nos confins de dois mundos e dotado de uma natureza pré-determinada, mas constituída de tal modo que deva ser ele mesmo a plasmar-se, a esculpir-se, segundo a forma escolhida por ele. Portanto, o homem pode elevar-se ou baixar-se ao plano da vida. O grande milagre do homem consiste em ser aquele que se constrói, aquele que, em larga medida, é o artífice de si mesmo. Olhando para esta compreensão do ser humano e trazendo-a para a discussão da saúde, a doença é tida como uma escolha errada que o ser humano acabou fazendo em dado momento de sua existência ou uma falta de equilíbrio na condução de sua existência.

O novo presbítero católico revestido do sagrado, como representando socialmente a questão salvífica, que evoca saúde, deve estar atento no exercício do ministério presbiteral para a questão do equilíbrio. O equilíbrio como caminho de saúde ou caminho de cura, numa visão antropológica, tem uma longa via histórica de compreensão; sobretudo, passando pela compreensão da natureza humana. Afinal, o que é o ser humano? Para os gregos, através dos poemas de Homero (julga-se ter vivido no século VIII a.C.), a partir da *Ilíada* e da *Odisseia,* falta quase que completamente os conceitos de corpo (soma) e de alma (psyche). Eles têm um significado contrário àquele que vai assumir no século quinto antes de Cristo: soma significa, de fato, não o organismo vivo, mas o morto, ou seja, o cadáver, e psyche significa não o princípio vital do pensamento e do sentimento, mas o fantasma do corpo. O homem vivo é expresso mediante uma ininterrupta circulação de imagens com a dinâmica de belíssimas formas caleidoscópicas, nas quais físico e psíquico são con-fusos de vários modos. É dentro dessa complexidade que se forma o conceito de homem. Segundo Reale (2002, p. 14): "Pode-se dizer, então, que o homem se representou como corpo depois de ser pensado como alma". O conceito de alma passa por Aristóteles, Sócrates e Platão. Sobretudo Sócrates vai caracterizar a alma (psyche) como capacidade de entender e de querer do homem e explica que, para ser si mesmo, o homem deve cuidar não só do corpo, mas, sobretudo da alma. Para Sócrates o homem só é homem quando consegue compreender a si mesmo, por isso o "Conhece-te a ti mesmo". Assim, o homem deve cuidar, não somente da saúde do corpo, mas também da saúde da alma. Até Homero, era dos órgãos que se originavam os sentimentos. Por isso poderia falar-se de dor e alegria, espanto e piedade de cada órgão: os sentimentos eram funções dos órgãos. O coração era a sede do pensamento. Segundo Reale (2002, p. 65-66), "o papel do cérebro como sede material do conhecimento e do pensamento só foi estabelecido em torno a 500 a.C. pelo Médico Alcnéon, com base nas pesquisas de anatomia e de fisiologia sobre os órgãos e sentidos; mesmo em seguida, e até no âmbito da medicina científica, esta descoberta se afirmou parcialmente, enquanto muitos médicos, e até um pensador da estatura de Aristóteles, permaneciam tenazmente aferrados à crença popular e procuravam o centro da vida espiritual no peito: no coração, senão no diafragma". Até essa época, pensar a educação e a cura do ser humano seria impossível, pois os órgãos vinham programados para todos os sentimentos, e era o próprio Deus que dava a alguns homens o conhecimento e a saúde ou a doença. Tal ideia perpassou séculos até chegar a uma nova compreensão do ser humano.

De fato, não é a essência do homem que muda nos diferentes tempos e regiões, mas os modos nos quais ele se desvela, as maneiras nas quais é interpretado e compreendido e, consequentemente, como é criado e recriado ao longo da evolução histórica da humanidade; assim, algo pode ser pensado de outro modo devido aos novos conhecimentos da humanidade. Assim, os discursos das grandes narrativas que imperaram até o nascimento do conhecimento científico são postos de lado por outros discursos, agora baseado na experiência.

A concepção de homem foi sempre um problema para o cuidado do ser humano. Nos poemas de Homero o homem era totalmente dependente dos deuses, não tinha liberdade, não podia mudar seu destino, não tinha nenhuma autonomia, tudo o que possuía era a bondade dos deuses. Cabia aos seres humanos serem obedientes às leis e vontades dos deuses. Segundo Reale (2002, p. 93): "o homem homérico mantém uma relação constante com os deuses, em função dos quais tenta explicar tanto o bem quanto o mal que faz e, consequentemente, dar-se conta do sentido da própria vida".

Segundo Sócrates, a vida no corpo é a mortificação da alma, e a morte do corpo é a vida da alma. Esta concepção será expressa por Eurípedes com a seguinte fórmula: "Quem sabe se viver não é morrer e morrer não é viver" (Reale, 2002, p. 130).

Sócrates revela uma revolução cultural na compreensão do ser humano. Para ele a alma é algo que nos identifica com nossa consciência moral. A partir de Sócrates, que significa cuidar de si mesmo? Segundo Reale (2002, p. 150): "É evidente que não significa cuidar somente do próprio corpo, e menos ainda das próprias riquezas. De fato, o corpo é 'instrumento' de que a alma se serve e, portanto, algo que é 'próprio' do homem, mas não é o 'si próprio' do homem". Assim, o homem não é seu corpo, mas a sua própria alma, e a tarefa suprema que o homem deve desenvolver, para ser "verdadeiramente homem", consiste no "cuidado da alma" (Reale, 2002, p. 155). Nesse caso a alma serve de guia para o corpo, e o corpo deve deixar-se guiar pela alma. Mais do que cuidar de bens, deve-se cuidar de valores, como: bondade, amor, esperança, virtudes cristãs. Quando um homem não cuida da alma se torna um perigo para a própria sociedade. Esta é a grande herança de Sócrates. Nesta visão, para o novo presbítero católico, em sua sacralidade, cuidar para que o povo tenha vida significa ajudar cada um a cuidar de sua alma, o que significa um equilíbrio de cuidado, tanto do corpo como da alma. Talvez se possa entender aí o que está escrito na carta de São Paulo aos Tessalonicenses 5,19: "Não extingais o Espírito", o que pode ser traduzido na compreensão do adágio dos gregos: "uma mente sã em corpo são". Assim, a saúde acabada dependendo de se ter uma vida mais saudável, mais equilibrada, cuidando da alma e do corpo.

Para Platão "a saúde é a ajusta medida", proporcionando a harmonia natural, o acordo intrínseco do organismo consigo mesmo e com o que lhe é exterior. Talvez aqui tenhamos que voltar a doutrina do justo meio, considerando a saúde como uma justa medida, uma harmonia, pois tudo está relacionado, um justo equilíbrio que faz oscilar e constitui a saúde. Segundo Platão, citado por Reale (2002, p. 192), "a parte do corpo não pode ser curada senão em função do todo do corpo, e o corpo não pode ser curado sem a alma, ou seja, o todo do homem, na ótica da unidade do todo". A doença para Platão deriva de três grupos de enfermidade: primeiro, das várias formas de perturbação ligadas a terra, água, ar e fogo; segundo, ligada à medula óssea, carne, osso, faltando a justa medida, de acordo com as leis da natureza; terceiro, ligada ao ar, dependendo da quantidade maior ou menor de ar que a pessoa respira. Platão fala mais da ginástica como cura do corpo do que de medicamentos: "O homem deve preocupar-se muito mais com a prevenção da enfermidade do que com a sua cura", aconselhando a simplicidade e a dieta alimentar, mas tudo com a justa medida. Para Platão só se pode curar o corpo curando a alma. Para o corpo a ginástica e a dieta alimentar e para a alma a música, sem a qual os corações se tornariam duros.

Para o novo presbítero católico, dentro da sacralidade que ele representa, retomar essa compreensão antropológica de equilíbrio impostada pelos gregos para se ter a saúde é muito importante, pois existe uma semelhança entre os rituais de purificação e crescimento espiritual da religião e os rituais dos gregos de cuidado da mente e do corpo.

O cuidado "da mente e do corpo", na visão dos filósofos gregos, visava a ter uma vida mais saudável, mas cheia de energia, de saúde e de vida. Da mesma forma, podemos dizer que o cuidado prestado pelo novo presbítero católico aos seres humanos, a partir da dimensão sacra, tem, além da salvação na outra vida, o objetivo de suscitar a energia necessária para a cura, a transformação e o crescimento de cada ser humano. Tal cuidado avança para além dos interesses da instituição, do enquadramento e controle pastoral, devolvendo a pessoa para si e para o mundo e restaurando as esperanças, o amor, o sentido da vida. À luz do discernimento do Evangelho de Cristo é um tipo de cuidado semelhante aos de Jesus, que liberta do julgo da lei as pessoas: "Pois o Filho do Homem é senhor do sábado" (Mt 12,8), o qual aparece em Mc 1,21-2,12, para não dizer, em todas as passagens do Evangelho.

Olhando o modo cuidado de Jesus, a partir da escolha e envio dos doze (Mc 3,13-19), vemos que a missão delegada aos doze não foi de enquadramento na lei, mas de libertação de toda forma de escravidão. O enquadramento pastoral do fiel e o controle de sua vida foram sendo desenvolvidos ao longo dos séculos, passando pela confissão, direção espiritual e chegando a sacramentalização,[6] de modo ostensivo, de toda existência humana, com a reforma de Gregoriana iniciada no século XI.[7]

Retomando o modo cuidado de Jesus e partindo de Jo 4,1-3, vemos que: "Quando Jesus soube que os fariseus tinham ouvido dizer que ele fazia mais discípulos e batizava mais que João – ainda que, de fato, Jesus mesmo não batizasse, mas os seus discípulos – deixou a Judeia e retornou à Galileia". Este texto é significativo na indicação da prática de cuidado do novo presbítero católico em sintonia

---

[6] Nos escritos de Tertuliano (século III) aparece a primeira evidência de chamar sacramentos os ritos cristãos do batismo e da ceia do Senhor. No século seguinte, Jerônimo usou a palavra *sacramentum* em sua versão da Vulgata Latina para traduzir *musterion* (mistério) de Efésios 5,32 e outras poucas passagens do Novo Testamento. Foi no século V, no entanto, que começou a elaborar-se uma doutrina de sacramentos, sendo Santo Agostinho o pai desta e quem definiu o sacramento como "a forma visível de uma graça invisível". Ele também ensinou que os sacramentos são necessários para a salvação. A doutrina dos sacramentos recebeu marcada atenção da parte dos escolásticos, que a formularam e explicaram com bastante precisão nos séculos XII e XIII. Hugo de São Victor escreveu o primeiro tratado formal sobre os sacramentos, ao passo que a Pedro Lombardo foi atribuído o haver definido os sacramentos em número de sete, os mesmos que mais tarde o Concílio de Trento adotou. Portanto, a ideia do sacramentalismo dominou a teologia e as práticas religiosas do catolicismo romano praticamente desde a Idade Média até hoje. Os sacramentos, quando não bem orientados, tendem a desenvolver uma fé materializada, legalista e até com superstição. Além disso, pode fazer, em muito, depender dos presbíteros católicos a graças de Deus e a salvação, se assim pudéssemos dizer, e a satisfação religiosa, como se eles tivessem a chave dos sacramentos, bloqueando o fiel para uma experiência profunda e transformadora de Deus.

[7] A Reforma Gregoriana tem sua autoria em São Gregório Magno I, foi ele que apresentou as formulações iniciais que criariam a infalibilidade papal e a supremacia da Igreja Católica. As medidas propostas por Gregório Magno começaram a ser implementadas sob o papado de Leão IX entre os anos de 1049 e 1054. Hildebrando conquistou muita visibilidade por conta de sua defesa dos elementos da reforma na Igreja e da natureza do poder atribuído ao papa, tanto que, quando se tornou papa, Gregório VII, entre 1073 e 1085, foi identificado erroneamente como o autor da Reforma Gregoriana.

com o modo cuidado de Jesus. Se os discípulos batizavam, mas Jesus não, isso leva a perceber que sua prática de cuidado estava para além do controle ou enquadramento religioso, algo que pode também ser percebido em outros textos do Evangelho, como em Lc 13,10-17 ou Mt 12,1-8 , textos que podem ser lidos também em sintonia com Gálatas 5,[8] no qual Paulo afirma que Jesus veio para tirar os seus do julgo da lei. Assim, do mesmo modo, vencer a tentação do controle ou do enquadramento pastoral dos fiéis significa, para o novo presbítero católico, alcançar o verdadeiro sentido das pastorais e dos sacramentos,[9] como também de todas as suas ações presbiterais. Sabemos que isto é algo que pode levar muito tempo para se alcançar.

---

[8] Gl 5,1-26: "É para a liberdade que Cristo vos libertou. Permanecei firmes, portando, e não vos deixeis prender de novo ao julgo da escravidão. Atenção! Eu, Paulo, vos digo: se vos fizerdes circuncidar, Cristo de nada vos servirá. Declaro de novo a todo que se faz circuncidar: ele está obrigado a observar toda a Lei. Rompestes com Cristo, vós que buscais a justiça na Lei; caíste fora da graça. Nós, com efeito, aguardamos, no Espírito, a esperança da justiça que vem pela fé. Pois, em Cristo Jesus, nem a circuncisão tem valor, nem a incircuncisão, mas a fé agindo pela caridade (...). Vós fostes chamados à liberdade, irmãos. Entretanto que a liberdade não sirva de pretexto para a carne, mas, pela caridade, colocai-vos a serviço uns dos outros (...). Se vivemos pelo Espírito, pelo Espírito pautemos também a nossa conduta".

[9] Os sacramentos são sinais sensíveis e eficazes da graça, através dos quais nos é dispensada a vida divina. Eles são destinados aos fiéis, para que possam receber a graça de Deus, e destinado também a conferir sacralidade a certos momentos e situações da vida cristã. "sinais sensíveis e eficazes da graça [...] mediante os quais nos é concedida a vida divina" ou a salvação, e foram confiados à Igreja. Através destes sinais ou gestos divinos, "Cristo age e comunica a graça, independentemente da santidade pessoal do ministro", embora "os frutos dos sacramentos dependam também das disposições de quem os recebe" (Compêndio do Catecismo da Igreja Católica n. 224, p. 229-230). "Os sacramentos da nova Lei foram instituídos por Cristo e são em número de sete, a saber: o Baptismo, a Confirmação, a Eucaristia, a Penitência, a Unção dos Enfermos, a Ordem e o Matrimónio. Os sete sacramentos tocam todas as etapas e momentos importantes da vida do cristão: outorgam nascimento e crescimento, cura e missão à vida de fé dos cristãos. Há aqui uma certa semelhança entre as etapas da vida natural e as da vida espiritual" (Compêndio do Catecismo da Igreja Católica n. 1210).

Mas o novo presbítero católico, na sua sacralidade, deve acreditar que vai chegar o momento em que as pastorais e os sacramentos, como todas as ações presbiterais, serão vistos como pedagogia da graça de Deus, canais em que os fiéis poderão experimentar, incessantemente, o amor e a misericórdia de Deus, fugindo ao controle ou enquadramento pastoral, trazendo saúde e vida. Tal postura requer uma identidade e espiritualidade presbiteral pós-convencional,[10] o que representa um novo aprendizado, algo desafiante, mas, parafraseando Ciampa, "é a condição necessária para novos avanços". Segundo o mesmo autor (2001, p. 231): "Na origem, uma organização, como qualquer instituição, é sempre uma solução para um problema humano. À medida que se consolida, que se institucionaliza, deve garantir sua própria autoconservação". A garantia da autoconservação não se dá psicossocialmente pelo fechamento, isolamento ou "petrificação", mas sofrendo metamorfoses. As instituições precisam também sofrer suas metamorfoses, evidentemente, para preservar sua racionalidade.

A sacralidade do presbítero católico, como dimensão curativa e criadora da vida humana, atendendo as individualidades de cada fiel, significa respeito às necessidade de cada um. Segundo Cesar[11] (in Trasferetti & Zacharias, 2010, p. 82): "O primeiro sentido do cuidado aparece, assim, ligado à noção de respeito, na qual se entrelaçam as de simpatia, e reconhecimento, enquanto superação de conflitos".

---

[10] Uma identidade presbiteral pós-convencional, algo necessário dentro das sociedades complexas em que vivemos, significa vencer os egocentrismos, fugir à "mesmice" e avançar para além dos padrões tradicionais dos modos de ser e pensar, sendo democrático, flexível e reflexivo, reconhecendo que as tradições não são irracionais e absurdas, mas constituem parte integrante da razão e por isso devem sempre ser revistas de acordo com os novos contextos, culturas, evolução da sociedade ou contextos do mundo da vida, buscando dialogar com o mundo, na tentativa de alcançar a coesão, a reciprocidade, o entendimento e a união dos esforços na preservação da existência humana (cf. Santos, 2010, parte VI).

[11] Constância Terezinha Marcondes Cesar é livre-docente em Filosofia e docente titular da Pontifícia Universidade Católica de Campinas.

O cuidado recebido, ou sua falta, como também o tipo de cuidado oferecido, faz tanta diferença na vida da pessoa, família, comunidade, sociedade ou raça que, sem fazer muito esforço, já dá para perceber sua presença ou sua ausência, como também o tipo de cuidado recebido ou que se está recebendo. O ditado popular de que "somente o tempo é que cura" é uma grande mentira, pois ele não tem poder de criar, de curar e de transformar nada. O tempo pode apagar um pouco as lembranças, mas não tem poder de curar e de transformar as feridas, as mágoas, as carências, as tristezas, os ressentimentos, a rejeição, os maus tratos, os traumas de infância, a falta de fé, o sentimento de culpa, a falta de sentido da vida, o vazio existencial, a baixa autoestima, as revoltas, o rancor, os vícios nem as feridas físicas; mas somente o cuidado como atenção ao outro, pois somente ele é restaurador da vida.

Todo o cuidado, sobretudo do presbítero católico, se ele não tocar no núcleo maior da necessidade de cada fiel, mesmo tendo uma dimensão sacra, pode acabar sendo insuficiente despertar, numa dimensão psicossocial, a dimensão curativa do ser humano.

Mas fica em aberto a questão: como o novo presbítero católico, dentro da sacralidade, pode prestar cuidado, com atenção e respeito ao outro com suas necessidades e individualidade, cuidado capaz de despertar a dimensão curativa da vida humana, estando atento às normas e às orientações da Igreja Católica?

Conclusão

Quem cuida ajuda o outro a crescer. O cuidado deve ser resgatado como um modo ético de ser cristão. Para isso devemos recordar a multiplicidade de rostos necessitados de cuidados. O cuidado do novo presbítero católico deve despertar a confiança no poder criador de Deus, levando cada ser humano a descobrir a grandeza do criador e a crença de que uma nova humanidade é possível, como diz São Paulo (Rm 8,19): "Com efeito, o mundo criado aguarda, ansiosamente, a manifestação dos filhos de Deus".

O cuidado é a força originante que, continuamente, faz surgir o ser humano. Sem ele o ser humano poderá continuar a ser uma porção de argila como qualquer outra à margem do rio. Desta forma, voltar ao mito do cuidado significa superar a ditadura do poder, do domínio, da desumanização, para fazer acontecer a criatividade, a realização humana, a ternura, o amor, o carinho para com os seres humanos em sua totalidade. Ser um presbítero católico cuidador é ser protagonista do sonho criador de Deus Pai.

Fazer do cuidado o paradigma de vida para o novo presbítero católico significa não deixar que ninguém seja posto de lado ou excluído do amor de Deus e das atitudes da atenção, que ninguém seja posto fora dos direitos da comunidade. Neste sentido, somente a mística do cuidado, atento às individualidades, poderá levar o novo presbítero católico a melhor realizar o plano de Deus Criador.

Numa sociedade democrática e plural, o potencial de cuidado do novo presbítero católico está na sua capacidade de saber ser próximo do outro, devotando-lhe reconhecimento e cuidados. Este parece ser o caminho para que o "coração seja arranjado", e assim o evangelho da vida seja melhor acolhido pelos seres humanos.

Parte III

O novo presbítero católico e o cuidado no pastoreio

Estamos vivendo uma materialização dos modos de ser e viver a vida humana. A ciência, por si só, é materialista e tende a materializar o ser humano. Isto tem exigido dos novos presbíteros católicos um esforço maior na dimensão espiritual.

Problemas não faltam nos dias atuais. E de toda ordem: financeiros, políticos, emocionais, familiares, espirituais, de relacionamento, de saúde, de segurança, de moradia... Seu grau de agravamento decorre das influências das circunstâncias em que vivem ou trabalham as pessoas. E sobre eles ainda incide a pressão das mudanças éticas, morais, de costumes, de hábitos, deixando as pessoas confusas a tal ponto que, na hora da angústia, não sabem qual é o melhor caminho a seguir. Assim, todos precisam de ajuda para sobreviver de auxílio para conseguir enxergar seus problemas e de cuidado para melhor solucioná-los.

Os serviços pastorais, os movimentos, as celebrações, a realização dos sacramentos, o atendimento individual, a visita aos doentes, palestras, reuniões, bênçãos, orações, cursos, formação de comunidades, atenção aos mais pobres são expressões de cuidado do presbítero católico para com os indivíduos, famílias, comunidade, sociedade ou raça, mas existem muitas outras expressões de cuidado da comunidade, como o diálogo, o ecumenismo, a presença em momentos de sofrimento ou de alegria.

No pastoreio, a mística do cuidado deve levar o novo presbítero católico a priorizar a espiritualidade de fidelidade ao Espírito de Deus.

O novo presbítero católico e a arte do cuidado litúrgico

A liturgia é um momento de beleza. O mundo idolatra a beleza, a higienização e a segurança. Cuidar da liturgia, atento a esses "valores", torna-se, na modernidade, um grande desafio para o novo presbítero católico. Para isto ele deve se esforçar para criar uma nova atitude espiritual, uma abertura para o transcendente unida a esses "valores".

A arte do cuidado na liturgia não deve ser confundida com os "modismos litúrgicos", algo que mais atrapalha do que ajuda na vivência da fé. O "modismo litúrgico" acaba sendo mais um *hobby* pessoal, que mais confunde do que evangeliza, o que, na maioria das vezes, reflete mais um espírito intolerante do que cristão. O novo presbítero católico, fugindo ao modismo litúrgico e ao espírito intolerante, deve cuidar para que a consciência do sagrado, o temor do Senhor, o senso do estético e a consciência comunitária, o respeito e a atenção ao outro, o essencial da liturgia, que é a favorecer o fiel na experiência da graça de Deus, a oração e a vida da comunidade eclesial possam estar norteando suas ações litúrgicas, principalmente as ações litúrgicas do lugar onde ele atua. É bom lembra que os "modismos litúrgicos" são tão perigosos quanto o acento no cumprimento correto da prescrição, ou na repetição de fórmulas ou de rubricas litúrgicas. Em ambos os casos, se produz um desligamento do real sentido das ações litúrgicas, ficando, simplesmente, no nível do direito, da lei, da exatidão de como se realiza o ato, do mero cumprimento de normas, não produzindo a experiência da graça de Deus, o crescimento, o encontro nem a fidelidade a Deus. Diante de muitos "modismos litúrgicos" o povo pergunta: "o que é aquilo?". Perguntar o "o que é aquilo" já é um sinal de que algo o assusta ou não faz sentido, falta-lhe "bom senso" naquilo que está sendo apresentado. Tão logo aquele presbítero católico seja transferido ou morra, tudo tende a voltar como estava antes.

Além do desafio da estética, é bom lembrar que o novo presbítero católico não está só no mundo, ele vive num mundo de muitos colegas, de muitas religiões e outras ofertas mercadológicas que tem se primado pelo estético, pelo aparente; é o mundo da competição. Em todos os lugares sociais vemos crescer a higienização dos ambientes e a primazia pelo estético. Isto proporciona uma sensação de felicidade, deleite, segurança e bem-estar. Assim, caso o novo presbítero católico não cuide da estética, da higienização dos ambientes, da segurança dos fiéis, correrá o risco de vê-los buscar em outros lugares a estética, a higienização, a segurança, o entretenimento, a conjugação do espiritual com todos esses "valores".

Frisando mais a estética, esta transparece numa homilia bem-feita, numa celebração bem-preparada, nos cantos, no som harmonioso, na iluminação adequada, no ambiente agradável, nos leitores, nas equipes de acolhida, em tudo, pois tudo fala. Caso isto não apareça os fiéis irão a outras igrejas ou comunidades.

O desafio do novo presbítero católico no cuidado religioso da liturgia vem passando pelo esmero da preparação, da estética da espiritualidade e da criação de uma nova atitude espiritual capaz de elevação do fiel para Deus. É uma estética que toca o mais profundo do ser humano, sendo capaz de satisfação pessoal e de elevação espiritual. Para atender a essa necessidade se faz necessário que os novos presbíteros católicos façam cursos de arte litúrgica, de artes sacras, oratória, canto, língua portuguesa, de marketing religioso e social e outros cursos de conhecimentos gerais, de aperfeiçoamento, tendo em vista a atender a essa nova demanda.

Os renovadores padres do Concílio Vaticano II talvez pensassem que, ao permitir as línguas vernáculas e decretar a reelaboração dos textos e rubricas, teriam concluído a tarefa de renovação litúrgica e assegurado o futuro da liturgia. Mas estavam profundamente equivocados. A liturgia era como uma "bela adormecida", congelada neste estado durante séculos, isto é, desde o Concílio de Trento (1545-

1563). Para as forças conservadoras da Igreja ela poderia continuar a dormir por muitos outros séculos, mas no Concílio Vaticano II foi despertada. Cuidar da liturgia pós-Concílio Vaticano II significa, para o novo presbítero católico, deixar que ela possa ir se renovando, adaptando-se a vida do ser humano, cumprindo o seu papel de ser a oração da comunidade eclesial, momento de encontro dos irmãos e irmãs entre si e com o Deus da vida.

O contato que muitas pessoas tem com a Igreja e com os presbíteros católicos, muitas vezes, é somente durante as celebrações litúrgicas. O cuidado com a liturgia se faz muito necessário na vida presbiteral, pois é ela que coloca em marcha a vida do povo de Deus. Dentro da mística do cuidado da liturgia está o distanciamento que existe entre os presbíteros católicos e os fiéis. Na verdade os fiéis foram educados a terem certo distanciamento dos presbíteros católicos. É como se o presbítero católico fosse alguém intocável. Romper este distanciamento é um desafio do cuidado na liturgia.

Além da estética, da higienização, da segurança, persiste o desafio das comunidades sem presbíteros católicos. Prover essas comunidades, na atual situação de escassez de presbíteros católicos, ou de presbíteros católicos com espírito missionário, pois, na maioria das vezes, nas comunidades mais bem situadas econômica e pastoralmente, dificilmente faltam presbíteros, é algo que deve ser preocupação de cuidado do novo presbítero católico. Assim, a coragem profética de Dom Lobinger (2010), de pedir a ordenação de ministros próprios para que possam celebrar com as famílias ou comunidades, seria um modo delas não ficarem sem assistência. Mas o que tem haver isto com a arte na liturgia? É que, estando alguém à frente da comunidade com a confirmação da Igreja, estética e simbolicamente, isto já dá segurança e favorece a busca do sagrado. A ordenação presbiteral de algum membro idôneo para presidir validamente os sacramentos já é um símbolo estético muito forte, trazendo segurança e disposição para a busca do sagrado.

Sabemos que para resolver estas questões se exigem novas reflexões teológicas. Talvez esta mudança possa surgir num futuro não muito distante. Isto já se faz notar pela presença de leigas e leigos no campo da teologia. A teologia católica foi, ao longo dos tempos, um campo do saber humano desenvolvido quase que exclusivamente por homens, de modo especial, clérigos. Entretanto, em meados do século XX, as mulheres começaram a ingressar neste campo enriquecendo-o a partir de pesquisas e de suas próprias experiências, proporcionando, assim, uma bem-vinda mudança. No entanto, a entrada de pessoas leigas, homens e mulheres, no campo da teologia católica está provocando uma mudança neste cenário. Elas estão trazendo para o catolicismo suas experiências da vida cotidiana como trabalhadores, mães, pais e profissionais. A teologia católica já não é mais um clube de clérigos, e certamente isto é um progresso, o que no futuro poderá trazer novas formas de compreender o ministério da presidência dos sacramentos.

Assim, para o novo presbítero católico, cuidar da arte da liturgia significa cuidar também para que todos possam ter, mais do que um ambiente seguro, estético, higiênico, pessoas designadas e confirmadas pela Igreja Católica para esta função. Se as celebrações litúrgicas colocam em marcha a vida do povo de Deus, nada melhor e mais digno do que designar membros da comunidade para desempenhar essa função. Este é um modo também do novo presbítero católico cuidar da arte litúrgica.

O novo presbítero católico e as missões populares

A mística do cuidado é uma ferramenta com potencial para ajudar o novo presbítero católico a melhor realizar sua missão, pois o cuidado, necessariamente, implica uma ação concreta. É o cuidado que leva a buscar uma melhor qualidade de vida, nos faz prestar mais atenção ao sofrimento das famílias, às dificuldades que os casais de segunda união enfrentam, às dificuldades de levar os filhos para a Igreja e a muitos outros desafios. Ademais, é bom lembrar que muitas pessoas não se lembram das palavras e sermões dos presbíteros, mas da atenção recebida, da acolhida e das visitas que receberam deles. Talvez aqui o que diz Hermann Hesse (1877-1963) – escritor alemão que em 1923 naturalizou-se suíço – se faz muito significativo para ser observado na atitude de cuidado dos novos presbíteros católicos: "Talvez seja esta a razão por que não encontres a paz; o excesso de palavras (...). As coisas têm, a meu ver, mais valor do que as palavras. O gesto da sua mão me importa mais do que as suas opiniões. Não é nos seus discursos e nas suas ideias que se me depara a sua grandeza, senão unicamente nos seus atos e na sua vida".

Penso que o pensamento de Cora Coralina[1] serve de inspiração para os novos presbíteros católicos pensarem o cuidado das missões populares: "Não sei se a vida é curta ou longa para nós, mas sei que nada do que vivemos tem sentido, se não tocarmos o coração das pessoas. Muitas vezes basta ser: colo que acolhe, braço que envolve, palavra que conforta, silêncio que respeita, alegria que contagia, lágrima que corre, olhar que acaricia, desejo que sacia, amor que promove. Isso não é coisa de outro mundo, é o que dá sentido à vida. É o que faz com que ela não seja nem curta, nem longa demais, mas que seja intensa, verdadeira, pura enquanto durar. Feliz aquele que transfere o que sabe e aprende o que ensina".

As missões populares são um momento forte, intenso, extenso, raro e especial de evangelização nas comunidades em vista da reani-

---

[1] Cora Coralina, pseudônimo de Ana Lins dos Guimarães Peixoto Bretas (Cidade de Goiás, 20 de agosto de 1889 – Goiânia, 10 de abril de 1985), foi uma poetisa e contista brasileira. Considerada uma das principais escritoras brasileiras, ela teve seu primeiro livro publicado em junho de 1965 (*Poemas dos becos de Goiás e estórias mais*), quando já tinha quase 76 anos de idade.

mação da fé do povo, da formação de agentes de pastoral, da organização e dinamização das paróquias e comunidades. É um projeto que quer levar a palavra de Deus, anunciada por evangelizadores leigos e leigas, a todas as famílias que o desejarem, visando colaborar com as comunidades em sua caminhada no processo de reanimação, incentivando e fortalecendo tudo o que já existe de bom, abrindo novas perspectivas para a vida comunitária, de conformidade com os tempos e lugares, levando em consideração o plano pastoral da diocese e da paróquia. A sua metodologia consiste em uma série de pregações, palestras, visitas domiciliares e celebrações dirigidas ao povo cristão, com o objetivo de avivar-lhe a fé e a vida cristã e impulsionar a vida comunitária nas comunidades paroquiais e comunidades eclesiais. Trata-se de uma pregação extraordinária e intensiva, complementar à pastoral ordinária da Igreja.

Os novos presbíteros católicos devem assumir as missões populares como um novo pentecostes na vida da Igreja. Segundo o Documento de Aparecida (nº 362): "Esperamos em novo Pentecostes que nos livre do cansaço, da desilusão, da acomodação ao ambiente; esperamos uma vinda do Espírito que renove nossa alegria e nossa esperança". A conversão pastoral de nossas comunidades exige que se vá além de uma pastoral de mera conservação para uma pastoral decididamente missionária.[2] A Igreja necessita de forte comoção que a impeça de se instalar na comodidade. E ainda, segundo o mesmo documento (nº 144), a missão não é tarefa opcional, mas parte integrante da identidade cristã. Todo discípulo de Jesus Cristo é missionário e "a diocese, em todas as suas comunidades e estruturas, é chamada a ser 'Comunidade Missionária'" (n. 168).

---

[2] O termo conversão pastoral surgiu no Documento de Santo Domingo, sobretudo aparece no n. 30, Edições Paulinas, 1992. A conversão pastoral para o novo presbítero católico significa passar de uma pastoral de conservação para uma pastoral missionária com os valores de partilha, ministério, sacramento do reino e comunhão.

No Documento de Aparecida (n. 201), os novos presbíteros católicos devem abraçar as missões populares como um novo jeito de evangelizar, sendo promotores e animadores da diversidade missionária, criando novos serviços e ministérios. E ainda (n. 174): "A Missão deve impregnar todas as estruturas eclesiais e todos os planos pastorais de dioceses, paróquias, comunidades religiosas, movimentos e de qualquer instituição da Igreja; nenhuma comunidade deve isentar-se de entrar decididamente, com todas as forças, nos processos constantes de renovação missionária e de abandonar as estruturas ultrapassadas que já não favoreçam a transmissão da fé" (DA 365).

Para o Documento de Aparecida a missão deve ser o coração de toda a pastoral. A missão deve ser referência para avaliar, purificar, renovar a vida, a sociedade, os agentes, as pastorais, tudo enfim. Não se trata de mudar somente alguma coisa, mas de realizar mudanças profundas, estruturais, conforme as necessidades. Isto exige dos novos presbíteros católicos discernimento, ousadia e urgência. "Os melhores esforços das paróquias devem estar na convocação e na formação de leigos missionários".

As missões populares dependem muito do apoio e incentivo dos novos presbíteros católicos. Elas são um modo de descentralizar o poder do novo presbítero católico. Não se trata somente de democratizar o poder, mas de viver a espiritualidade do discipulado, cada um assumindo tarefas diferentes, conforme seus dons e valores. O novo presbitério católico deve ser aquele que acredita no protagonismo dos leigos.

Grande idealizador das missões populares no Brasil é o presbítero católico Luiz Mosconi,[3] para o qual tudo começou em 1990, no

---

[3] Luís Mosconi, presbítero diocesano, nasceu e se formou na Itália. Residindo no Brasil desde 1967, trabalhou por quinze anos em paróquias, ajudando na formação de pequenas Comunidades Eclesiais de Base (CEBs), e também passou alguns anos à serviço da formação de líderes na região Norte do país. Desde 1990 tem se dedicado às missões populares.

Estado do Pará, entre alguns agentes pastorais e lideranças das CEBs que perceberam que as pastorais, em geral, muito positivas, não conseguiam sintonizar com as aspirações das massas. Muitos católicos viviam afastados de suas comunidades. As causas disso não estavam somente no povo, mas também na maneira de fazer pastoral. Assim, sentia-se a necessidade de buscar caminhos novos, e daí surgiu a inspiração de fazer missões populares. A mística das missões populares é a de arrebanhar missionários vindos do meio do povo, tornando a evangelização mais existencial, inculturada, aberta aos problemas humanos e sociais, não faltando o cultivo do seguimento a Jesus Cristo, a valorização e a defesa da vida. Assim, vivencia-se a espiritualidade do seguimento de Jesus Cristo e do seu Evangelho como caminho seguro para uma autêntica existência humana e para construir uma sociedade justa, fraterna e solidária. A ação pastoral, seguindo a mística das missões populares, aposta no protagonismo dos leigos e na caminhada das pequenas comunidades eclesiais situadas no tempo e no espaço.

Nas missões populares há uma atenção especial aos católicos afastados e aos preferidos de Jesus Cristo: os pobres, os pequenos, os marginalizados, os sociocultural e economicamente excluídos, os sem-voz e sem-vez. Os efeitos que irão aparecer, logo ou mais adiante, são muito positivos: preconceitos são derrubados; barreiras são superadas; grupos e pessoas que se desconheciam agora se descobrem, partilham, criam laços, se abraçam, valorizando dons e diferenças, dentro de um processo de conversão permanente que envolve a todos. Assim, as missões populares não é um movimento pastoral à parte, mas sim um serviço à pastoral paroquial e diocesana, só que de modo diferente. Ela leva em conta as pessoas, a realidade pastoral do lugar e as grandes opções da Igreja na América Latina (Medellín, Puebla, Santo Domingo). Por causa do papel fundamental dos missionários leigos nas missões populares, sua formação e seu acompanhamento são de grande importância.

Abraçar as missões populares como um modo de cuidado do povo de Deus é, para os novos presbíteros católicos, prestar um serviço à cotidianidade da vida do povo de Deus, relembrando e atualizando rumos, valores, atitudes, posturas, opções inegociáveis. Nossa vida precisa, de vez em quando, de um tempo especial, para acordar, para sacudir; é uma necessidade antropológica. De fato, quase sem perceber, caímos na rotina, corremos o perigo de viver uma vida repetitiva, rasteira, acomodada, arrastada, sem sonhos. As missões populares quer ser um modo novo e evangélico dos novos presbíteros católicos ajudarem o povo de Deus a refazer as forças, os ânimos e as esperanças.

As pessoas precisam se compreender como sujeitos históricos. Resgatar a memória histórica de serem sujeitos capazes de corajosas opções de vida é o maior desafio para qualquer pessoa, de qualquer raça, crença, cultura, época e lugar. As missões populares procuram despertar para os valores humanos e evangélicos da conversão permanente,[4] da reconciliação, da gratuidade de uma vida solidária, simples e transparente, do silêncio, da escuta, da contemplação. Assim, para os novos presbíteros católicos, abraçar as missões populares significa apostar num projeto que vem renovando a vida da Igreja e o modo das pessoas se relacionarem.

As missões populares exigem uma nova consciência dos presbíteros católicos. Elas esbarram-se nas orientações que a Igreja católica têm para a recepção dos sacramentos do batismo, eucaristia, crisma, casamento, unção dos enfermos, presidência da eucaristia, com a organização e a estrutura paroquial e com o modo como a Igreja Católica vinha evangelizando e trabalhando as pastorais e o protagonismo do leigo. Muitos fiéis não se encaixam nos limites das

---

[4] O que se impõem, em primeiro lugar, nas missões populares, é a espiritualidade da conversão. Antes de tudo, uma conversão pessoal em ouvir a Palavra de Deus e aderir-se a ela de corpo e alma.

orientações da Igreja Católica. Essas orientações que em si são boas, passam a ser problemas para muitos fiéis que se veem impossibilitados de as observarem. No entanto, esses mesmo fiéis são capazes de grandes gestos de generosidade, amor, doação, oração e outras obras de misericórdia.

Através das missões populares, o novo presbítero católico se aproxima novamente dos problemas das comunidades paroquiais, ganhando o respeito e a confiança das pessoas ao fazer nascer o diálogo significativo que brota da mística do cuidado das missões populares. O cuidado está na visita desinteressada feita às famílias, escolas, hospitais, ambiente de trabalho. É o cumprimento do mandato de Jesus Cristo: "Ide primeiro às ovelhas perdidas da casa de Israel" (Mt 10,6).

No episódio do chamado que Jesus Cristo faz aos discípulos, o que chama mais atenção é que o Senhor deu-lhes poder "para expulsar os espíritos impuros, e para curar qualquer tipo de doença e enfermidade: Vão e anunciem: o Reino do Céu está próximo. Curem os doentes, ressuscitem os mortos, purifiquem os leprosos, expulsem os demônios. Vocês receberam de graça, deem também de graça!" (Mt 10,7-8). Engraçado é que não aparece aí a razão porque muitos presbíteros católicos foram ordenados: "rezar missas", administrar economicamente paróquias ou comunidades. Poderia aí se perguntar: em que se reduziu a identidade e a espiritualidade do presbítero católico? Isto não quer dizer que a missa não seja algo grandioso, mas sim que reduzir a missão presbiteral apenas ao caráter celebrativo parece descaracterizar demais essa função. Sendo assim, o que deveria tocar a vida dos novos presbíteros católicos seria o cuidado dos drogados, dos sem tetos, dos doentes, dos carentes, dos desanimados, das ovelhas perdidas da casa de Deus..., pois ser presbítero cuidador significa reconhecer e acolher com afeto às necessidades de alguém; significa enxergar o valor de cada pessoa que encontramos.

As missões populares trabalham com a mística da visitação. O ministério da visitação vem bem ao encontro das necessidades do homem de hoje. Cansado de ouvir mensagens frias e distantes, mensagens que lhe chega através dos meios de comunicação social ou das celebrações de massa, o homem de hoje está sedento duma mensagem pessoal, dirigida diretamente a ele, envolta num clima de calor humano, que possa desabrochar em frutos de amizade e de amor cristão. O contato pessoal se apresenta como um modo de atrair e de transformar as pessoas com as quais o novo presbítero católico entra em comunicação, levando-o a mudar de vida, despertando-o para o seguimento de Jesus Cristo.

O ministério da visitação proporciona aquele toque de amor e carinho de que o nosso povo tanto precisa, principalmente os que, por alguma mágoa ou ressentimento, afastaram-se do rebanho do Senhor. Sobre a grande importância das visitas na busca dos afastados, fala o Documento de Santo Domingo, nos números 129-131: "Muitas portas desses irmãos afastados esperam o chamamento do Senhor, através dos cristãos que, assumindo missionariamente seu batismo e confirmação, vão ao encontro daqueles que se afastaram da casa do Pai. Por isso sugerimos: organizar campanhas missionárias... dentre as quais podem se destacar as visitas domiciliares...".

A comunicação direta da mensagem, envolvida num clima de atenção e delicadeza, atinge melhor o homem moderno, desvalorizado como ser humano e perdido no meio da massa.

Algo que pode ser trabalhado na questão das missões populares é a questão da ministerialidade. Para isso se faz necessário a setorização da paróquia e a criação de celebração nas casas com a possibilidade de os participantes receberem a comunhão. Com isso deve haver a criação de equipes de celebração com a participação de ministros extraordinários da comunhão eucarística, ministros da palavra, membros da liturgia e da pastoral social. Esta é uma forma do novo presbítero católico estar fazendo com que um maior número de pessoas estejam envolvidas na missão.

Penso que as questões acima levantadas, a partir mística das missões populares, servem de questionamento para a estruturação da identidade e espiritualidade do novo presbítero católico. Assim, os novos presbíteros católicos devem abraçar as missões populares como um novo modo de fazer acontecer o protagonismo dos leigos na pregação, nas visitas domiciliares, pois elas são um meio fácil e eficaz para cuidar do rebanho e despertar nos indecisos e indiferentes o desejo de pertencer e praticar a religião.

O novo presbítero católico e o cuidado no pastoreio

O novo presbítero católico não pode reduzir sua ação a exemplo de um "médico do SUS", isto é, atender a todos que o procuram dando receitas rápidas, conselhos e orientações "relâmpagos". À guisa de exemplo: o atendimento ao modo do "SUS" se dá nas "missas corridas" ou "confissões relâmpagos". O atendimento tipo "SUS" não deveria acontecer nunca na vida presbiteral e não se justifica nem nos momentos de maior concentração de fiéis, como Semana Santa, festa do padroeiro, Natal etc., pois ele foge ao princípio cristão de atenção e valorização do outro.

O cuidado no atendimento acontece numa atenção maior que se dá ao povo. Quem já não ouviu falar: "hoje não é dia de contar história" ou "não venha falar do pecado dos outros" ou "não é dia de pedir conselhos". Afinal, aquele é o momento da graça para o fiel. O atendimento tipo "SUS" dá a ideia de que o presbítero católico "é um profissional malpago" ou que ele vive o "estereótipo dos presbíteros" que precisam contar as comunhões, confissões, casamentos, batizados, unções, bênçãos e atendimentos para mostrar que a salvação, através dos sacramentos, estava acontecendo na vida das pessoas. Na época pré-conciliar isto seria até normal, pois estava dentro de uma compreensão de evangelização, mas hoje este "modo cuidado" não faz mais sentido.

O novo presbítero católico deve ter a força e a capacidade de ultrapassar os limites de vida presente, guiando sua comunidade na travessia da vida terrena e na abertura para o transcendente. Neste eixo devem residir seus cuidados. Aí reside também sua originalidade. Cada fiel requer um tipo de cuidado. Os seres humanos de hoje têm modos diversos de compreender a vida; naturalmente, isso requer criatividade, inovação, abertura e capacitação para guiar esses novos sujeitos na travessia da vida presente. No seu limite radical ele deve trazer o antídoto contra o desespero. Este trabalho é uma missão difícil, mas não impossível. Talvez seja uma missão como a de Caleb[5] (Nm 13-14), personagem bíblico que agiu com otimismo e confiança frente aos problemas, percepções e questionamentos de cada membro do grupo que visitou a terra de Canaã, futuro país em que iriam habitar. Caleb foi uma voz sem poder de transformação, mas uma voz que indicava o caminho da vida, único que sobreviveu após a visita de Canaã (Nm 26,65).

Por mais difícil que seja ser um novo presbítero católico dentro da ótica do cuidado, privilegiando a atenção e valorização do outro, o desafio está em aspirar à verdade e à exigência de viver a própria dignidade, que consiste em perceber as maravilhas de Deus nas múltiplas significações, embora sempre acompanhado com o sentimento de impotência, mas também de confiança no absoluto: "Sei em quem coloquei a minha confiança" (2Tm 1,12).

Assim, o novo presbítero católico que toma o cuidado como modo-de-ser-no-mundo não "presta cuidado", mas "é cuidado". No cuidado no pastoreio, o novo presbítero católico deve estar atendo

---

[5] Caleb ou Calebe, filho de Jefoné, foi um dos doze espiões enviados à terra de Canaã. Dos doze, apenas ele e Josué voltaram com boas notícias acerca do país que iam habitar; esse seu otimismo desagradou tanto ao povo israelita que por pouco Caleb não foi apedrejado. É notória e digna de sentido a ação de Caleb: "Então Caleb fez calar o povo reunido diante de Moisés: 'Devemos marchar', disse ele, 'e conquistar essa terra: realmente podemos fazer isso'". Essa fé, confiança e otimismo de Caleb são muito significativos e devem servir como luz para todos os presbíteros católicos, no sentido de que também podem "fazer isto", podem cuidar do povo de Deus, conquistando a vida, e a vida em abundância para todos.

para a atitude essencial do cuidado, o qual implica em determinar ações que, inerentemente, visem a fomentar uma existência saudável do outro ou da comunidade.

O novo presbítero católico
e o reconhecimento e atenção para com o outro

A origem etimológica do vocábulo "cuidado" traz duas significações intrinsecamente unidas: a atitude de desvelo, solicitude, atenção para com o outro e a preocupação decorrentes de nos sentirmos responsáveis pelo outro, em virtude de nos reconhecermos copartícipes, interdependentes de uma rede de vida que se entrelaça em um "todo" orgânico, complexo e dialético. Os seres humanos formam uma rede de relações vitais pela qual são corresponsáveis e da qual são codependentes, podendo potenciar ou ameaçar a vida.

O cuidado é uma atitude de ocupação, preocupação, responsabilização radical e aproximação vincular com o outro que compartilha e, ao mesmo tempo, possibilita a experiência humana e o reconhecimento do outro como pessoa e como sujeito digno. Segundo Zoboli (2011, p. 7): "São essenciais para a compreensão do cuidado: a consciência da conexão entre as pessoas, reconhecendo a responsabilidade de uns pelos outros, e a convicção de que a comunicação é o modo de solucionar os conflitos".

O cuidado apresenta-se como caminho para soluções duradouras, em vez da violência; é o diálogo incansável, a tolerância constante e a busca permanente de convergência nas diversidades. Muitos problemas de fé são melhor resolvidos a partir da ativação de uma rede de relações pela comunicação cooperativa e não competitiva, mas visando à inclusão de todos mediante a potencialização positiva das relações, em vez do rompimento das conexões. A paz é, simultaneamente, método e meta do cuidado de todos por todos.

Distinguem-se dois modos-de-ser-no-mundo: trabalho e cuidado. O modo de ser trabalho tende a ser intervencionista, uma interação tecnicista, visando o lucro, o poder econômico, o *status,* o poder, a instituição. Já o modo de ser cuidado distingue-se pela relação sujeito-sujeito e não sujeito-objeto, não visa à dominação, mas à "convivência com", em uma proximidade, uma acolhida do outro, sentindo-o, respeitando-o, provendo harmonia e paz. A experiência que se vive é do valor intrínseco das pessoas.

Esses dois modos de ser, segundo Zoboli (2011, p. 8), "não se opõem, mas complementam-se. Negar o cuidado leva à desumanização e ao embrutecimento das relações, mas seu exagero resulta na preocupação obsessiva por tudo e por todos, em uma 'responsabilidade imobilizadora'. Cuidar é a essência do humano, mas o humano não é apenas cuidado".

O grande desafio é combinar trabalho e cuidado em se tratando do pastoreio presbiteral. A resposta não está pronta, para os novos presbíteros católicos, tendo de ser construída diariamente em profunda sensibilidade, comunhão e sintonia com a vida do outro ou da comunidade.

O novo presbítero católico deve buscar ações que considere o alcance e as possibilidades das situações particulares, levem à máxima concretização do cuidado possível. O eixo verdadeiro do encontro entre o novo presbítero católico e o outro ou comunidade está em uma relação interpessoal, em que um e outro se reconhecem pessoas em relação de ajuda e de parceria. O modo-de-ser-cuidado deve ser a condição e o meio pelo qual são construídas todas as ações pastorais do novo presbítero católico, mostrando-lhes respeito, apreço e atenção por todos os envolvidos.

O novo presbítero católico e os entraves do cuidado no pastoreio

Parece que, por muitos séculos, a Igreja católica priorizou um cuidado no pastoreio de fidelidade ao aspecto rubricista, sacramentalista, ritualista, devocionista, dogmático ou disciplinar, fundamentalista, de distanciamento do povo, ou que resumimos na expressão tradicionalismo, em detrimento, muitas vezes, de um cuidado de fidelidade ao Espírito de Deus, que envolve maior proximidade do outro, atenção às causas sociais e aos dramas gerais da existência humana.

Psicossocialmente tem prevalecido na Igreja, mesmo após o Concílio Vaticano II, o acento no modelo denominado de tradicionalista. Tal modelo acaba prevalecendo como se fosse o "modo único" ou o modo por excelência do presbítero católico ser fiel ao Espírito de Deus. O acento no tradicionalismo acaba sendo um grande entrave na atualização, avanço ou transformação das ações de cuidado no pastoreio do novo presbítero católico, prendendo-o nas teias das malhas alienantes e alienadoras. Avançar para além do tradicionalismo, implica retomar a ligação fé e vida,[6] algo que facilita a privilegiar as ações pastorais de cunho sociais, comunitários e libertadores da fé cristã, sendo uma Igreja dinâmica, missionária, acolhedora, evangelizadora, aberta aos ministérios leigos, disposta ao crescimento, à transformação e à atualização para melhor poder responder aos desafios dos tempos e à realidade em que atua, estando comprometida com a afirmação da vida em toda a sua amplitude.

---

[6] Na questão de fé e compromisso Paulo VI, na *Evangelii nuntiandi* (1975), deixa isto muito claro. No n. 29 do citado documento, Paulo VI destaca a ligação íntima entre evangelização e a vida do dia a dia e os laços profundos entre evangelização e a promoção humana: "Mas a evangelização não seria completa se ela não tomasse em consideração a interpelação recíproca que se fazem constantemente o Evangelho e a vida concreta, pessoal e social, dos homens. E por isso que a evangelização comporta uma mensagem explícita, adaptada às diversas situações e continuamente atualizada: sobre os direitos e deveres de toda a pessoa humana e sobre a vida familiar, sem a qual o desabrochamento pessoal quase não é possível; sobre a vida em comum na sociedade; sobre a vida internacional, a paz, a justiça e o desenvolvimento; uma mensagem sobremaneira vigorosa nos nossos dias, ainda, sobre a libertação".

Segundo Paulo VI, na exortação apostólica *Evangelii nuntiandi* (1975, n. 18-20) a Igreja Católica tem a missão de renovar a própria humanidade; transformar os critérios e estilos de vida; fazer acontecer uma conversão radical.[7] Num mundo plural e multiforme, o que deve motivar, substancialmente, o novo presbítero católico a fazer acontecer essas indicações de cuidado no pastoreio, indicados na *Evangelii nuntiandi*, é o próprio exemplo de compromisso da trajetória de Jesus histórico. As técnicas de evangelização, tanto tecnológica, sociológica ou psicológica podem ser boas, mas não podem prescindir dessa referência a Jesus histórico como lugar referencial, de onde devem brotar, à luz do Espírito de Deus, os valores da hospitalidade, da acolhida, da solidariedade, da cortesia, do cuidado e do respeito à alteridade.

---

[7] *Evangelii nuntiandi* (n. 18): "Evangelizar, para a Igreja, é levar a Boa-Nova a todas as parcelas da humanidade, em qualquer meio e latitude, e pelo seu influxo transformá-las a partir de dentro e tornar nova a própria humanidade: 'Eis que faço de novo todas as coisas'. No entanto não haverá humanidade nova, se não houver em primeiro lugar homens novos, pela novidade do baptismo e da vida segundo o Evangelho. A finalidade da evangelização, portanto, é precisamente esta mudança interior; e se fosse necessário traduzir isso em breves termos, o mais exato seria dizer que a Igreja evangeliza quando, unicamente firmada na potência divina da mensagem que proclama, ela procura converter ao mesmo tempo a consciência pessoal e colectiva dos homens, a actividade em que eles se aplicam e a vida e o meio concreto que lhes são próprios"; (n. 19): "Estratos da humanidade que se transformam: para a Igreja não se trata tanto de pregar o Evangelho em espaços geográficos cada vez mais vastos ou populações maiores em dimensões de massa, mas de chegar a atingir e como que a modificar pela força do Evangelho os critérios de julgar, os valores que contam, os centros de interesse, as linhas de pensamento, as fontes inspiradoras e os modelos de vida da humanidade, que se apresentam em contraste com a Palavra de Deus e com o desígnio da salvação"; (n. 20): "Poder-se-ia exprimir tudo isto dizendo: importa evangelizar, não de maneira decorativa, como que aplicando um verniz superficial, mas de maneira vital, em profundidade, e isto até às suas raízes, à civilização e às culturas do homem, no sentido pleno e amplo que estes termos têm na Constituição *Gaudium et Spes* (50), a partir sempre da pessoa e fazendo continuamente apelo para as relações das pessoas entre si e com Deus (...)".

Segundo o sínodo dos bispos de 1971 (n. 15): "A história do mundo de hoje, que se encarna na existência concreta de cada homem, torna-se livro aberto para a meditação apaixonada da Igreja e de todos os cristãos. Ela traduz-se, de facto, num desafio que atinge todas as vocações na Igreja, provocando-as para uma exigente revisão de vida e de compromisso. Os religiosos, pela radicalidade das suas opções evangélicas, sentem-se mais profundamente visados. Compreendem que, na medida da sua 'conversão' ao original projeto de Deus sobre o homem, como se revela no Homem Novo, Jesus, contribuirão para acelerar também nos outros aquela 'conversão' de mentalidade e de atitudes que torna verdadeira e estável a reforma das estruturas econômicas, sociais e políticas, ao serviço de uma mais justa e pacífica convivência". Tal modo de compreender o cuidado no pastoreio lança o novo presbítero católico para além das teias das nuvens metafísicas de cuidado fundamentado simplesmente no tradicionalismo.

Baseado nas bem-aventuranças (Mt 5,1-12), que são um referencial essencial para a compreensão dos valores do cristianismo, o novo presbítero católico, indo para além das nuvens metafísicas de cuidado, é convidado a seguir com fidelidade os ensinamentos e, sobretudo, o testemunho de Jesus, assumindo o desafio e a ousadia de uma comunhão universal, pois não há nada no mundo que esteja excluído do abraço amoroso de Deus. Assim, o novo presbítero católico deve ser aquele que dá testemunho deste amor que convida a amar a Deus sobre todas as coisas e, ainda, comprometendo-se a amar os necessitados.

A identidade e espiritualidade do novo presbítero católico estão naquilo que ele pensa, fala e faz. Viver com intensidade a perspectiva de comunhão fraterna e de integração da fé com a história, a partir de sua realidade vital, significa, para o novo presbítero católico, potencializar o dialogal que indica sua disponibilidade de abertura aos novos horizontes que vão se apresentando ao longo da história. Tal postura leva a passar de uma fé formal para uma fé compromisso, de uma separação entre sagrado e profano para uma espiritualidade integradora, de um monopólio clerical de poder para abertura de uma Igreja toda ministerial. Esta é uma experiência que, segundo Faustino Teixeira, envolve simultaneamente a consciência da presença de Cristo no irmão pobre e a abertura à gratuidade do mistério de Deus, uma prática que se sustenta na vida de oração (Cf. Faustino Teixeira, in *A fé na vida: Um estudo teológico-pastoral sobre a experiência das comunidades eclesiais de base no Brasil*, Editora Loyola, 1987).

No modelo tradicionalista, a tendência é o presbítero católico ser separado do povo de Deus e das funções de cunho mais social, devendo dedicar-se, de modo quase que exclusivo, ao culto em suas dimensões sacramentais e litúrgicas. Neste modelo, a tendência é prevalecer o presbítero católico como homem da sacristia, do altar e do púlpito, de onde prega classicamente para o povo a Palavra de Deus. A pregação clássica, com frequência, enfatiza as verdades doutrinais da fé e aponta os comportamentos morais corretos, num tom instrucional e exortativo, despejando o conhecimento bíblico-teológico na mente dos fiéis, como se a salvação passasse única e exclusivamente por essa via. Em tal modelo prevalece o cunho fortemente monástico.

Segundo Benelli (2005), prevalece na formação presbiteral a prática litúrgica, que inclui celebrações da Eucaristia diária, momentos de oração da Liturgia das Horas, de adoração ao Santíssimo Sacramento e outras práticas devocionais comunitárias, como a reza do terço, uma tendência rubricista, conservadora, ritualista. Tudo isto acontece numa perspectiva intimista e subjetivista. O racionalismo próprio do período acadêmico da formação presbiteral parece dificultar um enfoque espiritual, criando dificuldades de fé, causando empecilhos na ultrapassagem da mera repetição ritual.

Para Bakker[8] (2011, p. 8): "O dogmatismo está muito presente ainda no que nossa pastoral tem de mais visível e sensível: a liturgia com destaque para a Eucaristia. A 'overdose dogmática' fica patente no rigor e na intocabilidade das prescrições litúrgicas, na quantidade de textos bíblicos a serem oferecidos e, especialmente, nas orações eucarísticas, que mais se parecem com cansativos tratados teológicos para auditórios especializados do que com afetivas celebrações alegres do mistério pascal para o povo comum".

Muitas normas da Igreja Católica têm suas origens em momentos culturais, ou em experiências místicas, ou em raciocínios e discussões passíveis de serem questionados, quando não são até contrários ao Evangelho de Jesus Cristo, que disse que "veio para os pecadores e não para os sãos". Um exemplo simples: a Eucaristia ser compreendida somente como alimento para quem tem uma vida regular, "pura", o que é um puritanismo eucarístico... Seria isto que Jesus Cristo realmente quis ou é um entendimento de alguns teólogos que, ao longo do tempo, se tornou norma e lei para os fiéis?

Parece que ao longo dos séculos houve um grande desvio do entendimento da Eucaristia. Conforme a Oração Eucarística V, nela acontece o encontro de Jesus Cristo com seu povo santo e pecador. Porém no decorrer da história ela foi se transformando somente em alimento dos "puros".

Nos programas de formação presbiteral o "compromisso", o "engajamento", a "transformação social", a "justiça social", a "opção pelos pobres" parecem ficar ausentes, e, talvez, também, na mentalidade dos jovens seminaristas e futuros presbíteros católicos. É possível perceber,

---

[8] Padre Nicolau João Bakker é formado em Filosofia, Teologia e Ciências Sociais. Atuou sempre na pastoral prática: na pastoral rural e na pastoral urbana em São Paulo; como educador no Centro de Direitos Humanos e Educação Popular de Campo Limpo-SP, coordenando o programa de formação de lideranças eclesiais e o de combate à violência urbana. Atualmente, atua na pastoral paroquial de Diadema-SP.

se observarmos os diversos momentos de espiritualidade, momentos de adoração e de celebração dos quais os futuros presbíteros católicos participam. Pelo menos no plano do discurso, a questão social parece desaparecer. É pouco provável que o tipo de orientação espiritual oferecida nos seminários possa levar os futuros presbíteros católicos a serem libertadores e engajados em trabalhos de transformação social.

Segundo Libânio (2005, p. 71): "a consciência social e política dos religiosos declina (...) constata-se uma perda da garra no compromisso, um esfriamento do discurso libertador, uma retirada das comunidades inseridas com deslocamento da pastoral social para a litúrgico-sacramental". Apesar do presbítero diocesano ser chamado a uma vocação eminentemente ativa prevalecem fortes traços monásticos e conventuais como insistência na importância do silêncio, da oração pessoal, da meditação, de práticas devocionais e da oração da Liturgia das Horas. A oração parece aí, muitas vezes, a-histórica e intimista; o mesmo se pode dizer da Eucaristia, que não parece remeter a uma celebração da vida, mas apenas ao culto ritual, prevalecendo mais, como diz Antoniazzi, a vertente cristológica e sacramental do que a eclesiológica ("Uma leitura teológico-pastoral", in E. Valle (org.), *Padre: você é feliz? Uma sondagem psicossocial sobre a realização pessoal dos presbíteros do Brasil,* Loyola, 2003).

Pelo que vimos, o modelo tradicionalista como identidade e espiritualidade do presbítero católico passa a ser mais um entrave no desempenho das ações de cuidado do novo presbítero católico do que até mesmo uma ferramenta ou direcionamento para um presbítero saudável e com uma ação pastoral saudável.

O novo presbítero católico e o cuidado da eucaristia

A identidade e a espiritualidade presbiteral, vista a partir da psicologia social, percebe-se dentro de um processo de mudança, de transformação, de resignificação de acordo com cada época, algo que requer novas reflexões. E algo que sempre fez parte da identidade e espiritualidade presbiteral foi a presidência da Eucaristia. Mas sua presidência tem sido sempre um lugar de "crise", isto devido sobretudo ao fato de surgir muitas compreensões da presidência deste sacramento.

Mesmo percebendo o perigo da identidade e da espiritualidade presbiteral caírem nos complicadores, como ritualismo, rubríssimo, dogmatismo etc., algo que serve mais de entrave do que de avanço na evangelização do povo de Deus, é preciso atentar para a centralidade da presidência da Eucaristia na vida presbiteral como um modo por excelência de cuidado do povo de Deus.

Segundo o documento da Congregação para o Culto Divino, *Redemptionis sacramentum* (2003, p.10), o culto eucarístico é o "coração pulsante" da paróquia. Sem a Eucaristia a paróquia seria árida. A autêntica espiritualidade do novo presbítero católico deve ser alimentada e vivida através do cumprimento do seu ministério, sendo a presidência da Eucaristia seu dever.[9]

A presidência da Eucaristia deriva da ordenação. Segundo Bianchi (2010, p. 79): "O fato de que na Igreja antiga todos os sacramentos eram celebrados em contexto eucarístico exprimia o primado deste ministério da 'presidência'". A presidência da Eucaristia requer consciência do sagrado, o temor do Senhor, amor à missão presbiteral, senso do estético e consciência comunitária, nunca esquecendo de que os fiéis são chamados em assembleia não somente para "ver", mas para "agir juntos", para celebrar unidos.

---

[9] Segundo Libânio (2011, p. 36): "A espiritualidade sacramental cria no presbítero sensibilidade para o lado simbólico da existência. Permite-lhe maior profundidade na relação com Deus para ver com facilidade a sua presença nas realidades humanas, quer revelando-lhe algo de seu mistério, quer interpelando-o para vivê-lo". Segundo o mesmo autor, "A Eucaristia oferece ao presbítero a maneira de integrar a identidade e a espiritualidade".

O presbítero católico, através de sua ordenação, assume a missão de alimentar o povo de Deus com a Eucaristia. A Eucaristia se torna a centralidade de seu ministério. Por isso o vemos sempre presidindo a Eucaristia. Não fazer isto parece não estar concorde com a representação que temos de sua figura. Ele deve ser um especialista da Eucaristia. Quando falamos de especialista falamos de alguém que entende do assunto, de alguém digno de confiança naquele campo.

Segundo Bento XVI (2007, p. 36): "O vínculo intrínseco entre a Eucaristia e o sacramento da Ordem deduz-se das próprias palavras de Jesus no Cenáculo: 'Fazei isto em memória de mim' (Lc 22,19)". A identidade e espiritualidade presbiteral estão ordenadas à Eucaristia. O presbítero católico é ordenado em razão da Eucaristia.

A Eucaristia é mistério acreditado, celebrado e vivido, no qual "a fé da igreja é essencialmente fé eucarística e alimenta-se, de modo particular, à mesa da Eucaristia" (Bento XVI, 2007, p. 11). Em cada celebração acontecida pelas mãos dos presbíteros católicos está a novidade radical que renova e transforma a comunidade. Assim, o presbítero católico deve, segundo Bento XVI (2007, p. 38): "aprofundar a consciência do seu ministério eucarístico como um serviço humilde a Cristo e à sua Igreja".

Jesus de Nazaré valorizou muito o ato de comer. Ele gostava de participar da partilha do pão. Jesus deu o exemplo da partilha. Ao longo da sua vida, a refeição e seu simbolismo foram adquirindo tanta importância para Jesus que numa multiplicação do pão anunciou que ele mesmo seria o pão da vida: "Eu sou o pão da vida. Quem vem a mim, nunca mais terá fome, e o que crê em mim nunca mais terá sede" (Jo 6,35); e ainda: "quem comer deste pão viverá eternamente. O pão que eu darei é a minha carne para a vida do mundo" (Jo 6,51).

Ele mesmo anunciou que derramaria seu sangue para a salvação da humanidade. Sua morte será a nova páscoa judaica. Ele será o cordeiro definitivo, um sacrifício novo da nova aliança.

Segundo Beckhauser,[10] Jesus uniu na refeição três riquezas que ela representa: a assimilação do alimento pelo organismo, a partilha de vida com os amigos e o simbolismo religioso da aliança com Deus (in *A liturgia da missa: Teologia e Espiritualidade da e Eucaristia*, Editora Vozes, 1988).

Jesus escolhe a refeição partilhada como modo de permanecer com os seus amigos. Três frases de Jesus são fundamentais: "Tomai e comei, isto é o meu corpo"; "Bebei dele todos, pois isto é o meu sangue, o sangue da Aliança, que é derramado por muitos para a remissão dos pecados"; e "fazei isto em memória de mim" (Mt 26,26-29).

É o próprio Jesus que disse aos seus apóstolos que desejava ardentemente comer a ceia com eles: "Desejei ardentemente comer esta páscoa convosco antes de sofrer" (Lc 22,14). Jesus tomou a decisão de permanecer conosco através do alimento, isto é, do pão e do vinho. Ao partir o pão Jesus deu testemunho de que gostaria de repartir a si mesmo como pão e, ao abençoar o cálice, de que estava disposto a entregar a sua vida para o bem de seus discípulos e de "muitos". Participar da Eucaristia é tomar parte da comunicação que Jesus fez de si mesmo, estando disposto a repetir seu gesto, a fazer como ele fez.

Após a ressurreição, o modo cuidado de Jesus foi caminhar com os discípulos de Emaús (Lc 24,13-35) e explicar-lhes as Escrituras, em seguida, "tomou o pão, abençoou-o, depois partiu-o e distribuiu-o a eles". Diz o texto que quando Jesus explicava as Escrituras ardia o coração, mas depois que Jesus partiu o pão "seus olhos se abriram e voltaram para Jerusalém". Ao explicar as Sagradas Escrituras e partir o pão, Jesus renovou o anúncio da Boa-Nova do amor, da solidarie-

---

[10] Frei Dr. Alberto Beckhauser é religioso, franciscano, escritor e professor. Escreveu mais de uma dezena de livros na área da liturgia do catolicismo romano.

dade, da fraternidade sem limites. Ouvir as explicações das Sagradas Escrituras e partir o pão com Jesus foi, para os discípulos de Emaús, uma tomada de consciência, uma retomada das inspirações e forças para assumirem a condição de discípulos do Senhor e estarem unidos aos apóstolos, por isso voltaram a Jerusalém onde estava o grupo de discípulos.

Jesus, ao se fazer presente no pão e no vinho, mostra seu modo cuidado da vida humana. Seu cuidado fica muito evidente no sacrifício da cruz e na vitória sobre a morte e o pecado.

Na frase final, "Fazei isto em memória de mim", há um mundo de ensinamentos. Por exemplo: mais que recordar o passado, Jesus se refere ao fato de se tornar presente aqui e agora, cuidando dos seus. No memorial nós tornamos presente este ato específico do mistério pascal, tal como aconteceu no passado. Da frase "todas as vezes que fizerdes isto" entendemos que não só devemos repetir o gesto de Jesus sobre o pão e o vinho, como devemos ser como ele, isto é, "eucaristia", ser cuidado, doando-nos para que haja vida nova no mundo, para que a salvação da humanidade aconteça de modo pleno.

O modo cuidado de Jesus proporcionou aos discípulos de Emaús reafirmar os grandes valores do Reino de Deus e reagir aos sentimentos de desânimo, fuga e descrença; eles renovaram sua confiança na Providência Divina, fazendo a síntese entre o passado, o presente e o futuro, entre a verdade que tinham conhecido e a plenitude que ainda não tinham entendido. Num contexto de dor, sofrimento e descrença Jesus aparece cuidando deles através da caminhada juntos, da explicação das Sagradas Escrituras e do repartir o pão.

Celebrar a Eucaristia deve ser, para o novo presbítero católico, um modo de cuidar da vida de cada indivíduo, renovando a fé e o sonho por uma humanidade nova, solidificada na justiça, na fraternidade e na paz; celebrar a Eucaristia, como diz Libânio (2011, p. 36), deve ser sua vocação: "O ministro ordenado manifesta a vocação ministerial toda vez que atualiza a Eucaristia, celebrando-a e testemunhando-a com o exemplo de doação de si", pois a Eucaristia é fortalecimento do cuidado com os seres humanos abatidos, desanimados e desiludidos, como foi para os discípulos de Emaús.

A Eucaristia é fonte de confiança e esperança de todos os que dela se aproximam. O presbítero católico, presidindo a Eucaristia, assume o modo mais perfeito de cuidado de cada indivíduo, unindo-o a Jesus Cristo, fortalecendo a fé, proporcionando-lhe que todos os desejos de realização possam se efetivar, porque estão infinitamente garantidos na Páscoa do Senhor.

Assim, é importante uma consciência clara do novo presbítero católico na presidência da celebração da Eucaristia. Tal consciência dever ser evidenciada, sobretudo, no modo como ele pronuncia as palavras da consagração, pelas quais invoca ao Pai para que faça descer o dom do Espírito Santo a fim de que o pão e o vinho se tornem o corpo e o sangue de Jesus Cristo e que a comunidade inteira, como diz Bento XVI (2007, p. 21), "se torne cada vez mais corpo de Cristo". É na participação, no sacrifício eucarístico que se é aperfeiçoado, em cada fiel, o batismo recebido.

Assim, tendo visto toda a riqueza da Eucaristia e sua excelência para o novo presbítero católico no cuidado do povo de Deus, não podemos negar que, psicossocialmente, existem conflitos internos no modo como os presbíteros católicos apresentam a Eucaristia e em como ela é partilhada na vida da comunidade. Vejamos dois deles:

a) A questão da exclusão e da felicidade. Parece que incluídos e felizes são somente os puros, os adultos e os sem pecado. Para o convite da comunhão, o presbítero católico ou quem preside a celebração, elevando o corpo e o sangue do Senhor, diz: "Felizes os convidados para a ceia do Senhor! Eis o cordeiro de Deus que tira o pecado do mundo!" O conflito aparece no caso de ele dizer que "são felizes os convidados", mas nem todos podem aproximar-se da mesa da Eucaristia. São excluídos ou ficam marginalizados da participação da mesa da Eucaristia: as crianças, por não terem idade suficiente para compreender o mistério; os que estão em situação irregular nos casamentos, pois se encontram em pecado; os que se acham em pecado, pois, como diz São Paulo: "Todo aquele que comer do pão ou beber do cálice do Senhor indignadamente será réu do Corpo e do Sangue do Senhor. Por conseguinte que cada um examine a si mesmo antes de comer desse pão e beber desse cálice, pois aquele que come e bebe sem discernir o corpo, come e bebe a própria condenação"(1Cor 11,27-29). Deste modo a Eucaristia acaba sendo somente para os adultos e puros, e nem todos "são felizes", pois nem todos podem comungar!

b) A importância da Eucaristia para salvação do fiel. Jesus disse: "Em verdade, em verdade, vos digo: se não comerdes a carne do Filho do Homem e não beberdes o seu sangue, não tereis a vida em vós. Quem come a minha carne e bebe o meu sangue tem a vida eterna e eu o ressuscitarei no último dia. Pois minha carne é verdadeiramente uma comida e o meu sangue é verdadeiramente uma bebida. Quem come a minha carne e bebe o meu sangue permanece em mim e eu nele" (Jo 6,53-56). É o próprio Jesus que pede para comer do seu corpo e beber do seu sangue, e as pessoas que participam da celebração, sedentas de fortalecer suas vidas com a comunhão eucarística, ouvem este convite, mas estão impedidas de recebê-lo, aguardando que a Igreja, um dia, lhes diga: "venham todos", "comunguem", "recebam o corpo e sangue do Senhor".

Por que os fieis não ouvem o Senhor, que pede para comungar para poder tomar parte com ele? Eis um mistério! Mas é bom lembrar que, se um dia estas palavras forem pronunciadas, podemos ter certeza, elas estariam fazendo muito bem para os fiéis e atraindo muitos para as fileiras do seguimento e comprometimento maior com Cristo. Mas isto requer uma atitude profética, indo para além das teias das nuvens metafísicas, para alcançar o que diz o profeta Isaías (1,18): "Mesmo que os vossos pecados sejam como escarlate, tornar-se-ão como a lã", ou, como diz São Pedro (1Pd 4,8): "porque o amor cobre uma multidão de pecados", ou, como disse Jesus (Lc 7,47): "A quem muito se perdoou, muito se amou". A Eucaristia é sempre um gesto de amor.

Assim, o novo presbítero católico, no cuidado da Eucaristia como alimento do povo de Deus em marcha, deve estar atento ao que o próprio Jesus Cristo diz: "'Tomai e comei, isto é o meu corpo'. Depois, tomou um cálice e, dando graças, deu-lho dizendo: 'Bebei dele todos, pois isto é o meu sangue, o sangue da Aliança, que é derramado por muitos para a remissão dos pecados'" (Mt 26,26-28). É o próprio Jesus que se dá em alimento para o seu povo. Avançando para além de todas as teias das malhas metafísicas, sabemos que o fato de poder comungar é mais positivo psicologicamente do que não poder comungar. O comungar por si só implica compromisso com o Senhor, comunhão com Deus. Já o não poder comungar traz o sentimento de exclusão, marginalização e nulidade e, por si mesmo, afasta o fiel da Igreja e da paixão por Jesus Cristo. Talvez essa nova consciência é que tem levado uma grande maioria de novos presbíteros católicos a não agirem mais como "fiscais do fiel", proibindo-o de se aproximar da mesa da Eucaristia.

Comer o corpo e beber o sangue do Senhor implica, portanto, em cuidar, reverenciar, respeitar e servir com todo amor, com todas as forças e com toda verdade a vida humana que, diante de cada um, revela a presença do Senhor. O corpo tem mais sabedoria que a razão, e é o corpo sábio de Jesus que devemos interiorizar e deglutir na Eucaristia. É seu sangue que devemos beber, como um vinho que reorganiza todo um modo perverso de ser, agir e pensar para nos tornarmos mais hóstias vivas do Senhor (Rm 12,1): "Exorto-vos, portanto, irmãos, pela misericórdia de Deus, a que ofereçais vossos corpos como hóstia viva, santa e agradável a Deus: este é o vosso culto espiritual".

A exclusão e a discriminação acontecem devido a uma visão puramente dogmática e puritana da Eucaristia que se resume na expressão metafísica. A visão metafísica tende a roubar da Eucaristia seu mistério mais profundo, paralisando o fiel na sua união com Cristo. Ao excluir ou rejeitar da participação da Eucaristia muitos fiéis, rejeitamos e excluímos a possibilidade de muitos dobrarem os joelhos diante do Senhor. Para muitos, a partir do *sensus fidei,* comungar passa ser uma necessidade que mantém o vínculo com a Igreja Católica, fortalece a chama da fé e proporciona crescimento na santidade. Dentro desta mística é possível entender o fato de casais de segunda união e todos os outros que também vivem uma situação irregular em suas vidas entrarem na fila da comunhão. Talvez esses casais já tenham avançado para além de uma visão puramente metafísica da Eucaristia.

O novo presbítero católico, ciente de toda riqueza da Eucaristia, bem como de todo bem espiritual que ela traz, seguindo o *senso fides,* avançando para além das malhas de uma visão puramente metafísica da Eucaristia, deve favorecer para que as pessoas possam encontrar Nela a misericórdia, a compaixão e o amor divino. Numa linguagem psicológica, encontrar também o sentido da vida, a fé, a força para vencer os vícios, o bálsamo para curar as feridas, a confiança, a autoestima, a força para viver e fazer viver; numa palavra, Deus.

A participação na Eucaristia deve ser compreendida, pelo novo presbítero católico, à luz da passagem de Mt 22,1-14. Neste texto temos o convite do rei para participação na "festa de casamento do filho", na qual o maior gesto de comunhão implica em sentar-se à mesa, comer e beber para falar do encontro de irmãos e irmãs, o que significa, também, compromisso e responsabilidade com Deus expresso na necessidade de mudar as "vestes". Tal passagem leva-nos a atentar que a participação é que de fato conta e dá sentido para o existir humano, o que significa abrir as portas para acolher a todos. O entendimento de que "muitos são chamados, e poucos escolhidos", significa que o número dos que entraram na aliança é inferior ao dos chamados. O sentar-se à mesa, comer e beber significa fazer aliança com Deus. O novo presbítero católico deve avançar na compreensão de que o sentar-se à mesa, comer e beber, expresso na palavra comungar, fortalece o sentido de pertença à comunidade cristã, renovando a aliança com Deus. Assim, comungar é saudável e não comungar me parece que é não se abrir, não usufruir ou privar-se de todos os benefícios advindos da Eucaristia. Desta forma, que o novo presbítero não impeça os fiéis de abrirem os olhos e o coração, de tirar todo bloqueio de ir à missa e não poder comungar por estar em pecado. Isto requer lutar para libertar-se de todo estereótipo de "pureza" e "puritanismo" que se gerou em volta da comunhão eucarística.

O novo presbítero católico
e os sacramentos da reconciliação e unção dos enfermos

O cristianismo é uma religião de cura, de cuidado, de salvação. Dois sacramentos representam mais profundamente essa dimensão: o da Unção dos Enfermos e o da Reconciliação, e precisamos deles em diversas circunstâncias da vida. Ambos os sacramentos são de suma importância nas ações de pastoreio presbiteral.

Um dos ofícios do presbítero católico é o cuidado dos doentes. Através da visita e da unção com o óleo dos enfermos, o presbítero católico leva a harmonia, o consolo e a serenidade espiritual, algo essencial para o reencontro do enfermo e sua cura física, emocional e espiritual. Sobre a unção dos enfermos diz Bento XVI (2007, p. 35): "Se a Eucaristia mostra como os sofrimentos e a morte de Cristo foram transformados em amor, a unção dos enfermos, por outro lado, associa o doente à oferta que Cristo fez de si mesmo pela salvação de todos, de tal modo que possa também ele, no mistério da comunhão dos santos, participar na redenção do mundo".

Através do sacramento da reconciliação, o presbítero católico religa o fiel a Deus e à comunidade, trazendo-lhe paz interior, libertando-o do sentimento de culpa, proporcionando-lhe o reencontro consigo mesmo, a paz interior e a serenidade. Sobre a reconciliação, diz Bento XVI (2007, p. 33): é o sacramento da "recuperação da pedagogia da conversão que nasce da Eucaristia e favorece entre os fiéis a confissão frequente".

Os novos presbíteros católicos, em suas ações de pastoreio, devem procurar ajudar o seu povo a se libertar de suas culpas. Esta graça lhe é dada pelo dom da reconciliação. Teologicamente dizemos, baseados no evangelista João (Jo 20,23), que o presbítero católico tem o poder de ligar e de desligar, e a quem perdoar estará perdoado. Esta é uma missão sublime de seu ministério presbiteral.

Mas tal missão fica, muitas vezes, comprometida devido às inúmeras normas que a Igreja Católica criou ao longo do tempo na busca da aplicação da Palavra de Deus quando o fiel parece desviar-se de suas orientações doutrinais e morais. Assim, muitos fiéis parecem evitar falar com os presbíteros católicos ou confessar suas faltas por temerem a "negação da absolvição", ou a repreensão, ou a dura "penitência" pelos seus atos; outros parecem buscar nas "confissões comunitárias" o perdão, a luz e a graça de Deus, mas escolhem esse meio por medo de encarar o julgamento severo de um presbítero católico numa confissão individual, ou porque têm outro conceito de Deus ou de pecado. O fato de ter presbíteros que parecem agir mais como "um juiz severo", algo muito parecido com o que acontecia na Idade Média, ou antes dela, na qual se tarifava o pecado, ofusca o sacramento da reconciliação, que deveria ser sempre um momento de conversão, de busca de harmonia interior, de se perceber psicológica e espiritualmente quem se é e quem Deus quer que sejamos.

Isto se dá porque, no passado e ainda hoje, encontramos muitos presbíteros católicos que ameaçaram e ameaçam os fiéis com o "fogo do inferno", excluindo, de "modo quase eterno", da participação do banquete da mesa da Eucaristia e do convívio com a comunidade aqueles que apresentam alguma divergência de conduta com os ensinamentos da Igreja. Desta forma, o sacramento que era de reconciliação se tornou de exclusão e de marginalização da participação na mesa da Eucaristia e na vida da Igreja. Psicologicamente, este sentimento de exclusão faz mais mal do que bem para os fiéis como um todo.

Além do fator acima enumerado, que leva a fuga do fiel do sacramento da confissão, temos também outros fatores que têm influenciado nessa fuga. A fuga vem acontecendo devido à secularização, da nova consciência de si mesmo, de pecado e de Deus a que os seres humanos vêm chegando. Crescendo esta consciência, cresce de outro lado o abandono da confissão nos moldes tradicionais como a Igreja Católica prega.

O que as pessoas buscam atualmente é a aura benéfica e luminosa da cura, da renovação, da plenitude da parte de Deus, algo benéfico para o ser humano como um todo. O processo de cura consiste essencialmente em que, num forte impulso em direção à saúde, em meio aos erros e impotência para o bem, a pessoa confia-se à misericórdia do Deus da vida, para por fim na alienação que existe entre ela e o amor de Deus, uma melhoria existencial. Esse caráter de cura interior, de conversão, de renovação, fica muitas vezes escondido nas confissões tipo "SUS" e na aplicação de penitências como rezar "algumas Ave-Marias" ou "Pai-Nossos" ou ler "um texto bíblico" etc.

Psicossocialmente parece que o sacramento da reconciliação, no modo tradicional, foge à necessidade atual do fiel, à sua consciência de Deus, de si mesmo e de pecado, e, além do mais, do sentido bíblico de 2Cor 5,17-21, de ser "embaixador da reconciliação com Deus". Os fiéis acabam fugindo do tipo tradicional de confissão, pois querem mais falar da misericórdia de Deus, de seus conflitos interiores, de sua impotência, desejo de cura, de libertação, de paz interior e discernir a vontade de Deus, e, muitas vezes, são orientados a fazer uma confissão somente de acusação de erros, não tendo espaço para a revisão de vida e discernimento, à luz do Espírito de Deus, da vontade de Deus em sua vida.

Com o avanço do processo de secularização e o crescimento da consciência de si mesmo e de Deus, houve uma mudança também no conceito de pecado. Para muitos o que a Igreja entende como pecado não é o mesmo que ele entende. E muitos, ao fugirem do sacramento da reconciliação, o fazem porque entendem que o que fazem pode não estar de acordo com o que a Igreja orienta, mas, em sua consciência, não entendem que estão em pecado.

O novo presbítero católico ao presidir, por graça de Deus, o sacramento da reconciliação deve fazê-lo como uma forma de cuidado do ser humano em sua miséria, pobreza e alienação, um modo de reatar sua amizade com Deus, ouvindo-o novamente. A reconciliação com Deus, a renovação interior, a saúde, a cura, a libertação, o encontro com Deus, não acontecem por um gesto "quase que mágico" da recitação de uma fórmula, nem por uma recitação maquinal das faltas. Assim, o novo presbítero católico deve estar atento para que este sacramento possa ser de fato um modo cuidado da vida do povo de Deus, algo que proporcione a conversão, discernimento da vontade de Deus, vida nova; caso contrário, será, quase sempre, apenas um desencargo de consciência, isto é, confessar-se por confessar e recitar fórmulas de absolvição por recitá-las, algo apenas exaustivo.

Segundo o Salmo 103(102), no gesto de perdão está toda graça, bondade e misericórdia de Deus: "É ele quem perdoa tua culpa toda e cura todos os teus males". O perdão está associado à cura, à renovação, ao amor, à compaixão, uma demonstração da força do amor de Deus para com o ser humano. O sacramento da reconciliação deve ser oferecido pelos novos presbíteros católicos de tal forma que favoreça àqueles que o buscam fazer tal experiência. Assim, o novo presbítero católico, para a mística do cuidado do sacramento da reconciliação, deve retomar a reflexão que se iniciou com os desdobramentos do Concílio Vaticano II através das confissões comunitárias e, sobretudo, espelhar-se no grande mestre Jesus Cristo, que na casa de Simão diz: "A quem muito amou, muito perdoou" (Lc 7,47).

A partir de novos paradigmas aí surgidos, o novo presbítero católico deveria, espelhando-se em Jesus Cristo, valorizar a fé daqueles que o procuram para este sacramento e ajudá-los a ficar em paz interior. Para isso ele deve acolhê-los como um pai que sabe, como diz Jesus, dar coisas boas aos filhos: "Quem dentre vós dará uma pedra a seu filho, se este lhe pedir pão? Ou lhe dará uma cobra, se este lhe pedir peixe? Ora, se vós que sois maus sabeis dar coisas boas aos vossos filhos, quanto mais vosso Pai que está nos céus dará boas coisas aos que lhe pedem!" (Mt 7,9-11). Ou como o pai do filho pródigo, que abraça o filho e o acolhe em sua casa para participar do grande banquete da vida sem nenhum discurso moralizante (Lc 15,11-32). O perdão é fonte de conversão. É a graça do perdão que favorece a conversão. É no perdão que o fiel faz a experiência do amor de Deus, que desemboca na conversão. O perdão alargar o horizonte para que fiel possa fazer a experiência da plenitude da graça. Assim, o novo presbítero católico não deve condicionar o perdão à conversão, mas ser perdão como Jesus sempre foi.

Por graça e vocação, o novo presbítero católico, agindo em nome de Jesus, perdoando os pecados, reconciliando seus irmãos e irmãs com Deus e entre si, traz a bênção de Deus para todos, sendo o modelo de Jesus Cristo, o bom pastor. Por esse motivo ele deve ser como o Cristo pastor. A graça da qual ele é portador deve não somente ser para por um véu que separa "puros" e "impuros", mas um modo novo de caminhar juntos para o futuro, de discernir a vontade de Deus, de encontrar a paz interior, de procurar juntos a verdade, de construir juntos a comunidade dos crentes.

Dentro desta ótica e da grandeza dos sacramentos da reconciliação e unção dos enfermos, numa visão psicossocial, os novos presbíteros católicos deveriam oportunizar mais facilmente ocasiões ou momentos, tanto individuais como comunitários, para que os fiéis pudessem receber o perdão de suas culpas e a unção com o óleo dos enfermos.

Ademais, ninguém pode eliminar totalmente o mal de sua vida. O mal faz parte de nossa história. Dá mostra de simplicidade e ingenuidade quem restringe a unção dos enfermos apenas às pessoas idosas, aqueles que estão em seus leitos de morte e aqueles que fisicamente encontram-se combalidos; dá mostra de ingenuidade quem julga poder extirpar o pecado somente pela confissão individual ou pela confissão maquinal das faltas e a recitação de uma fórmula de absolvição. Tudo isso pode falsear a riqueza desses sacramentos e a relação dos fiéis para com eles. A riqueza tanto do sacramento da reconciliação quanto da unção dos enfermos está em ressaltar que Deus é perdão, é misericórdia, é cura, é libertação, é paz, é harmonia, é amor, é vida nova e "faz nascer o seu sol igualmente sobre maus e bons e cair a chuva sobre justos e injustos" (Mt 5,45). Portanto, aí está a atenção de cuidado que o novo presbítero católico deve ter ao presidir esses sacramentos.

Isto, para o novo presbítero católico, requer revisão de uma longa história de entendimento desses sacramentos para poder vencer muitos "estereótipos", como o que significa estar doente, ter hora, momento, idade, ocasiões e modos de celebrar o perdão de Deus e receber a unção dos enfermos. Isto não tira a necessidade de um espírito crítico, evitando todo um fanatismo da confissão e da recepção do óleo. Fato é que, para muitos, as palavras "Teus pecados estão perdoados" ou a unção com o óleo são sinais vivo de cura, paz, harmonia interior e libertação. O fato de receber a absolvição ou ser ungido com o óleo bento, psicologicamente, para muitos, vem carregado de um sentido maior de alcançar a paz interior, de receber a bênção de Deus, a libertação, a cura ou a graça que buscam. Portanto, que o novo presbítero católico possa fazer o discernimento, à luz do Espírito de Deus, de como, em seu pastoreio, fazer resplandecer melhor toda a riqueza desses dois sacramentos no dia a dia dos fiéis.

O novo presbítero católico e o anúncio da Palavra de Deus

A espiritualidade do cuidado exige que o novo presbítero católico, em seu pastoreio, tenha uma espiritualidade centrada na Bíblia, sobretudo nos Evangelhos, isto é, na vida terrestre de Jesus Cristo. A evangelização somente centrada na doutrina, na exposição clara da teologia, pode correr o risco de não conseguir despertar as pessoas para o acolhimento do Evangelho e o seguimento de Jesus Cristo.

O Sínodo de 2008 convidou toda a Igreja Católica a um esforço pastoral particular para que a Palavra de Deus apareça em lugar central na vida das pessoas, recomendando que se incremente a pastoral bíblica (*Verbum Domini* – Bento XVI, n. 73.)

Um dos documentos fundamentais do Concílio Vaticano II (1962-1965) é a constituição dogmática *Dei Verbum* (Palavra de Deus). Ele é breve, mas um dos mais ricos em doutrina e orientações pastorais, sinalizando uma verdadeira conversão da Igreja Católica no que diz respeito à Bíblia. Segundo a *Dei Verbum* (nº 10), a Igreja sempre teve e tem as Divinas Escrituras, juntamente com a Tradição, como suprema regra de fé, porque, inspiradas por Deus e consignadas por escrito, de uma vez para sempre, comunicam a Palavra do próprio Deus e fazem ressoar através das palavras dos profetas e apóstolos a voz do Espírito Santo. Segundo o mesmo documento (nº 22), é preciso que o acesso à Sagrada Escritura seja amplamente aberto aos fiéis. E ainda no n. 25 se diz: "com veemência e de modo particular, a que, pela frequente leitura das divinas Escrituras, aprendam 'a eminente consciência de Jesus Cristo, (Fl 3,8), porquanto 'ignorar as Escrituras é ignorar Cristo, (...). Lembrem-se, porém, que a leitura da Sagrada Escritura deve ser acompanhada pela oração a fim de que se estabeleça o colóquio entre Deus e o homem, pois a Ele falamos quando rezamos e a Ele ouvimos quando lemos os divinos oráculos".

Percebe-se que, a partir de um contato maior com a Bíblia, nossa Igreja do Brasil tornou-se mais atenta em acolher a Revelação do Senhor, mais animada em encontrar-se com a Palavra viva, que é Jesus Cristo, e mais profética e misericordiosa em servir a todos, especialmente os mais fracos. Deus tem suscitado em nosso meio uma grande fome e sede da Palavra de Deus. É um novo reencantamento com a Bíblia. Vivendo este novo despertar pela Palavra Deus, os novos presbíteros católicos, em suas ações de pastoreio, devem incrementar a formação bíblica em todas as ações pastorais, sacramentais e evangelizadoras do povo de Deus.

Os Documentos de Aparecida (248) sinalizam para uma atenção do novo presbítero católico para com a Palavra de Deus: "Faz-se, pois, necessário propor aos fiéis a palavra de Deus como dom do Pai para o encontro com Jesus Cristo vivo, caminho de autêntica conversão e de renovada comunhão e solidariedade (...). Por isso a importância da pastoral bíblica, entendida como animação bíblica da pastoral, que seja escola de interpretação ou conhecimento da Palavra, de comunhão com Jesus ou oração com a Palavra, e de evangelização inculturada ou de proclamação da Palavra. Isto exige, por parte dos bispos, presbíteros, diáconos e ministros leigos da Palavra, uma aproximação à Sagrada Escritura que não seja só intelectual e instrumental, mas com um coração 'faminto de ouvir a Palavra do Senhor' (Am 8,11)".

No seguimento de Jesus de Nazaré, e, posteriormente, formação da comunidade ou concretização de um carisma ou fundação de uma comunidade religiosa, sempre é possível encontrar a inspiração primeira na Palavra de Deus e na compaixão pelo sofrimento dos pobres. Essas experiências bonitas, variadas, diferentes em cada época e relacionadas às experiências de Deus e às histórias pessoais, são tão fortes que mudaram os rumos da vida de muitas pessoas, gerando novos e confiáveis sinais da presença de Deus no mundo.

Segundo o Concílio Vaticano II, *Dei Verbum*, n. 3, é "a leitura orante da Palavra de Deus escrita na Bíblia que nos ajuda a descobrir a Palavra de Deus na vida". A leitura orante nos enriquece privilegiadamente para a missão de anunciar, com conhecimento de causa, a Palavra de Deus a todos os povos com a força e a sabedoria que nos vem do alto e por meio de uma caridade criativa que nos leva ao encontro dos pequenos e sofredores, dos injustiçados e excluídos. Com a Bíblia na mão, a Palavra de Deus no coração e os pés na missão, os novos presbíteros católicos e as comunidades transformadas pela Palavra de Deus devem semear abundantemente e cultivarem cuidadosamente sementes dessa Palavra, que faz produzir na Igreja e na sociedade frutos de amor, solidariedade, misericórdia, justiça e paz.

Percebe-se hoje um maior resgate da *lectio* divina em nossas comunidades. A leitura da Bíblia em comunidade tem levado para dentro dela seus problemas e suas perguntas, que brotam do chão da vida cotidiana. Essas questões vitais têm expressado o desejo de encontrar saídas para as situações difíceis, fortalecendo a união e a esperança na caminhada. Ao fazer a leitura bíblica, ligada à vida, o olhar da comunidade de fé e dos novos presbíteros católicos vão-se transformando e as descobertas levam à partilha e ao compromisso de vida. Nesse processo vai-se tecendo uma espiritualidade centrada na Palavra e geradora de solidariedade articulada, alegre e criativa. Assim, a leitura da Palavra de Deus vai transformando o olhar e o coração dos novos presbíteros católicos e dos fiéis para que sejam de fato discípulos e missionários de Jesus Cristo em meio às profundas transformações e aos grandes desafios que envolvem a humanidade hoje.

A paróquia é um lugar privilegiado para o anúncio da palavra de Deus, e a eficácia do pastoreio do novo presbítero católico deriva, sobretudo, do fato de ele ser representação sacramental de Cristo Cabeça e Pastor. É o próprio Jesus que diz (Lc 10,16): "Quem vos ouve a mim ouve". A função de orientar a comunidade também deriva da sua relação peculiar com Cristo. "Trata-se de uma função sacramental". Bento XVI ensina que a Palavra precisa estar em tudo o que a Igreja faz (*Verbum Domini*, n. 73). Neste contexto é necessário que o novo presbítero católico, através da formação bíblica intensa, corajosa e profunda, não só estimule os fiéis a um contínuo e fascinante contato com a Palavra de Deus, mas também dinamize as pessoas para a forte e vibrante ação evangelizadora, pelo testemunho de vida, pelo anúncio da boa-nova e pela ação profética de transformação das pessoas e sociedades segundo os valores do reino de Deus.

Em Atos dos Apóstolos 20,32 se lê: "Agora, pois, recomendo-vos a Deus e à palavra de sua graça, que tem poder de edificar e de vos dar a herança entre todos os santificados". Aos presbíteros católicos é confiado a Palavra de Deus. É uma palavra que tem poder de salvar a vida das pessoas (Tg 1,21), que é poder de Deus (Rm 1,16). Segundo Bianchi (2010, p. 39): "Estarem confiado a essa Palavra significa, para os presbíteros, aceitar que ela exerça o seu senhorio sobre eles, que a vida deles tenha nela o seu apoio". Antes de serem anunciadores da Palavra, os presbíteros católicos devem ser os ouvintes da Palavra, pois a fé nasce da escuta (Rm 10,17). A escuta é a primeira operação para entrar em comunhão com Deus, o que significa conhecer a Deus.

O cuidado da Palavra de Deus significa para o novo presbítero católico ser um servo da Palavra de Deus, o pregador da boa notícia: "O Senhor Iahweh me deu uma língua de discípulo para que eu soubesse trazer ao cansado uma palavra de conforto. De manhã em manhã ele me desperta o meu ouvido para que eu ouça como os discípulos" (Is 50,4-5). Assim, o novo presbítero católico é aquele que escuta a Palavra de Deus para ter o pensamento de Cristo: "Nós, porém, temos o pensamento de Cristo" (1Cor 2,16). Segundo João Paulo II (1992, n. 26): "Antes de mais, o sacerdote é ministro da Palavra de Deus".[11] Assim, o

---

[11] João Paulo II (1992, n. 26): "Antes de mais, o Sacerdote é *ministro da Palavra de Deus*, é consagrado e enviado a anunciar a todos o Evangelho do Reino, chamando cada homem à obediência da fé e conduzindo os crentes a um conhecimento e comunhão sempre mais profundos do mistério de Deus, revelado e comunicado a nós em Cristo. Por isso, o próprio sacerdote deve ser o primeiro a desenvolver uma grande familiaridade pessoal com a Palavra de Deus: não lhe basta conhecer o aspecto linguístico ou exegético, sem dúvida necessário; precisa se abeirar da Palavra com o coração dócil e orante, a fim de que ela penetre a fundo nos seus pensamentos e sentimentos e gere nele uma nova mentalidade – 'o pensamento de Cristo' (1Cor 2, 16) – de modo que as suas palavras, as suas opções e atitudes sejam cada vez mais uma transparência, um anúncio e um testemunho do Evangelho. Só 'permanecendo'

novo presbítero católico deve ser "Modelo na palavra, na conduta, na caridade, na fé, na pureza" (1Tm 4,12).

Segundo o Concílio Vaticano II (*Presbyterorum Ordins*, n. 13), "Os presbíteros alcançaram a santidade de maneira autêntica, se desempenharem suas tarefas de modo sincero e incansável no Espírito de Cristo. Como são ministros da Palavra de Deus, leem todos os dias e escutam a palavra de Deus que aos outros têm que ensinar". Para Bianchi (2010, p. 53): "Pode-se imediatamente dizer que no ministério da Palavra se sintetiza quem é na verdade o presbítero. De fato, nesse ministério transparece a vida espiritual do presbítero, seu relacionamento com o Senhor, com a Palavra e com a comunidade". A credibilidade da Palavra de Deus depende muitíssimo da credibilidade do anunciador. A autoridade do novo presbítero católico depende muito de sua fé como adesão ao Senhor, fé em sua Palavra.[12]

O novo presbítero católico deve compreender-se como o homem da Palavra de Deus. Historicamente, até São Domingos (1207), muitos bispos e presbíteros não exerciam o múnus da pregação. Foi somente a partir desta data que pregar passou a ser uma obrigação dos bispos e pres-

---

na Palavra, o presbítero se tornará perfeito discípulo do Senhor, conhecerá a verdade e será realmente livre, superando todo e qualquer condicionalismo adverso ou estranho ao Evangelho (cf. Jo 8, 31-32). O sacerdote deve ser o primeiro 'crente' na Palavra, com plena consciência de que as palavras do seu ministério não são suas, mas d'Aquele que o enviou. Desta Palavra, ele não é dono: é servo. Desta Palavra, ele não é o único possuidor: é devedor relativamente ao Povo de Deus".

[12] Antes de tudo, é bom lembrar que trata-se do novo presbítero católico anunciar uma palavra de poder, pois é Palavra de Deus, palavra eficaz. O erro está em o novo presbítero católico achar que sua palavra tem poder e por isso usar sempre uma palavra de poder, esquecendo que é a Palavra de Deus que tem poder. Psicossocialmente, o novo presbítero católico tem poder pelo fato de ser ordenado presbítero. Assim, ele fala uma palavra de poder. Ele pode falar as melhores palavras, fazer os melhores discursos, mas se não tiver uma vida exemplar e se não tiver a confiança dos fiéis sua palavra pode ter dificuldade em ser acolhida. Caso isto lhe falte, a possibilidade de acolhida de sua palavra e ações tende a diminuir, e aí ele pode ter a tentação de usar o poder, ofuscando o poder da Palavra de Deus.

bíteros. O papa Bento XVI (2010, n. 48) retoma esta questão dizendo: "Por sua vez, São Domingos de Gusmão 'em toda parte se manifestava como um homem evangélico, tanto nas palavras com nas obras', e tais queria que fossem também seus padres pregadores: homens evangélicos".

A Igreja que o novo presbítero católico serve deve ser a "Casa da Palavra de Deus". Ele deve ser um profundo conhecedor desta Palavra. A Igreja é o lugar da escuta da Palavra de Deus: "Fala senhor, que vosso servo escuta". A Igreja é uma realidade que escuta e anuncia a Palavra de Deus. Segundo Bento XVI (2010, p. 103): "A Igreja não vive em si mesma, mas do Evangelho; e do Evangelho tira, sem cessar, orientação para o seu caminho". Assim, somente quem primeiro escuta a Palavra pode tornar-se seu anunciador.

Considerando a Igreja como a "Casa da Palavra", o novo presbítero católico, chamado e escolhido para ser o anunciador da Palavra de Deus, deve dar muita atenção ao seu anúncio e proclamação. Através do anúncio da Palavra, Deus fala hoje ao seu povo, que o escuta e responde a esta interpelação. No Concílio Vaticano II, *Sacrosanctum Concilium* n. 7, se afirma que o próprio Cristo "está presente na sua Palavra, pois é ele que fala ao ser lida na Igreja a Sagrada Escritura".

Na proclamação da Palavra de Deus o novo presbítero católico deve seguir fielmente o modo de ler e interpretar as Sagradas Escrituras seguidas pelo próprio Cristo, que exorta a perscrutar todas as Escrituras (Lc 24,25-49).

Existe um vínculo muito íntimo entre o anúncio da Palavra de Deus e a celebração dos sacramentos. Bento XVI (2010, p. 108-109) diz: "De fato, na relação entre Palavra e gesto sacramental, mostra-se de forma litúrgica o agir próprio de Deus na história, por meio do caráter performativo da Palavra. Com efeito, na história da salvação, não há separação entre o que Deus diz e faz; sua palavra apresenta-se como viva e eficaz (Hb 4,12), como, aliás, indica o significado do termo hebraico *dabar*. Do mesmo modo, na ação litúrgica, vemo-nos colocados diante da sua Palavra, que realiza o que diz".

O novo presbítero católico é aquele que alimenta o povo como Moisés, que alimentou o povo de Deus com o maná no deserto. O verdadeiro maná que ele leva é o próprio Cristo. Em si mesmo Jesus Cristo torna realidade essa antiga figura: "O pão de Deus é o que desce do Céu e dá a vida ao mundo (...). Eu sou o pão da vida" (Jo 6,33.35).

A palavra de Deus tem um poder de transformação radical da vida dos fiéis: "A todos os que o receberam, (...) deu-lhes o poder de ser tornarem filhos de Deus" (Jo 1,12). Receber significa deixar-se plasmar por ela. Quem vive a palavra de Deus tem um novo nascimento (Jo 1,13). Segundo Santo Agostinho, "por meio do Verbo foste feito, mas é necessário que por meio do Verbo sejas refeito" (in Bento XIV, 2010, p. 102). A Igreja se define pelo acolhimento da Palavra de Deus: "O Verbo se encarnou e armou sua tenda entre nós" (Jo 1,14).

O novo presbítero católico deve ter o máximo cuidado para, no anúncio da Palavra de Deus, não alinhá-la às teorias da psicanálise de Freud, à psicologia analítica de Carl Jung, ao aconselhamento psicológico de Carl Rogers, à psicologia existencial de Soren Kierkegaard entre outros. Muitos pregadores têm colocado no mesmo nível de valor a Palavra de Deus e as teorias psicológicas de autoajuda. Desta forma os princípios da psicologia são apresentados como se tivessem o mesmo nível de autoridade das Sagradas Escrituras para determinar a orientação da vida humana. Quando isto acontece na pregação da Palavra de Deus, o novo presbítero católico acaba não oferecendo a Palavra de Deus, mas teorias psicológicas disfarçadas com terminologia bíblica e espiritual. Ademais, na vida presbiteral, as teorias psicológicas devem ser apenas instrumentos facilitadores para se adentrar na Palavra de Deus e não no seu conteúdo.

O novo presbítero católico não deve se envergonhar do anúncio da Palavra de Deus: "Na verdade, eu não me envergonho do evangelho; ele é força de Deus para a salvação de todo aquele que crê" (Rm 1,16). Em Provérbios se diz: "A Palavra de Deus é comprovada, ela é um escudo para quem nele se abriga. Não acrescentes nada às suas palavras, porque te repreenderás e passarás por mentiroso" (Pr 30,5-6).

Assim, concluímos que os novos presbíteros católicos devem acreditar que, na Palavra de Deus, podem encontrar suficientes ensinamentos para suas ações de cuidado no pastoreio dos fiéis.

O novo presbítero católico e a morte dos entes queridos

Tomar consciência da realidade morte e de suas complexidades na vida dos féis se faz muito importante para as ações de cuidado no pastoreio dos novos presbíteros católicos. Sabemos que é difícil adentrar neste campo, mas fazendo uso da rica experiência da tradição da Igreja Católica nesta questão e usando as ferramentas da psicologia social, vamos tentar adentrar nesta questão, buscando trazer ulguns parâmetros de ações para os novos presbíteros católicos em suas ações de pastoreio na contemporaneidade.

Muitas vezes tropeçamos na morte que atravessa a vida, sobretudo a vida que há na morte. Confiantes na medicina contemporânea, muitos parecem ter uma falsa ideia de que se pode evitar a morte; no entanto, o máximo que a medicina consegue ou tem conseguido é favorecer melhor qualidade de vida, não podendo evitar que, cedo ou tarde, a morte chegue. Negligenciar esse aspecto significa negligenciar, também, os aspectos psicossociais do processo saúde-doença, fé, sentimentos e outra vida.

Psicossocialmente o ser humano apresenta dificuldade em lidar com a morte, em lidar com a ligação existente entre o morrer e a vida anteriormente vivida, e apresenta um conflito fundamental entre aceitar o fato da morte e a vontade imanente de autoconservação.

Segundo Renold BlanK[13] (2003, p. 32), citando Kierkegaard: "Saber que o homem é comida para os vermes. Este é o terror: ter emergido do nada, ter um nome, consciência do próprio eu, sentimentos íntimos profundos, um cruciante anelo interior pela vida e pela auto-expressão e, apesar de tudo isso, morrer. Parece uma burla, pela qual um tipo de homem cultural se rebela ostensivamente contra a ideia de Deus. Que espécie de divindade criaria tão complexa e extravagante comida para vermes?".

A presença da morte faz suscitar temor, sentimentos de culpa, ressentimentos, medo do futuro sem a pessoa. Muitas vezes, estas emoções são ambíguas e apresentam impasses, tal como quando uma mãe diz que morreria no lugar do filho. Ao falar isto ela não está pensando que, se fosse ela, o filho também sofreria.

Partindo-se de uma perspectiva orientada pelo ponto de vista psicossocial, na qualidade do fenômeno existencial e psicossomático, o morrer inicia-se muito antes da morte clínica. Segundo Renold BlanK (2003, p. 27), para Martin Heidegger, a totalidade da existência humana é um ser-para-a-morte: "um ser que não caminha simplesmente para o acontecimento futuro, isto é, para a morte; ao contrário, o homem é um ser que, mal nasceu, já começa a morrer. O morrer está intimamente ligado à existência humana... Morrer é uma forma de ser que o homem assume com sua existência".

Hoje temos muitos estudos buscando exclarecer a vida depois da morte, tais como os estudos de Elisabeth Kubler-Ross, reunidos no livro *Vida depois da vida*, Editora Nórdica, Rio de Janeiro (s/d), por R. A. Moody. O que esses ralatos podem trazer de aprofundamento sobre esta questão são apenas indicações sobre determinadas experiências vividas durante a morte clínica, indícios estes, do ponto

---

[13] Para aprofundamento ver seu livro *Escatologia da Pessoa: vida, morte e ressurreição*, v.1. Editora Paulus, 4ª edição, 2003.

de vista psicossocial, que talvez possam ser reunidos sob a expressão "vivência na morte", mas não "após a morte". A base do livro citado acima pode ser criticada, no sentido de que nenhuma das 150 pessoas estudas passou realmente a barreira da morte vital.

Num passado, não muito remoto, parece que ninguém "fechava os olhos" sem ter tido a presença do presbítero católico. A presença do presbítero católico servia de ajustamento emocional perante a morte. Muitas vezes a pessoa recebia a visita do presbítero católico, em seu leito de dor, e não passava nem pelos cuidados de um médico.

Renold Blank (2003, p. 34), citando a conclusão dos estudos de J. Winttowsky num asilo, afirma que: "Quanto mais firme a convicção religiosa, tanto menor era a angústia em face da morte". A morte é muito difícil de ser enfrentada, pois nela está todo o sentido de tudo aquilo que é a vida humana. Por isso, diante da morte surgem perguntas tais como: "Por que eu?"; "O que fiz de errado para merecer morrer?"; e assim por diante. Também surgem ira, rancor, raiva e promessas, numa tentativa de questionar ou prorrogar o inevitável. A visita do presbítero católico ao doente, trazendo o conforto da Palavra de Deus, o perdão dos pecados e a unção com os óleos, permite ao doente, acompanhantes, parentes e amigos o ajustamento emocional, a paz interior e serenidade neste momento crucial da existência humana.[14]

Olhando para o desenvolvimento das sociedades industriais e o desenvolvimento técnico e científico da medicina, a partir do século XIX, é possível perceber que a visão de morte e a interação com o paciente, bem como o modo de se lidar com essas questões, sofreram grandes modificações.

---

[14] Cf. o livro de R. Kastenbaum & R. Aisenberg. *Psicologia da morte*, Editora Pioneira, 1983, o qual apresenta vasto material a respeito do papel e do comportamento do ministro religioso diante do doente no leito de morte.

A presença do novo presbítero católico no momento da morte serve de questionamento para aquilo que vemos hoje na sociedade biotecnicista, isto é, a revolução higienista.[15] Com esta revolução percebemos a radicalização e a separação entre vivos e mortos de tal modo que o convívio entre estas duas condições passou a ser visto como uma fonte extremamente importante de contaminação, doenças ou exposição ao perigo.

Assistimos, também, na modernidade, a uma mudança fundamental na maneira como o ser humano está sendo compreendido. Vemos emergir o ser humano individualizado, o que permitiu ao indivíduo pensar e sentir como um ser autônomo. É importante, nesse sentido, lembrar Habermas (1983), que mostra que tal condição é exclusiva da modernidade, não estando presente em qualquer contexto pré-capitalista.

Com todas essas transformações, a morte, que estava presente na sala de visita, desloca-se para o hospital e, em alguns casos, para a Unidade de Terapia Intensiva (UTI).[16] Em um ambiente isolado, com janelas fechadas, luz artificial, temperatura constante mantida

---

[15] No paradigma positivista, o qual tem direcionado a sociedade atual, a formação e atuação de profissionais na área da saúde tende a lidar com a doença e a morte do ponto de vista estritamente técnico. Além disso, a adoção de práticas como a cremação tem sido cada vez mais utilizada. Além das razões higiênicas e ecológicas, ela é uma maneira de esconder a própria morte, de falsear o sofrimento e a perda. Além deste modo materialista de se lidar com a morte, temos também as filosofias de vida, como o espiritismo, que prega a possibilidade de poder falar com o morto, algo que traz mais sofrimento, confusão, angústia e retardamento psicológico no modo como deve se relacionar com o falecido.

[16] Para Vygotsky, a ciência assimilou muito bem o conceito de vida, mas não conseguiu explicar o de morte: "A morte é interpretada somente como uma contraposição contraditória da vida, como a ausência da vida, em suma, como o não-ser. Mas a morte é um fato que tem também seu significado positivo, é um aspecto particular do ser e não só do não-ser; é certo algo e não o completo nada". Numa visão biologista, a morte é simplesmente um "não-ser", uma paralisação total da "máquina do corpo" (in *Teoria e método em psicologia*, Editora Martins Fontes, 1996, p. 265).

pelo ar-condicionado e equipamentos técnicos, os profissionais da saúde realizam procedimentos altamente sofisticados com pacientes que se encontram em situações-limite entre a vida e a morte (Cf. E. C. N. Oliveira, "O psicólogo na UTI: reflexões sobre a saúde, vida e morte nossa de cada dia", *Psicologia: Ciência e Profissão*, v. 22, n. 2, 30-41, 2002).

A partir de tais transformações, a presença do novo presbítero católico, em suas ações de pastoreio, deve dar novo significado e rumo àquilo que vem acontecendo no tratamento com o doente. O doente é impedido de sentir e expressar suas emoções, sendo destinado a um sofrimento solitário e discreto. Isso acontece porque os profissionais – que lidam cotidianamente com a morte – não estão preparados para lidar com o indivíduo em sua plenitude enquanto ser humano dotado de emoções e valores. O novo presbítero católico deve estar aí para resgatar a amplitude da vida humana, que não é apenas matéria, mas também emoção, relação e espírito.

O novo presbítero católico, atento aos diversos modos de se lidar com a morte e ciente de que a morte se apresenta como aquele momento ou fato que tem maior influência na vida da pessoa, deve esforçar-se para ser um sinal evangélico frente a ela. Pois, para o ser humano, o ato de morrer, além de ser um fenômeno biológico natural, contém intrinsecamente uma dimensão simbólica relacionada ao transcendente. Enquanto tal, a morte apresenta-se como um fenômeno impregnado de valores e significados dependentes do contexto sociocultural e histórico em que se manifesta, podendo variar seu significado no decorrer da história e entre as diferentes culturas humanas.

Numa dimensão psicossocial, a presença do novo presbítero católico, no momento da morte de qualquer membro da comunidade, serve de referência psicológica e religiosa para o enfrentamento de tal questão. A morte não é só um problema para os que estão no leito de morte, mas também para os que vão enfrentar posteriormente o luto pela morte dos seus entes queridos. Conforme Bromberg[17] (in *A Psicoterapia em situações de perdas e luto*, 1994), os sintomas mais frequentes encontrados nas pessoas enlutadas podem ser resumidas em: afetivos: depressão, ansiedade, culpa, raiva, hostilidade, falta de prazer e solidão; manifestações comportamentais: agitação, fadiga e choro; atitudes em relação a si mesmo, ao falecido e ao ambiente: autorreprovação, baixa autoestima, desamparo e suspeita; deterioração cognitiva: lentidão do pensamento e da concentração; mudanças fisiológicas e queixas psicossomáticas: perda de apetite, distúrbio de sono, perda de energia, mudanças na ingestão e suscetibilidade a doenças. Mas é bom lembrar quem nem todos são encontrados em todas as pessoas enlutadas, nem durante todo o luto.

O cuidado que o novo presbítero católico pode prestar no momento da morte vai além da dimensão puramente positivista, ou tecnicista, ou de necromancia, ou de qualquer outra filosofia, estando ali, não para curar a doença, ou para reverter o quadro, mas para lidar com o ser humano como um todo, sendo uma presença da energia e graça do Deus da vida, e evitando a "coisificação do homem", a negação da "experiência da morte e do morrer".

Esta presença será tanto mais benéfica quanto mais for uma presença de qualidade. Por isso o novo presbítero católico ao se fazer presente no momento da morte, sobretudo junto do doente, deve evitar usar "fórmulas pré-fabricadas" de oração, vestes que acentuam a diferença entre o doente e o presbítero católico, frases como "graça da salvação", ou "o poder de redimir", ou "alma". Tudo isto pode tornar impessoal a relação com o doente ou aqueles que enfrentam o luto. Psicossocialmente, o doente precisa é de atenção, de alguém que esteja aí para ouvi-lo com serenidade e paciência, alguém que

---

[17] Maria Helena Bromberg é psicóloga. Ela se dedica à pesquisa sobre a morte e suas consequências nos vivos, é professora da disciplina Luto e Morte na Família e orientadora da pós-graduação em Psicologia da PUC de São Paulo.

fale com ele, favorecendo a redução da insegurança hospitalar; uma presença que ajude a todos, doente, parentes e amigos, a sentir a força do Deus da vida para enfrentar este drama crucial da morte.

O presbítero católico, no ambiente religioso, é aquele que ocupa, quase sempre, posições de relevância na coordenação das comunidades, das paróquias e na mentalidade e pensamento dos indivíduos que estão sob seus cuidados. Assim, por ocasião da morte dos entes queridos, sua presença e cuidado se revestem de grande significado, sendo sinal de conforto, sentido, esperança, melhorando a vida interior do doente, despertando o núcleo de esperança no transcendente. Além do mais, a presença do novo presbítero católico no momento da morte evita o processo de ocultamento social dela. Isto o novo presbítero católico deve fazer a partir da palavra de Deus, mostrando que "Deus não é o Deus dos mortos, mas sim dos vivos" (Mc 13,27). Esta presença tenderá a ser tanto mais benéfica quanto mais houver um diálogo com o doente, com os familiares e acompanhantes, quanto mais ele falar de Deus, ficar ali para ouvir e rezar com todos e não apenas realizar um ritual pré-fabricado, ou as orações pré-formuladas, ou estar muito apressado. Assim, sua presença deve ser uma presença de qualidade, travando, desta forma, uma relação de proximidade com o doente, familiares e acompanhantes, e não simplesmente uma relação distante e impessoal.

Inspirado na palavra de Deus, o novo presbítero católico, em suas ações de cuidado no pastoreio, deve procurar ser sinal do modo respeitoso e transcende de se lidar com a morte. Tais valores são passíveis de serem encontrados na história do povo de Deus, passando desde o costume bíblico de supultar os mortos (Gn 23), a oração por eles (2Mc 12, 43-46),[18] chegando ao Novo Testamento, que resgata a

---

[18] Segundo a palavra de Deus em 2Mc 12, 43-46, Judas, "tendo organizado uma coleta individual, enviou a Jerusalém cerca de duas mil dracmas de prata, a fim de que se oferecesse um sacrifício pelo pecado, e realizou assim uma ação boa e nobre, com o

confiança depositada na lealdade de Deus, "o qual faz viver os mortos e chama à existência as coisas que não existem" (Rm 4,17).[19]

O novo presbítero católico deve se comportar como portador de um modo cristão e evangélico de lidar com a morte. Um dos modos mais sublimes de enfrentamento dela é através da oração.[20] A

---

pensamento na ressureição. De fato, se ele não esperasse que os mortos que haviam sucumbido iriam ressuscitar, seria supérfluo rezar pelos mortos. Mas, se considerava que uma belíssima recompensa está reservada para os que adormecem na piedade, então era santo e piedoso o seu modo de pensar. Eis porque ele mandou oferecer esse sacrifício pelos que haviam morrido, a fim de que fossem absolvidos de seu pecado".

[19] Psicossocialmente, novo presbítero católico deve espelhar-se em Jesus Cristo, o qual vemos presente em muitos momentos de morte na vida dos seus (Mc 5,35-43; Lc 7,11-17; Jo 11). No momento da morte, a pessoa tende a experimentar aquilo que aconteceu com Jesus na Cruz: "Meu Deus, meu Deus, por que me abandonaste?" (Mc 15,34). Mas na presença de sua "mãe, a irmã de sua mãe, Maria, mulher de Clopas, e Maria Madalena e do discípulo amado" (Jo 19,25-27), presença silenciosa, tem-se aí um modo de ajudar a reestabelecer a confiança e a esperança para enfrentar este momento crucial da vida. O novo presbítero católico pode se inspirar também nas inúmeras passagens do Novo Testamento que fortalecem a esperança em Deus para além da morte (1Ts 4, 13-14; 1 Ts 5,9; 1Cor 6,14; 1Cor 15,12-22; Rm 8,11.35-39), mostrando que a morte não é último passo da existência humana. Desta forma, a presença do novo presbítero católico se torna uma presença ousada, capaz de resgatar a confiança básica daquele que se encontra neste ponto limite da vida, evitando o desespero. Sua presença deve ser sinal de que, até mesmo na morte, devemos nos comportar como filhos de Deus, como fez Jesus: "Pai, em tuas mãos entrego o meu espírito" (Lc 23,46). E ainda, "Não recebeste o espírito de escravos, para recair no temor, mas recebeste um Espírito de Filhos adotivos, pelo qual clamamos: Abba! Pai! O próprio Espírito se une ao nosso espírito para testemunhar que somos filhos de Deus" (Rm 8,15-17).

[20] A unção dos enfermos, a missa ou celebração das exéquias, missa de 7° dia, missa de mês e missa de ano, as orações junto da família enlutada devem fazer parte do modo cuidado do novo presbítero católico, pois trazem conforto e esperança na outra vida, tanto na vida daqueles que estão no leito de morte, quanto daqueles que perderam seus entes queridos. A oração para as pessoas que morreram é uma forma de dizer que continuanos cuidando delas, que elas são queridas e fazem falta ou, também, é uma forma de reparar a falta de cuidado, de reparar a culpa. Numa dimensão de fé, é um modo de manifestar que se acredita no outro mundo, na ressureição dos mortos, que a vida não foi tirada, mas transformada. Assim, psicologimente, a pedagogia de rezar pelos mortos faz bem para os enlutados. Além do mais, na oração se reforça a

oração para o enfermo em leito de morte, muitas vezes, vem com o sentido de que rezando a morte não vem, ou de que se o indivíduo está em estado terminal a reza pode fazê-lo "desmorrer". Mas não é este o seu sentido. A oração é para que seja feita a vontade de Deus na vida daquela pessoa. Neste sentido a oração tem o poder de suscitar a esperança e não evitar a morte, sendo consolo e força nesta hora derradeira. Para Habermas (2002c, p. 150), a religião tem um elemento específico que é conferir sentido e consolo diante das situações individuais de negatividade insuperáveis. Segundo o profeta Isaías (50,4-4), aos seus escolhidos Deus deu a "língua de discípulo para que soubesse trazer ao cansado uma palavra de conforto" (Is 50,4-7).

O novo presbítero católico, portador deste modo de cuidado evangélico, apresenta para a sociedade uma maneira diferente de conhecer a morte, isto é, não como fim, mas início de uma nova vida.[21]

---

fé na ressureição, e a morte, por mais dura e absurda que pareça, começa a ganhar novo sentido, sobretudo quando se olha para a morte de Cristo, que não foi em vão, mas redentora e restauradora da vida. Toda morte, pois mais absurda que pareça, tem sempre um sentido redentor que só se torna mais fácil de ser percebida à luz da oração.

[21] É bom ressaltar aqui a abertura do novo presbítero católico para o trabalho da Pastoral da Esperança, bem como a formação teológica deste grupo, para que se possa prestar cuidado de qualidade no momento da morte. A Pastoral da Esperança vem desempenhando alguns trabalhos tais como: quando morre alguém, a família notifica o falecimento e a hora do enterro, na secretaria paroquial, que imediatamente avisa aos membros dessa pastoral sobre a hora da celebração. Na ausência dos presbíteros católicos, os membros da própria Pastoral da Esperança presidem a celebração; no velório ou na casa do falecido(a), realizam um momento de oração com a recitação do terço e na Igreja ou local determinado pela família inicia-se a celebração da encomendação animada e organizada pelos membros da Pastoral da Esperança, com a finalidade de renovar a fé no Cristo Ressuscitado, professar a fé da Igreja e vivenciar a finitude da vida terrena. Depois, durante sete dias os membros da Pastoral da Esperança, normalmente, visitam os familiares em luto para rezar com eles, fortalecendo-os na fé em Cristo Ressuscitado. É bom ressaltar aí que os membros da Pastoral da Esperança, ao rezar pelos mortos, devem evitar usar a expressão "alma do fiel defunto", estando atento para a novidade do Concílio Vaticano II, que superou

Como ato da natureza, a morte é o fim total, mas como Senhor da vida Deus vence-a, chamando o morto à vida, ressuscitando-o. Todos devem morrer, mas a morte não é a última palavra. A última palavra, segundo a fé bíblica, vem de Deus. Esta teologia germinada no Antigo Testamento recebe, na ressurreição de Jesus, a total confirmação. É desta certeza que o novo presbítero católico se torna cuidador em ações de pastoreio na contemporaneidade.

O novo presbítero católico e os lutos da vida diária das pessoas

Ligados à morte temos os lutos. A humanidade parece dar sinais de dificuldade em lidar, também, com o luto. Por isso, retomando a longa experiência da Igreja Católica em lidar com esta questão, unindo-a às ferramentas da psicologia social, vamos buscar algumas luzes para o enfrentamento das ações de cuidado no pastoreio do novo presbítero católico.

O luto é um evento único com múltiplas consequências; há um intenso desgaste ou estresse devido à perda, acompanhado por outros sintomas secundários, muitos deles crônicos, aos quais o indivíduo pode adaptar-se após exposição prolongada ou repetida. Segundo Vasconcelos (2006) a espiritualidade dos cuidadores tem grande influência para melhores resultados de sua ação.

Segundo Kovács[22] (1992) não há só uma morte, mas várias, durante todo o processo evolutivo do ser humano, como perda,

---

o esquema antropológico de corpo e alma. A Constituição Pastoral *Gaudium et Spes* (n. 14) não fala mais do homem como um ser dualista, mas o define de maneira bem clara como "corpo e alma, mas realmente uno...". Assim, não se reza pela "alma", mas para a pessoa em sua totalidade.

[22] Júlia Kovács é Professora Associada do Departamento de Psicologia da Aprendizagem do Desenvolvimento e da Personalidade da USP.

ruptura, desintegração, degeneração. A seu ver, "o homem desafia e tenta vencer a morte (...) e o homem é um ser mortal, cuja principal característica é a consciência de sua finitude". O que se busca não é a vida eterna e sim a juventude eterna com seus prazeres, força, beleza, não a velhice eterna com suas perdas, feiúras e dores. Segundo o mesmo autor, a ligação da culpa com a morte do outro, associada à falta de cuidados, provoca sentimentos exacerbados no processo de luto.[23]

Psicologicamente, em muitas situações, a recordação do morto se torna uma forma de ter novamente o outro presente, algo que pode ser até saudável para o enlutado em alguns casos. Vejamos como isso pode acontecer. Para as pessoas que vivem o luto há datas marcantes, tais como: o aniversário da pessoa que morreu, o Natal, a passagem do ano, datas de passeios e momentos que foram significativos etc. São situações de celebração que, depois da perda, marcam a ausência. Tais lembranças são positivas no sentido de fazer com que a pessoa se dê conta da realidade da perda. É importante que essas datas não sejam negadas. Quando se completa um ano da morte, acontece um fenômeno chamado "reação de aniversário". Revive-se o ano que passou, revive-se a dor. Pergunta-se: por que estava melhor e a dor voltou com tudo? É preciso atenção para o fato de que o morto vive na memória do enlutado, vive não de forma física, mas na imaginação. Esquecer é aterrorizante, significa não tê-lo mais. Tal lembrança, quando bem trabalhada e orientada, favorece o enlutado a reorganizar a vida presente, libertando-se de certos sentimentos de

---

[23] Diante da morte os lamentos são muitos e existem aqueles que procuram o presbítero católico para confessar o descuido do ente querido. As consciências "menos embotadas" sofrem com a morte de seus entes queridos, pois acreditam que se tivessem cuidado melhor, se tivessem tido mais amor, talvez a vida ainda pudesse continuar pulsando em seus entes queridos. Entender a vida como cuidado, numa dimensão de fé, é proporcionar novamente àqueles que sofrem a morte de seus entes queridos a possibilidade de poder de alguma forma reparar o descuido.

apego ou falta de cuidado que possa ter havido com relação àquilo que se perdeu. Ademais, é na vivência do sentimento de perda que o ser humano tende a redescobrir o sentido e o valor da vida, dos fatos, momentos ou oportunidades da vida. Assim, o cuidado do novo presbítero católico deve favorecer essa possibilidade.

O novo presbítero católico é chamado a lidar com todas as diferentes situações da vida humana tais como: morte, desemprego, separação, mudanças, passagens do ciclo da vida, doenças, perda de amizades, cirurgias etc. Em tudo pode haver perda envolvendo aspectos de luto.[24] Esses lutos podem ser diferentes apenas porque, na situação de morte, houve a separação concreta de alguém, enquanto que nas outras situações existe o luto que relembra a fragilidade e finitude da vida

---

[24] Segundo Bowlby (1984a, 1984b, 1985), existe uma intensidade do impacto causado por uma perda, a partir da teoria do apego. O apego é uma resposta de busca de proximidade e proteção, desencadeada pela necessidade de sobrevivência da espécie: como condição para a vida do bebê, deve haver um adulto para cuidar e responder a ele – em geral a mãe, mas podendo ser o pai, irmãos ou figuras substitutas. A proximidade de contato e a especificidade da pessoa – incluindo o reconhecimento e o comportamento diferenciado – são duas condições que fazem parte, necessariamente, do comportamento de apego. A partir dessa interação, em que ambos participam ativamente, estabelece-se um modelo operativo interno que determina o sentimento de segurança e o sentido de valor pessoal do indivíduo. Esse padrão será o fundamento tanto para os sentimentos de conforto e segurança vividos nas relações posteriores, quanto para as respostas à separação ou perda de uma pessoa querida. Toda ruptura de ligações afetivas importantes promove uma reação de busca, pois rompe também o sentido de continuidade do indivíduo. Essas respostas consistem em recursos para a readaptação a um mundo que muda de significado. Assim, alguns fatores específicos, ou a soma deles, podem ter uma influência dificultadora na elaboração do luto ou da perda. Bowlby é psicanalista inglês nascido em 1907, na Inglaterra, e ficou conhecido por ter sido o primeiro psicanalista a ter proposto um modelo de desenvolvimento e de funcionamento da personalidade – ou teoria dos instintos – que se distancia da teoria das pulsões de Freud. A sua obra centra-se essencialmente em duas noções: o comportamento instintivo e a vinculação. Para aprofundamentos confira os volumes da trilogia "Apego e Perda", da Editora Martins Fontes: *A natureza do vínculo*, vol. 1, 1984; *Separação*, vol. 2, 1984; e *Tristeza e depressão*, vol. 3, 1985.

humana. O novo presbítero católico, como cuidador, em suas ações de cuidado no pastoreio, em qualquer das situações de perdas que envolveram lutos, deve sempre buscar motivar o enlutado para um novo aprendizado da vida, fazendo da morte ou perdas uma fonte de crescimento e amadurecimento tanto humano, afetivo, quanto espiritual.

Muitas perdas hoje são vistas como fraqueza e punição. De qualquer forma, por exemplo, a doença coloca o indivíduo em contato com sua fragilidade e finitude; ou seja, ele pode ser afastado das suas atividades rotineiras pelo fato de ter sofrido paralisias, mutilações e assim enfrentar, muitas vezes, a dor ao longo do tratamento e perceber-se enquanto ser mortal. Em todas essas situações se exige uma reorganização ou resignificação da vida, pois os sentimentos de perda e separação influenciam no desenvolvimento comportamental, no conhecimento e no aprimoramento da formação do ser humano.

Quando o indivíduo encontra-se em estado de luto, a atitude de cuidado no pastoreio do novo presbítero católico deve envolver ações que possam ajudar o enlutado a compreender que ganhar e perder são inatos ao ser humano e que, muitas vezes, é necessário haver perda ou separação para acontecer uma renovação da vida e do amor, e que nem sempre uma perda significa perder no contexto da palavra, e sim ganhar uma nova realidade, uma nova interpretação.[25]

O tempo não é o melhor remédio para o luto. O tempo ameniza a dor, mas também é capaz de gerar um luto crônico. O que poderia ser uma passagem de um estado para outro, pode permanecer na tris-

---

[25] Para enfrentar as perdas todos precisam de um suporte psicossocial que o ajude a fortalecer sua estrutura psíquica. Até a morte de um animal de estimação afeta os seres humanos. Só que quando é um animal de estimação o luto tende a ficar franqueado, isto é, se lida com espanto. Exemplo: "Onde já se viu chorar tanto por um cachorro! Se ainda fosse um filho, vá lá"! O mesmo pode acontecer com a perda do parceiro por AIDS ou doença terminal e com o aborto (provocado ou não). No aborto não aconteceu o nascimento nem a morte convencional. A reação das pessoas é minimizar a perda. Falam: "Não se preocupe, logo você tem outro".

teza. No luto crônico, quanto mais o tempo passa, pior fica. É também chamado de luto complicado. O melhor remédio é a pessoa expressar sua dor, seus sentimentos de culpa e dar novo sentido à vida. O luto tem que ser realizado. Quando não se realiza o luto pode acontecer desequilíbrios psicológicos. O luto não realizado pode se manifestar não só na tristeza, mas em doenças psiquiátricas. É diferente do luto distorcido, em que a pessoa aparenta estar bem, mas não está.

O cuidado que o novo presbítero católico deve ter com a pessoa enlutada deve ser de tal modo que possa ajudá-la a resignificar o fato da perda, de modo a fazer com que o sofrimento possa diminuir gradualmente, permitindo um retorno da atenção para o mundo e trazendo a possibilidade do estabelecimento de novas relações sociais e sentido para a vida.

Conclusão

O objetivo de cuidado no pastoreio do novo presbítero católico não deve ser a manutenção da tradição religiosa, nem a promoção ou a proteção da Igreja Católica, mas a proteção da vida humana e o crescimento da fé de cada indivíduo; desta forma, a produção de cuidado deve visar ao alcance disso.

Psicossocialmente, o conjunto de ações de cuidado no pastoreio realizado pelo novo presbítero católico deve adquirir distintos modos, levando em consideração a necessidade individual de cada ser humano ou da coletividade, não se reduzindo a uma problemática religiosa, mas avançando para oferecer sentido, força, esperança, consolo, novo aprendizado, reorganização da vida. Assim, o novo presbítero católico, no cuidado do pastoreio do povo de Deus, deve ter sempre presente que pastorear, à luz do Espírito de Deus, deve passar sempre por um posicionamento comprometido e implicado, envolvendo todas as dimensões da existência humana.

Parte IV

O novo presbítero católico
e as novas identidades sociais

Na alocução, em agosto de 2007, pelo dia do "padre", o Papa Bento XVI fez uma afirmação muito significativa sobre a identidade e espiritualidade do presbítero católico dizendo que: "Ser padre é ser abençoado e verdadeiramente escolhido por Deus". Nesta mesma alocução ele fala da missão do presbítero católico, que é: "celebrar a Eucaristia, pregar o Evangelho, acolher os pecadores, orientar e acompanhar como somente um pai pode fazer. Um pai espiritual dado pelo Senhor para nos guiar no caminho da salvação".

O presbítero católico é alguém escolhido por Deus para uma grande missão, a missão de, através de seus gestos, atitudes e ações, tornar o "amor de Deus presente entre os seres humanos aqui na terra". Esta não é tarefa fácil.

Numa visão psicossocial, o desafio ainda aumenta devido às grandes transformações pelas quais a humanidade vem passando. São muitas as transformações que vemos na atualidade nos diversos campos da vida humana, das instituições, dos padrões de vida, dos modos de consumo, da tecnologia, das religiões, do ecossistema como um todo.

Vivemos hoje a mudança de época. Falar de mudança de época é falar de uma nova página na história da humanidade, algo que vem afetando a identidade e espiritualidade do novo presbítero católico. Nessa mudança de época assistimos, no universo religioso, a profundas transformações comportamentais dos seres humanos, novos modos de se viver a fé, novas identidades religiosas, nascimento de identidades híbridas ou plurais.

O novo presbítero católico e os novos sujeitos sociais

Distinguir o que é novo é um dos desafios das ciências sociais. A modernidade é um processo mais complexo do que simplesmente a negação da tradição. Muitos de nós gostamos de repetir o que diz o livro de Eclesiastes (1,9): "não há nada de novo debaixo do sol". Isto soa quase que como uma patologia contra o novo. Mas, pastoralmente, como diz Bakker (2011, p. 5): "Não há nada que mais diretamente afeta a ação pastoral da Igreja do que a cosmovisão da época".

É uma ilusão pensar que o comportamento religioso das pessoas é consequência apenas das orientações que recebem das instituições religiosas às quais pertencem. Todas as religiões e instituições são fortemente influenciadas pelo modo de agir e pensar próprios da época, algo que foge ao controle das instituições religiosas. Os desafios do cuidado pastoral são enormes e assustadores. A humanidade vem avançando muito rapidamente. Assim, sem perder o medo, não há como não colocar "vinho novo em odres novos" (Mc 2,22). Jesus ficou escandalizado com a cegueira dos fariseus, incapazes de discernir os "sinais dos tempos" (Mt 16,1-4).

A dificuldade de se aceitar o novo parece estar na estrutura psicológica do ser humano. Para reforçar esta tendência temos uma cultura milenarista e autoritária na qual se repete sempre o refrão: "Sabe com quem está falando?" e "Sempre foi assim! Quem é você para mudar?".

Com relação ao novo existe sempre uma atitude de medo. Cuidar do novo ainda é mais desafiante. O novo causa ansiedade e insegurança. Vencer o medo é o desafio para o ser humano na modernidade. Talvez o "medo de voar", título de uma literatura feminina de Erica Jong (2007),[1] norte-americana, em contraste tanto com quem

---

[1] Para aprofundamento ver sua obra *Medo de voar*, editora Bestbolso, 2007. O livro poderia se chamar "Em busca si mesmo". Ele escreve sobre a vida de uma mulher judia, da década de 70, dentro da liberação feminina e sexual da época. Uma moça

não voa, quanto com quem voa sem medo, seja "moderno", portanto voar é preciso, é preciso vencer o medo do novo! O novo gera novos sujeitos sociais. Vencendo o medo do novo, o novo presbítero católico deve desenvolver novas atitudes de cuidado para atender às necessidades de cuidado dos novos sujeitos sociais. E isto se faz com muita reflexão. Portanto é preciso vencer o medo de pensar, de refletir. E quem vence o medo de pensar não se envergonha de mudar de ideia e está sempre pronto para mudar.

Olhando para dentro do cristianismo vemos novos sujeitos sociais surgindo na modernidade. Mas quem são os novos sujeitos sociais? Existem hoje muitos grupos de cunho pentecostal em aceleradíssimos avanços, em oposição às comunidades eclesiais de base. Os grupos pentecostais pregam uma certeza messiânica que a muitos atraem. Mas não são somente os grupos pentecostais que representam os novos sujeitos sociais, mas quase toda sociedade que vem sofrendo o processo da globalização e do acelerado processo da informação e da biotecnologia.

De modo geral, o que mais tem levado ao surgimento desses novos sujeitos sociais é a mudança da noção de espaço e tempo. Na modernidade globalizada, houve um encolhimento do tempo e um aumento do espaço. Neste novo contexto, as pessoas se sentem, cada vez mais, desafiadas a fazer mais coisas num espaço menor de tempo.

---

culta, professora, que busca por ela mesma nos vários homens que se relaciona. O primeiro marido ela acha que é um novo Jesus Cristo, mas ela o abandona e se martiriza por isso. Parte para o segundo casamento, no qual também passa por conflitos. Aí, ela começa a se encontrar! Ela volta para o marido e decide reformular a vida. Uma frase do livro: "continuava encontrando homens para fugir da minha família e voltava correndo para ela a fim de fugir dos homens". Vinda de uma família caótica, ela busca por ela, dentro dela própria; ela procura amor, mas só conhece uma forma meio doentia de amar; ela quer a Deus, mas não acredita Nele. Essa busca se passa com cada homem com quem ela faz sexo, a solução de todos os problemas existenciais. No livro são descritas "muitas" das liberações sexuais, algo que mostra o quanto ela quer "amar e ser amada".

O tempo controlado pelo relógio e marcado pelo calendário vem sofrendo a influência da tecnologia de informação, permitindo a possibilidade de uma descontinuidade do tempo, não se podendo falar de concepção linear da história, mas de pontilhada, na qual um ponto parece não se relacionar com outro.

Para os novos sujeitos sociais a questão de tempo e espaço não é mais a mesma da era da pré-modernidade, em que estes andavam sempre de "mãos dadas", sendo dimensões intercambiáveis. A alegoria de "mãos dadas" representa bem a cultura cotidiana da pré-modernidade porque o espaço dos acontecimentos se limitava ao espaço geográfico de convívio das comunidades. Na modernidade, os espaços tornam-se maiores. A alegoria do tempo era de uma visão cíclica, e não linear, da história. Na visão cíclica do tempo tudo se renovava, sendo objeto de diálogo permanente. O caráter permanente era consubstanciado pelas práticas rotinizadas da tradição que constituía a mola propulsora da temporalidade. Prescrevia uma lógica na qual passado, presente e futuro se entrelaçavam numa única expressão temporal, isto é, "crença do eterno retorno", base, como diz Giddens (1938), sociólogo britânico, filósofo social inglês contemporâneo, para a construção de identidade duradoura e das relações sociais (2002, p. 47).

Nas sociedades duradouras o cuidado dos presbíteros católicos se resumia a dar continuidade permanente à reprodução das identidades e relações, sem nunca precisar inovar ou mudar.

O processo de modernização "distanciou" os indivíduos e as comunidades das sociedades tradicionais destas noções estreitas de tempo e espaço eternos e permanentes. A modernização "desencaixou" o indivíduo feudal de sua identidade fixa no tempo e no espaço. As sociedades tradicionais ou pré-modernas são tidas como baseadas sobre relações sociais encaixadas no tempo e espaço. Isto acontecia pela proximidade que as pessoas tinham com a natureza, por causa da sua confiança na agricultura como meio de subsistência, então por isso o senso temporal, geralmente, era baseado nas estações. O tempo para este indivíduo era cíclico (baseado em estações), bem como a noção de espaço era fixa. Cuidar da fé deste indivíduo não era tão difícil, pois o presbítero católico podia contar com alguém que estava localizado numa região geográfica com poucas oportunidades de relacionamentos e informação e com o tempo marcado pelo calendário religioso e as estações climáticas.

Mas o novo presbítero católico se vê hoje diante de um crescimento dos espaços e, consequentemente, de um "encolhimento" do mundo. O "encolhimento" do mundo passa a criar desafios para a formação de comunidades locais e para o sentido de continuidade histórica, algo essencial na organização das religiões até a virada do século XX, sobretudo para o cristianismo, que trabalhou sempre com a construção e estruturação de comunidades locais e "identidades fixas".

Na modernidade, os novos presbíteros católicos se veem diante de espaços que se tornam maiores. Nesses espaços maiores o indivíduo perdeu o contato direto com as fontes de informação cultural, gerando uma sensação de "insegurança", como diz Bauman (2003). Esta insegurança passou a ser inevitável e coloca cada indivíduo diante da necessidade de ter que assumir e aceitar riscos para poder existir em sociedade, como, por exemplo, acessar uma conta bancária (um dos principais sistemas informatizados contemporâneos) para resgatar seu salário. Diante de tal situação, no intuito de oferecer segurança religiosa, muitos presbíteros católicos se veem desafiados a ter atitudes de cuidado mais fundamentalistas e tradicionalistas como forma de oferecer segurança religiosa ao fiel.

Na modernidade, o novo presbítero católico se vê diante daquilo que Giddens (2001) identifica como uma descontinuidade na ordem social quando da passagem da pré-modernidade para a modernidade, caracterizada pelos seguintes fatores: aceleração das mudanças vistas pelos indivíduos, globalização dos fenômenos e não necessidade da explicitação da origem das fontes de informação. Portanto, uma possibilidade de apagamento das origens das fontes das informações. Representante de uma mensagem de cunho imutável e metafísico, a qual deve permanecer no coração dos fiéis, o novo presbítero católico se vê desafiado, em suas ações de cuidado na contemporaneidade. Percebe-se, sobretudo, no meio das classes mais intelectualizadas e da nova geração, que o desafio para o novo presbítero católico é mais complexo. O desafio para o novo presbítero católico ainda aumenta devido a um ataque constante a algumas práticas passadas da Igreja Católica, gerando desconfiança, oposição, pessimismo, resistência ou negação da sua capacidade de fazer o bem e ajudar na orientação da sociedade. Este ranço contra a Igreja Católica é mais perceptível nas classes mais intelectualizadas e nas igrejas de cunho pentecostal. Com isso a nova geração tem, com maior facilidade, descartado a Igreja Católica ou entrado neste rol de críticas e ataques.

Uma das metáforas poderosas para caracterizar a sociedade contemporânea é a noção de compreensão do tempo-espaço, proposta por Harvey (1993),[2] à qual ele se refere da seguinte maneira: "processos que revolucionam as qualidades objetivas do espaço e do tempo a ponto de nos forçarem a alterar, às vezes radicalmente, o modo como representamos o mundo para nós mesmos". São essas alterações que têm gerado novos sujeitos sociais. A superabundância do espaço, a aceleração dos meios de informação e a comunicação têm levado às modificações concretas na paisagem geopolítica do mundo: concentrações urbanas, traslados de populações e multiplicação daquilo que poderíamos chamar de "não-lugares", como diz Marc Augé (1994),[3] por oposição ao conceito sociológico de lugar, associado com o de cultura localizada no tempo e no espaço.

---

[2] David Harvey (1935) é um geógrafo, marxista, britânico que trabalha o conceito de supramodernidade. Para aprofundamentos ver sua obra *Condição pós-moderna*. Edições Loyola, 1993.

[3] Marc Augé (1935) é um etnólogo francês. Para ele o não-lugar é diametralmente oposto ao lar, à residência, ao espaço personalizado. É representado pelos espaços públicos de rápida circulação, aeroportos, rodoviárias, estações de metrô, e pelos meios de transporte, mas também pelas grandes cadeias de hotéis e supermercados. Para aprofundamento confira sua obra *Não-lugares – Introdução a uma antropologia da supermodernidade*, Editora Papirus, 1994.

O novo presbítero católico é chamado a desempenhar seu ministério num espaço compreendido como "não-lugar". Nos espaços "não-lugares", somos apenas mais um. Em oposição aos "não-lugares" estão os espaços e tempos estritamente definidos, permanentes, nos quais a história era mais lenta. Através dos "não-lugares" se descortina um mundo provisório e efêmero, comprometido com o transitório e com a solidão. O cuidado que o novo presbítero católico deve dispensar para com os novos sujeitos marcados pelas transformações da noção de espaço e tempo, vivendo nos "não-lugares", deve ser revestido de outras ferramentas e mística. Além disso, o novo presbítero católico deve sempre ter em mente que suas ações podem ter impactos não só sobre o grupo local, mas sobre uma realidade maior. Pois, pelo impacto da globalização, um acontecimento em um determinado lugar tem impacto imediato sobre as pessoas que estão à grande distância.

O processo da globalização midiática vem proporcionando um afrouxamento das identificações com as religiões tradicionais e um reforço de outros laços e lealdades religiosas. Assim, o novo presbítero católico não está somente diante de um indivíduo ou comunidade que recebe somente suas orientações, mas diante de indivíduos ou comunidades abertas as outras orientações e informações. Através dos meios de comunicação e de informação, muitos outros elementos são corporificados na vida destes indivíduos, construindo novas identidades. Em se tratando da Igreja Católica, quando essas identidades são criadas fora do seu âmbito, na maioria das vezes, trazem a marca da defensiva, da desconfiança, da oposição, da intolerância, do pessimismo, da resistência, da crítica ou da negação de seus princípios e orientações; quando são geradas dentro da Igreja Católica, há uma tendência a trazer a marca do fechamento, do fundamentalismo ou do medo do novo, o que constitui, em qualquer dimensão, um desafio para o cuidado do novo presbítero católico. Segundo Castells (in *O poder da Identidade – A era da informação: economia, sociedade e cultura*, v. 2, 3ª edição, Editora Paz e Terra, 2002), na era informação, as identidades tendem a serem criadas visando o consumismo e em resistência aos modelos tradicionais, o que constitui um desafio para a mudança social. Assim, para o novo presbítero católico o desafio está posto, isto é, o desavio de vencer todas essas barreiras e mostrar as riquezas do Evangelho de Jesus Cristo (Ef 3,7-9), enriquecendo a todos com o conhecimento da fé (1Cor 5).

A compreensão da pessoa humana faz muita diferença para as atitudes de cuidado do novo presbítero católico. Podemos dizer que existem quatro grandes concepções históricas diferentes de indivíduo: a que vem das Religiões, sobretudo as monoteístas, isto é, as reveladas; a que surge com uso da razão, isto é, a concepção iluminista; a que nasce das transformações sociais, isto é, a sociológica; e a que nasce dos avanços do processo de globalização e comunicação, isto é, a pós-moderna. Todas estas concepções estão profundamente influenciadas pelas cosmovisões de cada época.[4]

A concepção de indivíduo que vem da revelação está baseada na manifestação direta da revelação divina. Esta perdurou e ainda perdura em muitas instituições religiosas marcando profundamente a história ocidental da humanidade. Nesta concepção, Deus está na origem da vida humana e de todos os eventos e é causa explicativa de todas as coisas. Deus está tão presente quanto o próprio ar que se respira. Para muitas pessoas de boa-fé, essa concepção é inquestionável e extremamente atraente, pois é uma verdade revelada diretamente e pessoalmente por Deus, inscrita numa tábua de pedra, não permite questionamento. Segundo Bakker (2011, p. 5)"o

---

[4] Hall (2001) resume a concepção de sujeito em iluminista, sociológico e pós--moderno. Stuart Hall (1932) é um teórico cultural jamaicano que trabalha no Reino Unido. Ele contribuiu com obras-chave para os estudos da cultura e dos meios de comunicação, assim como para o debate político. Para aprofundamentos ver sua obra *A identidade cultural na pós-modernidade*. Editora DP&A, 6ª edição, 2001.

esplendor da cristandade medieval é a expressão mais visível desse modo de pensar". É dentro desta visão que muitas instituições religiosas, como o cristianismo e as religiões monoteístas, desenvolveram sua teologia oficial. Assim, toda a concepção da Igreja Católica está baseada num "depósito de fé". Mas ele carrega dentro de si grande vulnerabilidade, por isso, facilmente, sustenta-se sobre um dogmatismo das mais variadas cores. Assumindo que Deus o revelou de uma vez para sempre – as consequências de cuidado, para o presbítero católico, de cada indivíduo se estrutura em velar por este depósito da fé – as verdades são tidas como absolutas, bem como as doutrinas, que, uma vez formuladas, são imutáveis. Tudo o que foge disto deve ser condenado pelo presbítero católico. Em nossos dias, tornou-se difícil imaginar o clima eclesial de inquisição de épocas históricas anteriores.

A partir do século XVI, a concepção de revelação vai sendo substituída pela antropológica, na qual, em vez de Deus, é a própria razão humana que se torna o critério último do pensar e do agir humano. Estas mudanças geraram o indivíduo iluminista. A concepção de indivíduo do iluminismo está baseada numa concepção da pessoa humana como um indivíduo totalmente centrado, unificado, dotado das capacidades de razão, de consciência e de ação, cujo "centro" consiste num núcleo interior, que emerge pela primeira vez quando o sujeito nasce e com ele se desenvolve, ainda que permanecendo essencialmente o mesmo, isto é, contínuo ou "idêntico" a ele ao longo da existência do indivíduo. Psicossocialmente, se o presbítero católico partilha desta concepção de sujeito social, suas atitudes de cuidados tendem a ser direcionadas para ações mais tradicionais, isto é, ações mais sacramentalistas e de doutrinação. O fato de partilhar desta concepção de sujeito social com identidade unificada desde o nascimento até a morte, leva-o a construir uma cômoda história de ação pastoral de manutenção, isto é, com tendência a executar sempre as mesmas narrativas[5] de fé e dos modos de ser cristão, na tentativa de manter o indivíduo dentro de uma visão mais unificada. A marca maior deste modo de cuidado pastoral é representada pelo Concílio de Trento (1545-1563), no qual se acredita no poder da doutrinação. A missão de cuidado dos presbíteros deveria passar pelo ensino obrigatório de um catecismo universal, no qual os cristãos do mundo inteiro estariam protegidos contra tudo o que fosse contrário aos dogmas de fé. Esta cosmovisão desemboca no Concílio Vaticano I (1870), com o dogma da infalibilidade papal.

Embora a Igreja Católica continue firme até hoje em suas convicções de que nenhuma ciência pode contrariar as verdades de fé, os avanços das ciências sociais contribuíram para gerar socialmente uma nova concepção de indivíduo. Assim, temos a concepção de indivíduo sociológico. A concepção de indivíduo sociológico está baseada numa concepção de indivíduo com possibilidade de mudanças e de fazer escolhas subjetivas. Esta concepção reflete a crescente complexidade do mundo moderno e a consciência de que o núcleo interior do sujeito não é autônomo e autossuficiente, mas formado na relação com "outras pessoas importantes para ele", que medeiam para o indivíduo os valores, sentidos e símbolos dos mundos que ele habita. Nesta concepção existe a possibilidade de projeção de "si mesmo", ao mesmo tempo em que internalizamos significados e valores da cultura, tornando-os parte de "si mesmo", havendo possibilidade para alinhar os sentimentos subjetivos com os lugares objetivos que ocupa

---

[5] Segundo Libânio (2011, p. 40): "Questiona-a radicalmente. As grandes narrativas, que vinham de longas tradições, desfazem-se sob o impacto de uma razão céptica, decepcionada e desconfiada. Ultimamente tínhamos vivido narrativas poderosas, como as do nazismo, do fascismo e do comunismo, que conduziram a guerras, a destruições e ao sacrifício de milhões de vidas (...). Entretanto, a identidade se alimenta da tradição, das narrativas. Se elas se perdem, ela padece de anemia por falta de alimento".

no mundo social e cultural. Os presbíteros católicos que partilham desta concepção de sujeito social tendem a direcionar suas ações de cuidado para a promoção de uma diversidade e pluralidade de criação e manutenção de pastorais e movimentos. Tais cuidados têm como meta possibilitar escolhas diversas para que estes indivíduos sociais possam fazer suas escolhas individuais, mas viver a fé dentro da comunidade. Todas as tentativas de cuidado pastoral dos presbíteros que compartilham desta visão, estão marcadas pela hermenêutica teológica, que favoreceu o surgimento das diversas teologias como: latino-americana, africana e asiática, feminista, negra, indígena, política e ecológica, tanto de movimentos, quanto de pastorais.

Mas hoje vivemos diante de uma nova concepção de indivíduo pós-moderno, que é a do indivíduo fragmentado, indivíduo híbrido, isto é, composto não de uma única, mas de várias identidades, algumas vezes contraditórias ou não resolvidas. Isto se dá porque as identidades que compunham as paisagens sociais "lá fora" e que asseguravam a conformidade subjetiva com as "necessidades" objetivas da cultura estão entrando em colapso, como resultado de mudanças estruturais e institucionais. O próprio processo de identificação, através do qual se projeta a identidade cultural, tornou-se mais provisório, variável e problemático. Esse processo tem produzido o indivíduo social pós-moderno, não com uma identidade fixa, essencial ou permanente, mas móvel, isto é, formada e transformada continuamente em relação às formas pelas quais é representado ou interpelado nos sistemas culturais que os rodeiam.

Os novos sujeitos sociais "fragmentados" tendem a usar a fé de modo instrumentalista. Eles podem se apresentar até mais religiosos, mas não querem assumir compromissos com a comunidade, querem ser livres para abastecer a fé quando, onde e do jeito que quiserem. Os presbíteros católicos que estão atentos a esta concepção tendem a ficar atônitos em suas ações de cuidado, pois, ao mesmo tempo em que percebem este modo de compreender o novo sujeito social, eles representam uma religião que se apresenta com capacidade e missão de oferecer a cada indivíduo uma ancoragem estável no mundo social. Mas o desafio está posto, pois de outro lado percebem a possibilidade que os indivíduos sociais têm de assumir identidades diferentes em diferentes momentos, identidades que não são unificadas ao redor de um "eu religioso" coerente, mas de um "eu religioso" contraditório. São indivíduos que não desprezam a fé, mas não apresentam fidelidade religiosa ou comunitária. Assim, as ações de cuidado, por parte dos presbíteros católicos, acabam sendo empurradas em diferentes direções, sendo continuamente deslocadas ou mudadas.

O desafio para as ações do cuidado presbiteral está posto. Resta saber de qual concepção de pessoa humana ele partilha. Pois, enquanto Hall (2001) afirma que a pessoa humana, previamente vivida, como tendo uma identidade unificada e estável, está se tornando fragmentada, sendo composta, não de uma única, mas de várias identidades, algumas vezes contraditórias ou não resolvidas, Castells (in *O poder da Identidade – A era da informação: economia, sociedade e cultura*, v. 2, 3ª edição, Editora Paz e Terra, 2002), contrariamente, percebe o surgimento de uma pessoa humana de resistência (sólida e ideológica) que faz frente à onda de hegemonia cultural que trafega pelas infraestruturas das redes de informação globalizadas. Mas o que realmente está acontecendo, a fragmentação ou a coesão da pessoa humana? Se por um lado há a formação de identidade de resistência, como sugere Castells (2002), que usa das novas tecnologias de informação e da comunicação de forma bidirecional, criando as redes de resistência cultural contemporânea, por outro lado há uma ação comunicativa que desfragmenta as identidades de massa, como sugere Habermas (1983).

Psicossocialmente, aceitar o desafio de um novo sujeito social, agora fragmentado, não coerente em seu "eu religioso", implica em novas atitudes de cuidado para o novo presbítero católico, de modo a estar em um permanente processo de fazer e refazer suas ações de cuidado.

O novo presbítero católico e as mudanças ecológicas

O novo presbítero católico está num mundo em que cresce o grito para o levantamento da bandeira ecológica. Cuidar da terra, da natureza, já passa a ser um modo do novo presbítero católico cuidar do ser humano. Muitos presbíteros que antes cuidavam apenas dos sacramentos, pastorais e movimentos, vemos hoje também cuidando da natureza. Como exemplo dessa nova consciência que vem tomando conta da humanidade, destacamos também a atitude de Dom Demétrio.[6] A consciência ecológica surgiu, sobretudo, a partir da bomba de Hiroshima (1945), uma das maiores tragédias da humanidade. A partir desta data é possível perceber uma nova consciência social, surgindo muitos movimentos sociais e de preservação da natureza humana, tomando consciência de que não são os avanços técnicos que irão salvar a humanidade, mas o cuidado.

A natureza é o maior objeto da ação humana, e as consequências disso vão muito para além da proximidade espacial e temporal. Além disso, há o risco da irreversibilidade das consequências ou, pelo menos, o risco de efeito cumulativo. O avanço contínuo e veloz da ciência e tecnologia vem gerando mudanças permanentes das condições de ser, agir, estar e pensar a vida humana, consequentemente, convidando a um permanente processo de avaliação e reavaliação. Tal processo, muitas vezes acaba até inviabilizando, destruindo e descartando as experiências e conhecimentos anteriores, bem como destruindo o habitat humano. Assim, torna-se necessário que os novos presbíteros católicos ajudem a humanidade a ser guiada por "uma

---

[6] Dom Luiz Demétrio Valentini (1940) é um bispo católico brasileiro, Bispo de Jales; participou da Comissão Episcopal de Pastoral da CNBB como responsável pelo Setor Pastoral Social; participou da Quarta Conferência Geral do Episcopado Latino-Americano em Santo Domingo na República Dominicana, em 1992, onde coordenou a Comissão de Ecologia.

ética do cuidado orientada para o futuro", garantindo que haja "os homens no futuro".

Os novos presbíteros católicos estão sendo chamados a constatar que estão diante das chagas ecológicas estampadas por toda parte e dos próprios seres humanos deformados pela miséria e exclusão. No passado, parece que não se levou em consideração a vulnerabilidade dos equilíbrios vitais dos ecossistemas.[7] Nesse sentido crescem as situações em que os seres vivos e o próprio ser humano se encontram fragilizados e ameaçados em sua sobrevivência e desenvolvimento. A degradação do ambiente natural e social fragiliza e ameaça o próprio ser humano.

---

[7] Na modernidade, a partir dos séculos XVI-XVII, assistimos ao nascimento da ciência moderna. A partir deste marco a ciência, que era "desinteressada e ociosa", devia desembocar-se na prática, pois o critério do saber tornava-se por si só operativo. Seguiu-se o século das luzes, ou período do iluminismo, deu-se a emancipação da ciência e um novo aprendizado do universo. O caminho descoberto e seguido foi o de que a humanidade não precisava mais de tutores para pensar, pois todo o pensamento humano partia da dúvida para buscar a razão que os explicasse (dúvida metódica). Com este novo modo de pensar, o conhecimento começa a democratizar-se e as enciclopédias passam a servir de documentos para organizar as últimas descobertas. Os pensadores do século XVIII insurgiam-se contra as "trevas" da ignorância, da superstição e do despotismo. No plano político, defendiam-se as liberdades individuais e os direitos do cidadão contra o autoritarismo e abuso de poder. Com tantas descobertas científicas nas áreas da física, matemática e química, foi possível acontecer a Revolução Industrial (na Inglaterra, século XIX). Iniciou-se então o exercício pleno da autonomia científica e o grande reinado das máquinas. A indústria moderna concentrou e multiplicou os meios de produção para acelerar o rendimento e movimentar as máquinas, que substituíram a força muscular. Surgiram, simultaneamente, novas questões resultantes do crescimento industrial, relacionadas com o impacto ambiental (poluição, exploração das fontes energéticas, criação de extensas áreas agrícolas, crescente urbanização, entre outras) e com o impacto social (exploração do proletariado, crescimento das cidades, acumulação populacional nos subúrbios das urbes, aumento das desigualdades sociais, novos problemas de saúde pública, entre outros). Os presbíteros católicos neste contexto parecem que não conseguiram pensar além da salvação da alma do ser humano. Assim, em suas atitudes de cuidado percebe-se esse limite.

Os desafios e problemas que o planeta atualmente enfrenta em todos os seus sistemas ecológicos e na sociedade humana em particular exigem dos novos presbíteros católicos uma solução na linha do cuidado, pois a única atitude condizente diante de seres vivos vulneráveis e interdependentes, sejam eles humanos ou não, é o cuidado. O cuidado serve de crítica à nossa civilização agonizante e também de princípio inspirador de um novo paradigma de conviviabilidade. Diante das realidades vulneráveis, faz-se necessário despertar as consciências para a prática do cuidado. Isso exigirá uma conversão ética das atitudes e uma conversão espiritual do coração na linha do cuidado.

A perspectiva do cuidado poderia ser denominada de "paradigma ecológico", isto é, um sistema que parte da vulnerabilidade, fragilidade do ser humano e da sua situação interrelacional, interdependente. Tal paradigma assume o próprio ambiente natural como frágil e formado de um ecossistema de relações, considera as realidades interligadas: o mundo humano e especialmente o planeta Terra não terão solução sem uma mudança no modo dos humanos se relacionarem com os seus semelhantes e com a natureza. Para que o novo presbítero católico possa atuar mais eficazmente neste meio, faz-se necessário uma nova consciência presbiteral. Somente com a abertura e tomada de consciência desta complexidade da mudança de paradigma, algo que afeta a construção e estruturação da identidade e espiritualidade do presbítero católico, cuidando também agora do planeta Terra, é que se é possível ter presbíteros católicos que desenvolvam atitudes de cuidado mais eficazes nesta questão.

Assim, para os novos presbíteros católicos, a vida que pulsa em todos os seres vivos deve ser compreendida como essencialmente uma realidade vulnerável e dependente de vários elementos interligados. A partir desta nova consciência, através de suas ações de cuidado, devem ajudar a humanidade a compreender que o equilíbrio vital dos ecossistemas e os próprios seres vivos que os compõem são interligados e frágeis. Por isso, o modo de intervir nos sistemas vitais e de tratar os seres vivos, deve ser regido pelo cuidado e não pela força e manipulação. Portanto, vulnerabilidade e interdependência constituem os pressupostos antropológicos do paradigma ético do cuidado. A solução é voltar a maravilhar-se diante do milagre da vida e solidarizar-se com os humanos fragilizados e excluídos do sistema, desenvolvendo a prática do cuidado.

Os novos presbíteros católicos são chamados a entender que a degradação do meio ambiente são sintomas de desequilíbrios mais sérios. Se o cuidado dos presbíteros católicos no passado se resumia nas ações pastorais e sacramentais em vista da salvação da "alma humana", agora se percebe que o descuido da ecologia vem afetando as relações sociais e a permanência da vida humana sobre a terra, sendo o planeta Terra que está gritando por salvação.[8] Assim, as preocupações ecológicas devem começar a fazer parte da agenda dos novos presbíteros católicos.

Muitas questões sociais e espirituais não são resolvidas com "romantismos espirituais", mas com luta e formação de novas consciências. Diante disso, o novo presbítero católico, vê-se desafiado a promover ações mais eficazes no sentido de resgate do que se perdeu e da conquista de novos caminhos em termos de promoção da vida. É preciso, também, que esteja atento para ouvir os gritos dos seres humanos ameaçados pelo biopoder. Segundo Moser (in Trasferetti & Zacharias, 2010, p. 262): "A questão ecológica é plural, envolvendo economia, política, sociedade, religião, concepções antropológicas e éticas".

Com os avanços tecnológicos parece que ninguém mais quer pedir as bênçãos da Igreja Católica, crescendo a conclusão de que

---

[8] Numa perspectiva histórica, na pré-modernidade, a civilização e a intervenção na natureza caminhavam juntas. Contudo, não obstante a sua "ilimitada capacidade de invenção", o homem não causava dano algum quando se "atrevia em investidas nos reinos maiores do mar, céu e terra". A natureza mantinha-se intacta. O longo curso das consequências devia-se à causalidade, ao destino ou à providência divina.

"para o ser humano nada mais é impossível". Cabe aos novos presbíteros católicos, como cuidadores da vida humana, terem uma postura, não simplesmente antropocêntrica, segundo a qual, tudo o que existe só existe para ser usufruído pelos seres humanos, nem teocêntrica, na qual tudo está direcionado por um poder transcendental, mas de ajudar a humanidade, como diz Moser: a "administrar com sabedoria" (in Trasferetti & Zacharias, 2010, p. 264).

A formação teológica do novo presbítero católico deve ser de tal forma que possa ajudá-lo a resgatar a consciência de que o mundo é criação de Deus. Tal teologia, acolhendo o paradigma ecológico, deve favorecer o novo presbítero católico a ter uma atitude de cuidado que seja apelo de responsabilidade pela vida humana e de transcendência que leve a Deus. Tal consciência é que o faz sensíveis ao que está à sua volta. O paradigma ecológico exige uma ética do cuidado com o planeta Terra. É este cuidado que os une às coisas e os envolve com as pessoas e o planeta, produzindo encantamento face à grandeza dos céus, suscitando veneração diante da complexidade da mãe-terra e alimentando enternecimento face à fragilidade de um recém-nascido. Pelo cuidado o novo presbítero católico se liga e se religa ao mundo afetivamente, podendo mais facilmente ajudar os fiéis a fazer isto, responsabilizando-se, assim, pela vida como um todo. A mística do cuidado do mundo leva todos a ter uma visão de que estamos no mundo, "jardim criado por Deus", "casa de todos nós", para que dele cuidemos e possamos render graças ao criador e dar contas no dia do Juízo. Segundo a doutrina cristã, toda falta de cuidado é considerada pecado. A falta de cuidado para com a natureza, desta forma, é um pecado de que, no dia do juízo final, devemos prestar contas.[9]

---

[9] Para Habermas, "Deste modo, a consciência cristã do pecado e a necessidade protestante da graça constituem o verdadeiro aguilhão para a conversão a uma vida que adquire forma e coesão em vista da justificação de uma existência singular, a qual é apreciada na perspectiva do juízo final" (2002b, p. 199-200).

O cuidado, numa dimensão de relação com a natureza, pressupõe uma concepção do homem reconciliada com a ciência biológica contemporânea. Hans Jonas (2006), um dos grandes filósofos alemães da modernidade (1903-1993), sustenta que a sobrevivência humana depende de nossos esforços para cuidar de nosso planeta e seu futuro. Ele formulou um novo e característico princípio moral supremo: "Atuar de forma que os efeitos de suas ações sejam compatíveis com a permanência de uma vida humana genuína".[10]

Estas questões ecológicas não eram prementes aos presbíteros católicos do passado. A partir de uma visão psicossocial, de que o presbítero católico é um indivíduo social e goza de uma grande representatividade na sociedade, as questões de cuidado da natureza devem começar a fazer parte de sua agenda de atuação.

Concluindo, a mística do cuidado para com a natureza vem requerendo mudanças na identidade e espiritualidade dos novos presbíteros católicos, levando-os a pautarem suas ações de cuidado seguindo novos paradigmas, o paradigma ecológico. Eles estão sendo convocados para responder às solicitações da natureza, que começou a se esgotar progressivamente, constituindo-se o século XX como o auge de sua destruição.

---

[10] Quando olhamos para a história da humanidade é possível perceber que, até a época medieval, a natureza afigurou-se como duradoura e permanente, sofrendo ciclos e alterações, mas era sempre capaz de recuperar-se sem dificuldade, inclusive das pequenas agressões que o homem lhe causava com as suas localizadas intervenções. Esta concepção mudou radicalmente com a ciência moderna e a técnica dela derivada. O homem passou a constituir-se, de fato, uma ameaça para a continuidade da vida na terra, levando-a, não só à possibilidade de acabar com a sua existência, como também a alterar a essência do homem e desfigurá-la mediante diversas manipulações. Segundo Hans Jonas (2006), tudo isto representa uma mutação tal no campo da ação humana que nenhuma ética anterior se encontra à altura dos desafios do presente. Torna-se necessária uma nova ética, isto é, "uma ética orientada para o futuro" e que deve reger precisamente os "homens de hoje", garantindo que haja "os homens do futuro".

O novo presbítero católico
e os meios de comunicação social e informação

O presbítero católico é o homem de Deus que deve estar no meio do povo: nas paróquias, nas pastorais, nos seminários, nos hospitais, nas escolas e faculdades, nos meios de comunicação social, nas comunidades inseridas e entre os mais pobres e marginalizados... Sua presença é um sinal de que o Reino de Deus existe entre nós e continua cuidando do seu povo.

Assistimos na modernidade, mais do que nunca, à substituição de valores tradicionais pelas novas formas de ver e viver a vida. Muitos valores novos vêm contaminados pelo consumo, os quais atingem o comportamento social do rebanho do Senhor. Antes, os valores tradicionais influenciavam o comportamento social, e este, por sua vez, determinava as formas de vida. No presente, com a penetração dos meios de comunicação social e de informação, são os novos valores vindos da sociedade secularizada que vêm definindo o comportamento social.[11] A Igreja pode dizer que é o relativismo ético, pseudovalores, mas, na verdade, é uma nova forma de compreender e viver a vida com outras instâncias de produção de sentido.

Um dado desafiador no trabalho dos novos presbíteros católicos é a questão da interface entre o teórico e o cotidiano e entre o bem e o mal, entre aquilo que, como diz Bourdieu (1992), está sendo simbólico para os seres humanos e aquilo que as institui-

---

[11] Dizer que a sociedade secularizada é uma sociedade que tende a ser menos ética é o mesmo que igualar Deus à moral, à lei, à ética, fato difícil e complicado sócio-historicamente, pois, muitas vezes, existem até contradições. Isto é, às vezes, se percebe na sociedade secularizada, ou nas sociedades que não conheceram o Deus Cristão, valores éticos nunca vistos ou vividos com tal profundidade que encanta a todos, já em outras sociedades marcadas pela crença cristã, desrespeito, abusos ou absurdos éticos que assustam a muitos. Assim, psicossocialmente, ter ou não ter Deus não deve ser tomado como único critério para um agir ético.

ções apresentam como sendo simbólicos. Como grande instrumento de trabalho com o simbólico, temos os meios de comunicação. Segundo Bourdieu[12] (1997, p. 25): "a relação social que se cria a partir dos meios de comunicação possibilita exatamente essa vinculação a um espaço público de símbolos". Percebe-se nas pessoas uma facilidade maior em ouvir coisas mais próximas do cotidiano ou coisas mais polarizadas do que ouvir coisas mais abstratas, havendo uma personalização do conteúdo, ou seja, o uso de exemplos e situações próximas ao cotidiano e não de discursos abstratos.

Trabalhar a mística do cuidado na modernidade, a partir dos meios de comunicação, se tornou um grande desafio para o novo presbítero católico. Psicossocialmente, percebe-se que existe uma projeção maior do sagrado na modernidade, isto é, um despertar maior do sentimento religioso. A religião que antes estava escondida, como diz Bourdieu (1997), veio à tona pelos meios de comunicação. Hoje, se ligarmos a TV em qualquer horário, vamos encontrar, em algum canal, alguém falando de Deus. Este fato tem trazido mais facilmente para a vida das pessoas o "simbólico" da religião. Tal questão vem mudando o perfil religioso, o modo de se viver a fé e de compreender a paróquia,[13] base sobre a qual estava

---

[12] Pierre Félix Bourdieu (1930-2002) foi um importante sociólogo francês. Para aprofundamento confira suas obras *Sobre a televisão*, Editora Jorge Zahar, 1997, e *A economia das trocas simbólicas*, Editora Perspectiva, 1992.

[13] Diante dos meios de comunicação social a noção de paróquia parece só continuar existindo para os presbíteros católicos e bispos, mas os fiéis não partilham mais da noção de paróquia como uma circunscrição geográfica. Hoje se fala da revitalização das paróquias. Penso que o cuidado paroquial dos presbíteros católicos deveria ser direcionado no sentido de revitalizar a paróquia através das redes de comunidade, da organização dos conselhos comunitário, dos conselhos de pastoral e conselho econômico. Os leigos que temos hoje estão bem qualificados e podem contribuir muito com o avanço da organização paroquial. O que deve ser vencido é a dificuldade dos presbíteros católicos trabalharem em

ancorada a construção e estruturação da identidade e espiritualidade presbiteral.[14]

Vivemos hoje num espaço acústico, no qual os meios de comunicação conduziram a humanidade a um novo espaço cultural, isto é, rádio, TV, revistas, jornais, internet e telefone passaram a ser os principais meios de divulgação e penetração, vinculando notícias e ideias capazes de provocar mudanças de comportamento. A representação dos bens simbólicos religiosos está muito presente, na atualidade, nesses meios de comunicação social. E é bom ter presente que, se alguma coisa serve de referência para nós, ela pode influenciar nosso comportamento para a mudança. A entrada da religião nos meios de comunicação social facilitou sua legitimação, e junto com sua legitimação, a legitimação da maioria dos produtos aí veiculados.

Uma das dificuldades para a religião católica é que os presbíteros católicos que foram para a mídia têm quase que o mesmo perfil e não representam o catolicismo de uma maneira mais global, nem uma nova postura religiosa. Além do mais, as mensagens e programas

---

conjunto. A paróquia deve ser o lugar de se viver a Eucaristia e a Palavra de Deus, o lugar de se viver em comunidade.

[14] Vemos hoje, com a facilidade dos meios de transporte, os fiéis se deslocando de acordo com as amizades, identificação ou simpatia com o presbítero católico ou a mística da comunidade. Além do mais, muitos são fiéis de mídia, ajudam os meios de comunicação e fazem suas doações pelo banco ou outros meios para essas emissoras. Os centros de peregrinação, os santuários vêm se tornando lugares mais fáceis de se viver a fé sem ser notado ou percebido; eles se tornam um lugar mais impessoal de viver a fé de modo individual. Assim, uma vez por ano eles visitam esses santuários, fazem sua confissão e doação e participam da Eucaristia. O resto do ano eles podem até diariamente ligar a TV e participar de um desses momentos religiosos e fazer alguma doação. As transmissões podem ser locais, estaduais, nacionais ou internacionais. Basta o fiel se identificar com essas transmissões ou programas, e ele se torna logo um fiel participante e contribuinte desse meio de transmissão ou desse programa, deixando de ajudar a paróquia local. Até mesmo a bênção dos objetos, benção da saúde, missas etc. já é possível ter em casa pelos meios de comunicação, não necessitando que ela vá fisicamente até ao presbítero de sua paróquia.

veiculados são mais tradicionais, tendo um cunho sacramentalista, ficando de lado a pregação. A dimensão sacramental deveria ser mais valorizada nas comunidades paroquiais, e os meios de comunicação social e informação deveriam favorecer mais a pregação.[15]

Dar novo sentido às ações pastorais e espirituais que o presbítero católico vinha desempenhando ao longo da história da Igreja Católica é, para os novos presbíteros católicos, no mundo da comunicação e informação, um novo espaço aberto, exigindo novos paradigmas de compreensão de paróquia, de sacramentos, do Evangelho de Cristo, de vivência da fé, algo que exige discernimento à luz do Espírito de Deus.

O novo presbítero católico e a geração Net

Psicossocialmente, algo que chama nossa atenção é que nunca antes na história da humanidade uma geração sucessora apresentou mais conhecimento que a antecessora como aparece agora. A nova geração parece possuir mais informação e capacidade de inovar do que a antecessora. A vida digital veio para transformar todos os aspectos de cotidiano na vida da comunidade, tais como: velocidade

---

[15] No Brasil, com um modo diferente de atuar na comunicação, temos o Padre Léo, que se destacou pela pregação. Padre Tarcísio Gonçalves Pereira, conhecido como Padre Léo, nasceu a 09 de outubro de 1961, no bairro de Biguá, município de Delfim Moreira (MG). Em janeiro de 1982, ingressou no Seminário do Sagrado Coração de Jesus Dehoniano, em Lavras (MG). Ordenou-se presbítero em dezembro de 1990, na Paróquia Nossa Senhora da Soledade, em Itajubá (MG). Desde jovem ele se destacou na liderança na Igreja. Antes de entrar no Seminário, foi animador na Pastoral da Juventude, depois, já religioso, assessor diocesano da Renovação Carismática Católica (RCC), em Pindamonhangaba (SP). Como presbítero, assessorou a juventude da RCC na região Sul do Brasil e foi orientador espiritual da RCC na Arquidiocese de Florianópolis. Ele se destacou pelas suas pregações.

e leveza com que se transmite informação e conteúdo; gosto pela novidade; busca de divertimento e felicidade vinte e quatro horas por dia; não existência de separação entre trabalho e lazer, entre religião e prazer; desconfiança das autoridades e instituições. A nova geração trabalha com a mística da inclusão, é extremamente ávida de liberdade, mas fechada em seus relacionamentos e posições; tem identidade diversificada, uma digital e outra real; nas celebrações religiosas quer participar e não apenas ficar passiva.

Todas essas mudanças têm como grande propulsora a internet, considerada uma das maiores novidades da contemporaneidade. A internet é, entre outras coisas, um espaço que propicia a troca de ideias e oportuniza encontros entre pessoas. Nesse espaço, criam-se sites e comunidades de diversos tipos, nos quais as pessoas com algo em comum podem compartilhar vivências e participar de uma vida social na forma de comunidades virtuais. Neste contexto, a internet está criando nova forma de aprender, de pensar e de construir relações humanas, a qual não deixa de influenciar o comportamento religioso. São redes sociais de relacionamento tais como YouTube, Facebook, Orkut, Myspace e Twitter.

Em meio à grande diversidade de temas que funcionam como catalisadores do relacionamento e convívio virtual, podemos encontrar também as diversas expressões religiosas. No imaginário popular, a religiosidade está ligada ao que é antigo, ao tradicional, enquanto que, de modo aparentemente contraditório, as redes sociais de relacionamento são concebidas como um dos maiores símbolos de modernidade. O que não é contraditório é que os indivíduos de hoje não separam mais a dimensão religiosa do hedonismo, do trabalho e dos contatos diários. Nas redes sociais de comunicação, eles buscam também o religioso, e da mesma forma que encontram todas as informações e contatos em qualquer lugar e hora, assim também querem encontrar a religião em qualquer lugar e em qualquer hora, ou na hora que sentirem necessidade. No mundo digital da net, em qualquer lugar e hora, se pode fazer o que se quer. Assim se busca fazer isto no campo religioso, como fazer uma prece, acender uma vela virtual, ler a programação religiosa da Igreja, fazer uma novena, ouvir uma reflexão ou mensagem, saber dos últimos acontecimentos e, de modo um pouco complexo, encontrar Deus, sentido e rumo para a vida etc. Tudo deve estar disponível nas redes sociais.

As redes sociais de relacionamento são um campo extremamente propício à divulgação e encontro entre pessoas e vem se tornando também um lugar do encontro religioso. O encontro, o relacionamento e as informações são características muito oportunas às práticas religiosas, pois reúnem condições que favorecem os objetivos das instituições que pretendem agregar adeptos, reunindo pessoas em torno da pregação de seus valores e preceitos.

O mundo digital da net é o mundo da velocidade. A agilidade desses meios encerra um grande potencial para a evangelização. Além de transpor o limite físico-geográfico, a internet facilita a reunião de pessoas com interesses em comum, ainda que de forma virtual. Assim, representantes e fiéis das mais diversas religiões vêm usando a internet e criando no seu espaço estes pontos de encontro.

Cristãos de diversas linhas, judeus, muçulmanos, budistas, umbandistas já criaram suas comunidades ou sites, nos quais podem transmitir seus ensinamentos e promover o engajamento das pessoas.Como o Brasil é um país majoritariamente cristão, obviamente a cultura religiosa brasileira na net está centrada no cristianismo. No entanto, a presença evangélica é maior que a católica, uma vez que a primeira parece ter uma maior aceitação frente à tecnologia do que a segunda. Há também muitas comunidades de cunho religioso no Orkut. Lá se encontram comunidades ligadas a religiões (todas elas), bem como ateístas, ou outras sobre este assunto, mas sem ligação com uma crença em específico. Estas comunidades refletem o comportamento observado neste site de relacionamentos como um todo. Elas se propõem a reunir pessoas envolvidas ou interessadas nas questões religiosas. Realizam debates sobre seus princípios, sobre dúvidas a respeito de condutas adequadas ou inadequadas frente a eles, divulgam eventos e, pelo menos em comunidades cristãs, há o pedido de orações por parte daqueles que passam por algum tipo de sofrimento.

Nos sites religiosos, de modo geral, há certo controle institucional, seja por parte das próprias instituições religiosas, seja pelos moderadores destes sites, que acabam por estimular uma convivência mais pacífica entre seus membros. De modo semelhante ao que observamos em outras áreas da vida humana, a internet parece reproduzir, no virtual, as mesmas formas de comportamentos expressivos da religiosidade já observados na vida "presencial", ou seja, a pregação, os debates e as reações estão presentes na internet do mesmo modo que ocorrem fora dela.

O novo presbítero católico não se dirige hoje às mesmas pessoas do passado, mas a uma nova geração, uma geração mudada radicalmente. As instituições religiosas formaram e organizaram seus conteúdos, valores e doutrinas para uma realidade que não é a mesma na atualidade. Da mesma forma que houve mudança na sociedade deve haver mudanças na catequese e no modo de evangelizar os novos sujeitos sociais. A geração atual, conhecida como geração net, ou conforme diz Don Tapscott,[16] de nativos digitais e emigrantes digitais, é uma geração liberal e disposta a tirar suas conclusões por si mesmas e após ter feito a experiência. Tal geração desconfia da au-

---

[16] Don Tapscott (1947), canadense, é reconhecido como um dos maiores pensadores na questão da geração net, tanto os nativos digitais quanto os emigrantes digitais. Ele é empresário, escritor e consultor. Para ele as pessoas nascidas nas últimas décadas cresceram já num mundo dominado pela tecnologia, são os nativos digitais, chamados de geração Y, geração inteligente, que serão 80% da população economicamente ativa até 2020. Geração Y é muito usado hoje para conceituar a geração com idade abaixo de 34 anos que tem como características o fato de lidarem bem com a tecnologia e a diversidade. Para esclarecimentos ver seu livro *A hora da geração digital*, Editora Agir, 2010.

toridade e exige transparência e autenticidade, fugindo da farsa. Ela confia no seu parecer e tem dificuldades em se submeter à hierarquia, não acreditando na autoridade pela autoridade. É uma geração consumista. Tudo isto é transportado para as instituições religiosas e seus representantes e para as buscas espirituais.

A geração net valoriza a liberdade, e a liberdade de escolha. Ela leva muita a marca dos adolescentes. É como se disséssemos que ela vive uma "grande adolescência", ouvindo somente o que lhe convém, é de seu interesse ou traz alguma vantagem. Ela quer as coisas personalizadas para que sinta como sua. Ela aprecia mais uma conversa do que uma preleção, palestra ou conferência, pois quer colaborar e não ser mero espectador ou ouvinte. Ela é analista e crítica daqueles que estão desempenhando qualquer função, organizando qualquer atividade, daqueles que estão à frente de qualquer instituição. Assim, aqueles que estão à frente são analisados e criticados a todo tempo. Daqueles que estão à frente, essa geração net quer a integridade, a autenticidade, a inovação, a qualificação, a capacidade e a paixão, caso contrário, são desacreditados rapidamente.

A geração net quer se divertir, mesmo que seja no trabalho ou no espaço religioso. A regra de que "tem hora para tudo" não serve para ela. Ser rápido é normal para ela, pois não suporta a lentidão. A inovação faz parte de sua vida. O sacrifício só tem sentido se for em vista de um prazer maior e não mais da "salvação da alma", pois o futuro e a outra vida parecem ficar muito longe para poderem ser pensados e merecer dedicação e esforço.

Esta geração precisa de pessoas que a ajude a sistematizar e organizar o conteúdo da mensagem cristã, da palavra de Deus e da moral. O desafio para o novo presbítero católico trabalhar com este grupo é ser capaz de transformar o antigo em novo, mostrando que a tradição faz sentido na modernidade.

A geração net é uma geração que convive muito bem com o plural, aceita a diversidade como algo natural, por exemplo o casamento homossexual, mas tende a descartar as gerações anteriores. Na questão religiosa, a geração net tem dificuldade em fazer novenas, pois implica em muitos dias a esperar, e ela não tem muita paciência. Tudo para ela tem que ser rápido, veloz e instantâneo. O novo presbítero católico, ao cuidar religiosamente desta geração, deve saber retomar a tradição, retomando-a com criatividade e inovação, bem como envolvê-la em políticas de inclusão dos mais idosos e excluídos no mundo moderno.

Algo a ser levado em conta, pelos novos presbíteros católicos no cuidado dos nativos digitais e dos emigrantes digitais, é a necessidade de um ambiente personalizado. Esses grupos aceitam mais facilmente os líderes religiosos que se apresentam com capacidade de decodificar a informação religiosa, de oferecer um espírito crítico, ajudando-os a separar o joio do trigo, inovando sempre. Esta geração, na questão religiosa, representa o fim da "religião clássica", ou da religião metafísica, ou do modo clássico de evangelizar, e quando buscam o modo clássico ou tradicional parecem apenas querer segurança, ou por achar que é algo personalizado para eles, ou representar uma novidade ou uma inovação. O papel do novo presbítero católico para os nativos digitais, a geração Y, é ajudá-los a encontrar o Cristo, resgatando a tradição, mas de forma que pareça criativa, inovadora e personalizada. Além do mais, tudo requer o prazer e o hedonismo. Não existe muito espaço para uma religião somente passiva, sem prazer e do sacrifício pelo sacrifício. A geração net é menos tímida nas celebrações religiosas em comparação com as gerações anteriores e quer sempre interagir nas celebrações para as sentirem como suas.

A geração net é uma geração que vive conectada nas redes sociais de relacionamento e informação. Ela está sempre em interação em todo lugar e a toda hora. Até mesmo dentro da Igreja está conectada, enviando e recebendo informações. É uma geração que consegue fazer duas ou mais coisas ao mesmo tempo, uma geração "multitarefas".

Para o novo presbítero católico, poder cuidar desta geração implica em não ficar somente circunscrito nos âmbitos físicos da Igreja ou da paróquia, nem usar uma linguagem linear, nem unidirecional, nem sequencial, nem impor a mensagem do Evangelho de Cristo como se fosse um pacote fechado que deve ser aceito passivamente pelo fiel sem questionamento racional, bastando decodificar o que é afirmado. Ele precisa abrir-se para o aspecto interativo e comunicativo da mensagem cristã através dos meios de comunicação e informação social. A interação é um modo de não estar só, de estar protegido e em união com o religioso. Assim a religião está onde essa geração está, e a qualquer hora. É a mobilidade da fé.

Na contemporaneidade, atento aos novos paradigmas da geração net, fazendo uso das tecnologias da rádio, TV, site da paróquia, fugindo à concepção de ser humano como passivo e totalmente dependente da revelação divina e fundamentado no Concílio Vaticano II, que valoriza os aspectos circulares e a interatividade, o novo presbítero católico deve colocar a palavra de Deus como um ponto de referência no diálogo amoroso com Deus. Isto ele deve fazer guiado pelo Espírito de Deus, que o leva a "conseguir uma compreensão cada dia mais profunda da Sagrada Escritura" (*Dei Verbum*, 23), criando, assim, possibilidades para que a religião possa estar presente na vida desta geração. Desta forma, a mensagem do Evangelho de Cristo não é imposta pela força da autoridade do novo presbítero católico, mas, num processo de interatividade na comunicação,[17] proporcionando

---

[17] Aqui vale ler a teoria de Habermas sobre a Ação Comunicativa. Para aprofundamento da Ação Comunicativa aplicada à identidade e à espiritualidade presbiteral, vide em Santos (2010) os itens: "Metamorfose e o processo de individualização do presbítero" (p. 224-233), "O novo paradigma da modernidade e a identidade presbiteral" (p. 258-262), "O presbítero e a tolerância religiosa" (p. 279-287) e "Por uma teoria de sociedade na contemporaneidade com possibilidade de abertura para novas representações da identidade presbiteral" (p. 383-393). Este modo de ver coloca o indivíduo numa posição de diálogo, de alguém que, vivendo numa sociedade democrática, pode falar,

um espaço para que esse fiel possa criticar, refutar e discernir a mensagem a ele comunicada. Esse é um processo que valoriza a autonomia, a liberdade e a subjetividade humana, convidando a todos a se enriquecerem no diálogo com o criador. Ao nosso ver, tal processo se apresenta, para o novo presbítero católico, como possibilidades de produzir mais frutos.

Outro desafio para o novo presbítero católico, ao cuidar da geração net, é que esta geração é extremante arrogante. Ajudar a valorizar a interação, sobretudo com as gerações anteriores, é um grande desafio para os novos presbíteros católicos; bem como aceitar também os caminhos trilhados pela tradição da Igreja, as orientações, valores morais e doutrinais e seus dirigentes. Tudo é enfrentado por essa geração com a "arrogância" de que eles são melhores e mais capazes. Seu jeito de aprender não é linear nem sequencial. Assim, uma catequese linear, sequencial e fechada pode não estar falando mais nada para esta geração.

A geração net leva um grande espírito de descoberta, mas uma descoberta interativa, criativa e lúdica. O presbítero católico ideal

---

posicionar-se, manifestar sua opinião, o que permite um possível consenso. A ação comunicativa de Habermas visa a permitir ao sujeito capacitar-se para ser questionado a respeito de suas posições, a defender suas falas e ações em termos do verdadeiro, suas afirmações sobre o mundo objetivo, a veracidade das expressões que dizem respeito a seu mundo íntimo e da legitimidade, em termos de retidão normativa, de suas ações e de suas falas. Habermas propõe um modelo ideal de ação comunicativa, em que as pessoas interagem e, através da utilização da linguagem, organizam-se socialmente, buscando o consenso de uma forma livre de toda a coação externa e interna. Desta estrutura dialética da fala se origina um espaço público, que confere ao mundo da vida intersubjetivamente partilhado uma "existência social" efetiva. A ação comunicativa, aplicada à identidade e à espiritualidade presbiteral, constitui um avanço considerável às teorias clássicas para os avanços no cuidado pastoral do novo presbítero católico; fugindo à ideia de sociedade como "algo natural", sendo vontade de Deus, ficam limitadas as possibilidades de metamorfoses e emancipação para qualquer sociedade, instituição, grupo ou indivíduo que se insira nesta cosmovisão.

para esta geração é aquele que transmite paixão, entusiasmo, criatividade, inovação, abertura, levando-a a colocar a mão na massa e não simplesmente a ficar na teoria. Para esta geração, o bom presbítero católico é aquele que tem emoção e vive com entusiasmo seu ministério, e não o que simplesmente é presbítero católico por ser. Quando falta a emoção na vida presbiteral é porque algo está morrendo. Aquele que é presbítero católico sem emoção não os atrai.

Algo que também faz diferença para a geração net é que o novo presbítero católico deve viver o que ensina, ser capaz de incentivar, ter liderança e manter a ordem, sabendo impor limites, cobrar resultados, desafiar a vivência da fé, propor coisas novas e exigir esforço, estar aberto a aprender e acolher sugestões, preocupar-se com o povo, trabalhar de forma personalizada, ser capaz de explicar até que todos possam compreender, isto é, falar sua linguagem, usar uma metodologia coletiva, ser capaz de colocar enfoque não no conteúdo, mas na pessoa, ser capaz de conhecer, fazer, conviver e ser. Este é o presbítero católico que tem mais probabilidade de ser ouvido. Caso contrário, a geração net não faz violência, é cordial com aquilo que não concorda, mas ignora.

Cuidar desta geração net, evangelizando-a, implica estar atento ao que são valores para ela. Para a geração net valores são: independência, abertura, inclusão, conhecimento, atualização, personalização, liberdade, instantâneidade, imediatabilidade, segurança, inovação, projeção e novidade. Como, por si mesmo, o presbítero católico já se apresenta como uma pessoa séria e "sisuda", a geração net tem dificuldade em aceitá-lo, e quando o aceita parece fazê-lo não porque acredita em suas propostas, mas porque se identifica com ele. Mas tão logo perca o encanto ou a admiração, ou não se veja representado em suas propostas, a tendência é abandoná-lo, abandonando até mesmo a fé, ficando cética ou buscando outras pessoas ou presbíteros católicos ou religião para se identificar. Assim, cuidar desta geração implica, para o novo presbítero católico, muito discernimento à luz do Espírito de Deus.

O novo presbítero católico
e as transformações comportamentais

Psicossocialmente, toda a mudança social tende a mudar o comportamento das pessoas. Torna-se visível que a busca da fé hoje está deixando de ser vivida nas comunidades paroquiais para ser vivida em grandes ou megas comunidades, ou comunidades midiáticas. Assim, vemos surgir "novos comportamentos religiosos" com ênfase na aceitação das diferenças, com ânsias de celebrações religiosas mais envolventes e excitantes, apoio às manifestações religiosas midiáticas, ou com certo indiferentismo religioso. Assim, cresce o desafio do cuidado para o novo presbítero católico. Numa pequena lista, Transferetti[18] e Lima[19] (in Trasferetti & Zacharias, 2010, p.198-199) apresentam elementos culturais e comportamentais que trouxeram grandes mudanças no campo da sexualidade nestes últimos 15 anos.[20]

---

[18] José Antônio Trasferetti é doutor em Teologia Moral e em Filosofia e docente na PUC Campinas.

[19] Maria Érica de Oliveira Lima é doutora em Comunicação Social e pesquisadora da Base Comunicação Cultura e Mídia.

[20] A "Internet chegou com tudo e revolucionou o modo como os jovens se comunicam; o uso de camisinha na primeira relação sexual aumentou, entre os jovens, de pouco mais de 10%, no final dos anos 80, para quase 70%, no meio dos anos 2000; os remédios facilitadores da ereção chegaram ao mercado e, infelizmente, têm sido usados de forma desnecessária pelos jovens; o início de parceiras sexuais dos jovens aumentou nesse período; os ecstasy e outras drogas sintéticas ganharam espaço entre as drogas ilícitas mais consumidas pelos jovens; a maconha ficou mais forte, passou a apresentar teores mais elevados de THC (seu princípio ativo) e, como consequência, tem causado uma série de outros problemas; os jovens começaram a beber bebidas alcoólicas mais cedo e com maior frequência; o padrão de consumo de álcool passou a ser muito semelhante entre homens e mulheres; a 'lei seca' foi implantada para tentar reduzir os acidentes de carro, segunda maior causa de morte entre jovens no Brasil, só perdendo para a violência; a pílula do dia seguinte, muitas vezes usada com exagero, fez com que muitas garotas colocassem em segundo plano a pílula e a camisinha; a dosagem de hormônio das pílulas anticoncepcionais diminui e, com isso, os efeitos colaterais foram reduzidos; mais jovens fazem parte de famílias em que os

Todas as mudanças comportamentais se apresentam como um desafio para os cuidados pastorais do novo presbítero católico na atualidade. Muitos indivíduos até participam das celebrações, palestras, encontros e outras atividades promovida pela Igreja Católica, mas parece não fugirem à média da sociedade hedonista. Estes parecem demonstrar mais afabilidade pelo modo "gospel"[21] de se viver a fé, isto é, no qual há a substituição do modo tradicional de ser católico com adoração do santíssimo, recepção dos sacramentos e cantos litúrgicos, pelas celebrações com expressões de fé universal, danças, "ginásticas religiosas", fraternidade global. No modo "gospel de ser católico" ou de se viver a fé parece não importar tanto onde acontecem as missas e as celebrações religiosas nem as orientações litúrgicas, o mais importante passa a ser o "êxtase" do momento ou o "hobby" religioso. Assim, os cantos litúrgicos são substituídos pelos mais recentes sucessos de cunho religioso, e a comunhão eucarística se torna um rito de massa do qual todos participam, passando à margem da moral católica e de seus costumes e ensinamentos doutrinais.

Na sociedade moderna, sociedade plural, percebe-se uma cisão entre espiritualidade e os valores da moral cristã, na qual os valores da moral cristã acabam pouco ou nada significando para a vida das pessoas. Os discursos cristãos são apropriados pelos grupos ou indivíduos, de acordo com seus interesses, mas não os organizam nem os direcionam.

---

pais se separaram (de 20 a 25% dos casamentos acabam antes dos 15 anos no Brasil); o preconceito contra garotos e garotas homo e bissexuais foi reduzido; mais garotas contraíram o HIV e, pela primeira vez, houve o registro de mais casos de novas garotas contaminadas com HIV do que de garotos".

[21] Gospel, segundo o dicionário Houaiss, significa canto característico dos cultos evangélicos da comunidade negra norte-americana, frequentemente influenciado pelo *blues* e pelo gênero folclórico daquela comunidade; cântico religioso de negros africanos. Aqui, Gospel está sendo usado como um modo mais *light* de se viver a fé católica.

Vemos assim que novos comportamentos surgem na sociedade. A moral, que antes era das religiões e direcionava a vida da maioria do nosso povo, parece estar cedendo lugar ou partilhando espaço com as leis e normas civis e as subjetividades éticas de cada indivíduo, comunidade ou raça.

Vemos também uma mudança no modo de buscar a fé. No passado a fé era buscada nos templos, paróquias, comunidades. Hoje, para muitos, a busca da fé se resume em estar ligado a um meio de comunicação, ou fazer parte de alguma comunidade de Aliança e Vida, ou a visitar um santuário de "ibope". É um jeito de ser diferente daquele construído ao longo da história do cristianismo. Novos elementos foram adicionados como outros foram descartados. Tudo isto, talvez, como resposta ao tempo presente, que é fortemente marcado pela cultura da mídia, do mercado e pelo crescimento de novas comunidades de Aliança e Vida, algo que vem gerando novos comportamentos sociorreligiosos. Essas novas comunidades têm conseguido responder a uma modernidade laica que não quer compromisso social.

Se existe um novo comportamento religioso, dando a impressão de que se é possível caminhar sem as orientações seguras da Igreja Católica, é uma ilusão acreditar nisso. Pois, na verdade, psicologicamente, o que existe é apenas uma nova forma de buscar a fé, desafiando tabus, modos petrificados de ser e se comportar, buscando a novidade, a felicidade, o prazer, mas ao mesmo tempo sendo muito inseguros. A novidade que aí aparece é que esta geração tem acentuado a capacidade do ser humano de viver mais o presente, privilegiar a novidade[22] e conviver com o plural.

Para o novo presbítero católico, a partir desse novo modo de se buscar a fé, tendo toda uma situação de busca de segurança, pois

---

[22] Algo diferente da sociedade do tempo de Jesus, que dizia que o velho era melhor (Lc 5,39).

na verdade é uma sociedade muito insegura, necessitada de orientação para poder organizar o sentido e o rumo da vida, abre-se um imenso campo de cuidado religioso. A insegurança é possível de ser percebida quando se tornam evidentes a busca da bênção e o esforço pessoal para vencer e merecer a bênção de Deus através de novenas e visitas à santuários ou locais de peregrinação. Passa, também, a existir a noção da guerra espiritual e o combate às forças espirituais malignas que prejudicam o homem. Mas não é só isso. Existe a ideia de que, ao comprar um produto de orientação cristã, o crente não está só adquirindo um bem, mas chegando mais perto de Deus, tendo a sua proteção. Todos esses fatos enumerados, que revelam a insegura e a necessidade de orientação, devem ser contemplados no cuidado religioso pelos novos presbíteros católicos.

Os novos presbíteros católicos devem estar atentos à ampliação, sem precedentes, do mercado religioso e de formas religiosas mercadológicas, da relativização da negação do mundo, do sofrimento, da ascese. Percebe-se que o corpo, a estética e o *status* passam a ser valorizados, assim como a diversão, a alegria, o prazer, a liberdade, o estético, a higienização, a segurança e a felicidade. Os novos presbíteros católicos devem estar atentos também à nova cultura religiosa, ao "novo modo" de ser católico: privilégio à expressão musical, envolvimento no mercado e espaço para o lazer, o entretenimento, o descanso e a felicidade. A nova consciência que vem sendo gerada é a de que para rezar não é preciso mais ir à comunidade, mas estar confortavelmente na sua cama ou sofá assistindo a uma celebração e depois fazer algum depósito na conta bancária daquela emissora, ou fazer algum acampamento religioso, ou visitar, de vez em quando, um santuário.

O novo presbítero está diante de uma geração que busca modernidade e inserção na lógica social da tecnologia, da mídia, do mercado e da política. Para essa nova geração, o discurso mais aceito e acolhido é aquele que privilegia temas como vitória, cura, poder, milagre, louvor, com ênfase no aqui e agora, bem diferente da tradição católica, cuja pregação privilegia temas como o céu, purgatório, sacramentos, inferno, sofrimento, libertação, morte e salvação. Essa produção de cultura alcançou uma amplitude que perpassa a grande maioria dos indivíduos. Assim, o novo presbítero católico está desafiado a mudar sua linguagem, como diz Lenaers (2011), numa tentativa de reconciliação e busca de novas formulações, a fim de poder despertá-la para o seguimento de Jesus Cristo.

O novo presbítero católico está, também, diante de uma forte crise da ética cristã, privilegiando um modo de ser baseado no "eu" e na experiência, gerando, muitas vezes, comportamentos totalmente incompatíveis com o Evangelho de Jesus Cristo. Algo que se agrava quando o que se torna visível nesta "nova geração" de católicos é consumir bens e serviços religiosos não como mera assimilação da cultura do mercado, mas como expressão religiosa, levando à inserção de elementos profanos na forma de viver sua fé e de relacionar-se com o sagrado. Nota-se, também, que as canções preferidas por essa nova geração são as de cunho mais intimista e que refletem o predomínio do "eu", do gozo espiritual intimista, ao mesmo tempo, muito pouco ou quase nada se fala do valor do outro, do serviço e da partilha.

Para Durkheim (in *As formas elementares da vida religiosa*, Editora Paulus, 1970), toda religião é um fenômeno social, de origem e de natureza social; representa a intenção de toda a sociedade, bem como das pessoas que a integram, de salvaguardar os princípios morais dos valores sobre os quais se funda. Isso porque o ser humano necessita de algo maior do que sua própria existência para lhe garantir e assegurar o que está além de suas forças. Sem dúvida, a religião é uma característica inerente a todo o indivíduo, direta ou indiretamente, possua algum credo ou não. Dentro desta visão, a sociedade tende a converter toda e qualquer religião em cultura, ajustando-a aos novos dinamismos da sociedade. Assim, podemos falar dessa nova cultura religiosa, desses novos comportamentos marcados pela fé.

Mas a condição de um tão constatado "pluralismo comportamental religioso" pode constituir determinado contexto num fator de desintegração ou de menor integração de um sistema sociorreligioso. De certa forma, o homem evoluiu em muitos aspectos, entretanto, regrediu noutros. Exemplificativamente: o incremento considerável em áreas como a tecnologia da informação, da saúde, da gestão financeira etc. são avanços notórios e de grande valia a toda raça humana. Em contrapartida, a carência de uma maior atenção em relacionamentos e regras de conduta pública.

De todos os novos comportamentos religiosos, percebe-se que prevalece hoje certa preferência por aqueles com maior probabilidade de proporcionar maior bem-estar social, prazer, felicidade, *status*, realização, liberdade, segurança e entretenimento.

O que se percebe é uma mudança muito grande no comportamento religioso da sociedade. Diante de todas essas transformações, os novos presbíteros católicos podem perguntar, como em Atos dos Apóstolos 2,37: "Irmãos, que devemos fazer?"

O novo perfil de vivência da fé, de compreensão de Deus, de Igreja, de comunidade, de valores cristãos requer mudança no modo do presbítero católico cuidar religiosamente da sociedade. O cuidado religioso do novo presbítero católico, nesta nova sociedade, deve implicar em dar atenção a esta realidade plural da comunidade dos crentes. Isto exige dele discernimento à luz do Espírito de Deus, dedicação, espiritualidade, oração, estudo, pesquisa, empenho pessoal, investimento dos melhores talentos e dons, personalização da evangelização, carinho, numa palavra: cuidado.

No meio de todo este emaranhado de "novos comportamentos religiosos", encontramos muitas ovelhas desgarradas e sedentas do cuidado do novo presbítero católico. Como disse Pedro: "estáveis desgarradas como ovelhas, mas agora retornastes ao Pastor" (1Pd 2,25). A identidade e espiritualidade do cuidado do presbítero católico devem encontrar eco em Jesus Cristo, o cuidador por excelência, que disse "O bom pastor dá a sua vida pelas suas ovelhas" (Jo 10,11) e, ainda, "Mas tenho outras ovelhas que não são deste redil: devo conduzi-las também; elas ouvirão a minha voz; então haverá um só rebanho, um só pastor" (Jo 10,16), ou "Dirigi-vos, antes, às ovelhas perdidas da casa de Israel" (Mt 10,6).

As "novas e velhas ovelhas", com seus "novos e velhos comportamentos", precisam ser cuidadas com ternura: "As ovelhas ouvem a sua voz, e ele chama suas ovelhas, uma por uma, e as conduz para fora" (Jo 10, 3). Para fazer isto exige-se a mística do cuidado. Somente a mística do cuidado parece ter poder de fazer do novo presbítero católico uma nova porta para as ovelhas entrarem: "Eu sou a porta. Se alguém entrar por mim, será salvo; entrará e sairá e encontrará pastagem" (Jo 10,9).

O novo presbítero católico e a população envelhecida

Não é de hoje que temos testemunhado a degradação da dignidade, não só do idoso, mas de todo o gênero humano, em particular, daqueles em situação de maior fragilidade. A sociedade contemporânea, fundada no individualismo e na competição, tem caminhado sutilmente para a banalização das relações de cuidado com o outro, de modo especial para com o idoso. Percebe-se que o idoso, com sua vida, seus problemas e dificuldades, não tem importância, pelo contrário, este pode se tornar um estorvo, algo que atrapalha a vida e os planos pessoais. Eliminá-lo tornar-se-ia então a saída. Infelizmente este é o pensamento que, gradativamente, vem tomando corpo na sociedade. Daí é que surge o grande índice de exclusão social, das mais variadas formas, sobretudo em relação aos idosos.

Segundo analistas, o Brasil atravessa um acelerado processo de envelhecimento populacional. Trasferetti e Lima (in Trasferetti & Zacharias, 2010, p. 203), citando as projeções do Centro Latino-Americano e do Caribe de Demografia (CELADE), afirmam: "em 2005, a proporção de pessoas idosas foi de 15,2% do total da população, aproximadamente o dobro da proporção de 2000, e o Brasil seria o sexto em população idosa do mundo (...) em 2006, havia 19,1 milhões de pessoas acima de 60 anos no país, o equivalente a 11,1% da população brasileira. Em 2050, os idosos deverão representar 24,5% da população".

O envelhecimento populacional é hoje um fenômeno universal, característico tanto dos países desenvolvidos como do Terceiro Mundo. Segundo Oliveira (1999), o envelhecimento da população é uma realidade constatada num grande número de nações de hoje e não surpreende que ele venha se colocando, sempre com maior intensidade, como desafio também no Brasil.

Desde a década de 50, a maioria dos idosos vive em países do Terceiro Mundo, fato ainda não apreciado por muitos que continuam associando velhice com os países mais desenvolvidos da Europa ou da América do Norte. Na verdade, já em 1960, mais da metade das pessoas com mais de 65 anos vivia nos países do Terceiro Mundo. E os países europeus eram considerados países com maior número de idosos. As grandes populações idosas dos países europeus vem cedendo lugar a países caracteristicamente jovens, como Nigéria, Brasil ou Paquistão. Em termos práticos, o aumento é sem precedentes. Por exemplo, no Brasil, o aumento da população idosa será da ordem de 15 vezes, entre 1950 e 2025, enquanto o da população como um todo será de não mais que cinco vezes no mesmo período.

O que era no passado privilégio de alguns poucos passou a ser uma experiência de um número crescente de pessoas em todo o mundo. Envelhecer no final deste século já não é proeza reservada a uma pequena parcela da população. A principal razão associada a esse drástico declínio é a elevação do nível de vida da população, traduzido pela urbanização adequada das cidades, melhoria nutricional, elevação dos níveis de higiene pessoal, melhores condições sanitárias e cuidado da saúde em geral, e, particularmente, condições ambientais, no trabalho e nas residências, muito melhores que anteriormente.

Mas não é só isso, as exigências vão se alargando no sentido do nível de educação escolar, de cuidado da saúde, de aprimoramento profissional, de acessibilidade às comunicações e muitas outras exigências.

Todos esses fatores têm contribuído para uma maior expectativa de vida. A projeção da média de vida, em países do primeiro mundo, é de 77,2 em 2020, tendo países como o Japão já uma expectativa de vida de 81 anos. Passar desta média parece ser excepcional. Isso é uma verdade para todos os seres vivos; assim, se é excepcional para um cachorro viver mais que quinze anos, um rato, três, ou um elefante, setenta, para a espécie humana esse "relógio biológico" se situa em torno dos 85 anos. Cabe ressaltar que, de acordo com vários registros, desde os primórdios da história, tal limite biológico de vida para a espécie humana não parece ter se alterado em milênios. Tampouco há evidência, através de comparações internacionais, de que ele seja diferente numa região do mundo comparada com outra. Vale ressaltar que a expectativa de vida para a mulher é maior que a dos homens, sendo a diferença de 7,5 anos para os países desenvolvidos e 2,2 de para os países subdesenvolvidos.

Considerando-se o exemplo do Brasil, no início do século XX, a expectativa de vida ao nascer era de 33,7 anos, tendo atingido 43,2 em 1950. No decorrer da década imediatamente posterior a expectativa de vida havia aumentado em quase 8 anos (55,9 em 1960). Na década seguinte a expectativa de vida passou para 57,1, e em 1980 ela atingiu 63,5 anos. No ano 2000 passou para 68,5 anos e em 2010 para 73 anos (Censo de 2010).

Segundo Oliveira (1999), sabidamente todas as fases da vida conhecem um período de transição, muitas vezes ressentido como "crítico" pelo fato das pessoas se sentirem mais vulneráveis. Em cada fase há uma série de "ritos". Nas fases anteriores esses ritos normalmente vêm carregados de positividade: é um caminho que se abre para a adolescência e para a vida adulta... Já no caso de velhice, os "ritos", em geral, acenam na direção contrária, como sendo das despedidas e o começo do fim. Poderíamos dizer que nessa etapa o processo crítico apresenta ao menos três riscos: o da perda da identidade, o da perda da autonomia e o da perda do sentido de pertença.

Parece que o que mais atemoriza as pessoas idosas não é tanto a morte quanto a dependência, à perda da dignidade, a solidão e o sofrimento que podem anteceder à morte. Percebe-se uma mudança na compreensão da velhice. Assim, os novos presbíteros católicos se veem diante de uma nova compreensão da existência humana. Nos séculos anteriores a velhice sobressaía como processo "natural"; quando não, como manifestação das bênçãos divinas. Já a ideologia decorrente da revolução industrial ressaltou a negatividade, uma vez que a velhice passava a ser sinônimo de não produtividade e até de custos sociais. Em nossos dias, quando os mitos da "eterna juventude" carregam consigo uma espécie de endeusamento da "estética", os riscos de insucesso parecem provir de duas direções ao mesmo tempo: da futilidade e da decepção pela impossibilidade de acompanhar a onda do rejuvenescimento permanente.

Segundo Oliveira (1999), existe uma "verdadeira conspiração contra a velhice". Três palavras resumem esses desafios quase que inerentes à condição de ser pessoa de mais idade: preconceitos, violências, autodestruição. Entre todos esses preconceitos um merece maior atenção por se constituir num pressuposto totalmente falso e por isso mesmo causador de mágoas profundas, isto é, a da improdutividade. Pessoas de idade seriam um peso para si, para a família e para a sociedade, pois sua capacidade de produção tende a cair. A segunda vertente da dor vem estabelecida pelas múltiplas formas de violência que se voltam de modo particular contra as pessoas de idade. A violência familiar procede de causas múltiplas, como também por um processo de exclusão, que vai colocando "os idosos" de lado. A autodestruição parece ter início no campo da linguagem. Enquanto a criança vai assimilando a linguagem dos adultos e sendo acolhida num círculo cada vez mais amplo, os mais velhos são conduzidos ao processo inverso. Os excluídos do enriquecimento semântico das palavras logo se sentem desambientados e pressionados a perder o sentido da linguagem, instrumento indispensável para o desenvolvimento das funções mentais superiores. Por todas estas questões podemos dizer que a velhice deve merecer uma atenção especial do novo presbítero católico.

Mas percebe-se, para o novo presbítero católico, um desafio no cuidado sacramental para com o idoso. Se dizíamos que a Igreja Católica caminhava para ser uma "comunidade de idosos", sendo esses idosos mais fiéis à vivência sacramental, hoje percebe-se uma nova mentalidade neste grupo. Exemplo: na questão sacramental, para muitos idosos, não conta mais os compromissos eternos nem o estar conforme as orientações do magistério da Igreja Católica. Eles também estão influenciados pelo modo de "vida plural", não partilhando mais de uma aldeia fechada de valores. Cada indivíduo, mesmo idoso, na sociedade plural, vem sendo influenciado a pegar um pouco daquilo que lhe possa fazer sentido, que dê significado e rumo à sua existência no momento, podendo ser descartado ou agregado ao modo de ser no futuro. Já não temos mais as identidades permanentes de idosos, mas em constante processo de metamorfoses, de mudanças nos modos de ser "idoso".

Outra mudança que vem acontecendo com relação à velhice, à qual os novos presbíteros católicos devem estar atentos, é que vem surgindo uma nova concepção da velhice. Ela vem deixando de ser considerada como um simples processo, um fim de linha, passando a ser considerada uma meta, como a subida de degrau por degrau, com a possibilidade de descortinar horizontes mais amplos, com a possibilidade de mais felicidade.

Atentos a todas as transformações pelas quais vêm passando a concepção da velhice, a política do idoso e o crescimento da população envelhecida, os novos presbíteros católicos devem estar sensíveis àquilo que acaba sendo uma questão central na vida do idoso, que é a segurança, o sentido da vida e, porque não dizer, também o prazer, a felicidade. De todas as expressões citadas, a palavra-chave e quase que mágica para percorrer a última etapa da vida é exatamente essa: "sentido". Só será capaz de se preparar devidamente quem encontrar um sentido último para seu viver e, por que não, um sentido último também para o seu morrer. Sabemos que somente a religião é capaz de gerar sentido para a vida presente e a vida futura. Na exata medida em que uma pessoa normal vai envelhecendo, vai se colocando questões de maior profundidade sobre seu futuro. Nessa altura a pessoa de idade mais avançada, normalmente, irá se defrontar com questões que remetem à espiritualidade e se constituem num convite para o cultivo de uma série de virtudes mais facilmente encontradas nessa etapa da vida, como diz Anselm Grün (in *A sublime arte de envelhecer*, Editora Vozes, 2007). Assim, para os novos presbíteros católicos, está no cuidado desse grupo o cultivo da espiritualidade e das convicções religiosas capazes de gerar um sentido maior da existência humana.

Tal atitude de cuidado do novo presbítero católico para com a população envelhecida deve ter como objetivo o favorecimento da abertura à transcendência, levando-os a travar relações saudáveis com Deus, consigo mesmo e com o próximo. Tal atitude assegura, com certeza, um envelhecimento bem-sucedido, ainda que nem sempre livre de provações e contradições. Uma espiritualidade sólida tem poder de propiciar o encontro com um sentido de vida, indispensável para uma vida saudável, justamente quando se acentua a perda da força física e eventualmente também das forças psíquicas. É dessa espiritualidade sólida que o novo presbítero católico deve ser portador.[23]

---

[23] O novo presbítero católico, buscando cuidar da população envelhecida, deve, antes de tudo, trabalhar assuntos de interesses desse grupo, tais como: família, solidão, envelhecimento, trabalho, aposentadoria, lazer, autoestima, segurança, sexualidade etc.; deve promover grupos de terceira idade, atividades de artesanatos, ginásticas, encontros, entre outros. Desta forma o cuidado que o novo presbítero católico passa a oferecer vem mais de encontro ao novo perfil da população envelhecida.

Assim, concluímos que o cuidado que o novo presbítero católico deve oferecer para esse grupo tem de contemplar as transformações que vêm ocorrendo com essa parcela da população como: a longevidade, a qualidade de vida, o sentido da vida, a segurança, as políticas públicas, a inclusão, o lazer, o prazer e a felicidade. Tal cuidado se apresenta com capacidade de melhor potencializar as oportunidades de crescimento e amadurecimento daqueles que se encontram nesta fase. É um cuidado que, à luz da fé cristã, se apresenta com capacidade de proporcionar um sentido maior para a existência humana, direcionado para que a idade não seja compreendida como decadência, mas como maturidade, como uma etapa de felicidade, acontecendo o que diz o salmo 92 (91),14: "Eles darão frutos mesmo na velhice".

O novo presbítero católico e os avanços da biogenética

Vivemos também os avanços da biogenética e da biotecnologia, representando modos independentes de compreender a vida, isto é, um da ciência e outro da Igreja Católica, algo que deve ser do interesse do novo presbítero católico em suas atitudes de cuidado na contemporaneidade.

Na biogenética e biotecnologia estão acumulados conhecimentos da humanidade de modo muito sofisticado, os quais permitem aos seres humanos mergulhar nos mistérios mais secretos da vida. É um mergulho cheio de esperança, mas marcado por muitas polêmicas e questionamentos. Neste mergulho, novas descobertas sobre o processo da vida humana têm vindo à tona, trazendo esperanças de solução de muitos problemas da vida humana. Através do processo da inseminação e fecundação artificial, da partenogênese, da clonagem, da célula-tronco, conhecimentos que representam os avanços da biogenética e da biotecnologia, esbarra-se no processo de transmissão da vida pelos seres humanos. Através desses novos conhecimentos, a vida, que era apenas transmitida por processos naturais, foi mudada, podendo agora ser transmitida através da conjugação das novas tecnologias, algo que afeta profundamente a mensagem cristã, que sempre apostou num processo natural de transmissão da vida humana, afetando também a identidade dos seres humanos.

Como exemplo dessa nova fase da humanidade, citamos a reprodução assistida. Por mais que a Igreja Católica tenha polarizado tal questão, sobretudo na *Humanae Vitae* de Paulo VI (1968), há um tratamento mais natural e flexível por parte das pessoas com relação à reprodução assistida, à combinação de óvulos e espermatozoides, à manipulação genética. Segundo Moser[24] (in Trasferetti & Zacharias, 2010, p. 259), "estes procedimentos ainda não revelam tudo o que se esconde por trás do que se convencionou chamar de 'manipulação genética'. Através dela podem ser efetivadas as mais diversas operações, moldando, sob medida, os seres existentes, ou até mesmo criando outros seres que nunca existiram e nunca existiriam sem estas intervenções".

Os avanços da biogenética e biotecnologia tiveram início em 1953, quando Graig Venter[25] e seu companheiro de pesquisas James Watson descobriram a estrutura básica do DNA, passando, em 1973, pela descoberta, ao menos teórica, da clonagem; na década de 1990, pelo projeto do genoma humano; chegando, em 1996, à clonagem da ovelha Dolly a partir de uma célula adulta; e, em 2010, à possibilidade de usar uma célula-tronco, dando-lhes a possibilidade de agirem como se fossem embrionárias.

Diante de todos esses avanços o novo presbítero católico poderia perguntar: teria que mudar o "creio em Deus Pai todo-poderoso,

---

[24] Antônio Moser é doutor em Teologia Moral e professor no Instituto Teológico Franciscano de Petrópolis.

[25] John GraigVenter (1946) é bioquímico e empresário americano, e James Dewey Watson (1928) é geneticista e biofísico norte-americano.

criador do céu e da terra...?". Penso que não, pois o que fica claro em todo o desenrolar das pesquisas na área da biogenética e da biotecnologia é que os cientistas não criaram vida artificial, apenas transformaram algo existente em algo que ainda não existia.

Percebe-se que, do ponto de vista psicológico, todos esses avanços biotecnológicos afetam a compreensão de Deus, de ser humano e de possibilidades da existência humana. Assim, o novo presbítero católico não deve ficar insensível a essas questões, sobretudo porque, com essas novas tecnologias, a vida que era transmitida de modo natural passa a ser transmitida artificialmente.

A postura do novo presbítero católico não deve ser de condenação dessas novas biotecnologias, mas de uma espécie de ícone, convidando os pesquisadores a administrar tudo, desde que o façam com sabedoria, observando alguns princípios éticos do patrimônio da humanidade.

Para o novo presbítero católico, o problema não deve ser dos avanços dessas pesquisas. Pelo contrário, como parte da humanidade e usando "óculos novos e não antigos", deve se alegrar com todas essas conquistas, pois muitas delas representam maior possibilidade para que os seres humanos possam levar uma vida mais digna, tanto no sentido da cura de certas doenças como também no aprimoramento da vida sobre a terra, representando melhores perspectivas de saúde e de vida para a humanidade, agindo eficazmente na superação de deficiências e enfermidades. O problema está no fato de a utilização das células embrionárias implicarem na morte ou na lesão dos embriões e de não estar a serviço da existência humana como um todo. Assim, como uma espécie de ícone, o novo presbítero católico deve convidar, à luz do Evangelho da Vida, para que nas pesquisas haja sempre uma postura ética, respeitando a vida desde a fecundação até a morte.

O novo presbítero católico, usando "óculos novos" que permitem perceber que o progresso da ciência e da tecnologia abrem novas possibilidades para que seja levada adiante a missão que o Criador confiou aos seres humanos, deve favorecer, também, a compreensão de que a vida saudável não se reduz aos genes nem aos organismos, mas remete a relações sociais, econômicas, políticas, afetivas e espirituais. Assim, sem impor coisa alguma, deve estimular e convocar todos os envolvidos nos novos conhecimentos da biogenética e biotecnologia a melhor servir a humanidade.

Sabedor de que as novas intervenções biogenéticas e biotecnológicas não estão sob a obediência das normas da Igreja Católica, mas coordenadas pelo poder econômico, e resguardado pela noção de progresso e do "bem da sociedade", o novo presbítero católico não deve se fechar a esses avanços, nem agir de forma a legitimar tudo. Sua postura deve ser crítica e orientadora para que os pesquisadores, ao acionar os mecanismos mais secretos da vida por partenogênese e clonagem, possam perceber que já não nos encontramos diante de interferências mais ou menos superficiais, mas que atingem a identidade mais profunda dos seres humanos.

Sabemos que os seres humanos se sentem fascinados pelas novas tecnologias e, ao mesmo tempo, atemorizados, mas se percebe é que, como diz Moser (in Trasferetti & Zacharias, 2010, p. 260): "através das biotecnologias os seres humanos estão verdadeiramente assumindo funções até há pouco atribuídas apenas aos deuses".

Para o novo presbítero católico conhecer um pouco todos os avanços científicos significa alcançar a condição de poder cuidar melhor do povo de Deus. Assim, ponderando certas posturas e incentivando outras, o novo presbítero católico deve convidar ao cultivo de todas as dimensões da vida humana, humanizando todas essas novas tecnologias, para que estejam a serviço da vida plena para todos.

O novo presbítero católico e as formas plurais de viver a fé

Não se pode falar do novo presbítero católico sem falar da fé, pois o presbítero católico é um homem de fé e deve viver sua vida impulsionado pela fé. Sua fé é em alguém, é em Jesus Cristo. O presbítero católico é aquele que acredita em Jesus Cristo e em sua proposta. Como São Paulo ele pode dizer: "Por conseguinte, tendo o mesmo espírito de fé a respeito do qual está escrito: 'Acreditei, por isso falei', cremos também nós, e por isso falamos" (2Cor 4,13).

O novo presbítero católico é aquele que acredita em Jesus Cristo e trabalha para que a fé em Jesus Cristo se renove e cresça também no coração das pessoas que estão aos seus cuidados. De modo muito simples, percebe-se que o povo espera encontrar no novo presbítero católico a "fé", encontrar Deus. Nota-se isso através das seguintes falas: "aquele padre parece não ter tanta fé"; "aquele padre parece que não reza"; "aquele padre só fica desfilando no altar e não tem espiritualidade"; "não vejo Deus naquele presbítero"; "aquele presbítero reza bastante"; "nosso padre celebra com muita devoção a missa"; "nosso antigo pároco era um bom conselheiro e orientador"; "nosso pároco é um homem de Deus"; e assim por diante.

A fé do novo presbítero católico é expressa nos seus gestos, ações, atitudes, orações. A fé não é um sentimento, mas um modo de viver, um trabalho, uma missão, como diz 1Ts 1,3, e o povo parece esperar ver em seus gestos e atitudes o brilho da fé. Além desta questão de "fé", psicossocialmente, é bom precisar que, na modernidade, a sociedade de modo geral, isto é, não só aqueles que participam da vida da Igreja Católica, mas todos, parecem solicitar um presbítero católico que os visite sempre, que saiba o nome dos paroquianos e esteja sempre presente em sua vida, que seja acessível a todos, uma pessoa mais popular, uma pessoa esclarecida e ao mesmo tempo simples, um homem justo e ao mesmo tempo misericordioso, uma pessoa de Deus e ao mesmo tempo do povo, um pastor mais preocupado com o rebanho do que com a disciplina, o *status* etc. Esse tipo de presbítero parece estar mais perto do imaginário social das pessoas, sendo mais solicitado na atualidade.

Num mundo marcado pelo fundamentalismo e tradicionalismo[26] e, do outro lado, pelo relativismo, é preciso ter cuidado para que o novo presbítero católico não coloque, simplesmente, uma "roupagem tradicionalista ou fundamentalista" de cuidado. Por isso, vejamos a partir de uma visão psicossocial alguns modos de cuidado da fé e quais suas possíveis consequências.

Nas formas tradicionais de cuidar da fé, vemos uma tendência a resgatar na vida espiritual os aspectos "tridentinos", disciplinares ou burocráticos da fé. Nesta tendência pode aparecer o bom gosto musical, o canto gregoriano, o latim, o charme das vestes, a descrição aristocrática, a estética, as normas seguras, a recitação do terço,[27] a formação

---

[26] Com relação ao tradicionalismo, vemos também isto nas Igrejas de cunho pentecostal, como nas Comunidades da Renovação Carismática Católica, na Toca de Assis, nos Arautos do Evangelho etc. Em todos estes movimentos é possível perceber o rigorismo, o cunho fundamentalista da fé, a sinalização da salvação como fuga do mundo caótico. Segundo Benedetti (in Carranza, Mariz & Camurça, 2009, p. 28): "O que está em jogo não é a lei canônica. É a identificação grupal, fundada num sentimento individual e num laço emocional mais do que num sentido de mundo e de história". A novidade ou a grande inovação desses movimentos é a proposta de vida consagrada e comunitária para leigos, propondo uma nova geração de católicos ou cristãos com bíblias na mão. Com relação ao fundamentalismo, a tendência é propor um modelo pré-estabelecido, primando-se pela homogeneização. Tal atitude tende a gerar modos discriminatórios e silenciadores de toda e qualquer possibilidade de produção de outros modos de pensar e ser, impedindo o surgimento de novas narrativas, o crescimento e a emancipação, fazendo prevalecer a dominação e a mesmice. Desmitificar essas formas dominantes e incluir outros modos de compreender e viver o Evangelho de Jesus Cristo é o desafio para o novo presbítero católico.

[27] É digno de se ressaltar a redescoberta do valor do terço na vida de nossas famílias cristãs, de nossa Igreja Católica e, de modo especial, de nossos presbíteros. Fato que vem chamando nossa atenção é que existe uma redescoberta do valor da oração do terço por parte dos homens com o nome de "terço dos homens". Num olhar, mesmo que superficial, vemos que, em muitas paróquias, vários grupos do terço dos homens vêm sendo criados. Um católico, em Catalão, Goiás, Osmar Francisco, começou a rezar o terço com os homens e expandiu por vários estados do Brasil. Ele foi eleito representante do estado de Goiás. Minas Gerais é o estado que mais aderiu à recitação do terço pelos homens, isto foi possível de ser notado por meio da presença de 43 cidades no terço em Aparecida, no dia 01/05/2010. Este movimento vem ganhando corpo e força no seio da Igreja Católica.

de comunidades de Aliança e Vida, valores caros ao mundo espiritual. O ar tridentino dá uma espécie de sacralidade ao interior do mundo do consumo. Esses movimentos têm algo de positivo no sentido de conseguir responder, de algum modo, à necessidade de sacralidade da modernidade laica. O problema é que parece faltar para este grupo o discernimento e a abertura aos sinais dos tempos. Assim, eles podem ser uma resposta momentânea, mas ser como "uma bolha" que, num futuro muito próximo, poderá explodir e não sobrar nada.

Historicamente é possível perceber que o fundamentalismo e o tradicionalismo também cansam as pessoas. Se eles fossem as soluções para a Igreja, ela nunca os teria abandonado. Como se acredita que a Igreja é movida pelo Espírito Santo e já houve uma superação de muitas formas fundamentalistas e tradicionalistas de se viver a fé, precisamos descobrir novos modos de viver o catolicismo e não apenas reeditar o passado como solução, o que seria um contrassenso até evangelicamente. Inventar o novo, "colocar vinho novo"(Mt 9,17), sem perder a riqueza da tradição cristã, mas também não reeditando algo que já foi considerado pela própria Igreja como superado, eis o desafio para os novos presbíteros católicos.

As formas tradicionais e fundamentalistas, representadas pelas novas comunidades de Aliança e Vida surgidas na atualidade, são tidas por muitos como o "novo modo" de ser católico e, além do mais, o modo correto. Sabemos que participar dessas comunidades de Aliança e Vida ou desses movimentos se tornou uma forma alternativa de manter a tradição. Nestes grupos há uma identificação e valores comuns. Mesmo com ressalvas, os novos presbíteros católicos devem ver os aspectos positivos desses grupos ou comunidades, pois sua presença na paróquia e diocese tem-se constituído numa força pastoral não desprezível. Mas, de outro lado, essas novas ou velhas formas de se viver a fé cristã não podem nem devem ser confundidas, como se a solução da vivência da fé na modernidade estivesse assim resolvida. O "ar sacro" que estes grupos trazem é saudável para a fé cristã, mais o tradicionalismo e o fundamentalismo, psicologicamente, representam "medo", insegurança, fechamento, algo que o próprio Jesus veio banir ou reprovou entre seus discípulos (Lc 5,10; 9, 62; 12,32; Jo 20,19-23).

Psicossocialmente, este modo tradicional de viver a fé, tido por muitos como "novo modo" de ser "cristão", é mais bem representado, a partir do final do século XX, pelo crescimento e proliferação da diversidade de expressões comunitárias inspiradas na performance carismática, denominadas de Novas Comunidades,[28] e opção preferencial pela cultura midiática, como Canção Nova, Século XXI e Rede Vida, encampada por alguns setores episcopais, parte do clero e de alguns leigos.

Para as novas comunidades, segundo Carranza[29] (in Carranza, Mariz & Camurça, 2009, p. 34): "Atrair os afastados foi a consigna que mobilizou milhões de fiéis sob a fórmula: música, lazer e oração. Centenas de jovens congregaram-se em bandas de música, proliferaram padres e leigos cantores e multiplicaram-se iniciativas, atividades e projetos sociocriativos que mobilizaram um novo jeito de ser católico". Este modo de ser católico tem estimulado a adesão e a espiritualidade de centenas de bispos, presbíteros e seminaristas, como sendo o modo correto de ser católico,

---

[28] As Novas Comunidades de Aliança e Vida parecem beber das fontes conservadoras da Igreja que enfatizam o primado da autoridade do papa e a estabilidade doutrinal, desvalorizando a reflexão crítica, desviando a atenção do fiel para uma realidade metafísica e a-histórica, sendo um mundo fechado que só reproduz o discurso de dominação, reforçando a dicotomia entre vida religiosa e existência social. Com isso, buscam alinhar-se às demandas de totalidade espiritual de Roma, mantendo as mesmas bandeiras de defesa da moralidade católica, convertendo-se em fiéis bastiões da neocristandade.

[29] Brenda Carranza é professora pesquisadora convidada da Pontifícia Universidade de Campinas – PUC-Campinas. Sua área de concentração e pesquisa é catolicismo contemporâneo, mídia e juventude. Ela é membro do Instituto Nacional de Pastoral da Conferência Nacional dos Bispos do Brasil.

destacando os dons e carismas como meios de santificação pessoal e serviço nas "estruturas presentes", a glossolalia, o repouso no espírito, curas milagrosas e afirmação de revelações divinas. O meio privilegiado de comunicação utilizado por eles é o da mídia, como meio de recuperar o "catolicismo de massa". O grande desafio para os novos presbíteros católicos não é tanto o referendamento que esses movimentos vêm recebendo por parte de uma grande ala mais tradicional da Igreja Católica, mas a negação e perseguição de qualquer possibilidade de surgimento de outras formas mais encarnadas de se viver o Evangelho de Jesus Cristo.

Essas comunidades têm agregado, em torno de si, variadas propostas de consumo religioso, tais como músicas, crucifixos, correntes, terços, bíblias, livros, CDs, bonés, roupas, acampamentos.[30] Esse modo de ser católico, segundo Carranza (in Carranza, Mariz & Camurça, 2009, p. 43), "concretiza uma modernização sem modernidade, um toma de lá a tecnologia e nega de cá os valores que ela traz consigo". Algo que se torna visível neste "novo modo" de viver a fé na modernidade é a roupagem do mercado dos bens simbólicos ou, nas palavras de Peter Berger (1985), do "mercado

---

[30] Aqui vale apenas ler o livro de Beatriz Muniz Souza & Luís Mauro Sá Martino, *Sociologia da religião e mudança social*. Editora Paulus, 2004. Neste trabalho, nove dos principais especialistas brasileiros em sociologia da religião estudam as complexas relações entre os fenômenos religiosos, modernidade e mudança social. O rápido processo de mudança social do Brasil, acompanhado de um progressivo aumento das diferenças sociais e dos índices de desigualdade, mostrava seus efeitos sobre os movimentos religiosos. Mas, ao contrário do que se poderia prever, a religião também se modernizou, criando novas estratégias para influir na política, na cultura e até mesmo na economia. Atualmente, produtos religiosos movimentam um capital considerável. Não é possível compreender a realidade brasileira sem levar em conta a atuação dos diversos grupos religiosos no cotidiano. É necessário, portanto, indicar caminhos, métodos e levantar questões para entender relações entre religião e sociedade.

de bens simbólicos".[31] Nestes grupos, comunidades e movimentos cresce o consumo dos distintivos religiosos de identificação.

Os discursos desses grupos, comunidades e movimentos tendem a mantê-los puros e íntegros distanciando-os da realidade moderna, como se a modernidade fosse "só pecado", "só algo ruim". Muitas vezes, eles até pressionam para que o Estado estabeleça códigos de conduta para toda a sociedade, como que num retorno a Idade Média. Esses discursos não geram interiorização de valores, normas e princípios evangélicos. E quando dão a aparência de estarem gerando "verdadeiros cristãos", na verdade, apenas podem estar gerando pessoas imaturas na fé, sem consciência da individualidade, da subjetividade e da autonomia, algo essencial para a maturidade como pessoas e como cristãos.

O mundo moderno tende a "dessacralizar" muitas formas de fé e relativizar muitas atitudes religiosas, sendo o mundo do pluralismo ou das indiferenças religiosas. Para os grupos, comunidades e movimentos de cunho fundamentalista e tradicionalista, o grande inimigo é a relativização da fé, o pluralismo e as indiferenças religiosas. Através do uso das novas tecnologias da linguagem televisiva, virtual e cibernética, estes grupos, comunidades e movimentos parecem travar uma luta contra estas questões. Isto se torna mais visível quando a devoção aos santos católicos recebe altares virtuais com possibilidade de visita dos fiéis para deixarem, virtualmente, velas, incensos e pedidos de oração e quando existe todo um marketing religioso através das grandes concentrações de massa e através da tendência à uniformização dos membros, com uso de distintivos religiosos como bonés, camisetas, clergymans, cruzes, anéis, velas etc. É um formato ultramoderno, en-

---

[31] No meio do pluralismo religioso cresce o mercado dos bens espirituais, no qual a religião perde sua motivação e dinâmica própria, a gratuidade do dízimo e das ofertas cede lugar às técnicas mercadológicas para retirar dos féis as maiores ofertas, com o chavão da "missão de levar Deus às pessoas". Esta lógica leva o presbítero católico a pensar que o mercado de bens sagrados se torna uma mediação para o espiritual.

volvendo um conteúdo conservador, no qual existe toda uma ênfase de "recusa do pecado", com o lema (PHN) "por hoje não vou mais pecar". Assim, se conjuga elementos espirituais com lazer, turismo e consumo de mercadorias espirituais, tais como velas, festas, CDs, camisetas, imagens, bênçãos, óleos etc., com oposição aos costumes mundanos como do sexo livre antes do casamento, condenação do homossexualismo, do aborto, da eutanásia, dos preservativos e das experiências com células-tronco; há também a defesa da virgindade e do celibato presbiteral etc. Vive-se o drama da condenação e do confronto entre os sistemas de valores secularizados e dos valores tradicionais.

Hannah Arendt, citada por Benedetti (in Carranza, Mariz & Camurça, 2009, p. 25), expressa muito bem como vive o homem religioso de hoje: "o homem religioso moderno pertence ao mesmo mundo secular que seu oponente ateu (...). O crente moderno que não aguenta a tensão entre dúvida e crença perderá de imediato a integridade e profundidade de sua crença". O argumento religioso em si pouco ou nada significa numa sociedade plural e secularizada. Pois cada um parece tender a apropriar-se dele de acordo com seus interesses, sentido e identificação. O que define a verdade hoje não é mais a bíblia, a igreja, os documentos, mas a mídia, os grupos de relacionamentos, a felicidade, o dinheiro, o prazer, a economia, a segurança, a tecnologia. Freud já dizia, em o *Futuro de uma ilusão* (1978),[32] que os "argumen-

---

[32] Freud, em seu livro *O futuro de uma ilusão*, desenvolveu um ensaio em fundamentos psicanalíticos frente à questão da necessidade da religião para o homem e toda sua civilização. O pai da psicanálise descreve a religião como uma necessidade humana que se vincula ao estado infantil de desamparo e à nostalgia do pai suscitado por tal necessidade. O Deus justo e a natureza benevolente são as mais nobres sublimações de nosso complexo paternal, pois o homem, na impossibilidade de imaginar um mundo sem pais, cria falsificações da imagem do universo no qual se sente desprotegido. O anseio pela proteção de um pai suprassumo (Deus) é uma função que visa exorcizar os terrores da natureza, amenizar as dores humanas frente ao tenaz destino (medo da morte etc.) e compensá-lo das privações e sofrimentos que são impostos pelo mundo civilizado. Sinais que demonstram que a religião reside na necessidade mais

tos de nada valem contra as paixões". O mundo hoje é o mundo das paixões.

Essas comunidades, grupos ou movimentos com novas performances, como dizem Carranza, Mariz & Camurça (2009, p. 7), "cuja variedade de cores das suas longas túnicas, crucifixos dependurados no peito, véus na cabeça, terços na cintura, chinelos no pé", vêm chamando a atenção de muitos presbíteros católicos, e, porque não, de toda a Igreja Católica. Elas tendem a atrair um grupo de descontentes com os rumos da Igreja Católica após o Concílio Vaticano II, arrogando que seria a melhor forma de reverter a queda da taxa de católicos, que continua caindo no Brasil, de 84,9% em 1991 para 73,4% em 2000 e 71% em 2010, segundo o Censo de 2010. E num olhar mais atento, percebe-se que essas comunidades, grupos ou movimentos, com seus métodos e modos de se viver a fé, têm conseguido atrair tantos os de "dentro", quanto os que estavam ficando do lado de "fora" da fé cristã, mas não têm demonstrado solução para a queda da taxa de católicos.

---

intensa do ser humano, a proteção de um pai. Porém, o anti-humanista europeu deduziu que toda esta ilusão religiosa estaria destinada ao abandono. Pois, futuramente, a civilização seria capaz de renunciar a todas as ilusões, substituindo-as por outro corpo doutrinário (a ciência). Esta expectativa partia do pressuposto de que os homens seriam capazes de tornarem suas existências mais toleráveis na terra; porque a religião possui apenas valor sentimental, é incapaz de correções, é provinda de um delírio humano e que esta neurose da infância poderia muito bem ser superada pela humanidade. A religião já era uma causa perdida da sociedade. Neste contexto, a primazia do intelecto (a ciência) atenderia os desejos humanos que lhe atormentam e estabeleceria no próprio homem os objetivos que antes eram realizados na crença de um deus. O desenvolvimento das concepções científicas alcançaria um maior grau de conhecimento do mundo, o que melhor organizaria a vida humana. Pois a ciência já alcançou importantes conquistas para a sociedade e suas concepções estão constantemente se adaptando ao mundo (contrariando os dogmas religiosos). Por fim, Freud argumenta que o papel da ciência é demonstrar o mundo como ele é ao homem e que não haveria mais necessidade de interpretar a vida humana através de abstrações vazias, "as religiões".

Olhando para esta complexificação dos modos de se viver a fé cristã, a partir da mística do cuidado, o novo presbítero católico parece estar diante de um grande desafio. Pois, do mesmo modo que existe esta tendência mais fundamentalista e tradicionalista, existe um questionamento e vontade de emancipação de muitas formas compreendidas como "arcaicas" de se viver a fé, como também uma tendência relativista dos valores cristãos. Em ambas as possibilidades parece ainda prevalecer a tendência em ficar na média da sociedade. Assim, o cuidado da fé pelo presbítero católico seria mais positivo se seguisse a orientação de Santo Agostinho: "No necessário, unidade; no contingente, liberdade; no todo, caridade".

O novo presbítero católico e a busca de segurança

O novo presbítero católico é chamado a anunciar o evangelho de Jesus Cristo no mundo cada vez mais volátil, frágil, violento, desestruturado, com ambivalência nas questões das verdades religiosas, com novas buscas para o sentido da existência humana. Existe o dilema que muitos enfrentam: o de escolher entre a liberdade e a segurança. Muitos buscam segurança e refúgios emocionais nas vestes litúrgicas, na aparência, nas comunidades mais tradicionais e fundamentalistas, enquanto outros buscam uma fé mais comprometida e embasada no progresso e nos novos conhecimentos. Eis o desafio do cuidado para o novo presbítero católico.

As novas comunidades de Aliança e Vida, os novos grupos e movimentos, a tendência fundamentalista e tradicionalista parecem, na modernidade, representar um "porto seguro" para se viver a fé cristã.[33] Para Bauman (2003, p. 39): "Na maior parte da sua histó-

---

[33] Nas novas comunidades as relações parecem ficar mais próximas e mais estreitas. Numa dimensão psicossocial, todos os grupos, em seu nascimento, tendem a ser menos burocratizados, atendendo melhor às individualidades. Com a fixação como

ria, a modernidade foi uma era de 'engenharia social' em que não se acreditou na emergência e na reprodução espontânea da ordem; com o desaparecimento das instituições autorregenerativas da sociedade pré-moderna, a única ordem concebível era uma ordem projetada com os poderes da razão e mantida pelo monitoramento e manejo cotidiano".

Nesta linha de pensamento, assistimos não à violência contra as instituições religiosas, no sentido de buscar a sua destruição, mas a seu enfraquecimento na condução da sociedade. Não foi preciso violência para que se alcançasse seu enfraquecimento, também, historicamente, o método da violência, na maioria das vezes, não serviu para a destruição daquilo que se pretendia destruir, mas, pelo contrário, até para seu fortalecimento. Assim, não adiantaria mesmo uma violência contra as instituições religiosas. A única forma de enfraquecê-las, sem a violência, foi ignorá-las, e é a isto que assistimos na modernidade.

Na mesma linha de Bauman (2001, p.11), "assistimos à chegada do estado líquido", da liquefação das instituições tradicionais que não se deu através de processos autoritários ou tirânicos, pelo contrário, chega-se a este estágio após um árduo processo de libertação do poder destas instituições, uma vez que elas eram compreendidas como empecilhos para o exercício da liberdade. Numa dimensão psíquica, vemos os novos presbíteros católicos dando o máximo de si, muitos até acreditam oferecer o melhor que possuem, mas no dia seguinte tudo parece ter-se tornado "quase que nada". Isto gera um vazio, uma crise de autoestima, a qual já foi expressa por Sartre (1905-1980), quando diz que "no fim do caminho chegamos a um muro", o qual parece impossível ultrapassar; assim, caminhamos para o nada (Jean Paul Sartre. *O muro*, 2ª ed., tradução de H. Alcântara Silveira, Editora Civilização

---

instituição, tendem a ser burocratizadas e impessoais. Na medida em que cada grupo vai se institucionalizando a tendência é a burocratização, a impessoalidade e a negação das individualidades.

Brasileira, 1957). Recobrar as forças, para o novo presbítero católico, só parece ser possível através da esperança. Segundo Bento XVI (Carta Encíclica *Spe Salvi*, 2007) a esperança equivale à fé. Assim, a esperança se torna uma ferramenta para o novo presbítero católico transpor a sensação de que foi em vão seu esforço, trazendo a sensação do vazio. Quem não tem esperança caminha triste (1Ts 4,13).

Na modernidade, com a chegada das transformações sociais de todas as formas de vida, vemos cada vez mais serem postos por terra os modos de ser das instituições de cunho mais tradicional e burocrático, sobretudo as religiosas, e consequentemente das identidades passadas como heranças para as novas gerações. Nesta "nova sociedade", o eixo para a construção da identidade segue a meta da realização pessoal, sendo de responsabilidade do indivíduo.

A novidade neste cenário é que há, mesmo que lentamente, a institucionalização das diferenças, algo contrário à política social das gerações do passado. Em vista disso, há uma questão problemática, qual seja, a da identidade, em vista de ser, praticamente, impossível manter-se por longo tempo fiel a uma identidade, dada a volatilidade das coisas e uma sensível fragmentação dos sujeitos, sem contar é claro com suas inúmeras relações, que produzem transformações quase instantâneas. Desta forma, do mesmo modo em que as novas comunidades surgem como um "porto seguro" para se viver a fé, elas tendem a passar por um processo rápido de metamorfose, com vista a atender as novas demandas da "engenharia social".

Estas transformações rápidas, atendendo à nova "engenharia social", gera sempre um processo de conflito, de ansiedade e de crise. Aqui aparece aquilo que Antonio Gramsci (1891-1937) escreveu nos *Cadernos do Cárcere*: "A crise consiste precisamente no fato de que o velho está morrendo e o novo não pode nascer: neste interregno surge uma grande variedade de sintomas mórbidos". As novas comunidades religiosas de Aliança e Vida, os grupos e movimentos, sobretudo os de cunho mais fundamentalistas, são um sinal de que algo da cristandade está morrendo, mas algo novo ainda não nasceu. Não "nasceu um modo novo de ser cristão" que possa servir de resposta para todos os batizados. Desta forma, as novas comunidades, grupos e movimentos se apresentam como uma forma de cuidar da tradição cristã, mas, simplesmente, preservando os costumes da tradição.

Psicossocialmente, o desafio nesta forma de cuidado é que este processo pode apenas representar uma forma de "descontentamento" com as "metamorfoses religiosas" da modernidade e um "fechamento" a todas as novas possibilidades de se viver a fé. Além do mais, neste processo cada nova comunidade, grupo ou movimento parece buscar arrogar para si que achou "o caminho perdido", sendo "oásis da salvação", mas o caminho seria apenas aquilo que Gramsci (1986) já chamou de reedição do passado, como se fosse solução do problema.

As novas comunidades parecem acreditar, em meio às contradições do "novo", ser possível reeditar o "velho"; algo que eles esquecem é que estamos em um mundo sem retorno, e o fechamento às "novidades da modernidade" pode bloquear a evolução, a metamorfose, ser sujeito da história. As novas comunidades parecem dar a impressão de que seria possível uma identidade cristã desligada da realidade atual. Mas segundo Ciampa (2001, p. 86), "A identidade se concretiza na atividade social. O mundo, criação humana, é o lugar do homem. Uma identidade que não se realiza na relação com o próximo é fictícia, é abstrata, é falsa". Desta forma, fechar-se nos "guetos tradicionais e fundamentalistas" para se viver a fé, torna-se uma forma abstrata de ser cristão.

Segundo Ciampa (2001), tudo o que faz parte da história precisa ser "representado" enquanto a morte não vem. A intuição de Gramsci, nos *Cadernos do Cárcere*, de que "o velho está morrendo e o novo ainda não nasceu", é mais do que nunca atual para apontar que existem transformações na sociedade, as quais levam às transformações das instituições, a um processo de metamorfose. A morte do "velho" sinaliza um processo pelo qual a história da humanidade, as instituições, os grupos tendem a passar, um processo de "morte e vida", um processo de transformação e mudança com acentos de acordo com as necessidades de cada época, como num processo de metamorfoses e emancipações que nunca se esgotaram.

Portanto, a "crise de identidade" dos modos de ser cristão não é, em si, algo ruim. É sinal de que a Igreja está viva. Que as igrejas não são apenas instituições mecânicas e burocráticas, mas de fato, corpo místico de Cristo. E no decorrer de sua vida, todo corpo passa por alterações significativas em seu processo vital. É perfeitamente natural que, juntamente com algumas células, morram também certos tipos de comportamento, ou que determinados valores e convicções que foram bastante úteis no passado já não sirvam diante das novas exigências da vida.

Para Bauman (in *O mal-estar da pós-modernidade*, Editora Jorge Zahar, 1998), houve um deslocamento da função de legislar acerca do modo correto de separar a verdade da inverdade para a de interpretar acerca do modo correto de traduzir entre línguas distintas, cada uma gerando e sustentando suas próprias verdades. Aplicando esta compreensão para a função de cuidado presbiteral, parece que sua ação deve sair do eixo de legislar a verdade para a da interpretação das mais variadas formas de expressões religiosas. As expressões religiosas parecem seguir o mesmo rito plural da sociedade. Além do mais, a pluralidade de verdades deixou de ser considerada um "irritante temporário", isto porque a possibilidade de diferentes opiniões pode ser, não apenas simultaneamente julgada verdadeira, mas ser de fato simultaneamente verdadeira.

Dentro da mística do cuidado, cabe aos novos presbíteros católicos, nas sociedades modernas, exercitar a tolerância,[34] pois esta virtude é considerada uma virtude por excelência, sendo, a partir

---

[34] Numa sociedade pluralista, segundo Habermas (2007, p. 286), "A tolerância preserva uma comunidade política pluralista de se dilacerar em meio a conflitos oriundos de visões de mundo diferentes". Praticar a tolerância implica diálogo, isto é, só pode praticar a tolerância quem tem argumentos subjetiva e objetivamente convincentes.

dela, possível desenvolver ações de cuidado capazes de fazer os indivíduos, grupos e sociedades viverem juntos, lado a lado, tendo diferentes valores.

Assim, cuidar da fé na modernidade a partir dessas novas configurações se apresenta como um desafio para os novos presbíteros católicos. O desafio é desenvolver a arte de conviver com as diferenças, a arte de fazer com que os participantes de cada nova expressão de fé possam cooperar sem que os cooperados percam sua identidade, beneficiando-se uns com os outros, apesar das diferenças. Diante de tal situação restam aos novos presbíteros católicos cuidar das novas cumunidades, grupos ou movimentos de modo a não exaltar um único "caminho de salvação", nem desprezá-los. Sua atitude deve ser pautada pelo equilíbrio, diálogo e reconhecimento, buscando ajudá--los a testemunhar um modo de vida profundamente coerente com o Evangelho de Jesus Cristo.

O novo presbítero católico
e o cuidado da paróquia

Vivemos hoje uma mudança de época, isto é, uma nova página na história da humanidade, cujos efeitos interferem diretamente no projeto da civilização do qual somos parte, produz alterações nas formas de nos organizarmos, de nos relacionarmos uns com os outros, com a natureza, com o cosmos e afeta até mesmo a maneira como compreendemos o mundo, nossa existência e nossa fé.

Em se tratando de paróquia, admitir a mudança de época é fundamental para que o novo presbítero católico possa desenvolver novos modos de organização e cuidado do povo de Deus na atualidade. A mudança de época que estamos vivendo, apresenta novos desafios e sérias interpelações que exigem, dos novos presbíteros católicos, coragem, entusiasmo, criatividade e fidelidade à perene mensagem do Evangelho de Jesus Cristo.[35]

O dramático é quando algumas instituições políticas, econômicas, culturais e até religiosas se sentem ameaçadas e começam a preparar a resistência à mudança de época. Ficam entrincheiradas, como quem junta alimentos e armamentos para a guerra; ou se fecham às relações humanas, como quem seleciona aqueles com quem contar na luta; ou, ainda, aplicam o dualismo à mudança em andamento, como quem separa os que estão comprometidos com a ordem vigente e os insensatos da nau à deriva.

Os novos presbíteros católicos, alinhando-se àqueles que percebem e aceitam a mudança de época, devem tomar consciência de que a organização paroquial ou a própria instituição "paróquia", bem como sua compreensão, passa por uma "crise", isto devido, sobretudo, ao fato da urbanização, dos novos paradigmas sociais e comportamentais, das mudanças de concepção de tempo e espaço e dos avanços dos meios de comunicação social e de informação.

Saber cuidar de uma paróquia, sobretudo para o presbítero diocesano, é algo essencial. Por isso vamos olhar, a partir da psicologia social e da mística do cuidado, esta instituição.

A paróquia como tal, em sentido primeiro, é "a comunidade dos fiéis submetida ao pároco, ou o território sobre o qual se estende

---

[35] Segundo as Diretrizes Gerais da Ação Evangelizadora da Igreja no Brasil (2011-2015, n. 27-28): "Por certo, ao reconhecer a mudança de época como maior desafio a ser atualmente enfrentado, o discípulo missionário não se esquece das ameaças à vida de pessoas, povos e até mesmo todo o planeta (...). Olhar, portando, para a mudança de época e para o necessário (re)enraizamento de critérios, longe de significar o afastamento dos problemas concretos e urgentes da vida de nosso povo, significa buscar uma base realmente sólida para enfrenta-los (...). É, pois, neste sentido, que emergem algumas urgências na evangelização, que, por isso mesmo, deve estar presente em todos os processos de planejamento e nos consequentes planos, independentemente do local onde as ações evangelizadoras aconteçam".

a jurisdição do pároco". Nos primeiros séculos da Igreja não existiam as paróquias; existiam apenas os bispados ou dioceses administradas pessoalmente pelos bispos, legítimos sucessores dos Apóstolos. A diocese era uma única paróquia, cuja matriz era a catedral, única igreja que possuía a pia batismal. Os bispos, nas suas catedrais, acercavam-se de presbíteros auxiliares para o serviço do culto e administração dos sacramentos.

Com a propagação da fé nas grandes cidades e aldeias, surgiu a necessidade de construírem templos para a comodidade desses fiéis, que nem sempre poderiam recorrer aos bispos devido às distâncias que os separavam das sedes episcopais. Para essas comunidades ou regiões, os bispos passaram a designar presbíteros, e com isso começou a demarcação denominada paróquia, que era a congregação do povo naquela região.

No final do século IV já encontramos as paróquias na Itália e em Alexandria. Santo Atanásio, na sua segunda Apologia, diz que no seu tempo havia dez igrejas paroquiais em Maréctis, da diocese de Alexandria. Assim, a paróquia é uma instituição venerada pela sua antiguidade. Ela é tida como uma célula viva dentro do grande organismo que é a diocese e a Igreja, a família de Deus.

Embora a paróquia tenha uma grande importância para a organização da Igreja Católica como um todo, ela vem passando por uma crise, algo pouco problematizado. Num olhar, mesmo que muito rápido, percebe-se que, a partir do Concílio Vaticano II, ela vem sendo tomada, mesmo que perifericamente, nos documentos da Igreja e pelos últimos papas, como algo a ser refletido.

Segundo o Concílio Vaticano II, acontecimento mais importante da Igreja no século XX, na paróquia "se reúnem os fiéis pela pregação do Evangelho de Cristo. Nela se celebra o mistério da Ceia do Senhor, 'a fim de que, comendo e bebendo o corpo e sangue, toda a fraternidade se una intimamente'" (*Lumen Gentium*, 25). E ainda, a paróquia, prolongamento da Igreja universal, tem a missão de prolongar, nas diversas comunidades, "a presença e a ação evangelizadora de Cristo", já que são "formadas à imagem da Igreja universal, nas quais e, a partir das quais, existe uma só e única Igreja Católica" (Concílio Vaticano II, *Lumen Gentium*, 23).

O papa João Paulo II retomou o tema paróquia e, em vários dos seus documentos e falas, trouxe o tema para ser refletido. Segundo João Paulo II, *Christifideles laici*, n. 32, na paróquia os fiéis são chamados a viver o dinamismo de comunhão-missão: "a comunhão e a missão estão profundamente unidas entre si; compenetram-se e se implicam mutuamente, ao ponto de a comunhão representar, ao mesmo tempo, a fonte e o fruto da missão... sempre é o único e idêntico Espírito que convoca e une a Igreja e que a envia a pregar o Evangelho até os confins da terra". E ainda, a paróquia, comunidade de comunidades, dinamizada pelas pastorais, ministérios, movimentos, associações, deve ser o lugar que acolhe as angústias e esperanças dos homens, anima e orienta a comunhão, a participação e a missão.[36]

A paróquia é uma subdivisão territorial de uma diocese, eparquia ou bispado, dentro da Igreja Católica. A palavra "paró-

---

[36] Segundo o mesmo documento (*Christifideles laici*, n. 26): "Muitas Paróquias, tanto nas zonas urbanas como em terras de missão, não conseguem funcionar plena e efetivamente por falta de meios materiais ou de homens ordenados, ou também pela excessiva extensão geográfica e pela especial condição de alguns cristãos (como, por exemplo, os refugiados e os emigrantes). Para que tais Paróquias sejam verdadeiramente comunidades cristãs, as autoridades locais devem favorecer: *a*) a adaptação das estruturas paroquiais à ampla flexibilidade concedida pelo Direito Canônico, sobretudo ao promover a participação dos leigos nas responsabilidades pastorais; *b*) as pequenas comunidades eclesiais de base, também chamadas comunidades vivas, onde os fiéis possam comunicar entre si a Palavra de Deus e exprimir-se no serviço e no amor; estas comunidades são autênticas expressões da comunhão eclesial e centros de evangelização, em comunhão com os seus Pastores... Para a renovação das paróquias e para melhor assegurar a sua eficácia operativa devem favorecer-se também formas institucionais de cooperação entre as diversas paróquias de um mesmo território.

quia" é também usada para se referir de um modo mais geral ao conjunto de pessoas que frequentam uma determinada igreja. Na Igreja Católica a definição de paróquia é dada pelo Código de Direito Canônico, que declara: "Paróquia é uma determinada comunidade de fiéis, constituída estavelmente na Igreja particular, e seu cuidado pastoral é confiado ao pároco como a seu pastor próprio, sob a autoridade do Bispo diocesano" (Cân. 515 § 1º). Determina ainda o direito canônico que "Toda diocese ou outra Igreja particular seja dividida em partes distintas ou paróquias" (Cân. 374 § 1º). Em geral as paróquias são circunscrições eclesiásticas territoriais que compreendem todos os fiéis de um determinado território. Entretanto há também as chamadas paróquias pessoais, que são constituídas em razão de rito, língua ou nacionalidade dos fiéis de um território (Cân. 518).

A questão da paróquia foi retomada nos Documentos de Aparecida. O Documento de Aparecida aposta no papel missionário da paróquia,[37] havendo uma mudança de enfoque da paróquia de uma comunidade de manutenção para centros de irradiação missionária em seus próprios territórios e lugares de formação permanente: "Se queremos que as Paróquias sejam centros de irradiação missionária em seus próprios territórios, elas devem ser também lugares de formação permanente. Isso exige que se organizem nelas várias instâncias formativas que assegurem o acompanhamento e amadu-

---

[37] "A dimensão comunitária é intrínseca ao mistério e à realidade da Igreja, que deve refletir a Santíssima Trindade. Essa dimensão especial tem sido vivida de diversas maneiras ao longo dos séculos. A Igreja é comunhão. As paróquias são células vivas da Igreja e lugares privilegiados em que a maioria dos fiéis tem uma experiência concreta de Cristo e de sua Igreja. Encerram inesgotável riqueza comunitária porque nelas se encontra imensa variedade de situações, idades e tarefas. Sobretudo hoje, quando as crises da vida familiar afetam a tantas crianças e jovens, as paróquias oferecem espaço comunitário para se formar na fé e crescer comunitariamente" (Documento de Aparecida 2007, n. 304).

recimento de todos os agentes pastorais e dos leigos inseridos no mundo".[38]

A paróquia no Documento de Aparecida é compreendida como uma célula viva da Igreja, a qual deve passar por um processo de renovação.[39] A renovação das paróquias exige reformular suas estruturas para que sejam redes de comunidades e grupos, impondo a criação de novas estruturas pastorais no mundo urbano, dado que muitas delas nasceram para responder às necessidades de um mundo rural. Também um desafio para a paróquia é uma evangelização integral, pois na imensa maioria de nosso continente vive-se o flagelo da pobreza.

Mas, mesmo tendo havido todo este incentivo dos documentos da Igreja e dos últimos papas, o assunto ainda é pouco trabalhado no meio eclesiástico. Só para se ter uma noção, o autor que levou mais a fundo a questão foi Affonso Felippe Gregory, com sua obra *A paróquia ontem, hoje e amanhã*, publicada pela Editora Vozes em 1967, livro que parece que nem foi reeditado. Temos outras publica-

---

[38] "Se queremos que as Paróquias sejam centros de irradiação missionária em seus próprios territórios, elas devem ser também lugares de formação permanente. Isso exige que se organizem nelas várias instâncias formativas que assegurem o acompanhamento e amadurecimento de todos os agentes pastorais e dos leigos inseridos no mundo" (Documento de Aparecida 2007, n. 304). No n. 513 se diz: "A Igreja em seu início se formou nas grandes cidades de seu tempo e se serviu delas para se propagar. Por isso, podemos realizar com alegria e coragem a evangelização da cidade atual. Diante da nova realidade da cidade, novas experiências se realizam na Igreja, tais como a renovação das paróquias, setorização, novos ministérios, novas associações, grupos, comunidades e movimentos. Mas se percebem atitudes de medo em relação à pastoral urbana; tendências a se fechar nos métodos antigos e a tomar atitude de defesa diante da nova cultura, com sentimentos de impotência diante das grandes dificuldades das cidades".
[39] "Entre as comunidades eclesiais nas quais vivem e se formam os discípulos e missionários de Jesus Cristo as Paróquias sobressaem. Elas são células vivas da Igreja e o lugar privilegiado no qual a maioria dos fiéis tem uma experiência concreta de Cristo e a comunhão eclesial. São chamadas a ser casas e escolas de comunhão".

ções, tais como: Elenita Delamea, *Administração Paroquial*, Edições Loyola, 2002, na qual a autora apresenta as normas estabelecidas pela Igreja para uma correta e segura administração dos bens materiais, dos quais, em seus diferentes setores, ela pode dispor; Luiz Rogério Nogueira, *Administração paroquial: procedimentos administrativos*, Editora Vozes, 2005, na qual o autor apresenta, de forma didática, os principais instrumentos que devem ser usados para administrar os recursos humanos, materiais; Adailton Altoé, *Organização Paroquial: Conselhos, Equipes e Serviços Pastorais*, Editora Vozes, 2007. Temos também a Revista *Paróquias & Casas Religiosas*, com publicação bimestral da Promocat Marketing Integrado.

Tendo colocado um pouco a compreensão de paróquia nos documentos da Igreja e dos papas, vamos lançar um olhar psicossocial e partir da mística do cuidado sobre esta estrutura, buscando traçar algumas pistas de ação para o novo presbítero católico.

A Europa, há séculos, conta com um número grande de paróquias, hoje em fase de redução ou fusão. Vejamos alguns exemplos (1996 – *Annuarium Statisticum Ecclesiae*): França: 33.342 paróquias, com média de 1.655 habitantes por paróquia; Alemanha: 12.379 paróquias, com média de 5.842 habitantes por paróquia; Itália: 25.892 paróquias, com 1.871 habitantes por paróquia; Espanha: 21.680 paróquias, com 1.502 habitantes por paróquia (Obs.: o número de habitantes inclui os nãos católicos).

O Brasil tem atualmente 9.410 paróquias para um território de mais de 8 milhões de Km, uma população de 190. 755. 799 e 17. 976 presbíteros católicos (diocesanos e religiosos).[40] Cada paróquia tem,

---

[40] Dados do Centro de Estatística Religiosa e Investigações Sociais (Ceris), órgão da Confederação Nacional dos Bispos do Brasil (CNBB), de 2006, mostram que a proporção de presbíteros no Brasil é a mais baixa do mundo entre os países católicos e é insuficiente para atender todos os católicos do país. Enquanto no Brasil há 17.976 padres, uma média de um presbítero para mais de 10.700 habitantes, na Itália existe

em média, um território de quase 1.000Km². A área de uma paróquia no Brasil é um pouco menor que a área média de uma Diocese italiana: 1.322Km². O número médio de habitantes por paróquia é de 18.319 habitantes. Em 1965 tínhamos 4.764 paróquias; em 1970, com uma população de 93.139.037, tínhamos 5.577 paróquias; em 2000, como uma população de 169.544.443 – aumento de 82% – tínhamos 8.602 paróquias; em 2010, com uma população de 190.755.799 – aumento de 21,5% – tínhamos 9.410 paróquias. Em comparação com o ano de 1970 a população cresceu 104,8% e o número de paróquias 68%. O número de habitantes por paróquia cresceu muito nos últimos 40 anos, saltando de 16.700 para 20.271 habitantes, isto de acordo com dados do Centro de Estatísticas Religiosas e Investigações Sociais (CERIS) e o Instituto Brasileiro de Geografia e Estatística (IBGE).

Tendo em vista as crises dos paradigmas da paróquia na atualidade se faz necessário que os novos presbíteros católicos revejam tal conceito. As formas tradicionais de evangelização parece não ser mais adequadas à nova realidade, sobretudo quando ancoradas no modelo de paróquia tradicional, centralizada no padre, na sacramentalização e na circunscrição geográfica. Estabelecido na Europa do final do primeiro milênio da Era Cristã, o sistema paroquial nunca foi a única maneira de a Igreja marcar presença na vida cotidiana das pessoas. Sempre existiram outras formas comunitárias de manifestação da fé católica nos monastérios e ordens religiosas.

Mesmo percebendo uma crise no sistema de paróquia, consta-se uma volta gradativa do paroquialismo. Superar uma eclesiologia

---

um presbítero para cada mil habitantes. Nos Estados Unidos temos, em média, um presbítero para cada 6.500 habitantes, na Alemanha um presbítero para cada 4.500 habitantes, na Argentina um presbítero para cada 6.800 habitantes, na Colômbia um presbítero para cada 5.600 habitantes e no México um presbítero para cada 9.700 habitantes.

com uma visão tradicional e "jurídica" de paróquia, com clericalismo de padres e leigos, e uma visão utilitarista dos sacramentos, eis o desafio do cuidado presbiteral.

O modo cuidado do novo presbítero católico da paróquia deve envolver a reforma das estruturas da Igreja como uma prioridade da ação evangelizadora, promovendo a paróquia como "rede de comunidades" e favorecendo a unidade de movimentos, serviços e ministérios, por uma presença mais viva no território e meios de comunicação social e informação e nas diversas associações e grupos na sociedade civil, rompimento de burocracias e mais aposta nas lideranças leigas, na ministerialidade e no engajamento político.

Cuidar pastoralmente de uma paróquia na atualidade implica, para o novo presbítero católico, a partir da mística do cuidado, caminhar para fazer com que o horizonte espiritual das paróquias e comunidades seja realmente casa e escola de comunhão, escuta da palavra de Deus, oração e espírito missionário, aspirando à santidade e fazendo com que a Eucaristia seja, de fato, a fonte e o ápice da vida eclesial. Para alcançar tal objetivo, o presbítero católico deveria passar de administrador paroquial para cuidador do povo de Deus. Administramos fábricas, instituições, fazendas, indústrias, mas cuidamos de pessoas. Passar de administrador para cuidador significa quase que uma revolução copernicana. Segundo Yepes, presbítero em Bogotá, Vice-reitor do Instituto Teológico Pastoral do CELAM(2008, p. 36): "Somente um sacerdote apaixonado por Jesus Cristo pode renovar sua paróquia. A renovação da paróquia exige dos párocos atitudes novas. Eles não podem se contentar em ser meros administradores, devem ser realmente missionários que busquem os distantes".

Na sociedade tradicional, a paróquia identificava-se com o aspecto institucional do catolicismo. É nela que os fiéis achavam a sua identidade de batizados e de católicos, inserindo-se numa tradição plurisecular. Nos anos 60, depois do Concílio Vaticano II, emerge a figura de paróquia pensada como comunidade, como família, como povo de Deus. A experiência comunitária torna-se o valor fundamental. A comunidade desloca o acento da hierarquia para a fraternidade, para o serviço. E com os avanços da urbanização, da tecnologia dos meios de comunicação social e informação, os limites territoriais ou físicos do sistema paroquial não poderiam passar sem arranhões para a recomposição do catolicismo na atualidade.

Há uma situação de mal-estar na forma tradicional de ação da Igreja Católica nas cidades, bem como na organização do sistema paroquial no mundo globalizado, democrático, secularizado, mundo da Net e de toda tecnologia de comunicação e informação. O mundo moderno é também marcado pela mudança da noção de tempo e espaço, pelo pluralismo e pela mobilidade. Neste mundo não há como se fazer presente se não for pela diversidade de formas. É o mesmo Evangelho, o mesmo princípio eclesial, porém com configurações adequadas ao momento histórico. Segundo o Documento de Aparecida: "A pastoral da Igreja não pode prescindir do contexto histórico" (n. 367).

Vejamos alguns desafios para o novo presbítero católico pensar a paróquia na atualidade:

a) O desafio das paróquias urbanas. Neste sentido é urgente e indispensável dar solução às interrogações que se apresentam às paróquias urbanas, para que estas possam responder aos desafios da nova evangelização. Há defasagem entre o ritmo da vida moderna e os critérios que ordinariamente animam a paróquia. Os católicos do bairro não frequentam a paróquia; as pessoas não sabem a que paróquia pertencem; as pessoas circulam de paróquia em paróquia, atrás de certo tipo de celebração ou melhor atendimento; as missas das segundas-feiras, ligadas ao culto dos mortos, ou missas de cura e libertação, às vezes, estão mais cheias que as de domingo. Assim, se faz necessário: renovar as paróquias a partir de estruturas que permitam setorizar a pastoral, mediante pequenas comunidades eclesiais nas quais apareça a responsabilidade dos fiéis leigos; qualificar a formação e participação dos leigos, capacitando-os para encarnar o Evangelho nas situações específicas onde vivem ou atuam; renovar sua capacidade de acolhida e seu dinamismo missionário com os fiéis afastados; multiplicar a presença física da paróquia mediante a criação de capelas e pequenas comunidades espalhadas por todo o território (DAp, n. 172) e criar ministérios em todas as comunidades. O tempo não para, não há mais dia nem noite na pós-modernidade. Por isso se faz necessário adequação aos ritmos de tempo, nas secretarias, nos serviços de escuta, aconselhamento, direção espiritual, confissões, missas, tendo horários cada vez mais diversificados.

b) O desafio das pessoas que não se encaixam nos modelos geográficos de paróquia. Cresce o número de pessoas que parecem não se encaixar nos modelos paroquiais como circunscrição geográfica, mas se encaixam de acordo com os movimentos, ideias ou modos diversos de conceber a fé cristã. No sentido teológico-pastoral, paróquia é, como o próprio termo indica, a experiência de Igreja que acontece ao redor da casa. Trata-se de uma igreja que está onde as pessoas se encontram, independentemente dos vínculos territoriais, das indicações de residência e outras questões ligadas ao espaço e à territorialidade. Este ponto, nem sempre destacado, é de vital importância porque uma das características centrais da mudança de época pela qual passamos encontra-se na transformação dos conteúdos atribuídos às noções que dão sentido, significado, à realidade. As características ou condições para os dois tipos de comunidade são descritas, por exemplo, no Documento de Aparecida (2007, n. 179). A tendência hoje é a de acolher os diversos modos de concretizar a dimensão comunitária: comunidades territoriais e comunidades não territoriais. É tempo de intensificar ainda mais a nucleação comunitária, ultrapassando os limites das relações burocráticas, da prestação de serviços, da efetiva experiência comunitária apenas para alguns.

c) O desafio do alargamento dos espaços geográficos, sendo rompida a noção de espaço e tempo na qual as paróquias parecem se organizar. Uma destas rupturas da mudança de época é a que vem ocorrendo com o modelo de simples identificação entre o espaço territorial, o espaço sociocultural e o espaço de fé. Esta ruptura pede a reconfiguração da experiência comunitária em todos os níveis, inclusive no religioso. A questão é estrutural e diz respeito às mudanças no lidar com o espaço e com a dimensão comunitária. Entre tais noções, encontra-se a de espaço, que, em nossos dias, despregou-se do chão fisicamente considerado. É o espaço virtual ou virtualizado, do qual as comunidades formadas na internet são o exemplo mais interessante a se analisar. Num espaço fragmentado e em movimento, não podemos nos apoiar única e exclusivamente em modelos pastorais que se baseiam em espaços unificados e estáticos. Na pós-modernidade, o fato de se residir num território não implica necessariamente laços de vizinhança, cumplicidade de vida e relacionamento. Esta pertença pode se concretizar na identificação com o território físico, como também pode transcender este mesmo território e se construir a partir de outros referenciais, desde que se atenda ao indispensável para a existência de uma comunidade. Podem ser também afetivas, carismáticas, transcendendo os limites do espaço físico e se organizando em torno de espaços de interesse. Diante dos meios de comunicação social e das mudanças da noção de tempo e de espaço, os fiéis parecem não partilhar mais da noção de paróquia como uma circunscrição geográfica. A explosão de novas comunidades católicas midiáticas parece responder às crescentes dificuldades de manter a fé católica fundamentada nas estruturas visíveis da Igreja em uma sociedade urbana, em que a mídia passou a ocupar um importante lugar no processo de recomposição do religioso. São esses novos tempos propícios para o surgimento de "paróquias" e "dioceses" virtuais? No dizer de Daniele Hervieu-Léger (2008), essa movimentação da religião está associada às figuras do "peregrino" e do "convertido", é um novo perfil do crente, que não mais acolhe o que lhe é apresentado com a força da tradição ou da instituição. O novo crente quer e precisa ter a possibilidade de escolher. De qualquer maneira, está em operação um amplo "desmanche" dos arranjos tradicionais que marcavam, inclusive, a construção da identidade e do relacionamento dos fiéis com a paróquia, a qual requer uma nova configuração para o cuidado presbiteral.

d) O desafio da presença da mulher na estrutura da Igreja. Espelhando-se no mestre Jesus, que teve entre seu grupo íntimo as mulheres, esta situação nos convida a mudar nossa mentalidade e reconhecer a dignidade da mulher em todos os âmbitos da sociedade para constituir uma verdadeira comunidade. Nos evangelhos encontramos muitas mulheres que seguiam Jesus desde a Galileia e tornaram-se suas discípulas (Mc 15,41; Lc 8,1-3). Jesus reconhece que o que nos separa é o preconceito e que a palavra de Deus não deve ficar prisioneira dos preconceitos. Ele confiava nas mulheres e no grupo dos seus seguidores mais íntimos, vemos muitas mulheres: Maria Madalena, que Jesus curara de "sete demônios"; Salomé, mãe de João e Tiago; Maria de Cléopas, prima ou irmã da mãe de Jesus; Suzana e Joana, mulher de Cuza, procurador de Herodes Antipas. Ele apresenta outra atitude em relação ao homem e à mulher: para ele deve existir igualdade entre ambos, nem mais nem menos. Hoje a mulher está mais consciente e busca igualdade sem perder o que lhe é próprio. Ela vai à luta, está se encontrando como agente social, não é mais anônima, dá opinião e age com segurança frente às mais diversas situações. Acolher estas transformações requer transformação das relações, das atitudes, da consciência e da mentalidade. A maior participação da mulher na Igreja deve ser vista como uma forma de libertá-la da menoridade, por isso não deve ser encarada como um presente da Igreja ou uma concessão, mas como dívida dos seguidores do mestre Jesus, que as teve entre seu grupo íntimo de amigos e confiou nelas.

Além desses desafios, existem outras questões ligadas à paróquia e que precisam ser tematizadas pelos novos presbíteros católicos, por todos os que ocupam cargo de representatividade na Igreja e todos os batizados, tais como:

a) O próprio conceito de paróquia e comunidade. Percebe-se que os presbíteros católicos deveriam direcionar suas ações de cuidado no sentido de revitalizar a paróquia através da formação das redes de comunidade, da organização dos conselhos comunitário, dos conselhos de pastoral e conselho econômico, numa palavra: de uma Igreja toda ministerial. Os leigos que temos hoje estão bem qualificados e podem contribuir muito com o avanço da organização paroquial. O que deve ser vencido é a dificuldade dos presbíteros católicos trabalharem em conjunto. A paróquia deve ser o lugar de se viver a Eucaristia e a Palavra de Deus em comunidade, sendo uma rede de comunidades, lugar fraterno de se viver e conviver como irmãos em Cristo Jesus. Tal modelo se baseia em Marcos 6,39-40, em que "Jesus ordenou que todos se sentassem, na grama verde, em grupos de cem e de cinquenta para a refeição comunitária". O milagre da vida acontece num espaço comunitário. O que se projeta na prática de Jesus é um relacionamento social baseado na igualdade, na solidariedade, na participação e na vida e não na centralização do poder. O relacionamento de Jesus foi um grande espelho para seu tempo como deve ser para toda a organização da nossa Igreja até hoje. Sobre o conceito de comunidade, nos referimos à capacidade de gerar e manter relações interpessoais, de sentir-se irmão e irmã, com laços às vezes mais fortes que os laços de sangue. São necessariamente laços baseados em gratuidade, amizade, cumplicidade e partilha de vida. Assim, podemos falar de comunidades no Orkut, comunidades virtuais, comunidades nos movimentos. Para muita gente, em especial para boa parcela da juventude, notadamente da juventude urbana, o mundo virtual, o mundo do Orkut, Facebook e similares, é o espaço onde acontecem as relações de identificação, de pertencimento e de compartilhamento. Portanto, se faz necessário vencer o conceito de comunidade somente como algo geográfico. É bom ter presente que as comunidades físicas tendem ao enfraquecimento devido à falta de lugares de lazer, que antes eram o bar, as praças e as igrejas, e também à incapacidade de preenchimento das necessidades gerais dos seres humanos. As comunidades virtuais se apresentam com maior capacidade de preenchimento das necessidades humanas, tais como, o lazer, o sexo, o namoro, o reconhecimento, o divertimento, o pertencimento, a informação; enfim, tudo ou quase tudo de que se tem necessidade pode-se ter hoje através das comunidades virtuais.[41]

b) O modo de conceber a evangelização. Para o presbítero católico poder evangelizar a geração atual, implica em não ficar somente circunscrito nos âmbitos físicos da paróquia, nem usar uma linguagem linear nem sequencial. Neste caso, o rádio, a TV e o site da paróquia significam criar possibilidades para que a religião possa estar presente na vida desta geração. A interação é um modo de não estar só, de estar protegido e em união com o religioso. Assim a religião está onde o fiel está e a qualquer hora. É a mobilidade da fé.

c) A burocracia de nossas paróquias. Mais do que nunca, se faz necessário, para o novo presbítero católico, vencer o modo burocrático de gerenciar a paróquia, com acento na administração e sacramentalização, partindo para a dimensão missionária, na perspectiva do Documento de Aparecida, cumprindo o mandato do Senhor descrito nos evangelhos Mt 28,16-20; Mc 16,15-16; Lc 24, 47. Assim, a partir da mística do cuidado, urge o compromisso de organizar estruturas abertas e flexíveis capazes de animar uma missão permanente em cada igreja particular. A dimensão missionária é parte constitutiva da identidade da Igreja e do discípulo do Senhor. Por isso, a partir do querigma, deve-se viabilizar o encontro com Cristo vivo e fortalecer o sentido de pertença eclesial, para que todos os batizados

---

[41] Segundo Pierre Lévy e André Lemos, in *O futuro da internet: Em direção a uma ciberdemocracia planetária*, Editora Paulus, 2010, uma comunidade virtual é construída sobre as afinidades de interesses, de pertencimento, de conhecimentos, de projetos mútuos, em um processo lazer, de cooperação ou de troca, tudo isso independentemente das proximidades geográficas e das filiações institucionais.

sejam evangelizados e evangelizadores e, através de seu testemunho e ação evangelizadora, todos cheguem a ter vida plena em Jesus Cristo. É fazer da igreja inteira, de seus integrantes, de suas ações e estruturas ser uma Igreja missionária, promovendo a cultura da vida, que deve impregnar todas as estruturas e os planos de pastoral, em todos os níveis eclesiais.

d) O gerenciamento financeiro das paróquias. A partir da mística do cuidado deveria ser revista o gerenciamento financeiro das paróquias. Embora a situação financeira do nosso país esteja mudando nos últimos tempos, ainda prevalecem, no meio dos presbíteros católicos, grandes distorções de ordem econômico-financeira, criando assim, um desconforto geral entre aqueles que trabalham em áreas, paróquias ou comunidades mais bem equipadas e estruturadas, com melhores condições financeiras, e aqueles que trabalham em áreas, paróquias ou comunidades com menores condições financeiras. Mesmo havendo uma grande solicitude entre eles, essa situação exige solução eficaz e definitiva, pois, muitas vezes, ela clama aos céus. Fazer a transferência de caixa, tanto interno, no entorno da paróquia, quanto para as outras paróquias do setor ou diocese, ainda é algo pouco praticado entre os novos presbíteros católicos. Nas diretrizes Gerais da Ação Evangelizadora da Igreja no Brasil, CNBB, n. 94, se diz: "A efetivação de uma Igreja comunidade de comunidades com espírito missionário manifesta-se também na bela experiência das paróquias-irmãs, dentro e fora da diocese, análoga ao projeto Igrejas-irmãs. Faz-se necessário estimular, sempre mais, com oportunas iniciativas, a partilha e a comunhão dos recursos da Igreja do Brasil, desenvolvendo e ampliando o projeto igrejas-irmãs nas igrejas particulares, nos regionais e em âmbito nacional, levando em conta a situação de graves necessidades pessoal e de recursos financeiros nas regiões mais carentes do país" (n. 105).

e) Outra questão a ser tratada também é a questão da nomeação e transferências dos presbíteros católicos. Ao ser nomeado um presbítero católico para assumir uma paróquia, sobretudo paróquias mais centrais e com maior representatividade, deveriam ser consideradas, além de sua idoneidade, a capacidade de trabalhar em equipe com os outros presbíteros católicos, a capacidade de respeito para com os antecessores, a capacidade de trabalhar com os leigos e leigas, devendo sempre ser evitadas a promoção, *status* ou "amizade" e a "proteção" do bispo local. A paróquia não deve ser considerada um "feudo", mais um lugar de partilha, de vivência da Eucaristia, de escuta da Palavra de Deus e vivência em comunidade.

f) A criação de novas paróquias, formação de redes de comunidades e as novas formas de cuidado. Há necessidade de criação de novas paróquias, bem como o incentivo à formação de redes de comunidade e buscas de novos caminhos de evangelização.

Em seu esforço de corresponder aos desafios dos tempos atuais, decorrentes da mudança de época, somente com uma visão mais atualizada de paróquia se poderá contribuir para a revitalização delas como verdadeiros centros de evangelização, de espiritualidade, de comunidade, de famílias cristãs, povo de Deus, casa dos seus filhos e das suas filhas. É a partir da renovação da mentalidade, da conversão pastoral, que se poderá atender também aos novos perfis de crentes, que não mais acolhem o que lhes é apresentado com a força da tradição ou da instituição. Os novos crentes querem e precisam ter a possibilidade de escolher. Para se responder à mudança de época, desenvolvendo novos modos de organização e cuidado do povo de Deus na atualidade com coragem, entusiasmo, criatividade e fidelidade à perene mensagem do Evangelho de Jesus Cristo, se exige dos novos presbíteros católicos uma nova consciência de paróquia e de evangelização. Esta nova consciência implica em pensar também nas novas comunidades formadas pelos movimentos e pelos meios de comunicação social e informação.

Assim, a renovação paroquial passa pelo esforço de uma ação de cuidado pensada, algo que exige uma renovação da mentalidade do novo presbítero católico e da Igreja como um todo.

O novo presbítero católico e o cuidado das comunidades

O cristianismo nasceu com a vocação de formar comunidades e se organizou a partir das comunidades, pelo menos é o que se percebe no Novo Testamento. Essa estrutura passou por várias crises, sombras e renovação, ganhando a forma de um núcleo paroquial com um pároco e sua centralização.

Se olharmos para o Brasil, com nossas mais de 70 mil comunidades, mesmo com um olhar superficial, percebe-se que na maioria delas o que as sustentam, muitas vezes, são os movimentos eclesiais com a reza do terço, ladainhas, via-sacra e outras devoções, costumes que têm assegurado a fé de muitos de seus seguidores, tradição que tem garantido a continuidade, passando os rituais de pais para filhos. Mesmo havendo grande número de comunidades, percebe-se que existe uma centralidade no pároco, acento nas práticas devocionais, sendo o eixo motor a doutrina, com os ritos sacramentais que promovem a religiosidade individualista para atender às expectativas de cada pessoa que ali chega. As pastorais sociais têm pouca atenção, aplicando-se quase que exclusivamente ao bem-estar dos peregrinos.[42]

A centralidade da comunidade na evangelização aparece no Concílio Vaticano II (*Gaudium et Spes*, n. 23): "O multiplicar-se das relações mútuas entre os homens constitui um dos aspectos mais importantes do mundo de hoje. Muito contribui para este desenvolvimento, o progresso técnico. Entretanto, a fraternidade entre os homens não se completa com tal progresso, porém, mais profundamente na comunidade das pessoas, que exige o respeito recíproco de sua plena dignidade espiritual". Aparece também no Documento de Aparecida (2007), no qual o tema comunidade foi

---

[42] Para aprofundamentos desta questão vide artigo de Pedro F. Bassini, "Paróquia, rede de comunidades", in *Vida Pastoral*, julho e agosto de 2011, ano 52, n. 279, p. 16-25.

amplamente abordado, sendo indicado como o caminho para a verdadeira evangelização.

Mas, percebe-se, na atualidade, que existe uma questão emblemática na comunidade, isto é, existe mais preocupação com a segurança pessoal, proteção contra a secularização, um "porto seguro", do que com o sentido evangélico de viver e formar comunidades no sentido do Novo Testamento. Mas é bom atentar para o sentido que a questão da comunidade vem ganhando na atualidade. Para isso, numa visão psicossocial, vamos fazer algumas considerações que julgamos importantes para a mística do cuidado do novo presbítero católico.

Segundo Bauman (2001, p. 11) vemos a chegada do estado líquido a quase todas as dimensões da vida humana e poucos setores resistem à liquefação. O sentido evangélico de comunidades cristãs parece estar passando por um processo de liquefação, surgindo comunidades de cunho tradicional e "fechadas", mais preocupadas com a segurança e a proteção. Este estado não se dá através de um processo autoritário ou tirânico, pelo contrário, após um árduo processo de libertação destes mecanismos, uma vez que eles eram compreendidos como empecilhos para o exercício da liberdade. Segundo o mesmo autor, Bauman (2003), nossos avós lutaram com valentia pela liberdade. A sociedade atual parece cada vez mais preocupada com a segurança pessoal, disposta a entregar parte da liberdade que tanto custou, em troca de maior segurança. A saída parece ser o "fechamento" em alguma forma de comunidade. Busca-se não somente estar num lugar seguro, mas que propicie o entretenimento e a liberdade.

Em se tratando de pertencer a uma comunidade religiosa, isto tem um valor psicológico muito rico e simbólico para quem participa destas comunidades. O sentido do lugar, da comunidade, se baseia na necessidade de pertencer não a uma religião católica em abstrato, mas a alguma comunidade particular. Satisfazendo essa necessidade, as pessoas desenvolvem o compromisso com a lealdade, sendo leais ao modo de ser dessas comunidades.

É verdade que a religião católica foi sempre uma religião com um forte sentido de cuidados, compartilhamento, fraternidade, proteção, união, justiça, paz e salvação, sentido para a vida, valores trabalhados a partir da organização e pertença às comunidades. Na comunidade, através dos sacramentos, da leitura da palavra de Deus, encontros, reuniões, celebrações etc., os fiéis são introduzidos dentro das riquezas do cristianismo, recebendo cuidados que propiciam orientações, confiança e segurança necessárias e importantes para o dia a dia.

No coletivo psicológico dos indivíduos, em busca de comunidade, e quando buscam a comunidade na Igreja Católica, percebe-se que a Igreja Católica é imaginada como Mãe e Mestra,[43] uma mãe rigorosa e, às vezes, implacável, mas sempre mãe, na qual se pode recorrer em busca de ajuda sempre que tiver necessidades.

Mas com o processo de burocratização, a Igreja Católica, como comunidade, parece ter perdido muito de sua aparência maternal. Por isso as esperanças de salvação que poderiam vir da comunidade Igreja Católica definham e se esvaem, perdendo sua importância e significado na vida de muitas pessoas e no imaginário coletivo. O amor frustado acaba, muitas vezes, em indiferença e ressentimento. Se a comunidade Igreja Católica não satisfaz o desejo do lar seguro, de proteção, de amor, de misericórdia, de cuidados, de inclusão, de orientação, acaba traindo, na memória popular, sua função de ser Mãe e Mestra. A frustração tende a aumentar quando muitos se sen-

---

[43] Na carta encíclica de João XXIII, *Mater et Magistra*, logo no primeiro número encontramos a passagem que diz: "Mãe e Mestra de todos os povos, a Igreja Universal foi fundada por Jesus Cristo, a fim de que todos, vindo no seu seio e no seu amor, através dos séculos, encontrem a plenitude de vida mais elevada e penhor seguro de salvação. A esta Igreja, coluna e fundamento da verdade (cf. I Tm 3, 15), o seu fundador santíssimo confiou uma dupla missão: de gerar filhos e de educar e dirigir, orientando, com solicitude materna, a vida dos indivíduos e dos povos, cuja alta dignidade ela sempre desveladamente respeitou e defendeu".

tem traidos, inseguros, abandonados e discriminados nos momentos em que precisam mais da sua maternidade do que da sua autoridade, poder, condenação e coerção.

Diante das descepeções e frustações com a maternagem da Igreja Católica, muitos fiéis, passam a buscar a segurança e o conforto esperando na comunidade Igreja Católica por outros meios ou em outros lugares.

Na atualidade, percebe-se também que o bairro, o setor, a paróquia, como tal, podem ter perdido a importância para a "sociedade virtual", que é capaz de olhar todos os lugares com distanciamento e sem envolvimento. Mas algo que se torna evidende nas comunidades virtuais é abusca da segurança. A segurança passa a ser a moldura cognitiva dessa evolução de concepção de "comunidade".[44] A sociedade atual é a sociedade da insegurança e do medo. Dada a intensidade do medo, se não existissem inimigos eles teriam de ser inventados. No caso da Igreja Católica, graças a eles, o inimigo é metamorfoseado em ameaça para a pureza da fé Cristã. Assim, se formam comunidades com a bandeira de pureza doutrinal, comunidades perfeitas, na maioria das vezes, fechadas em "guetos de fé", tendo como inimigos membros da própria Igreja Católica. O fenômeno do gueto consegue ser ao mesmo tempo territorial e social, misturando proximidade e distância física com proximidade e distância moral ou doutrinal. Isto é complementado pela homogeneidade dos de dentro contra a heterogeneidade dos de fora, podendo acabar em algo mais parecido com "gaiolas de ferro" do que com comunidades cristãs. Os indivíduos que vestem a "camisa" desse modo de ser comunidade e viver o catolicismo podem achá-lo bonito, aconchegante e confortável, mas, muitas vezes, se veem numa situação sem saída, sobrando

---

[44] Segundo Bauman (2003, p. 102): "A segurança como todos os outros aspectos da vida humana num mundo inexoravelmente individualizado e privatizado é uma tarefa que toca cada indivíduo".

apenas a "segurança da mesmice", a prisão da "gaiola de ferro", sem possibilidade de escolha. Pertencer a essas comunidades acaba sendo um modo de ter *status* e identidade e não um modo cristão de se fazer irmão dos sofredores, de viver o respeito e o reconhecimento mútuo, de evangelizar, de seguir Jesus Cristo e construir Seu Reino.

Dada a problemática colocada, a tendência não é buscar comunidades interativas com outras comunidades, comunidades abertas, fraternas, preocupadas com a justiça social e comunhão entre si e com Deus, mas comunidades "fechadas", preocupadas com a proteção e segurança pessoal. Isto se dá através da divisão do espaço em um "dentro" e um "fora", mas o "dentro" para as pessoas que vivem de um lado do muro é o "fora" para os que estão do outro lado. Nessas comunidades "fechadas" existe uma fortificação contra tudo aquilo que parece estranho ou ameaçador. É um "fechamento" em busca de segurança em algo, que é chamado de "comunidade", diferente da concepção cristã de comunidade.

Diante do exposto, fica claro que o ser humano tem uma vocação para viver em comunidade. Sabedor de que a noção de comunidade no cristianismo é muito positiva, o novo presbítero católico, além de retomar essa centralidade da comunidade no seu modo de cuidado na evangelização, conforme Atos dos Apóstolos 2,42-47 e 4,32-35 e a indicação dos últimos documentos da Igreja Católica, deve avançar para fazer da comunidade o lugar de se viver a fé, a pertença, o serviço, os ministérios, a missionaridade e a transformação social.

O novo presbítero católico e as novas constituições familiares

Cuidar da família é urgente e indispensável. Mas é preciso tomar consciência de que cresce o número de casais de segunda união e também daqueles que querem viver o casamento somente como um contrato e não como um sacramento; cresce também o número daqueles que se unem e não querem gerar filhos; cresce o uso de preservativos, anticoncepcionais, cirurgias como vasectomia e ligação de trompas; cresce o número de pais que não batizam mais seus filhos tão logo nasçam, nem se preocupam em colocá-los na catequese para receber os sacramentos da iniciação cristã.

Todos estes comportamentos poderiam ser entendidos como males que ameaçam a família? Sabemos, no entanto, que muitos querem viver o Evangelho de Jesus Cristo e buscam, de alguma forma, um tipo de espiritualidade. Muitos casaram de modo correto, isto é, seguindo as orientações da Igreja Católica, mas o fizeram porque acreditaram que com eles seria diferente, que estavam certos, mesmo que algo pudesse sinalizar que poderiam ter problemas no futuro. Mas depois de alguns anos de caminhada se deram conta de que a felicidade juntos não foi possível: a fidelidade foi traída, o amor não floresceu, o companheirismo e amizade se transformaram em indiferentismo e desprezo, a alegria e o prazer de estarem juntos se transformaram em martírio e tristeza, senão em doenças, agressões ou violência. Diante de tal situação, buscar a separação parece-lhes, ainda, uma nova esperança ou um caminho de mais vida.

O novo presbítero católico, conhecedor da fé cristã e das orientações morais a respeito do matrimônio cristão, está desafiado a orientar espiritualmente todos estes modelos de comportamentos "familiares". Segundo o mandamento cristão o maior dever da família é o amor. Sem amor não há vínculo matrimonial. O que se percebe, na atualidade, é que houve uma mudança no modo de viver a família. No modo tradicional, a família, a geração de muitos filhos, o sofrimento, os maus tratos, a falta de carinho e pouco romantismo eram mais facilmente suportados. Na modernidade, a família é compreendida como o lugar do prazer, do estético, do lazer, do gozo, da alegria, do conforto econômico, do companheirismo, amizade e romantismo. Ter filhos pode nem fazer parte mais da agenda de muitos e, se o filho passar a ser importante, poderá ser adotado quando o casal estiver bem estabilizado social ou economicamente. Ademais, um filho custa muito carro. Muitas famílias não estão dispostas a fazer este investimento e outras acham que o filho atrapalha no lazer ou na vida profissional. Assim, ter um filho parece estar ficando para o final da lista de prioridade da vida do casal.

Mas, diante destas mudanças, quando tudo flui, tudo se transforma, podemos perguntar: o que significa ter uma família? O que significa ser batizado? O que significa ser cristão? É claro que há crianças, filhos, mas psicossocialmente notamos que a paternidade e a maternidade, o núcleo familiar, são compreendidos de forma cada vez mais secularizada. O núcleo familiar vem sendo desintegrado pelo divórcio, pela geração de filhos sem o compromisso dos pais para uma vida a dois e, em muitos casos, com a geração de filhos com o auxílio de tecnologia, isto é, da fecundação *in vitro,* e não mais de forma natural.

O novo presbítero católico precisa se perguntar: qual o conceito de família que se vai formando na modernidade? Quais valores perenes, hoje, estão sendo negados para adaptação da família numa sociedade pluralista, secularizada e complexa? Que sentido tem a religião na vida da "família moderna"?

Veja o lamento de um presbítero denominado José (Santos, 2009, p. 264): "Na minha maneira de pensar, 50% dos casamentos não são válidos por falta de preparação e de maturidade. Não é tão grande pecado o casal morar junto sem se casar na Igreja. Na Holanda, nós presbíteros, constatamos que em dez endereços de casa, apenas um por dez tinha uma família normal, e todos os outros eram divorciados, solteiros, viúvos ou viúvas. Vimos isto dez ou quinze anos atrás. A liturgia fala muito da família. Mas ela fala da família "ideal", e as famílias que sustentam a vida da Igreja hoje são muito diferentes. A liturgia de hoje não fala do problema daqueles que não vivem como família "perfeita". Parece que a doutrina está contrária à vida real. No entanto, essas famílias são as que participam das celebrações e sustentam a Igreja. Não há nenhuma proposta ou pastoral para os 90% que não vivem como a Igreja orienta. Não é tanto pecado o casal morar junto sem se casar na Igreja".

Aquilo que fez parte de um modelo da família nos moldes tradicionais com pai e mãe presentes no lar, com uma vivência de fé, com valores ditados pela religião, não é possível ser percebido como "naturais" ou "normais" na sociedade secularizada, até porque, na sociedade secularizada, o "normal" é ser diferente. Hoje os pais conseguem dar "bens econômicos" para os filhos, mas tem mais dificuldade em passar valores. A grande mudança dos últimos tempos na família é sobre o papel da mulher. Atualmente a mulher tem maior autonomia e ocupa espaços até então reservados somente aos homens. Outra grande mudança é com relação à vivência do sexo. O sexo era algo mais íntimo e vivido numa dimensão "espiritualizada" no seio da família, sendo somente para a procriação, e não na dimensão do "gozo" e do "prazer" como diz Melman,[45] psicanalista francês (2003).

A Igreja Católica, mesmo trabalhando com famílias secularizadas, continua fiel à compreensão de uma família mais nos moldes tradicionais. Psicossocialmente, para muitos presbíteros católicos, as mudanças da sociedade se tornam um desafio quase insuperável,

---

[45] Os mecanismos para libertar os seres humanos de toda forma de "infelicidade", vêm incentivando, também, os seres humanos a produzirem suas próprias leis com vista sempre mais ao "gozo", à felicidade e ao prazer. Segundo o psicanalista francês, Melman, esta é uma sociedade mais do gozo, do prazer que do sacrifício: "Chegamos assim a mais gozar do corpo do automóvel que aproveitar o meio de transporte que representa" (Melman, 2003, p. 197). Pela exigência de felicidade, da "performance" trazido pela modernidade, o presbítero católico, como homem do seu tempo, parece sempre mais ter dificuldade em suportar a dor, o luto, o sofrimento, a solidão, a tristeza, a pobreza, a simplicidade de vida. Como exemplo de alívio do sofrimento, da dor, pode-se citar o crescimento da indústria farmacêutica na linha de produtos para trazer alívio a toda forma de possíveis sofrimentos.

pois eles foram formados para trabalhar num mundo mais homogêneo e pautado pela ocupação de lugares definidos e não num mundo complexo, pluralista e secularizado. Além do mais, foram formados para trabalhar com o reconhecimento de verdades que tenham a "chancela" da Igreja Católica, a qual não trabalha com a exclusão do novo, mas com o seu não reconhecimento ou lentidão no seu reconhecimento, o que é mais sério e problemático para o novo presbítero católico. A formação que o presbítero católico vem recebendo está marcada por uma sociedade mais tradicional, e hoje ele deve exercer seu ministério numa sociedade secularizada. Para poder se adaptar às novas identidades familiares da modernidade e cuidar dessas famílias, algumas concessões parecem que devem ser feitas.

Caso não seja possível fazer nenhuma concessão, o que vai acontecer é o fundamentalismo de alguns grupos ou o afastamento da Igreja Católica. Veja este testemunho de um presbítero denominado José (Santos, 2009, p. 265-266): "Muitos se afastaram da instituição Igreja por causa das regras rigorosas. Sem saber, os brasileiros resolvem através da epiqueia. Assim as mulheres se fazem esterilizar. Tem-se a necessidade da pastoral das mães solteiras, principalmente as pré-adolescentes (...). Hoje vejo o sacerdócio, e o meu com muita modéstia, primeiro como formador. Ouvir e descobrir as necessidades do povo e dos particulares, escutar muito, porque cada vez menos a gente está disponível para ouvir o choro de alguns, que são os pobres do evangelho (...) tem que sempre se informar muito das novidades através de revistas, da TV, revistas especializadas de política, economia, vida social, para bem ser informado. Isto é primordial (...). Hoje o presbítero tem que saber dialogar mais (...). No futuro tem sentido, pela vida de congregação religiosa, a vivência do celibato. No clero diocesano, o celibato será *ad libitum* – de livre vontade – antes da ordenação sacerdotal, como já se pratica na Igreja Católica Oriental".

Segundo Millen[46] (in Trasferetti & Zacharias, 2010, p. 194): "A misericórdia é pressuposto para o cuidado". Muitos fiéis que vivem em situações irregulares, de acordo com a doutrina da Igreja Católica, tais como homossexuais, casais de segunda união, precisam muito mais da misericórdia do novo presbítero católico do que de repreensão ou lições de moral.

A respeito dos casais de segunda união, vemos que até meados do século XIX, o divórcio não representava uma solução realista para qualquer uma das partes. Esta situação vem mudando com os avanços dos direitos civis, no sentido de reconhecimento dos direitos subjetivos. Em caso de separação do casamento, nenhuma das partes, provavelmente, ficará desprivilegiada.[47]

Viver num confronto com esta realidade implica muitas perdas, erros e injustiças de ambas as partes. Com a dificuldade de lidar com os casais de segunda união, que implicou no afastamento da comunhão, negação de batismo para seus filhos e a possibilidade de qualquer cidadania como padrinhos de batismo, crisma, testemunha do casamento religioso ou exercer qualquer ministério dentro da comunidade, houve muitas mágoas, revoltas e, até mesmo, o afastamento da Igreja.

No mundo cristão, as transformações e os avanços dos direitos civis, no sentido de reconhecimento das subjetividades individuais, representam um "perpétuo conflito" para a afirmação da moral cristã. As chances de que não haja divórcio, nem casais de segunda união,

---

[46] Maria Inês de Castro Millen é doutora em Teologia e docente do Centro de Ensino de Juiz de Fora.

[47] "A luta pelos direitos civis data do século XVIII, a dos direitos políticos data do século XIX e a dos direitos sociais data do século XX. Na luta pelos direitos políticos temos os debates relativos ao caráter representativo dos regimes de governo democrático e a soberania do povo. Na luta pelos direitos sociais temos a questão da divisão equitativa dos bens mercantis e não mercantis em escala planetária" (Santos, 2010, p. 400-401).

nem casais casados somente no civil ou vivendo os "miniscasamentos", ou de que os casais cristãos possam agir de acordo com a moral cristã, são tão pequenas quanto a probabilidade de que as subjetividades individuais não sejam reconhecidas na contemporaneidade. Para muitos, a frase evangélica de que "Moisés, por causa da dureza dos vossos corações, vos permitiu repudiar vossas mulheres, mas desde o princípio não era assim" (Mt 19,8), se torna incompreensível, sobretudo quando Jesus diz: "Portando o que Deus uniu, o homem não deve separar" (Mt 19,6). Em muitos casos, a falta de Deus ou de uma espiritualidade cristã é a grande causa de não crescimento no amor e, em outros, a dificuldade está no fato de que a união aconteceu em meio a situações de imaturidade, de idealismo, de "pecado" ou como forma de reparar a falta. Na maioria dos casos, o modo cuidado dos novos presbíteros católicos deve ser em vista à conversão, ao restabelecimento da união e ao perdão um do outro, conforme Mt 18,22.

Muitas uniões matrimoniais se transformam num pesadelo ou inferno para ambos. Restabelecer o diálogo, o reconhecimento do erro, rompendo com o silêncio que mata o amor e a falta de cuidado um do outro, ajudando o casal a perseverar até o fim, na alegria e na tristeza, na saúde e na doença, o casamento, parece ser algo que vem sendo cada vez menos praticado, algo "fora de moda". Fato é que, muitas uniões aconteceram somente de forma exterior, não estavam no coração e por isso não se sustentam. Neste caso, a separação do casal é vista, na sociedade moderna, como benéfica para um dos dois ou para ambos. Em muitos casos o que acaba é a paixão e a "química", numa palavra, a admiração pelo outro, levando ao indiferentismo, à traição, ao desprezo ou ao afastamento do outro.

Havendo possibilidade de reconciliação, a atuação do novo presbítero católico deve ser de ajudar o casal a crescer em atitudes de cuidado. Isto pode ser feito através do aconselhamento e oração, que auxiliam o casal no reestabelecimento da união, reparando o erro, curando a enfermidade ou o mal de que foram acometidos.

A mensagem de esperança que o novo presbítero católico deve trazer é que há sempre uma chance de mudar, sempre é possível mudar a vida rumo à direção desejada. O segredo da eficácia do novo presbítero católico está sempre na capacidade de amar o próximo e, no exercício desse amor, contribuir para "deixar seu canto do mundo" melhor do que encontrou.

Conclusão

Em meio a todas as transformações sociais, o que parece ficar claro é que os fiéis não querem que os novos presbíteros católicos sejam seres descaracterizados do presente, fazendo-os permanecer no "ostracismo do passado", mas sim acompanhem o mundo em suas transformações e sejam capazes de ajudá-los a fazer o discernimento, à luz do Espírito de Deus, dos novos rumos e valores da sociedade, buscando a segurança da religião e a paz interior.

À luz do evangelho de Jesus Cristo, o novo presbítero católico deve fazer o discernimento do cuidado do povo de Deus, tendo sempre presente que não é o Evangelho que se deve adequar aos tempos ou às exigências atuais do homem, mas muito pelo contrário pôr a vida pessoal de todos e de cada um dos homens em contato com o Evangelho de Jesus Cristo.

Assim, cuidar do rebanho, em meio ao surgimento das novas identidades sociais, deve ser para o novo presbítero católico a pura alegria que nasce de poder amar cada um em suas vitórias e fracassos, em suas alegrias e dores, atitude adotada não só em razão da ordenação presbiteral, mas também do sentido e da razão da vida, ajudando-os a avançar no seguimento de Jesus Cristo.

Parte V

O cuidado e a vida celibatária na modernidade

"Cuidai de vós mesmos e de todo o rebanho, sobre o qual o Espírito Santo vos colocou como guardas, para pastorear a Igreja de Deus, que ele adquiriu com o sangue do seu Filho" (At 20,28). Esta passagem guarda inalterada sua atualidade e seu valor.

Para que o novo presbítero católico possa viver sua vida celibatária de acordo com as orientações do magistério da Igreja Católica, importa que ele cuide muito bem de si mesmo, isto é, de suas emoções, desejos, amizades, relacionamentos, sentido e razões da vida.

O celibato presbiteral, numa dimensão psicossocial e de fé, quer significar abertura para amar a todos, vencendo a tentação de controlar, possuir, dominar. Na opção celibatária, a relação homem/mulher exerce um papel importante na estruturação do eu presbiteral e no "eu da comunidade de fé", exercendo um poder de fascínio em ambos. Assim, cultivar a vida celibatária passa a ser saudável tanto para o novo presbítero católico quanto para a comunidade. Caso ele tenha dificuldade em cultivar a vida celibatária, o conflito pode aparecer, podendo trazer graves dificuldades e sofrimentos.

O novo presbítero católico e o amor de Cristo

O amor é um tema que diz respeito ao outro, mas que se refere também ao amor que a pessoa tem vivido e está vivendo. Na sexualidade, o amor foge a uma relação mercenária, isto é, aquilo que acontece quando a relação se reduz em alugar o corpo do outro por alguns minutos. O maior pecado contra o amor é fazer sexo sem amor, simplesmente por prazer e dinheiro.

Sabemos que ninguém vive sem amor. Amar e ser amado constitui a dupla via do amor. Psicossocialmente parece que a formação presbiteral, de um modo geral, acentuou a dimensão oblativa do amor: sair de si mesmo, servir os outros que em si, é algo bom e grandioso, mas em muitos casos temos as patologias nesta questão. O que se percebe é que muitos presbíteros católicos manifestam certa dificuldade para deixar-se amar, para acolher o amor dos outros, dando a impressão de que gastou tempo para se tornar culto, superior, juiz dos outros, e amar e se deixar ser amado, parece-lhe "perder tempo".

Ademais, aceitar ser amado é perder um pouco do poder que possui, o que significa deixar-se influenciar e, de certa forma, ser conduzido pelo outro. O medo de perder o controle explica as resistências de muitos presbíteros católicos para partilhar os sentimentos, as crises, os fracassos. Por causa disso e em função da organização hierárquica da Igreja, há uma tendência entre eles de tornar as relações demasiadamente verticais e funcionais. Deste modo, é difícil estabelecer relações horizontais, acabamos sendo privados das relações de igualdade e reciprocidade, essenciais para a amizade e a humanização.

O presbítero católico não faz uma promessa de castidade no sentido estrito da sexualidade, mas no sentido do amor. Psicossocialmente, as narrativas de amor entre uma mulher e um presbítero católico são dignas de ternura e respeito, pois para um homem amar uma mulher tem um sentido muito especial e a mulher é fortalecida pelo amor que recebe do fato de amar um homem, sobretudo se se trata de um homem que ocupa uma função social que está sempre em evidência na comunidade. Vittorino Andreoli, psiquiatra italiano, em seu livro *Padres: "Viagem entre os homens do sagrado"* (Editora Paulus, 2010, p. 142), diz que "às vezes as mulheres procuram um pai, um homem incrível entre as muitas experiências naufragadas e provavelmente passadas de um amor aparente a um amor de desfrute. Se há confiança no sacerdote, ele se torna também o homem no qual é possível confiar e isso significa também confiar-se a ele, e contribui para que as mulheres se doem aos sacerdotes sem freios porque os estimam, têm confiança que deriva da função antes de tudo, e não do fato de ser homem. Amores fortes, às vezes desconcertantes".

O amor de um presbítero católico por outro ser humano é uma história digna de comoção, pois esta é a medida do amor, ainda que ele possa frequentemente reduzir todo mundo a um único ser humano. Segundo Andreoli (2010, p. 142), aí pode estar um distúrbio, "pois se esquece de todo o restante ou relega-se a um segundo plano". O amor carnal se tornou, ao longo da história, algo muito perigoso para o presbítero católico. Em muitas discussões sobre o celibato, o fato de o presbítero católico defender a possibilidade de não viver o celibato é tido como um sinal de sua fraqueza. Pensar que um presbítero católico não vivendo o celibato possa tornar-se mais fraco me parece, psicossocialmente, não compreender que amor fortalece o ser humano, trazendo-lhe possibilidades saudáveis de convivência, fortalecimento e crescimento.

O novo presbítero católico precisa de amigos tanto quanto outras pessoas precisam de sua amizade. Ele precisa de apoio, colaboração e compreensão; ele precisa sentir-se amado, numa palavra, precisa da amizade das pessoas! A amizade é expressa pela presença e pela oração. O novo presbítero católico precisa de gente que reze por ele pedindo que Deus o santifique, o ampare e o console nos instantes de fraqueza; de gente pedindo que Deus lhe dê ânimo e coragem para seguir confiante e com alegria em sua missão. Ele precisa tanto de amizades femininas quanto masculinas.

O novo presbítero católico precisa da amizade, mas mesmo assim, a partir da sua ordenação, ele está condenado, muitas vezes, a estar só. Muitos membros da comunidade preferem, na maioria das vezes, vê-lo só a envolvido em "amizades particulares". Assim, muitas vezes, ele está só e, além do mais, nunca se sabe quando está fazendo algo para

Deus ou para si mesmo. O discernimento se está fazendo algo para Deus e não para si mesmo parece que só lhes é dado pela passagem de Mt 25,31-46, no qual o Filho do Homem diz: "Vinde, benditos de meu Pai, recebei por herança o Reino preparado para vós desde a fundação do mundo (...). Pois, cada vez que o fizeste a um desses meus irmãos mais pequeninos, a mim o fizestes".

O novo presbítero católico precisa de amigos e amigas para poder "pensar alto", amigos e amigas que o ajudem a conhecer a si mesmo e perceber a vontade de Deus em sua vida. De certa forma, se ele não tiver amigos estará mais facilmente condenado à solidão e quanto mais viver, mais solitário poderá ficar. Querendo ou não todos estão nesta "peregrinação solitária". Goste ou não, parece este ser o destino da vida. Os amigos e amigas podem tornar mais leve esta caminhada.

Sobre as amizades femininas, a longa tradição na Igreja conheceu relacionamentos muito profundos entre presbíteros e religiosos com mulheres que lhes foram importantes pontos de referência humana e espiritual. São Francisco de Assis e Santa Clara mantiveram momentos de sublime enlevo. Mais próximos de nós, conforme nos lembra Cozzens (2001, p. 62-65), o místico Tomás Merton revelou em seu diário a importância da presença de uma enfermeira M., que cuidou dele. E mais recentemente ainda, veio à luz a profunda amizade que João Paulo II manteve com uma amiga da juventude, a psiquiatra polonesa Wanda Poltawska (2011). Apareceu aí a bela faceta humana e afetiva desse Pontífice de personalidade tão vigorosa. Mais de 50 anos de amizade espelhada em cartas, visitas, passeios juntos que não abalaram, antes revigoraram a vocação de entrega do Papa. No projeto de vida presbiteral cabe a presença de leigas e leigos que, na gratuidade da amizade, têm muito a contribuir para o equilíbrio humano e afetivo dos presbíteros católicos e dos religiosos(as). A amizade é o amor que permanece entre eles.

Ninguém pode negar que o amor entre um homem e outro ser humano é uma coisa maravilhosa e que os presbíteros católicos podem, também, descobrir esse amor diretamente. O fato é que o presbítero católico conhece também o amor que nem todos conhecem: o amor de Cristo. Neste caso a relação é diferente, pois não possui corpo, mas envolve a mente, a alma. Para Andreoli (2010, p. 143), "eis o conflito entre o amor humano e o amor divino. Um conflito estranho para um psiquiatra: se até agora apresentei o conflito como dois desejos contrastantes e contemporâneos dentro do indivíduo, por um lado o bem e por outro o mal, agora se torna impossível definir o amor como mal. Dever-se-ia dizer que neste caso o conflito do sacerdote se dá entre dois bens". Em meio a esse conflito ainda pesa o que diz o Livro do Eclesiástico 9,9: "Muitos se perderam por causa da beleza de uma mulher, por sua causa o amor se inflama como o fogo" e ainda "e há eunucos que se fizeram por causa do Reino dos Céus" (Mt 19,12).

O conflito do presbítero católico, neste caso, pode ser sintetizado no fato de ele ter feito a Deus e diante da Igreja uma promessa e ter se comprometido a não amar um ser humano num relacionamento exclusivo ou tender a tornar tal que requeira atenções e comportamentos reservados e especiais. O presbítero católico faz a promessa de renúncia do "amor carnal", sabendo como é belo o relacionamento humano. Mesmo que o presbítero católico não tenha experimentado um amor carnal, ele sabe e conhece esse amor através dos desejos, da imaginação, de revistas, filmes e sites, das histórias acontecidas com amigos e conhecidos. Mas, mesmo que ele não tomasse consciência do amor carnal através dos modos exteriores acima citados, tomaria consciência através dos desejos instintivos, tais desejos podem ser inconfessáveis. Sobre os desejos inconfessáveis já trabalhou Willelm Reich, em *Psicologia das massas do fascismo* (Editora Martins Fontes, s/d). Colocando o sexo como um desejo inconfessável no presbítero católico, entende-se que mesmo que ele não confesse tal desejo, não está imune, pois o amor carnal faz parte de seu instinto humano, podendo aparecer de forma diversa em sua vida e até de forma incontrolável, embora ele a direcione para outro amor que é o amor de Cristo. Direcionando nossa discussão para o sentido religioso, o presbítero católico faz a promessa do celibato sabendo bem aquilo que renuncia. Assim, entende-se que ele direciona sua sexualidade para outro modo de expressá-la, que é o amor por Cristo, um amor extraordinário. Assim, o amor dele está voltado para outro amor, que é amor por Deus. Ele não somente conhece a possibilidade de um amor humano, "amor carnal", mas está consciente de que fez uma renúncia da possibilidade desse amor. O conflito se dá no caso da traição da promessa por causa de um "amor carnal" ou na possibilidade de levar uma vida "dúbia", ou na necessidade de negar o "amor carnal" para ser fiel a Cristo, sabendo da possibilidade e grandiosidade do "amor carnal".

Nas histórias de "amor carnal" entre um presbítero católico e outro ser humano, é possível perceber um capítulo no qual os dois apaixonados rezam e, juntos, dedicam-se a expressar o amor por Cristo. Segundo Andreoli (2010, p. 144), "em alguns casos chegou-se a crer que fosse o próprio Deus, a Providência, quem enviou a nova experiência, talvez para estimular uma vida sacerdotal que se tornara morna ou um pouco burocratizada". Mas, mesmo com toda a "espiritualização" do relacionamento, o amor expresso através de corpos, isto é, carnal, gera um conflito, colocando o presbítero católico numa condição de grave dificuldade, porque sabe estar traindo a promessa. Tal é o conflito que, na maioria das vezes, esse fato é guardado sobre "sete chaves". Segundo Andreoli (2010, p. 144) o presbítero católico pode, também, não confessar esse amor, porque não considera pecado aquela relação, e ainda "a busca sempre mais convicto de que seja impensável abandoná-la. E, doutra parte, o abandono levaria a amada a um estado de desilusão, de depressão, de maus-tratos, de dor". Parece psicossocialmente que o que se passa, muitas vezes, no coração do presbítero católico e da outra pessoa envolvida na relação é que eles fazem a experiência de algo que é natural entre os seres humanos e de que também é possível conjugar o "romance" com a função e missão presbiteral.

Vemos muitas teorias, tanto dentro da Igreja como por parte de outras pessoas interessadas no assunto, de que na terra "sequer sejam admitidos dois amores ao mesmo tempo". Nesta trilha, segundo Andreoli (2010, p. 145), "um amor substitui o outro". E ainda, segundo o mesmo autor, "a missão do sacerdote exige amar a Deus para que seja amado por todos (...). Além disso, penso ser verdadeiramente possível que o amor por Deus cancele o tipo de amor que une dois seres humanos em sentido total, enquanto deixa espaço a um amor que é o de conduzir todos ao único amor absoluto, melhor, aquele amor que por definição é Amor (*Deus Caritas est)*".

Se no modelo anterior temos uma "espiritualização" do amor, precisamos perguntar se não temos neste segundo caso, no qual um amor é colocado em oposição ao outro, uma tentativa de criação da "síndrome do duplo amor" numa tentativa de justificar o celibato na vida da Igreja? Em vez do celibato obrigatório, parece-se que seria mais saudável para a Igreja ter pessoas inspiradas, conscientes do sagrado e cheias de fé, capazes de manterem viva a fé em Jesus Cristo.

O celibato, como parte da identidade e espiritualidade presbiteral, é algo muito caro à Igreja Católica e ela o ampara com muitas justificativas bíblicas e teológicas.[1] É possível perceber que a institui-

---

[1] Segundo o prefeito da Congregação para o Clero, Cardeal Mauro Piacenza, em artigo que escreveu para a edição da quinta-feira, do jornal oficial do Vaticano *L´Osservatore Romano,* 2008, com o título "Questão de radicalidade evangélica": "O celibato é um dom do Senhor que o presbítero católico é chamado a acolher e a viver em plenitude (...). O celibato é questão de radicalidade evangélica. Pobreza, castidade e obediência não são conselhos reservados de modo exclusivo aos religiosos. São virtudes a se viver com intensa paixão missionária". O Cardeal Piacenza faz crítica às objeções que volta e meia surgem contra o celibato, especialmente as de que essa doutrina seria um resíduo pré-conciliar e mera lei eclesiástica. Ele explica que nenhuma delas tem real fundamento, nem nos documentos do *Concílio Vaticano II,* nem no magistério pontifício. O exame dos textos explicita uma radical continuidade entre o magistério anterior e posterior ao Concílio: "O ensinamento papal das últimas décadas concorda ao fundar o celibato sobre a realidade teológica do sacerdócio ministerial, sobre a configuração

ção Igreja Católica pretenda que quem é chamado à vida presbiteral deva renunciar ao amor terreno, mostrando ser incompatível com o escopo que ela vive para realizar historicamente a própria missão no momento. Digo no momento, pois em outros tempos ou períodos, a começar dos apóstolos, os pastores (ou alguns deles), tinham esposa e filhos. Porém, o magistério da Igreja muda com os tempos, no sentido de introduzir estratégias novas que se devam adotar. Três concílios introduziram o celibato. O Concílio de Elvira (304) exigiu o celibato como condição para selecionar o clero; o Concílio de Latrão (1139) ampliou o celibato para o Ocidente; e o de Trento (1563) legitimou a decisão. O celibato atendeu naqueles séculos razões até de ordem econômica.

Na época dos apóstolos e até do Concílio de Trento foram possíveis os dois amores sem serem considerados infidelidade. No futuro, pode ser que a prática do início do cristianismo seja novamente possí-

---

ontológica e sacramental ao Senhor, sobre a participação no seu único sacerdócio e sobre a *imitativo Christi* que esse implica". Salienta ainda que o magistério pontifício incentiva a superar a redução do celibato à mera lei eclesiástica: "De fato, é lei somente porque é uma exigência intrínseca do sacerdócio e da configuração a Cristo que o Sacramento da Ordem determina. Nesse sentido, a formação ao celibato, além de todo o aspecto humano e espiritual, deve incluir uma sólida dimensão doutrinal, porque não se pode viver aquilo de que não se compreende a razão". Ele continua: "Dou-me conta, obviamente, que em um mundo secularizado é sempre mais difícil compreender as razões do celibato. Acredito, a esse respeito, que o motivado apoio ao celibato e a sua adequada valorização na Igreja e no mundo podem representar algumas das vias eficazes para superar a secularização (...). A centralidade da dimensão ontológica e sacramental e a consequente estrutural dimensão eucarística do sacerdócio representam os âmbitos de compreensão, desenvolvimento e fidelidade existencial ao celibato. A questão, portanto, diz respeito à qualidade da fé. Uma comunidade que não tivesse em grande estima o celibato, qual expectativa do Reino ou qual tensão eucarística poderia viver? (...). Pelo contrário, devemos recuperar a motivada consciência de que o nosso celibato desafia a mentalidade do mundo, colocando em crise o seu secularismo e o seu agnosticismo e gritando, nos séculos, que Deus existe e está presente".

vel. Por isso, não devemos nos escandalizar, imaginando a possibilidade de, no futuro, ser permitido aquilo que agora não é possível. Na atual situação, psicossocialmente, para muitos presbíteros católicos romper o celibato e amar alguém se torna um caminho de sofrimento, mas não amar parece ser sofrimento maior ainda.

Fato que vem servindo de questionamento da prática do celibato presbiteral são as Novas Comunidades de Aliança e Vida e outras de vida consagrada. Mas seria bom perguntar por que esses grupos ou comunidades, na prática, mostram ser possível conciliar família com vida consagrada, no entanto são tão radicais quando se fala do celibato presbiteral, manifestando um tradicionalismo muito grande?

A lei do celibato presbiteral sofreu ao longo da história do cristianismo diversos embates para sua fixação. Mas mesmo imperando como lei, obrigação e algo essencial da identidade e espiritualidade do presbítero católico, vê-se que ao longo da história muitos presbíteros católicos não conseguiram abrir mão de sua autonomia pessoal, da possibilidade de realização profissional em vista de uma "obediência cega" a Deus, às regras, à comunidade.

Na história de vida de cada presbítero católico, é possível perceber que muitos não conseguiram abrir mão da liberdade individual para viver a "paixão romântica" do seguimento de Jesus Cristo. Tais presbíteros católicos não aceitaram a ideia de pagar o preço de sua segurança, o que seria o sacrifício de sua "liberdade e autonomia", como diria Bauman (2003), e, por isso, acabaram ou abandonando o ministério, ou vivendo uma vida "dúbia". Segundo o presbítero denominado Afonso (in Santos, 2009, p. 295): "Aí está o conflito, porque a Igreja não muda. O presbítero está vendo o mundo mudar e, ao mesmo tempo, ele tem que representar uma instituição que não muda ou muda pouco em pequenos aspectos e muito lentamente".

Falar de celibato é falar de amor. Quando falamos de amor, é bom pensar que o amor é uma forma de subversão da ordem presente, como também uma forma de experienciar a conciliação entre identidade e alteridade. O amor é um forma de o indivíduo ir ao encontro de si mesmo, indo além dos modos existentes de vida, de ser, pensar e existir a ele apresentados. Psicologicamente, no fato de o ser humano dizer que ama o outro, na verdade ele está subvertendo uma ordem existente. Nessa subversão pode estar a oferta de algo que está sendo negado ao outro, ou algo além do que o outro já tem, ou também o pedido para que outro sacie suas necessidades. É dessa trama que pode surgir a paixão, na qual está a esperança de uma condição mais elevada ou diferente de ser, pensar e existir. Trazendo isso para a doutrina do celibato presbiteral, o indivíduo que abraça o celibato deve apaixonar-se por um ser superior que, no caso do cristianismo, é o Deus de Jesus Cristo e seu Reino. No caso do presbítero católico, como Deus e seu Reino podem estar distantes da experiência física e de saciar as necessidades prementes da sua existência humana, a paixão ou o amor podem acontecer por uma pessoa mais próxima que se apresente com capacidade de preenchimento dessas necessidades psicológicas do eu presbiteral.

O cuidado e a lei canônica do celibato católico

A observância da lei do celibato dá força ao fervor do magistério da Igreja Católica para controlar a conduta dos presbíteros católicos e para sufocar toda manifestação de espontaneidade e livre-arbítrio. É possível perceber uma fúria muito grande nos que acreditam no celibato, agindo como se esse modo fosse a única forma de ser presbítero católico. Estes tendem a valorizar muito mais a lei do celibato do que qualquer outra postura de trabalho evangelizador. Para estes, qualquer um que exercesse o ministério presbiteral, sem observar o celibato, por melhor que o faça, estará cometendo um sacrilégio. O que eles não são capazes de perceber é que, ao declarar guerra contra os que não observam a lei do celibato ou querem libertar o presbiterato da obrigação da lei do celibato, parecem estar "chutando um cavalo morto", pois a modernidade traz novo modo de ser presbítero católico, possibilitando subverter esta lei. O novo modo é ser um presbítero católico emblemático.

Colocar nas mãos daqueles que querem ser presbíteros católicos a possibilidade de serem ou não celibatários significaria "desatar suas mãos" e acreditar que eles têm capacidade de lidar com a preciosa dádiva da liberdade que Deus lhes deu. Segundo Cozzens (2008), existe um caráter problemático do celibato imposto ou obrigatório pela Igreja latina aos clérigos católicos. Ele argumenta que o celibato é um carisma (dom do espírito de Deus) e deveria ser, portanto, opcional. Em seu livro "Liberar o Celibato" (2008), o autor mostra que, para muitos presbíteros católicos que não possuem essa vocação espiritual, o celibato tem sido "um fardo desnecessário, não natural e doentio que fez sua alma encolher-se e esgotou as últimas gotas de paixão de sua vida".

Negar a possibilidade de escolha e não ouvir a dor daqueles que querem servir a Deus e não sentem o chamado para a observância da lei celibatária é agir, usando uma metáfora, como se os presbíteros fossem como "peixes". E como diz Bauman (2003, p. 35): "os peixes devem ser vistos e não ouvidos". Durante a maior parte da história o magistério da Igreja Católica, na questão da lei do celibato, tem se mostrado controlador da conduta dos presbíteros católicos e monopolizador de um único modelo de presbítero, buscando a observação da lei pela vigilância contínua. O que ele consegue é no máximo o tipo de presbítero católico já denominado em "O presbítero Católico: uma identidade em transformação", o presbítero emblemático (Santos, 2010, p. 317-318): "Os presbíteros emblemáticos são aqueles presbíteros que, em meio à crise dos modelos oficiais de presbíteros, propostos pelo magistério da Igreja Católica, apresentam um novo modo de conviver com o magistério da Igreja Católica e, ao mesmo tempo, com a modernidade secularizada, antecipando, assim, uma nova e possível identidade presbiteral".

O celibato existe pelo menos desde a Antiguidade Clássica. O filósofo Pitágoras acreditava que a abstinência do sexo era forma de alcançar o equilíbrio. Seja como for, essa concepção chegou aos cristãos e, em boa parte, por influência do apóstolo Paulo de Tarso que louvava o celibato. No ano 306, o concílio regional de Elvira reformulou as leis da cristandade e decretou que, mesmo casados, padres e bispos deveriam abster-se do sexo. Dezenove anos depois, outro Concílio, o de Niceia, proibiu que padres vivessem com mulheres que não fossem sua mãe, irmã ou tia. Mas o casamento só foi abolido de vez depois que o papa Gregório VII reforçou a imposição ao celibato, a partir de 1074.

A Igreja Católica nunca deixou de ser questionada sobre o celibato. Principalmente para os reformadores, na Reforma Protestante, o celibato presbiteral, além de ir contra os ensinamentos bíblicos, era uma das causas para "abominações e má conduta sexuais" dentro do presbitério. Com o avanço das ciências psicossociais, a ideia do celibato voltou a ser discutida entre os novos presbíteros católicos no sentido de perceber suas riquezas, mas também suas implicâncias na vida de cada indivíduo que abraça a vida presbiteral.

O cuidado celibatário e a realidade dos novos presbíteros católicos

Não se pode negar que a lei do celibato presbiteral repercute como um caminho para imprimir no novo presbítero católico a capacidade para estabelecer relações maduras com outras pessoas, tanto homens como mulheres. Capacidade esta que leva o novo presbítero católico a ser capaz de estabelecer relacionamentos em nível de igualdade e reciprocidade com homens e mulheres, algo indispensável para seu crescimento e amadurecimento humano, afetivo e espiritual.

Num mundo marcado pela liberdade, emancipação e autonomia, não faltam aqueles que perguntam se os celibatários não são pessoas tímidas, desajustadas, reprimidas e solitárias por fazer esta opção.

Em todos os setores vemos a criação daquilo que Peter Berger (1985) chama de "mercado dos bens simbólicos". Neste mercado dos bens simbólicos existe uma troca muito rápida, sobretudo na questão de valores. Para Bauman (2001, p. 100) "as coisas são os ornamentos simbólicos das identidades e as ferramentas dos esforços de identificação", os referentes identitários fugidios. Trazendo essas colocações para pensar o celibato presbiteral, vemos que existe uma questão emblemática e problemática na questão da observação da lei do celibato presbiteral na modernidade.

Emblemática no sentido de que a observação da lei do celibato foi vista, durante muito tempo, não somente dentro do cristianismo como também fora dele, como um motivo de orgulho, de grandeza interior, de maturidade e de doação em favor de uma causa tida como nobre, no caso do presbítero católico, maior disponibilidade ao serviço do Reino de Deus. Podemos dizer que esta admiração, fora do âmbito do cristianismo, vem perdendo forças, fazendo com que até mesmo no meio dos cristãos se perguntasse se era mesmo necessário o presbítero ser celibatário. Dizem que o amor nasce da admiração, e, quando essa acaba, o amor tende a acabar. O mesmo podemos dizer do celibato, parece que essa admiração vem acabando. Tais questionamentos vêm contribuindo para o enfraquecimento da consciência da necessidade do celibato para exercer as funções presbiterais.

Na questão problemática vemos que a vivência do celibato se complexifica cada vez mais. Podemos dizer que até a Idade Média, ou melhor, até a abertura do mundo para as ciências, a tecnologia, a secularização, a democratização e a globalização, se existisse "certa paixão" de alguém pelo presbítero católico isto era vivido como uma "amizade platônica". Para Cozzens (2008, p. 20), "as amizades platônicas entre celibatários, de um ou outro sexo, livres das contracorrentes das tensões sexuais e românticas, costumam ser fontes comuns e frequentes de esclarecimento espiritual e simples prazer". Com todos os processos de liberdade, emancipação, autonomia e relativização pela qual vem passando a sociedade moderna, cresce a perda do "mito do respeito" pelo celibato presbiteral e da possibilidade das "amizades platônicas". Se antes existia certa "áurea" de respeito pelo "contato sexual" envolvendo o presbítero católico, parece que isto vem perdendo forças e caindo no relativismo. Desta forma, fica até difícil haver uma "amizade platônica" entre um celibatário e outra pessoa do outro sexo ou do mesmo sexo.

Viver a lei do celibato, na modernidade, vem deixando de ser um valor, um caminho de santidade, de contemplação e de doação a Deus e sua Igreja. Assim, parece que a história do celibato vem seguindo um processo dialético de transformação. Marx já falava deste processo dialético pelo qual todos os fatos da história da humanidade tendem a passar. Segundo Marx (1989), baseado em Hegel, em todos os fatos e situações existe um primeiro momento, como tese, em seguida se vive uma dinâmica interna, uma negação de si mesmo, passando de um polo para o polo oposto, seria o estágio da negação da tese ou a chamada antítese. Por sua vez a antítese passa por um momento de negação, saturação e superação, chegando à síntese. Este processo Marx chama de processo dialético, isto é, existe a tese que é o momento de afirmação, depois vem à negação e superação, que é a antítese, chegando então a um terceiro estágio, que é a síntese. De modo psicológico, Hegel explica esse processo aplicado à história da vida dizendo que a infância é o momento da tese da vida do indivíduo, a adolescência é a antítese, pois o adolescente quer afirmar-se negando a infância. Enquanto que a maturidade, a idade adulta, seria a afirmação da identidade da infância, da oposição da adolescência, mas ao mesmo tempo da superação das limitações e dos confrontos desses dois primeiros momentos. Olhando para a lei do celibato, parece-me que ele vem seguindo ou deve seguir esse modelo dialético. No início do cristianismo não existia a necessidade da lei do celibato: Jesus Cristo acolheu para a "missão do Reino", pais e mães de família, modelo que teve continuação entre os primeiros cristãos (Mc 1,29-30; Lc 8,1-3; 1Cor 9,4-5; 1Tm 3,1-5).[2] A Igreja nasceu com uma visão mais abrangente de representação dos modos de vida de seus seguidores mais próximos. O acento não era colocado sobre ser solteiro ou casado, mas sobre a missão e a disposição em cumpri--la.[3] Podemos dizer que esta tese passou a ser negada a partir do ano 306, com o Concílio de Elvira, passando, dezenove anos depois, pelo Concílio de Niceia e pelo papa Gregório VII que reforçou a imposição ao celibato a partir de 1074, e pelo Concílio de Latrão em 1139 até chegar a Trento em 1563 que legitimou tal decisão. É um longo processo de negação e na modernidade deve seguir a afirmação.

Precisamos perguntar se estamos chegando agora à síntese, que seria o reconhecimento do valor do celibato e também o reconhecimento de que é possível ser novo presbítero católico sem a necessidade do celibato, podendo haver tanto presbíteros católicos que abra-

---

[2] Em Timóteo 4,1-6 encontramos uma passagem de reconhecimento do valor do casamento: "Mas o Espírito expressamente diz que nos últimos tempos apostatarão alguns da fé, dando ouvidos a espíritos enganadores e a doutrinas de demônios. Pela hipocrisia de homens que falam mentiras, tendo cauterizada a sua própria consciência. Proibindo o casamento, e ordenando a abstinência dos alimentos que Deus criou para os fiéis, e para os que conhecem a verdade, a fim de usarem deles com ações de graças. Porque toda a criatura de Deus é boa, e não há nada que rejeitar, sendo recebido com ações de graças. Porque pela palavra de Deus e pela oração é santificada. Propondo estas coisas aos irmãos, serás bom ministro de Jesus Cristo, criado com as palavras da fé e da boa doutrina que tens seguido". Como São Paulo estava falando de presbíteros, estaria nesta passagem um profetismo a respeito da lei do celibato presbiteral no futuro, proibindo o casameto dos presbíteros?

[3] Na primeira carta à Timóteo, 5,18, São Paulo falando aos presbíteros diz: "Com efeito a Escritura diz: 'não amordaçarás o boi que debulha'". Poderia o celibato ser considerado um amordaçar o presbítero católico?

çam o celibato quanto aqueles que não abraçam. Penso que chegar a este ponto seria um sinal de maturidade cristã.

Para essa questão da síntese, temos a tese do Padre Cozzens (2008) em seu livro "Liberar o celibato" e também de Lobinger (2004) em seu livro "Faltam Padres" de que o celibato deve ser visto como carisma. Para ambos, seriam possíveis os dois modelos de novos presbíteros católicos, isto é, o celibatário e o casado.

O modo cuidado na questão da vivência do sexo na sociedade moderna

Existe uma grande mudança com relação à vivência do sexo na modernidade. O sexo até a Idade Média era algo mais íntimo e vivido numa dimensão "espiritualizada" no seio da família, sendo somente para a procriação e não para o "prazer" ou o "gozo".

Olhando para a modernidade vemos que existe uma segurança maior nos relacionamentos sexuais. Isto é possível ser percebido pela facilidade do uso de "anticoncepcionais", da camisinha, da vasectomia e da ligação de trompas. Através de qualquer um desses mecanismos, tornou-se possível fazer "sexo", com a certeza de uma não gravidez e até prevenindo-se de doenças sexualmente transmissíveis. Além desse fator de segurança, temos também os mecanismos de incentivo para libertar os seres humanos de toda forma de "infelicidade", levando-os a produzirem suas próprias leis com vistas sempre mais do "gozo", da felicidade e do prazer. Assim, a relação sexual vem recebendo sempre mais incentivo como forma de saúde, de prazer, de felicidade, somando-se a isso o poder fazer "sexo seguro", como uma forma de se evitar AIDS ou outras doenças venéreas, ou gravidez.

No caso do novo presbítero católico cresce hoje a possibilidade de ter mais espaço de vida privada. Para aqueles que vivem uma vida ativa sexualmente com outro parceiro ou parceira, a dificuldade é equilibrar a vida íntima, vida privada, com a missão presbiteral. Psicossocialmente, no passado, a sociedade como um todo, buscava equilibrar a vida íntima com a carreira, hoje isso não é sequer questionado: a vida fora é mais importante e ponto final. Essa mesma consciência tende a crescer entre os novos presbíteros católicos, na qual a vida íntima passa a ser mais importante que a missão, função ou ministério presbiteral. Mas quando há, entre um presbítero católico e outro ser humano, "vida ativa sexualmente", a tendência é haver aumento de ciúmes de ambos os lados e sentimento de posse um do outro, além do mais, cobranças éticas, responsabilidade e autenticidade desse novo presbítero católico por parte da sociedade.

A onda da libertação de toda forma de "infelicidade" presente na sociedade atual vem atingindo em menor ou maior grau os novos presbíteros católicos. Segundo Padre Edênio Valle (2004), 56,6% dos presbíteros se mostram inseguros na questão celibatária, isto é, num total de 327 presbíteros que responderam a essas questões, 185 se sentem inseguros nas questões afetivas. Padre Edênio ainda comenta que o questionário se limita ao que a pessoa sabe, pode e quer responder sobre si mesma conscientemente, dentro do vasto mundo subliminar que, possivelmente, se esconde atrás do que é apenas dito e tangenciado de leve.

Esse fato se complexifica ainda mais quando o magistério da Igreja Católica insiste em não debater essa questão. Mesmo com toda essa questão complexa temos estatísticas que vêm demonstrando o crescimento de outras posturas sobre esse assunto. Segundo Paula (2006, p. 66), para 75% de seus entrevistados o celibato deveria ser opcional; Ribeiro (*in* Ribeiro, J. Ponciano, "As bodas do Janjão", *in* Ribeiro, J. P, Pasquali, L., Spagnolo, F. & Schmitt, João Basílio, "Padres Casados – Depoimento e pesquisa", Editora Vozes, 1990, p. 9-29) fala do grande número de presbíteros casados no Brasil, isto é, cinco mil, o que representa um terço dos presbíteros brasileiros; segundo Oliveira (2005, p. 23-37), 41% dos presbíteros do Brasil já tiveram algum envolvimento afetivo com mulheres e 42% concordando que o celibato deveria ser opcional. Acrescente-se a isso as estatísticas que temos, sobretudo no artigo "Pecados Santos", publicado na revista "Superinteressante", em dezembro de 2007.[4] Segundo esse artigo, 30% dos presbíteros católicos têm amantes mulheres; 15%, amantes homens; e cerca de 5% teriam "comportamentos problemáticos" como a pedofilia (*in* Santos, 2010, p. 241).

Numa sociedade mais tradicional o presbítero católico era tido quase que como "assexuado". Pela exigência de felicidade, da performance trazida pela modernidade, o novo presbítero católico, como homem de seu tempo, parece sempre mais ter dificuldade em suportar a dor, o luto, o sofrimento, a solidão, a "negação do sexo", a tristeza, a pobreza, a simplicidade de vida ou viver, como diz Cozzens (2008, p. 29), "o martírio silencioso".

Sabemos que a Igreja Católica, com sua política de identidade e espiritualidade presbiteral, tem-se esforçado para ficar um pouco à margem dessas mudanças. Um dos fatores que tem facilitado essa sua política é a origem mais tradicional de muitos presbíteros; outro fator é que aqueles que têm o "poder de pensar sobre o celibato" já assumiram o celibato como uma verdade inquestionável e o abraçaram como algo infalível em suas vidas; para outros é uma forma

---

[4] É preciso afirmar que têm caído as estatísticas sobre os crimes sexuais dos presbíteros católicos. Apesar da exposição cada vez maior na mídia, no mesmo artigo, "Pecados Santos", os presbíteros ordenados na década de 1960, por exemplo, cometeram 25,3% dos abusos sexuais contra crianças entre 1950 e 2002. Os que entraram para a Igreja nos anos 70 respondem por 19,6%. E a queda continua. Só 8,4% dos crimes são obras de presbíteros ordenados nos anos 80. Os mais jovens, que entraram de 1990 em diante, formam apenas 2,3% do total. Um dos motivos para a melhora está nos programas de tratamento de desordens psicossexuais dos presbíteros. Até os anos 50, a atividade sexual do padre era vista como um problema exclusivamente moral ou espiritual. A homossexualidade e a pedofilia eram "tratados" apenas com a transferência de paróquia ou com "renovações espirituais".

de orgulho pessoal e se essa lei fosse mudada não saberiam como se comportar; outros já estão idosos e a abolição da lei do celibato não acrescentaria mais nada em suas vidas; outros só pensam em si, são muito inseguros e não querem nada de novidade e assim por diante. Acresce-se a isso o fator psicológico tanto pelo lado dos fiéis quanto do presbítero católico. Pelo lado dos fiéis, pelo fato de o presbítero católico ser celibatário, não só não poder ter o prazer do sexo, mas não ter alguém para fazer companhia e oferecer cuidados, algo que faz parte da cumplicidade do casamento, isto facilita para gerar psicologicamente um sentimento maior de proteção da comunidade, como se fosse um sentimento de "dó" do presbítero católico por não ter esse amparo ou esse direito; no psicológico do presbítero católico, pelo fato de estar fazendo essa renúncia, algo como se fosse "muito grande", isto facilita para gerar a "supervalorização" do celibato ou a revolta, ou uma liberação para outras compensações, buscando compensações até contrárias ao Evangelho de Jesus Cristo.

Há uma ala da Igreja Católica que parece não querer tratar da questão celibatária porque existe um medo, uma insegurança e um "tabu", e, se alguém se aventurar em querer refletir sobre tal questão, fica malvisto diante da instituição. Assim, é melhor abandonar tal reflexão para não ter maiores problemas. Além do mais, a lei do celibato traz a segurança de que alguém ordenado está confiando toda a sua vida à instituição. Mas de qualquer forma e, apesar de todas as dificuldades, psicossocialmente, seria bom que tal questão fosse pensada em vista do bem da Igreja, ouvindo todos os presbíteros católicos e, na medida do possível, o povo em geral. Assumir o celibato como opcional me parece ser um caminho a proporcionar mais responsabilidade e autenticidade na Igreja como um todo, pois se existe presbítero católico que falha, ele não falha sozinho, tem leigos(as) e comunidades falhando com ele.

Nas estimativas que temos sobre a vivência do celibato na sociedade, a média é que 2,5% dos homens e 7,7% das mulheres escolheram o celibato como modo de vida e que quase 50% da população, contando entre crianças e idosos, vivem uma vida celibatária. Muitos não sentem necessidade de atividade sexual, outros vivem o "sexo seguro", sem contrair um compromisso matrimonial. Para muitos, o sexo não tem apelo, mas para outros o celibato é um sacrifício.

Na sociedade pós-moderna, a grande questão é a crise de sentido, característica peculiar de nossa época. Na sociedade guiada pela fé ou pela razão, todas as coisas tinham um sentido definitivo ou certo. Mas como diz Martin Heidegger (1998), vivemos a "noite no mundo". A noite não é por falta de Deus ou por falta de fé, mas, como diz Pessini (2010, p. 15): "porque se vive a indiferença, a perda do gosto por procurar as razões últimas pelas quais vale a pena viver e morrer, a falta de 'paixão pela verdade'".

Buscar o sentido do celibato presbiteral parece muitas vezes se lançar na procura de "sentido" e razões para tal legitimação, mas as lutas se esbarram em fatores que mais legitimam sua abolição do que sua permanência. Até mesmo biblicamente, muitos encontram mais textos a favor de sua abolição do que de sua legitimação; outros que se lançam nesta empreitada parecem apelar para o modelo Jesus Cristo, querendo que todos os presbíteros se comportem como ele, algo que nem mesmo ele pediu aos seus.[5] Assim, pelo que vemos, discutir o celibato é muito complexo.

Mas não podemos nos acovardar em discutir tal questão. Assim, seria bom continuar fazendo pesquisas de campo e pesquisas históricas. Em ambas as pesquisas a observância celibatária, pode-se

---

[5] Muitos teóricos têm tentado explicar a origem do celibato a partir do Novo Testamento, em vão buscam suas explicações, pois o celibato não foi uma prática entre os primeiros cristãos. A justificativa de que Jesus foi celibatário é usado como argumento de forças, como também a passagem de Mateus, na qual Cristo diz que alguns se tornaram eunucos por causa do Reino de Deus (Mt 19,10-12).

ter certeza, sempre será complexa.[6] Quando os novos presbíteros católicos são ouvidos depois de alguns anos de ministério, muitos não têm medo de confessar que, ao serem ordenados, o fizeram porque queriam dedicar a vida a fazer o bem; porque sentiam prazer em ajudar; porque queriam dar conforto espiritual às pessoas. A princípio, ninguém partiu para o presbiterato porque não queria ter vida ativa sexualmente para o resto da vida. Mas para a Igreja Católica não há escolha, a vida celibatária é uma condição, não uma opção. Assim, não se trata de ter ou não ter sentido, mas de uma crença de que ele estaria em melhores condições de servir o povo de Deus e que, somente assim, estaria sendo fiel a Jesus Cristo.

Pelo que vemos através das estatísticas é que, mesmo não havendo a liberação do celibato, os presbíteros acabam observando mais o serviço ao reino de Deus do que à lei celibatária. Isto se dá pelas novas compreensões do "sexo", por prevalecerem os dois caminhos, talvez também pela nova síntese a que se chega sobre a questão celibatária na modernidade e pela maturidade cristã em aceitar tanto o presbítero católico como casado quanto como solteiro, resgatando aquilo que Cozzens (2008, p. 44) afirma: "respeito e o direito que os padres – e mesmo os bispos e papas – tinham de se casar".

---

[6] Psicossocialmente a perda da inocência é um ponto sem volta. A história atesta que houve presbíteros casados no início do cristianismo o qual foi rompido com o Concílio II de Latrão (1123 e 1139). Segundo Cozzens (2008, p. 43-44), "desde o século XII, os clérigos têm sido obrigados a observar continência perfeita e perpétua... e, portanto, são obrigados a guardar o celibato". Foi só a partir do Concílio de Latrão que o celibato clerical se tornou norma para toda a Igreja Ocidental ou de rito latino. Mas como diz Cozzens (2008, p. 44), "os defensores do celibato institucional, imposto, invocam leis muito anteriores às dos concílios lateranenses, de exigência do celibato para os padres, por exemplo, no século IV e V, na Espanha, mas convém saber que a legislação nesse sentido era válida para Igrejas locais, e não para a Igreja universal".

Retorno ao mito grego para a discussão do cuidado do celibato presbiteral

Para a discussão do cuidado do celibato presbiteral retomo o mito grego da "agonia de Tântalo", citado e comentado por Bauman (2003, p. 13): "Segundo a mitologia grega, Tântalo, filho de Zeus e de Plutó, tinha excelentes relações com os deuses que frequentemente o convidavam a beber e comer em companhia deles nas festas do Olimpo. Sua vida transcorria, pelos padrões normais, sem problemas, alegres e felizes – até que cometeu um crime que os deuses não quiseram (não poderiam?) perdoar. Quanto à natureza do crime, os vários narradores da história discordam. Alguns dizem que ele abusou da confiança divina e revelou aos outros homens mistérios que deveriam permanecer ocultos aos mortais. Outros dizem que ele foi arrogante a ponto de se acreditar mais sábio do que os deuses, tendo decidido testar os divinos poderes de observação. Outros narradores ainda acusam Tântalo de roubo do néctar e ambrosia que nunca deveriam ser provados pelos mortais. Os atos imputados a Tântalo são como vemos, diferentes, mas a razão por que foram considerados criminosos é a mesma nos três casos: Tântalo foi culpado de adquirir e compartilhar um conhecimento a que nem ele nem os mortais como ele deveriam ter acesso. Ou, melhor ainda: Tântalo não se contentou em partilhar a dádiva divina – por presunção e arrogância desejou fazer por si mesmo o que só poderia ser desfrutado como dádiva.

A punição foi imediata; foi também tão cruel que só poderia ter sido inventada por deuses ofendidos e vingativos. Dada a natureza do crime de Tântalo, foi uma lição. Tântalo foi mergulhado até o pescoço num regato – mas quando abaixava a cabeça tentando saciar a sede, a água desaparecia. Sobre sua cabeça estava pendurado um belo ramo de frutas – mas quando ele estendia a mão tentando saciar a fome, um repentino golpe de vento carregava o alimento para longe".

Esse mito me parece muito apropriado para a discussão da questão do celibato presbiteral. Cada novo presbítero católico, ao abraçar o celibato presbiteral, abraça-o como um sonho possível de se viver. Mas, com o "andar da carruagem", esse sonho acaba sendo ameaçado pela possibilidade de maior liberdade e autonomia individual. Ao ser ordenado presbítero católico, o indivíduo assume a obrigação da observância da lei do celibato. Mas, psicossocialmente, mesmo tendo consciência da lei, de sua obrigatoriedade em observá-la e de todas as suas consequências, pode acabar num impasse de dúvida se seria mesmo necessário sua observância ou não, algo que causa conflitos.

Para o novo presbítero católico, alcançar a fidelidade celibatária significa estar conforme a disciplina atual da Igreja Católica, o que implica abrir mão da liberdade, da autonomia, da individualidade. Até agora nenhuma receita foi inventada para resolver esse dilema. O que se percebe é que existe uma corrente dentro da Igreja que, nas hermenêuticas dos textos bíblicos, faz uma tentativa de interpretação que favoreça a justificação do celibato presbiteral como uma "vontade divina", "vontade de Jesus Cristo".

As orientações sobre a observância celibatária traz muitas indicações positivas para a ação presbiteral, mas de outro lado elas vêm sendo questionadas pelo tolhimento de liberdade e autonomia do novo presbítero católico. A vida celibatária traz segurança, apresenta-se como caminho de felicidade e santidade presbiteral, mas em tensão com a perda da liberdade e autonomia. E parece que assim continuará por muito tempo!

Para aqueles que fazem outra hermenêutica dos textos bíblicos, fugindo à obrigatoriedade da lei celibatária, existe certa frustração com a solução adotada pelo magistério da Igreja Católica de manter o celibato.

Numa perspectiva psicossocial, aqueles que não concordam com a obrigatoriedade do celibato devem continuar lutando para que a prática dos primeiros cristãos seja reestabelecida, sendo o celibato um carisma, por isso opcional, não obrigatório, mesmo com poucas chances de realizar a esperança, mas nem por isso devem deixar de tê-la. Assim, a discussão sobre o celibato deve continuar avançando até chegar ao ponto no qual Cozzens (2008) e Lobinger (2004) falam que o celibato deve ser visto como carisma, algo mais saudável para a Igreja.

Para o novo presbítero católico se abre o dilema: abraçar a lei celibatária conforme a tradição da Igreja católica, sendo autêntico em sua observação, ou acolher no interior de sua identidade e espiritualidade, mesmo contra a orientação da Igreja Católica, a liberdade e a autonomia para viver o direito e respeito por sua individualidade. Mas o que fica claro é que ele não pode ter as duas coisas ao mesmo tempo e ambas na quantidade que quiser. Qualquer uma das soluções poderá não ser "perfeita".

Para alguns, continuar insistindo na lei do celibato é apostar num "inimigo mortal" para o crescimento do cristianismo. Já para outros, sua abolição seria um "inimigo mortal" para a organização atual da Igreja Católica. Fica aí o impasse!

Parece-me que o melhor modo de cuidado dessa questão seria a escolha dos caminhos como "no tempo da Igreja do Novo Testamento e da Igreja primitiva, na qual se encontram, desde o início, ministros casados e não casados. Motivos pessoais, sociais ou religiosos levam um ministro a não casar. A recomendação que se encontra na época bíblica pós-apostólica para que o ministro seja um 'homem de uma só mulher (1Tm 2,1; 3,12; 2Tm 2,24 e Tt 1,6) significa que o ministro deve amar sua esposa com o coração indiviso e não há ainda a proibição de um novo casamento no caso da morte da primeira esposa. No entanto aumenta, cada vez mais, no início do cristianismo, o número de presbíteros que não se casam, por inspiração com a vida monástica" (cf. Santos, 2010, p. 115).

Retomando o mito de Tântalo, penso que ele serve para ilustrar o drama do cuidado pelo celibato presbiteral. Abolir o celibato seria cometer "um grande pecado", ficando fora da tradição da Igreja Católica, traindo algo que ela preza muito. Corroborando essa posição, parece que, no inconsciente de muitos católicos, manter o celibato presbiteral significa manter o presbítero católico separado e intocável, algo essencial para a realização de sua missão. Dentro dessa visão, romper o celibato presbiteral significa romper com a inocência e desfrutar de seu rompimento; ignorando-o, seria perder algo do sagrado.

Os gregos, a partir do mito de Tântalo, parecem ter chegado a acreditar na eterna verdade dessa mensagem, isto é, que nada pode ser mudado. Eles não foram os únicos a incluir em suas histórias tal princípio. Uma mensagem muito semelhante é encontrada na Bíblia Sagrada (Gn 3), na qual Adão e Eva são castigados por terem comido do fruto da árvore do conhecimento e foram expulsos do paraíso. No paraíso, a felicidade dependia de não fazer escolhas ou de poder escolher dentre as opções apresentada por Deus. O Deus judeu podia, em certas ocasiões, ser tão cruel e impiedoso em sua ira quanto os deuses do Olimpo, e o castigo imposto a Adão e Eva não foi menos doloroso do que o imposto a Tântalo. A memória dessa felicidade viria a assombrar os descendentes de Adão e Eva, mantendo-os na esperança da descoberta do caminho de volta, mas isto jamais acontecerá. Sobre este ponto parece não haver desacordo entre Atenas e Jerusalém.

Na visão religiosa temos as primeiras cenas da epopeia humana que apresentam uma cobrança de Deus a suas novas e mais sublimes criaturas: "parirás com dor", a conta de Eva, e "comerás o pão com o suor de teu rosto", o débito de Adão (Gn 3,16-19). Era o pagamento que deviam por ter conhecido o bem e o mal, por ter desejado. O casal acabava de receber gratuitamente, e sem ter pedido, o dom da vida. Mas, ao abrir os olhos para o conhecimento das coisas, já estavam culpados, com pesada dívida a pagar e tendo que cobrir suas "vergonhas".

Sabemos que a cultura da culpa educa pelo medo das consequências de fazer a coisa errada. O castigo pode ter até mesmo um efeito curativo, funcionar como um "anticorpo psíquico", a nos proteger do vírus da castração, da morte e da "desordem social". Ele funciona como um instrumento de proteção da sociedade contra as desordens. Já os princípios das orientações permanentes e seguras funcionam como "uma proteção psíquica" contra os estados de ansiedade por causa da necessidade de novas mudanças. Mas perguntamos: o castigo seria suficiente para trazer de volta a serena alegria da paradisíaca? E será que o Deus de Jesus Cristo seria tão cruel e impiedoso caso se rompesse com o celibato presbiteral, como nessas passagens citadas? Será que Deus quer uma sociedade estática e permanente? Será que "nada" pode ser mudado, e, caso haja alguma mudança, Deus seria o grande juiz castigador?

Segundo Habermas (2002c), os dois princípios, tanto da sociedade guiada por princípios religiosos, tendo um Deus Juiz e castigador, quanto "sociedade estática" já foram superados na modernidade. Isto se deu pela passagem da explicação da sociedade pelas religiões, na qual ela tinha um cunho estático e permanente, à explicação pelas ciências positivas e sociais, tendo um cunho de historicidade, subjetividade e transformação.

Segundo Bauman (2001, p. 100) é preciso estar em constante estado de alerta, mantendo a própria flexibilidade e a velocidade de reajuste em relação aos padrões cambiantes do mundo. As transformações circulam sem obstruções alfandegárias por todo ou quase todo o globo numa velocidade tremenda, comprimindo espaço e tempo, fazendo emergir uma cultura do efêmero, na qual as manifestações culturais são submetidas aos valores que "dinamizam".

Diante da complexidade das transformações sociais e da complexidade da lei do celibato, o novo presbítero católico precisa ter dois cuidados: primeiro, para não banalizar o celibato; segundo, para não colocar o celibato como única forma de ser presbítero católico, garantindo o respeito pela função presbiteral.

Conclusão

Para concluir vamos retomar um pensamento de Ghandi: "Nunca perca a fé na humanidade, pois ela é como um rio. Só porque existem algumas gotas de água suja nele, não quer dizer que ele esteja sujo por completo". Parafraseando Ghandi, podemos dizer que: "Não podemos perder a fé nos presbíteros católicos, pois eles são como um rio. Só porque existem gotas de água suja nele, não quer dizer que ele esteja sujo por completo".

Se existe uma lei institucionalizada na organização da Igreja sobre a necessidade da observação perfeita e perpétua do celibato, psicossocialmente essa lei existe como uma tentativa frustrada. Os dados atestam que essa lei nunca foi observada em sua totalidade, pois segundo Oliveira (2005, p. 23-37), até na atualidade, entre os presbíteros católicos do Brasil, 41% já tiveram algum envolvimento afetivo com mulheres e 42% concordam que o celibato deveria ser opcional.

Usando a metáfora de Bauman (2003, p. 23) de que: "O anjo da História se movimenta com as costas voltadas para o futuro e com os olhos postos no passado" podemos dizer a mesma coisa do celibato institucional. Olhando para a Igreja Católica, vemos que o "anjo da História" pode olhar tanto para trás quanto para frente, pois se olha para Jesus Cristo. Quando se olha para o passado, é possível ver Jesus Cristo celibatário; e quando se olha para o futuro, é possível ver Jesus Cristo celibatário em sua glória! Mas quando se olha para os seus seguidores, não se percebe uma segurança de fundamentação para sua legitimação e obrigatoriedade, e quando se olha para a história de vida dos presbíteros católicos, é possível perceber um comportamento diferente quanto à observação perfeita e perpétua do celibato.

Para Bauman (2003, p. 23) podemos dizer que a "repulsa e não a atração é o principal motor da história". Aplicando isso ao celibato presbiteral, podemos perguntar: existe uma atração ou uma repulsa pela observação perfeita e perpétua do celibato presbiteral ou existe uma atração ou uma repulsa pela não observação perfeita e perpétua do celibato presbiteral?

Livrar-se da observância do celibato presbiteral, mesmo sabendo que se está desobedecendo às normas canônicas, pode trazer alívio, mas um alívio momentâneo, transitório, uma vez que a nova condição rapidamente revela seus aspectos desagradáveis, previamente invisíveis e imprevistos, e traz com ela novas razões de preocupação. Além disso, o alimento de uns é o veneno de outros, e os presbíteros católicos, em descumprimento da lei do celibato presbiteral, quase nunca encontram a unanimidade na busca de atenção e reforma que almejam.

Dessa forma, cada passo que afasta os novos presbíteros católicos da observância celibatária será visto por alguns com entusiasmo e por outros com apreensão, sendo atravessado pelos conflitos e ambivalência.

Psicossocialmente, a Igreja Católica vem cuidando da permanência da obrigatoriedade do celibato, pois ela se sente mais segura com essa lei, mesmo que ela não seja observada pela totalidade de seus presbíteros. Assim, ela trabalha com a segurança. Mas como diz Bauman (2003, p. 24): "a liberdade e a segurança, ambas igualmente urgentes e indispensáveis, são difíceis de conciliar sem atrito – e atrito considerável na maior parte do tempo. Estas duas qualidades são, ao mesmo tempo, complementares e incompatíveis; a chance de que entre em conflito sempre foi e sempre será tão grande quanto a necessidade de sua conciliação". Dentro dessa visão, somente a possibilidade do celibato opcional parece conseguir abrir espaço de liberdade e ao mesmo tempo de segurança. Pois a segurança sem a liberdade equivale à escravidão e a liberdade sem a segurança equivale a estar perdido e abandonado.

O cuidado do celibato presbiteral tem provocado uma "dor de cabeça" para o magistério da Igreja Católica, uma "dor de cabeça" sem cura conhecida, tornando a vida presbiteral um conflito sem-fim.

Atualmente, podemos dizer que os novos presbíteros católicos que almejam a libertação da observância celibatária, como aqueles que lutam por sua permanência, estão condenados à sina de Tântalos: seus objetivos tendem a lhes escapar, e são seus esforços sérios e dedicados, tanto de uns quanto de outros, que fazem com que lhes escapem quaisquer possibilidades.

Dessa forma, acaba restando para os que descumprem a lei do celibato e sonham com a liberdade manter-se de modo sigiloso, acreditar na possibilidade do perdão e na mudança da lei; aos que observam a lei do celibato resta acreditar na permanência da lei, na recompensa eterna e saber que o que buscam é possível, mesmo restando o amargor do sacrifício da liberdade.

Parte VI

O novo presbítero católico: uma identidade de cuidador

O novo presbítero católico se encontra hoje numa fase nova da humanidade, uma fase de grandes e velozes transformações, uma fase de crescimento da mentalidade de mudanças. É uma fase na qual todos são convidados à abertura para novos valores, à flexibilização e ao regresso à casa comum, ao regresso à Mãe Terra. É fase da humanidade na qual há um convite a uma troca maior de experiências e de valores, havendo um enriquecimento e complementação mútua.

Tais mudanças geram novos paradigmas para pensar a identidade e espiritualidade do novo presbítero católico. Um novo e antigo paradigma é o do cuidado: "Cuida de ti mesmo e de todo rebanho" (At 20,28). O modo cuidado deve levar o novo presbítero católico a cuidar melhor de sua formação, saúde, qualificação e espiritualidade; deve levá-lo a sair da dimensão somente de controle e vigilância, priorizando a escuta das necessidades de cada indivíduo, os projetos de vida e interesses dos grupos e da própria comunidade; deve levá-lo a ter a uma maior clareza e segurança da doutrina da Igreja Católica e de toda a riqueza da Palavra de Deus da qual ele é seu ministro.

A mística do cuidado soa como um novo pentecostes para as ações presbiterais, convidando-o a um maior crescimento na fé, a uma dedicação maior na escuta das subjetividades humanas, à abertura a misericórdia e incentivo da "convivência", organização e crescimento comunitário.

Pensar assim a identidade e espiritualidade presbiteral é pensar um novo presbítero católico atento aos sinais dos tempos, atento a uma sociedade em constantes e velozes transformações, na qual ele não pode nem deve mais dizer "eu sou", mas estou sendo ou buscando "ser".

O paradigma do cuidado: identidade e missão do novo presbítero católico

Penso que nunca é tarde para recordar que é preciso cuidar-se. Toda opção tem suas consequências tanto para o bem como para o mal. O Apóstolo Paulo recomenda "Cuidem de vocês mesmos e de todo o rebanho" (At 20,28). O Mestre Jesus Cristo recomenda (Mt 16,6): "Cuidado, acautelai-vos do fermento dos fariseus e dos saduceus". Nunca é demais recomendar a atitude de cuidado e pedir aos que amamos que se cuidem. Nada e ninguém está isento de cair em qualquer armadilha do descuido. Muitos, no afã de acumular riquezas, entram em negociatas e acabam, por falta dos devidos cuidados, sendo corrompidos.

Conhecemos o ditado: "Quem não cuida do que tem tende a perdê-lo". Este ditado expressa a necessidade do cuidado permanente com que devemos viver nossa vida. Só o fato de continuar existindo já significa que está havendo cuidado com a vida. Por outro lado, se nos negarmos a cuidar da vida, se nos isolarmos ou vivermos de maneira não responsável, isto é, sem cuidado de si mesmo e do outro, aquilo que era muito bom pode ser transformado em maldição ou desgraça.

O cuidado está para além do puramente racional, ultrapassando o aspecto puramente explicativo. O cuidado exige sabedoria, esperança, amor. Devemos perceber que a profundidade do ato de cuidar é tal que, no mais das vezes, ultrapassa as possibilidades da razão de compreender, pois está no plano dos sentimentos. Para por compreender o ser humano e ajudá-lo se faz necessário interessar-se por sua totalidade, inclinar-se para ouvi-lo e examiná-lo.

Mitos antigos como o da "fábula-mito sobre o cuidado", pensadores como Leonardo Boff e Hans Jonas (1903-1993) nos ensinam que a essência humana não se encontra tanto na inteligência, na razão, na liberdade ou na criatividade, mas basicamente no cuidado. O cuidado é, na verdade, o suporte real da criatividade, da liberdade, da inteligência e da razão. No cuidado identificamos os princípios, os valores e as atitudes que fazem da vida um bem viver e das ações um reto agir.

O cuidado situa-se no nível do sentimento. No cuidado o centro não é a racionalidade, mas a dedicação, a entrega e a atenção. Segundo Le Bom (2008, p. 108-109): "A razão humana certamente não teria conseguido conduzir a humanidade pelos caminhos da civilização com o ardor e o atrevimento que nela despertaram suas quimeras (...). Cada raça carrega na sua constituição mental as leis de seu destino e talvez obedeça a essas leis por um inelutável instinto, mesmo nos seus impulsos aparentemente mais irracionais (...). Não é com a razão, e foi muitas vezes apesar dela, que foram criados sentimentos tais como a honra, a abnegação, a fé religiosa, o amor à glória e à pátria, que foram até aqui as grandes molas de todas as civilizações".

O novo presbítero católico deve ser um apóstolo do cuidado. Apóstolo entendido como "imbuído", conduzido pelo modo de ser cuidado, que o invade de tal forma que possa fazer desaparecer toda opinião contrária. Ser um apóstolo do cuidado é passar por uma transformação e renovação mental, assumindo um novo paradigma. Tal paradigma não é simplesmente um paradigma racional, mas afetivo e de mística cristã de colocar a vida em todas as suas dimensões e amplitudes em primeiro lugar: "Eu vim para que tenham a vida e a tenham em abundância" (Jo 10,10).

No novo paradigma, o do cuidado, o foco não está prioritariamente nas regras, nos regulamentos, na organização nem na manutenção da instituição, mas na inovação, na adequação ao contexto de mudança constante pelo qual passa a humanidade, acentuando o cuidado da vida em todas as suas dimensões.

Os novos presbíteros católicos, longe de serem agentes passivos, devem tornar-se proativos, antecipando-se aos tempos, fatos e acontecimentos. O paradigma do cuidado se apresenta com capacidade para colocá-los neste novo e antigo patamar.

Colocar o acento na identidade e espiritualidade presbiteral como cuidado é buscar fugir ao modelo tradicional de presbítero católico, de homem absorvido pela dimensão vertical da fé; é buscar "fugir às armadilhas" do modelo somente social, de homem absorvido mais pelo social, pelo engajamento cristão no mundo, de homem político, de luta em acampamentos, favelas, ruas; é buscar fugir ao modelo de presbítero católico movido somente pela racionalidade, "sabedor e dono da verdade"; acima de tudo, é buscar fugir a nova tendência de presbíteros católicos secularistas, midiáticos que dão a entender que para ser bom presbítero basta ter boa estética, revestir-se de uma batina, usar *clergyman*,[1] casula e ser promotor de eventos

---

[1] Sobre a batina, seu uso data do século V, quando por semelhanças aos monges e em oposição aos costumes romanos que estavam adotando trajes muito curtos, ela começa a fazer parte da visibilidade exterior do presbítero. Desde os primórdios os monges, inicialmente, quase todos, optaram por uma veste de tecido rústico e de cor homogênea, veste única, à semelhança da veste que Cristo estava usando no momento de sua crucificação (Jo 19,23), como sinal de simplicidade e humildade que posteriormente foi chamado de hábito religioso ou clerical, o qual foi sendo retomado por vários papas ao longo da história, sobretudo, como hábito adequado ao estado clerical pelo Concílio de Trento e oficializado por Sixto V (1585-1590), como uso obrigatório pelos clérigos em todas as situações. O *clergyman* teve seu primeiro esboço por volta do século XVII, sendo usado primeiro pelo clérigo anglicano no século XIX. Posteriormente é que começou a ser usado pelo clérigo católico. Foi desenvolvido para ser usado no trabalho cotidiano do ministro, sendo mais prático que a batina, ou seja, o *clergyman* é na verdade uma adaptação protestante da veste católica romana. Seu significado é que quem o usa é um servo, pois este colarinho estava ao redor do pescoço dos escravos no mundo antigo. No Direito Canônico, número 284 se lê: "Os clérigos usem hábito eclesiástico conveniente, de acordo com

religiosos capazes de causar algum impacto na vida das pessoas. Esse último se torna mais perigoso porque leva o presbítero católico a desvencilhar a ação religiosa da vivência religiosa, isto é, ele não precisa ser santo, ser fiel, fazer sacrifícios, mas sim saber fazer a propaganda da fé, apresentar uma religião de aparência, fazer marketing religioso, saber atrair homens e mulheres que estavam meio afastados da vida comunitária.

Assim, qualquer uma das polarizações tende a empobrecer psicossocialmente a identidade e espiritualidade presbiteral. Veja o que fala o presbítero denominado Afonso (Santos, 2009, p. 295): "Muitos seminaristas e presbíteros novos estão usando *clergyman*, muitos procuram manter uma liturgia mais voltada para o lado tradicional, uma igreja mais sacramentalista. Este comportamento não é só por causa das exigências do Vaticano, mas, pelo contrário, uma maneira de encontrar um jeito de se impor diante do mundo. Não conseguiu o diálogo, não conseguiu progredir, então ele se firma numa postura mais tradicional. Essa própria postura tradicionalista que observamos em muitos seminaristas e presbíteros novos é uma maneira de mostrar que existe um desafio mal resolvido, uma situação de crise. A Igreja se mantém numa posição e o mundo está evoluindo e o presbítero fica nessa encruzilhada. Enquanto muitos partem para a política ou para a militância, outros se refugiam no clericalismo, no tradicionalismo. Es-

---

as normas dadas pelas conferências dos bispos e com os legítimos costumes locais". O uso da camisa de *clergyman* por clérigos católicos, em substituição à batina, é regulamentado por cada bispo em sua diocese. Os adeptos do *clergyman* dizem que é um símbolo importante, sacraliza visivelmente o mundo, sinalizando a dedicação ao ministério, é um sinal que se está a serviço de Deus, sendo quase uma espécie de segunda pele. O novo presbítero católico deve tomar consciência de que não é o *clergyman* que vai aproximar os fiéis da Igreja nem lhe dar o sentido do sagrado, mais o bom desempenho de sua missão. Muitas vezes o *clergyman* acaba sendo um modo de agarrar a qualquer ponto de apoio, por mais frágil que seja, como no náufrago agarra-se a pedaço de madeira, de modo a sentir um pouco de segurança.

sas posturas extremas mostram que existe uma questão mal resolvida, uma falta de diálogo e de não entendimento da igreja que, diante dos desafios do mundo moderno, não está bem resolvida. Estamos diante de um desafio e cada um se apega ao caminho que, para ele, representa uma segurança, um ativismo ou uma militância mais na área política, ou um retorno ao tradicionalismo, o clericalismo".

Tal indicação significa que o cuidado presbiteral não está sendo direcionado para o bem, para o crescimento da comunidade cristã, e que talvez falte também uma política da Igreja Católica que leve em consideração as novas necessidades de cuidado dos seres humanos na atualidade.

A ordenação presbiteral e a identidade do novo presbítero católico

A ordenação presbiteral é tida como capaz de inaugurar um novo começo na vida do indivíduo, uma nova história. Mas isto, no plano psicológico, torna-se mais possível acontecer se houver uma pré-disposição para tal. A ordenação representa assim um rito de passagem, a transposição de uma barreira psicológica, com drástica mudança tanto na aparência exterior como na atitude interior do indivíduo.

Quando um indivíduo é ordenado presbítero católico, ele recebe a missão de cuidar de uma comunidade ou parcela do povo de Deus. Cuidar da comunidade ou da parcela do povo de Deus a ele confiado passa a fazer parte da própria razão de ser presbítero.

Mas se ele não colocar cuidado em tudo o que fizer, correrá o risco de ver tudo ser desmantelado e desaparecer. Ao inaugurar uma nova história na vida presbiteral, espera-se que a mística do cuidado seja central, pois somente assim poderá melhor representar a grandiosidade do que significa ser presbítero católico, ser cuidador da comunidade ou da porção do povo de Deus a ele confiado.

O cuidado que o presbítero católico dispensa à comunidade ou porção do povo de Deus a ele confiado é mais que um "ato", é uma "atitude". Portanto, abrange mais que um momento de atenção, de zelo, de desvelo. Representa uma atitude de ocupação, de responsabilização e de envolvimento afetivo com a comunidade ou porção do povo de Deus.

Cuidando da comunidade ou porção do povo de Deus, o presbítero católico também recebe cuidado, pois ele é também um ser de cuidado. Desta forma podemos dizer: "O presbítero católico deve ter cuidado com a comunidade ou porção do povo a ele confiado e ser cuidado por este". Isto significa que o cuidado faz parte da essência da razão de ser presbítero católico, de sua identidade. É um *modo-de-ser* singular do presbítero católico. É quase como dizer que sem cuidado ele deixa de representar a grandeza de ser presbítero católico.

A atitude de cuidado pode provocar preocupação, inquietação e sentido de responsabilidade no novo presbítero católico. Por sua própria natureza, cuidado inclui, pois, duas significações básicas, intimamente ligadas entre si: a primeira, a atitude de desvelo, de solicitude e de atenção para com o outro; a segunda, de preocupação e de inquietação, porque a pessoa que tem cuidado se sente envolvida e, afetivamente, ligada ao outro. Os dois significados confirmam a ideia de que o cuidado é mais do que um ato simples ou uma virtude ao lado de outras. O cuidado é um modo de ser presbítero católico, isto é, a forma como ele se estrutura e se realiza no mundo com os outros. Melhor ainda: é um modo-de-ser-no-mundo que funda as relações que se estabelecem com todas as coisas.

Com razão, o poeta latino Horácio (65 a.C.) dizia: "o cuidado é o permanente companheiro do ser humano". Para o mesmo poeta, citado no filme "Sociedades dos poetas mortos", deve se "colher o dia ou aproveitar o momento presente, confiando o mínimo no amanhã!". A mística do cuidado leva a cuidar bem da vida no hoje. Se hoje a vida for bem cuidada, o amanhã terá mais chance de ser bom, pois "o amanhã é filho do hoje". Diz o Salmo 18(19),2-3: "O dia ao outro transmite essa mensagem, e uma noite à outra a repete". Um dia faz declaração ao outro dia e uma noite revela conhecimento à outra noite.

O cuidado deve estar sempre subjacente a tudo o que o presbítero católico empreende, sonha, projeta e faz... O cuidado deve ser o fundamento para qualquer interpretação de sua identidade. Este "modo-de-ser" no mundo, na forma de cuidado, permite ao novo presbítero católico a experiência fundamental do valor, daquilo que tem importância para ele como presbítero católico, que é Jesus Cristo e seu Evangelho.

O ser humano nasce como um ser totalmente inacabado que necessita apropriar-se e integrar suas diferentes dimensões – somática, psíquica e espiritual – numa unidade pessoal a construir, abrindo-se às relações com o mundo, com os outros e com o Absoluto. Da mesma forma, podemos dizer que o presbítero católico é um ser inacabado. Uma vez ordenado presbítero, deve estar sempre procurando integrar-se física, psíquica e espiritualmente. Esta busca de integração significa cuidado consigo mesmo. Quem sabe cuidar de si mesmo, necessariamente, torna-se mais apto em poder cuidar dos outros e da vida de modo geral.

No dia da ordenação presbiteral, o bispo impôs as mãos sobre o ordenando e rezou a oração consecratória e o ungiu com o Santo Óleo do Crisma. Para tanto, através da ordenação, no gesto da imposição das mãos, por parte do bispo e da oração consecratória por ele rezada, em nome e na intenção da Igreja, o candidato foi constituído, de modo particular, em sua relação com Cristo e com a própria Igreja, como presbítero católico. Em relação a Cristo, porque age na pessoa de Cristo sacerdote (PO 2 e 5), e com relação a Igreja, como representante seu, não somente na Igreja mas à frente dela, como diz o Papa João Paulo II, porque é a Igreja que o recebe e o torna guia do povo de Deus. Assim expressa o Papa João Paulo II (*Pastores dabo*

Vobis, n. 22): "O sacerdote é chamado a ser imagem viva de Jesus Cristo, Esposo da Igreja (...) Enquanto representa a Cristo Cabeça, Pastor e Esposo da Igreja, o sacerdote coloca-se não só na Igreja mas perante a Igreja (...) Com uma ternura que reveste inclusivamente os matizes do afeto materno, capaz de assumir as "dores de parto" até que 'Cristo seja formado' nos fiéis (Gl 4,19)".

Pelo sacramento da Ordem, o próprio ser do presbítero é tornado sinal visível e eficaz da graça invisível que é o próprio Cristo, sendo o presbítero verdadeiro sacramento de Cristo sacerdote e, como tal, pelo caráter indelével com que é revestido. Há, com efeito, verdadeira mudança ontológica no presbítero, já que ele foi tornado ministro de Cristo, e ministro plenamente capacitado, por pura graça divina, da qual participa de modo único e totalmente novo (2Cor 4,6): "Porquanto Deus, que disse: do meio das trevas brilhe a luz!, foi ele mesmo quem reluziu em nossos corações, para fazer brilhar o conhecimento da glória de Deus, que resplandece na face de Cristo". Cristo é a luz que brilha na vida do presbítero católico. Esta identidade ontológica só acontece pela fé em Jesus Cristo (Santos, 2010, p. 124).

Sobre a mudança ontológica, o caráter indelével da ordenação presbiteral, precisamos retomar o que diz Dom Valfredo Tepe (*in Presbítero hoje*, Editora vozes, 1994, p. 24): "A expressão 'identidade ontológica' não se refere a categorias filosóficas, e sim teológicas. Nenhuma reflexão metafísica explica a 'identidade ontológica' do cristão. Alguém é cristão – tem a 'identidade ontológica de cristão' – pela fé em Cristo, firmada sacramentalmente pelo batismo. A identidade ontológica do padre é do mesmo nível e é expansão da identidade básica de ser cristão".

Mas o novo presbítero católico precisa retomar também o que diz Paulo Freire (*in Educação e mudança*, Rio de Janeiro: Paz e Terra, 1994) sobre "vocação ontológica" do ser humano, vocação a ser mais: "Se a vocação ontológica do homem é a de ser sujeito e não objeto, só poderá desenvolvê-la na medida em que, refletindo sobre suas condições espaços-temporais, se introduz nelas, de maneira crítica. Quanto mais for levado a refletir sobre sua situacionalidade, sobre seu enraizamento espaço-temporal, mais emergirá do consciente carregado de compromisso com sua realidade, da qual, porque é sujeito, não deve ser simples espectador, mas deve intervir cada vez mais".

Seguindo nas trilhas de Freire e, aplicando ao novo presbítero católico, não é porque alguém foi ordenado que se tornou presbítero católico segundo o coração de Deus, como diz no livro do profeta Jeremias (3,15): "Dar-vos-ei pastores segundo o meu coração". A identidade e a espiritualidade presbiteral são uma construção que deve passar por muitas transformações. A verdadeira mudança "ontológica" que deve haver na vida do novo presbítero católico é que, uma vez ordenado, deve esforçar-se para organizar sua vida em relação a Cristo e sua Igreja. São Paulo, na carta aos Efésios (4,11-13), ajuda-nos nesta compreensão: "E ele é que 'concedeu' a uns serem apóstolos, a outros evangelistas, a outros pastores e mestres, para aperfeiçoar os santos em vista do ministério, para a edificação do Corpo de Cristo, até que alcancemos todos nós a unidade da fé e do pleno conhecimento do Filho de Deus, o estado de homem Perfeito, a medida da estatura de plenitude de Cristo". Nesta visão, pelo rito da ordenação, foi plantada em cada presbítero católico uma pequena sementinha que deve ser cultivada para que possa crescer e dar muitos frutos. Desta forma, o "sim" dado na ordenação é um sim para o crescimento, o "sim" que implicará em muitos outros "sins".

Psicossocialmente, ninguém nasceu presbítero católico, mas se torna presbítero pela eleição de Deus. E o presbítero católico deve passar por um processo de mais de 10 anos para ser firmado como presbítero. Provavelmente, nos casos mais bem-sucedidos o indivíduo vai chegar à estabilidade autônoma de seu *self* aos 30 ou 35 anos. No caso do presbítero, a tomada de consciência do papel presbiteral se dá por volta dos 10 anos de vida presbiteral (Vv.Aa., 2001, p. 323-328).

Algo que chama atenção na ordenação presbiteral é a unção. A reforma do rito da ordenação tal como temos agora, segundo Giampietro (2010), ganhou nova forma com o Papa Paulo VI (1963-1978). O rito mais antigo da Igreja para a ordenação presbiteral é o de imposição das mãos. Até o século VII o bispo impunha as mãos sobre o candidato, assinalando-o, depois com o sinal da cruz as mãos e a cabeça do candidato, e, depois, rezava a oração consecratória. A unção das mãos, nos tempos antigos, era feita com o óleo do crisma. Esse costume não foi utilizado pela Igreja romana, segundo Nicolau I (858-867), no entanto é encontrado em todos os ritos antigos de ordenação. O que se sabe é que foi somente a partir do século IX que se tornou uma prática generalizada, em toda a Igreja, a Unção das mãos daquele que estava sendo ordenado presbítero. Esse ritual, com sua correspondente fórmula, significa o poder pelo qual é investida a pessoa ungida, mas ele não remonta, provavelmente, aos rituais mais antigos de antes do século IX. Até mesmo o poder de perdoar os pecados, a entrega da patena e do pão, entregues pelo bispo no ofertório e a recitação da passagem bíblica: "Recebei o Espírito Santo, cujos pecados você deve perdoar estarão perdoados; e cujos pecados você deve reter, estarão retidos", aparecem nos rituais somente a partir do século XII. Até o século III, os presbíteros não eram chamados de sacerdotes, quando foi aplicado pela primeira vez aos bispos devido a seu papel de celebrante da Eucaristia. O termo sacerdote implica sacrífício, e a Eucaristia foi considerada sacrifício por causa do sacrifício de Cristo, isto parece que se deu a partir do século III. Quando os presbíteros foram autorizados a celebrarem a Eucaristia, algo que se deu, provavelmente, somente no século IV, eles passaram a ser chamados também de sacerdotes.

Pelo rito da ordenação presbiteral o candidato ao presbiterato é ungido para o serviço do Senhor. A unção dota a pessoa ungida do Espírito de Deus, impelindo-a a algum feito extraordinário. A unção, segundo Mackenzie (1984, p. 953), "faz da pessoa ungida um ministro carismático, cuja missão se cumprirá sob o impulso do Espírito". Assim, o presbítero católico deve agir imbuído do Espírito Santo de Deus.

O saber ser ungido tem uma força muito grande na estrutura psicológica de cada presbítero católico. Veja, em algumas passagens bíblicas, como a questão de saber-se ungido pelo Senhor fez a diferença. O próprio Davi, que era apenas um pastor, tornou-se um grande soldado e depois um grande rei pelo fato da unção (1Sm 16,1-13); a unção do profeta Eliseu (1Rs 19,16) que era um simples "condutor de bois" antes da unção (1Rs 19,19-21); a unção de Isaías (61,1-9) que antes era um "homem de lábios impuros" (Is 6) etc. A unção como rito sagrado não é mencionada, segundo Mackenzie (1984, p. 953), no Novo Testamento, à exceção da unção dos doentes em Tg 5,14 e Mc 6:13, a respeito dos apóstolos: "E ungiam muitos enfermos com óleo e os curavam".

Segundo o ritual que temos hoje, isto é, que foi reformado pelo Papa Paulo VI, conforme Giampietro (2010), o bispo unge as mãos do neopresbítero pedindo a Deus que se digne consagrar e santificar suas mãos, "para que tudo o que elas abençoarem seja abençoado e tudo o que elas consagrarem seja consagrado e santificado". O bispo unge com o Santo Crisma as palmas das mãos do ordenado ajoelhado diante dele dizendo: "Nosso Senhor Jesus Cristo, a quem o Pai ungiu com o Espírito Santo e revestiu de poder, te guarde para a santificação do povo fiel e para oferecer a Deus o santo sacrifício".

A questão da unção tornou-se um modo de ter o respeito e dar crédito àquele que foi ungido. Em I Crônica 16,22 encontramos a passagem na qual Davi dá glória a Deus e fala daqueles que servem ao Senhor: "Não toqueis nos meus ungidos, nem maltrateis os meus profetas". Esta passagem se repete no Salmo 105,15.

Encontramos Cristo como ungido de Deus (Mt 3,16-17): "Este é o meu Filho amado, em quem me comprazo" (Mt 17,1-8, Lc 4,16-19). Cristo é o termo usado em português para traduzir a palavra grega que significa "Ungido".

Em 2Cor 1,21-22 é-nos dito que fomos confirmados e ungidos por Deus, não alguns, mas todos: "Aquele que nos fortalece convosco em Cristo e nos dá a unção de Deus, o qual nos marcou com o seu selo e colocou em nossos corações o penhor do Espírito"; o Salmo (19) 20,7: "Agora reconheço que Javé dá a vitória ao seu ungido, e lhe responde do seu templo celeste com os prodígios da sua mão vitoriosa"; no Salmo 105,15: "Não toqueis nos meus ungidos, não maltrateis os meus profetas!"; em Lc 4,18: encontramos um primeiro sentido da unção para Jesus: "O espírito do Senhor está sobre mim, ele me ungiu para evangelizar os pobres". Dentro desse contexto fica difícil entender toda a exibição das mãos do neopresbítero, que recentemente passou a ser mostrada após a unção com o óleo do crisma. A unção da qual todo o Novo Testamento fala é a do Espírito Santo. Essa unção é para que ele possa melhor cuidar do povo de Deus, melhor servi-lo.

O novo presbítero católico e a vocação presbiteral

Antes de tudo, vamos olhar para a escolha. Diz o texto do Evangelho: "Jesus subiu ao monte e chamou os que desejava escolher. E foram ter com Ele" (Mc 3,13). Ser chamado tem um sentido muito profundo para o presbítero católico. A escolha é de Deus e não simplesmente iniciativa humana. Em Lucas 6,13: "Ao amanhecer, chamou os seus discípulos e escolheu doze entre eles, aos quais deu o nome de Apóstolos".[2]

---

[2] Mas retomando o chamado dos apóstolos, em João, o chamado de Deus é mais incisivo: "Jesus disse aos Doze: 'Não sois vós os Doze que Eu escolhi? Apesar disso, um de vós é um demônio'" (Jo 6,70); "Eu não falo de todos vós. Eu conheço aqueles que escolhi, mas é preciso que se cumpra o que está na Escritura: 'Aquele que come o pão comigo é o primeiro a trair-me!'" (Jo 13,18); "Não fostes vós que Me escolhestes,

A escolha é muito significativa na vida de Jesus. Ele também foi escolhido de Deus; "Mas da nuvem saiu uma voz que dizia: 'Este é o meu Filho, o Escolhido. Escutai o que Ele diz!'" (Lc 9,35); "O povo permanecia ali a observar. Os chefes, porém, zombavam de Jesus, dizendo: 'Salvou os outros. Que se salve a si mesmo, se é de fato o Messias de Deus, o Escolhido!'" (Lc 23,35).

Ter consciência de que a missão presbiteral repousa sobre uma base sólida, sobre um fundamento seguro, psicologicamente ajuda muito o novo presbítero católico. O sentir-se chamado é uma base sólida para a estruturação do eu presbiteral. A escolha nos direciona para fazer a vontade daquele que nos escolheu. Olhando para os textos bíblicos percebemos um pouco melhor isso. Jesus sempre se reportava à escolha por parte do Pai: "Meu alimento é fazer a vontade daquele que me enviou e consumar a sua obra" (Jo 4,34); "porque não procuro a minha vontade, mas a vontade daquele que me enviou" (Jo 5,30); "Eu desci do céu não para fazer a minha vontade, mas a vontade daquele que me enviou" (Jo 6,38). E a vontade do pai é que não se perca ninguém, e que todos ressuscitem (cf. Jo 6,39-40).

Esse Jesus que tinha essa consciência profunda do chamado, da escolha, da vontade do Pai nos ensinou a rezar: "seja feita a tua vontade na terra, como no céu" (Mt 6,10); "porque aquele que fizer a vontade de meu Pai que está no Céus, esse é meu irmão, irmã e mãe" (Mt 12,50).

A vida vivida como resposta ao contínuo chamado de Deus é capaz de mudar totalmente as perspectivas. Psicologicamente, isto dá sentido e rumo à vida humana. Se se tem a base do chamado nada se torna pequeno, tudo ganha sentido e gera confiança.

---

mas fui Eu que vos escolhi. Eu destinei-vos para irdes e dardes fruto e para que o vosso fruto permaneças. O Pai dar-vos-á tudo o que Lhe pedirdes em meu nome" (Jo 15,16); "Se fôsseis do mundo, o mundo amaria o que é dele. Mas o mundo odiar-vos-á, porque não sois do mundo, pois Eu escolhi-vos e tirei-vos do mundo" (Jo 15,19).

Dentro do contexto da escolha, colocamos a vocação presbiteral. Uma vocação não cuidada tende a perder suas motivações e sentido. O presbítero católico é alguém que abraça a vida como vocação, mas uma vocação que leva a fazer escolhas contrárias a qualquer teoria psicológica e de equilíbrio da personalidade. Se para o mundo é o prazer, o ter e a felicidade que contam, no evangelho de Jesus Cristo, o que conta é o desapego: "vai, vende tudo o que tens e dá aos pobres, depois vem e segue-me" (Mc 10,17-27). O Evangelho não deve estar errado! Historicamente temos um fato muito interessante a respeito de riqueza e pobreza acontecido entre o Papa Inocêncio III e Francisco de Assis. Diante da pobreza e simplicidade de Francisco de Assis, o Papa Inocêncio III (1161-1216) diz: "Você está certo. Eu também entrei para o ministério com este mesmo ideal. Hoje estou cercado de pompas e não consigo me livrar disso. Mas você está certo!". Sabemos que Francisco de Assis renovou o cristianismo na sua época! Assim, este fato serve de questionamento, até hoje, para o sentido essencial da vocação presbiteral na questão da "pompa". Isto não quer dizer que os presbíteros católicos não possam ter posses, mas que devem esforçar-se para serem sóbrios, sendo testemunho profético de desapego, indo à contramão do acúmulo de bens.

O novo presbítero católico, ao dizer que foi escolhido por Deus, que tem vocação, deve dizer antes de tudo que tem disposição para o cuidado do rebanho do Senhor. Toda vocação implica valores objetivos que devem ser interiorizados na vida de cada indivíduo. A abertura para a vocação nasce, muitas vezes, em volta da intuição que, somada ao entusiasmo e à experiência, leva à unificação dos valores objetivos, que se concretizam como vocação. A vocação é como uma "moldura" que dá sentido a toda a vida do presbítero católico.

O chamado, a vocação, é como uma "moldura", um elemento de grande importância. Ela organiza a vida do indivíduo de modo mais permanente. A profissão tende a cessar na vida da pessoa – dependendo de fatores sociais, econômicos, políticos, evolução da sociedade, mudanças culturais, competência etc. –, enquanto a vocação continua a vida toda dela, isto é, em muitos casos, até à morte. Em nosso tempo isto parece uma coisa "desafinada", pois qualquer trabalho está ligado às circunstâncias, à liquidez ou ao momento presente. O nosso tempo é o tempo no qual se invoca a flexibilidade, o que significa preparar-se para mudar a qualquer momento e qualquer coisa, desde que ofereça vantagens econômicas. Neste caso não precisa ter vocação, mas disposição para o trabalho.

O trabalho exige que cada indivíduo, em sua função, tenha consciência das próprias capacidades, que nem sempre são evidentes, mas que emergem ao longo de um processo educacional no qual descobre quais funções consegue desenvolver bem, sentindo prazer em exercê-las. Assim, desenvolvem-se técnicas de busca de talentos e de orientação social, tendo em conta não somente as profissões existentes, mas também o mercado de trabalho numa sociedade móvel e em forte mudança.

No caso da vocação presbiteral, segundo Andreoli (2010, p. 16): "Isso não significa confiar no acaso, o que seria um erro antitético, mas estar bem atentos a um processo complexo que deve ser avaliado por parte da pessoa e de seus educadores de modo continuado para identificar aspectos de onde podem emergir as indicações, a fim de que aquela pessoa possa encontrar-se à vontade naquele ambiente social".

Sabemos que a adaptação da pessoa ao ambiente, segundo Charles Darwin, citado por Andreoli (2010, p. 16), "não deve ser entendida em sentido de adaptação passiva, mas, pelo contrário, como ligação prazerosa e, portanto, gratificante de atividade do indivíduo, e as espécies mais bem adaptadas continuarão a sua história, ao passo que outros serão eliminados". Neste sentido, é necessário conjugar capacidade, talentos, carisma, preparação idônea e exigências sociais que permitem à pessoa viver bem na comunidade, sentindo-se satisfeita e não como um "peixe fora d'água". Numa tentativa de adaptação ao nosso tempo e à realidade social, psicossocialmente temos visto muitos testes para a vocação presbiteral, dando atenção especial às aptidões e à realidade social. Isto é algo importante, mas é muito superficial para a vocação presbiteral.

Sabemos que sempre é complicado voltar atrás, mudar o rumo da vida, e emergem mil razões para não fazê-lo. Hoje não se descarta a necesssidade das aptidões nem a capacidade de estar adaptado ao tempo e à realidade social em que vive, mas também não se pode descuidar da experiência de acreditar em Jesus Cristo e em sua proposta, de ter encontrado com ele e da disposição para segui-lo. Caso contrário, pode-se ficar fascinado pela profissão, por impulsos e motivos instrumentais que se fundem na vontade de ficar num meio religioso, mas fugindo do essencial que é viver o amor, o cuidado em Jesus Cristo.

Sobre a questão da vocação presbiteral vale lembrar que cada vez mais os modos de organização da vida presbiteral se aproximam das profissões, conforme nos lembra Richarde Gula (*in* "Ética no ministério pastoral", Edições Loyola, 2001), exigindo sempre maior profissionalismo presbiteral. Hoje, quase todos os presbíteros já recolhem INPS ou pagam um plano de aposentadoria, têm um salário fixo, fazem uma poupança, têm um plano de saúde. Assim, podemos dizer que há um crescente deslocamento para o aspecto profissional, mesmo que não se diga. Acresce-se a isso o fato de lentamente se ir introduzindo, no caso de bispos,[3] presbíteros e outras funções ministeriais, a ideia de renúncia, de aposentadoria, de tornar-se "emérito". Isto revela que está havendo uma aproximação de concepção de vocação com a concepção de profissão.

---

[3] Sobre a aposentadoria dos bispos ver matéria na *IstoÉ*, Edição 2175, 15 de julho de 2011, "Bispos insatisfeitos com a aposentadoria". Nesta matéria há uma avaliação da situação dos bispos aposentados, suas reclamações sobre a perda do poder de voto na CNBB e pedido de melhores cuidados.

Aproximando os dois conceitos, toda profissão ou vocação tem uma origem e apresenta um conjunto da saberes e fazer. Nas origens de cada profissão ou vocação nos esbarramos com as religiões, as ciências e a história da humanidade, podendo ser complexa e manifestar discrepância e antagonismo, mas tudo dentro de um campo de interpretação de valores. Cada profissão ou vocação, quase sempre, está ligada a uma bibliografia individual, sem a qual carece de sentido. Para o bom desempenho e crescimento das profissões ou vocações se faz necessário entrar em diálogo e reflexão com as origens e desenvolvimento delas, nomeando-as, tipificando-as e clareando-as. Todas as profissões ou vocações têm sua dignidade e nelas deve estar embutida a preocupação com a humanidade do humano e o fazer o bem para a humanidade. Assim, profissão ou vocação se liga a professar aquela crença, dedicando todas as energias naquela direção.

Uma fala de Dom Rafael Llano Cifuentes (*in Sacerdotes para o terceiro milênio*, Editora Santuário, 2009, p. 17) ilustra esta nossa reflexão: "Nietzsche escrevia: 'Quem dispõe de um porquê é capaz de suportar qualquer como'. Diria que este pensamento, que tão a fundo explica a realidade do comportamento humano, é válido especialmente quando se tem consciência de que o porquê coincide com o impressionante desígnio de Deus sobre cada de um de nós ao nos escolher para o sacerdócio". Na verdade o porquê, muitas vezes, não dá conta de explicar os mistérios da vida ou dos acontecimentos. Quando o porquê não dá conta de trazer a razão para vida ou os acontecimentos, só resta o acreditar, só resta a fé, esperando, como diz Jesus a Pedro: "Mais tarde compreenderás" (Jo 13,7). Para o presbítero católico a busca de significação para a vida humana, o porquê, encontra sua resposta na vocação, como chamado, convocação de um Deus e é isto que transforma, dá vida, dá sentido e razão em seu ministério presbiteral. Se o presbiterato como "vocação" possa parecer absurdo ao presbítero católico, não dando conta de explicar o mistério de sua existência e missão, se ele decidir seguir em frente, resta esperar e acreditar que mais tarde possa compreender.

O entendimento da vocação não pode imiscuir-se da subjetividade, senão fica algo somente objetivo. "A vocação, dentro do magistério da Igreja Católica, na maioria das vezes ou quase que exclusivamente, vem sendo tematizada teologicamente como algo objetivo, algo dado aos seres humanos, algo do transcendente" (Santos 2010, p. 344).

A subjetividade é uma das descobertas da modernidade. Na *Gaudium et Spes,* a categoria vocação é entendida como estrutura da existência humana (*GS,* n. 3). Paulo VI expressou esta compreensão com a afirmação de que a "Vida é vocação" (Paulo VI).[4] Este destino confere à pessoa estrutura dialógica, pois "desde o seu nascimento o homem é convidado para o diálogo com Deus" (*GS,* n.19). Nesta visão, um elemento subjetivo que faz parte do mistério da pessoa humana é a intuição profunda de um valor particular da experiência cristã. Deste modo a vocação se apresenta como caminho de crescimento e realização que compromete a vida toda da pessoa, e não simplesmente como uma predeterminação da vontade de um Deus superior que interfere no projeto pessoal de vida (Santos, 2010, p. 345).

Na dimensão psicossocial daquele que abraça a vida presbiteral se inserem também a adaptação, as perturbações mentais e os comportamentos que devem, segundo Andreoli (2010, p. 16), "ser vistos como dificuldade de uma pessoa viver em sociedade". A missão presbiteral deve ser conjugada, além da manifestação divina e das aptidões, também com os fatores de adaptação, com as perturbações mentais e comportamentais, pois, se alguém se sente fortemente inseguro, sua tendência é diminuir os contatos sociais e torná-los obsessivos, repetindo-os, evitando novas experiências, que se configuram

---

[4] A visão da vida como vocação é apresentada por Paulo VI no documento *Populorum Progressio.* Editora Vozes, n. 165, 1967.

sempre ameaçadoras. Segundo Andreoli (2010, p. 16), "ao mesmo mecanismo está ligado a depressão, que é uma verdadeira fuga da sociedade à qual nos sentimos inadequados, até nos convencermos de que não somos compatíveis com o viver". A falta de aptidão, as perturbações mentais e as questões comportamentais podem levar o indivíduo a pôr-se em fuga existencial ou viver de modo esquizofrênico, isto é, fazendo uma ruptura do eu, a ponto de ele permanecer na sociedade, porém ignorando-a.

Um dos fios condutores, como sinais de vocação presbiteral, dentro do nosso tempo, passa a ser o acreditar em Jesus Cristo e em sua proposta, ter encontrado com ele, ter a disposição para segui-lo, ter a serenidade e a felicidade na execução de qualquer trabalho ou compromissos presbiterais. Disto se deduzem que um presbítero católico que assumiu a missão presbiteral por vocação, no sentido acima enumerado, pode, mais facilmente, executar o próprio trabalho com personalidade, disposição, realização pessoal e alegria. Já os que assumiram a vocação presbiteral, sem a conjugação dos outros fatores acima enumerados, poderão ter menos chances de disposição para o trabalho de cuidado do rebanho do Senhor, de agir com personalidade, de serem realizados e felizes.[5]

Cuidar da vocação presbiteral é buscar ser um presbítero católico mais santo. Parece que os novos presbíteros católicos têm dificuldade em pensar esse conceito hoje. O que sabemos é que estamos vivendo uma materialização dos modos de ser e viver a vida humana. A

---

[5] Muitas vezes, há uma tentativa de se reduzir o chamado à missão presbiteral ao alcance da felicidade, não neste mundo, mas no outro, no céu. Segundo Andreoli (2010, p. 19), "é um chamado com dedicação exclusiva, é um convite de amor que tolhe todas as outras possibilidades de amar". Embora se dê o sentido todo especial a vocação presbiteral, ser presbítero católico continua sendo uma atividade do homem em meio aos seres humanos, uma função de um indivíduo dentro da sociedade. Da função social do presbítero católico se deduz que se ressente das características pessoais e da postura da estrutura social.

ciência, por si só, é materialista e tende a materializar o ser humano. Isto tem exigido dos novos presbíteros católicos um esforço maior na compreensão do que significa ser santo.

A santidade sofre hoje novos enfoques, novos deslocamentos de compreensão, algo como se fosse uma purificação do passado. "Se antes tínhamos um presbítero voltado mais para o sacrifício, naturalmente, nos tempos atuais poderemos ter um presbítero mais preocupado com a subjetividade, a realização, a felicidade" (Santos, 2010, p. 28). A "a ascese, o sacrifício, pode não ter mais razão de ser nem estar ligada à identidade presbiteral, como algo fundamental, no entendimento de muitos presbíteros" (Santos, 2010, p. 59), nem significar um caminho de santidade. O sacrifício não coaduna com a modernidade.

A compreensão teológica da Idade Média favorecia a aceitação da ascese, do sacrifício, como um caminho de santidade, como ideal de vida. Isto perpetuou até o século XIX. Hoje, o que vemos é um convite à felicidade. Durante séculos foi praticada a mortificação com maior zelo, não apenas dos santos, como também de todo povo cristão. Os mestres recomendavam a mortificação como imprescindível, enquanto o prazer foi alvo de suspeita e de condenações, pelo menos desde Santo Agostinho. Percebe-se que a mortificação hoje é retomada em vista de um benefício terreno e não no sentido de "salvação da alma" como foi praticado durante séculos na Igreja. A pessoa moderna age mais de acordo com uma escala de valores humanos. Isto não anula a mortificação como uma prática ascética de busca de relação para com Deus. Assim, a mortificação, quando praticada, deve ter relação com Deus, sendo um modo sábio de se dar um passo a mais em sua direção.

A sociedade atual, no plano dos valores morais, não exige mais o sacrifício, mas a adesão voluntária a algo que lhe traga algum benefício imediato e com duração limitada. A culpabilização dos indivíduos cedeu lugar à mobilização deles em busca de felicidade. Segundo Andreoli[6] (2010, p. 9), em lugar de santidade seria bom que os novos presbíteros católicos fossem "serenos e, ao menos algumas vezes, felizes".

Vivemos hoje numa sociedade na qual a dor se tornou o maior de todos os males. Antigamente, contudo, era parte do cotidiano, e não algo que alterasse as pessoas. Todos achavam normal a tortura: era rotina diária dos tribunais. Ninguém falava de direitos humanos. Na atualidade, ser feliz passou a ser o eixo para se organizar a mística de ser cristão. Os seres humanos querem ser felizes e não podem deixar de desejar e buscar alcançar essa felicidade, algo que os novos presbíteros católicos também, em maior ou menor escala, vêm abraçando em sua caminhada vocacional.

Temos a imagem de presbítero fixada para nós como de "uma figura masculina, um homem austero e celibatário, alguém que vive uma fraternidade exemplar e uma proximidade maior de Deus, pessoa realizada e feliz, alguém que foi escolhido por Deus e encontrou o sentido de vida" (Santos, 2010, p. 61). Tentar pensar de forma diferente é um grande desafio. A identidade e espiritualidade presbiteral ainda se constroem dentro de uma grande narrativa da identidade e espiritualidade. Dentro dessa grande narrativa a imitação dos santos ainda é muito forte.

Ao olhar para o imaginário psicológico das pessoas, vemos o conflito entre as grandes narrativas de representação da identidade e espiritualidade presbiteral e as construções da qual elas se deparam. Veja como uma leiga, denominada de "X", expressa sobre isso: "Como católica e vinda de uma família tradicionalmente católica que tem um amor a Deus e à Igreja 'imenso', vejo que os sacerdotes se transformam em pessoas especiais, pela fé que eles demonstram a

---

[6] Vittorino Andreoli é psiquiatra italiano reconhecido internacionalmente em seu trabalho.

Deus, na entrega total de si mesmos... Isso tudo causa um fascínio, beira a idolatria, sinto que isso tudo está mudando. Antigamente a pessoa do padre era 'sublime', talvez por ter 'estudo', pelos valores da época ou pelo cuidado que tinha com o seu rebanho, era íntimo das pessoas, a visita que fazia era desejada, esperada e festejada, hoje a vida tem pressa, e o tempo para dedicar ao outro é escasso. Não só a minha família, mas todos sentem a mudança e começam a enxergar o padre como uma 'pessoa' normal, passível de erros, humano, e não um pequeno 'deus'. Sentimos que a mudança é boa, traz crescimento, e com isso o respeito se firma numa relação mais 'humana', mas também 'divina'. Só não sei se todos os sacerdotes gostam dessa mudança, penso que alguns ainda prefeririam ser considerados e tratados como 'deuses'".

Para João Paulo II (1996, p. 103), o novo presbítero católico deve buscar a santidade: "Só um sacerdote santo pode tornar-se, num mundo cada vez mais secularizado, uma testemunha transparente de Cristo e de seu Evangelho". Sobre a santidade do presbítero católico parece que existe, no inconsciente de muitos fiéis, uma imagem de que o presbítero deve ser muito santo, algo que, de certa forma, é bom. Mas esse modo de pensar parece dispensar o fiel de ser santo. Assim, o presbítero católico deve ser santo, nunca podendo falhar, já o fiel, no inconsciente, parece sentir-se dispensado de ser santo.

A vocação presbiteral está ligada ao convite à santidade. Segundo 1Pd 1,15-16: "Pelo contrário, assim, como é santo o Deus que os chamou, também vocês tornem-se santos em todo comportamento, porque a Escritura diz: 'sejam santos, porque eu sou santo'". Para ser santo é necessário que o novo presbítero católico se aproxime daquele que é o "Santo". Em Isaías 6,3 se diz : "Santo, santo, santo é Iahweh dos exércitos, a sua glória enche toda a terra" e também em Apocalipse 4,8: "Santo, santo, santo, Senhor Deus todo poderoso, aquele que era, aquele que é e aquele que vem". Assim, Isaías e João foram elevados aos céus e tiveram o privilégio de ver e sentir o Senhor num ambiente de oração.

Não se alcança a santidade, nem se vive bem a vocação sem oração. A oração significa elevar-se até o céu, para junto do Senhor, para deixar que a glória do Senhor os encha e os santifique. Para que o novo presbítero católico possa desenvolver atitudes de cuidado de acordo com a vontade de Deus, faz-se necessário que ele se eleve até aos Céus, até ao Deus que é o Santo dos Santos. E isto somente é possível através da oração. A oração é um modo de estar todo ali para Deus, deixando Deus ser tudo para a pessoa. Na oração está a força do presbítero católico: "pedi e recebereis" e Jesus reclama: "até agora nada pediste em meu nome" (Jo 16,24). Assim, antes de cuidar, o presbítero católico deve rezar. Na Carta aos Rm 12,12 se diz: "Sede alegres na esperança, pacientes na tribulação e perseverantes na oração". Em Atos dos Apóstos (1,14) se diz: "Todos estes, unânimes, perseveravam na oração com algumas mulheres, entre as quais Maria, a mãe de Jesus, e com os irmãos dele". O caminho para um cuidado de acordo com a vontade de Deus passa pela oração.

A oração favorece que não seja incorporado o estilo de vida presbiteral aburguesado e a busca desenfreada de resultados no ministério, esquecimento da oração e da contemplação. Cuidar da vocação é cuidar da vida de oração. A oração tende a se tornar mais intensa na vida das pessoas quanto mais elas passam a amar. Diz até o ditado que "quem ama reza melhor e reza mais". O novo presbítero católico deve cuidar de sua vida pessoal de oração como um modo de cuidar de seu ministério presbiteral, de cuidar de seu amor pelo Reino de Deus. Sem oração pessoal, sem amor, seu ministério presbiteral poderá ser apenas ritualismo ou formalismo, sendo como que um sino que retine como diz São Paulo 1Cor 13,1: "Ainda que eu falasse a língua dos homens e dos anjos, se não tivesse amor, seria como sino ruidoso ou como címbalo estridente".

No livro "Imitação de Cristo",[7] atribuído a Tomás de Kempis, encontramos a cotidianidade marcada pelo exemplo de Cristo ou, melhor, pelas características expressas por seu comportamento: a humildade, a caridade, o recolhimento, o abandono em Deus e a alegria do amor. Hoje falamos de ser discípulo-missionário. A "Imitação de Cristo" fez parte de uma época marcada pelo intimismo religioso, hoje se fala em seguimento. Assim, o novo presbítero católico deve ser um discípulo, e como discípulo, marcar seu cotidiano pela oração, interiorizando Cristo que não é somente um homem, mas Deus. Um Deus que se encarnou e, em Cristo, torna-se modelo visível de seguimento.

Implicações do modo cuidado na ação presbiteral

Cuidar implica ter intimidade, sentir dentro, acolher, respeitar... Cuidar é entrar em sintonia com... Cuidar é sentir o outro, é verdadeiramente escutar, é ir além das palavras, é ter um olhar desarmado, eliminando todo preconceito. Disso emerge a dimensão de alteridade, de respeito, de sacralidade, de intimidade com o cuidado.

O filósofo Heidegger considera o "cuidado como o fenômeno básico constitutivo da existência humana". Da mesma forma, podemos dizer que o cuidado deve estar na origem da existência da missão presbiteral, ou seja, ser a fonte donde brotará permanentemente o seu ministério.

Portanto, significa que o cuidado constitui, em sua existência, uma energia que jorra ininterruptamente em cada momento e cir-

---

[7] Hoje, de acordo com Irmã Vera, trabalhamos muito mais o seguimento de Cristo. Confira Vera Ivanise Bombonatto. *Seguimento de Jesus: uma abordagem segundo a cristologia de Jon Sobrino*. Editora Paulinas, 2002.

cunstância de sua vida. Assim, o cuidado deve ser aquela força originante que continuamente faz surgir seu ser presbiteral.

Como fenômeno constitutivo do ser humano, o cuidado significa estado de alerta, abertura ao novo, busca de si mesmo. O cuidado coloca o novo presbítero católico numa condição de ser, de possibilidades.

Um presbítero católico que entende sua vida como cuidado tenderá a estar aberto ao futuro, sendo flexível, acolhedor, pronto para cuidar do novo mundo ou das novas formas e possibilidades de se viver a vida.

O presbítero católico que busca entender sua vida presbiteral como cuidado significa que venceu a tentação em dizer que está pronto e vive em "porto seguro", estando aberto a avançar e lançar novamente as redes em alto-mar (Lc 5,1-11), buscando sempre o crescimento. Entregue ao cuidado, o novo presbítero católico ficará predestinado ao risco da existência humana e a exigência de um modo mais autêntico de ser.

A identidade do cuidado leva a ouvir o outro. Ouvir pessoas pode significar perda de tempo, pois o que importa para a modernidade consumista são os resultados. Mais do que nunca as incertezas, dúvidas, tristezas, falta de sentido, vazio existencial são companheiras da humanidade desde tempos imemoráveis. Seu controle e alívio constituem, hoje, um indicador fundamental da qualidade de cuidados em todos os âmbitos da vida humana. O objetivo da escuta do outro é identificar aquilo que o está afetando, compreendê-lo afetiva, social e espiritualmente, para poder oferecer seus serviços presbiterais, seus cuidados.

O novo presbítero católico deve saber cuidar tanto daqueles que estão conforme a doutrina da Igreja Católica, daqueles que estão bem, como daqueles que não estão conforme as orientações da Igreja, ou estão em outras situações, ou enfrentam outros problemas. Em suas ações de cuidado, os presbíteros católicos devem prever atitudes de cuidados com todos os tipos de pessoas, tais como: casais casados no civil e no religioso; casais casados somente no civil ou vivendo os "mini-casamentos", isto é, no final de semana passeiam, dormem juntos e o resto da semana cada um vive com sua família; com os homossexuais; com os dependentes químicos e viciados; com os doentes físicos, emocionais e espirituais; com os viúvos e viúvas; com os da terceira idade; com os jovens, crianças e adultos; com os comerciantes, empregados e desempregados; com os patrões, industriais e empregados; com os artistas; com os internautas; com os favelados, os sem-terra e os pobres; com os que vão regularmente às missas ou celebrações e os que vão de vez em quando; com os que foram batizados e não se identificam mais com a Igreja Católica ou cristianismo, isto é, toda sorte de pessoas existentes no âmbito de sua comunidade de atendimento.

Isto não significa ser um superpresbítero, mas estar aberto, flexível, capacitado e disponível para atender as necessidades do povo, repetindo em sua vida o que Jesus disse (Lc 19,10): "Com efeito, o Filho do homem veio procurar e salvar o que estava perdido". Talvez esteja aqui o maior desafio da vida presbiteral, isto é, agir, não em seu nome, mas em nome daquele que o chamou: Jesus Cristo. O que implica em não reduzir sua ação presbiteral somente àqueles que participam da vida da comunidade, aos que estão conforme a doutrina da Igreja Católica, aos que estão vivendo em situações mais "favoráveis" ou "tranquilas", mas em nome de Jesus Cristo, que estendeu suas ações de cuidado a todos, cuidar também dos que não se encaixam nas normas e leis da Igreja Católica e dos que levam vida plural.

Identidade e espiritualidade presbiteral nas trilhas de Jesus Cristo

A espiritualidade da identidade do cuidado leva o novo presbítero católico a se colocar nas mesmas trilhas que Jesus Cristo: "Eu vim para que todos tenham vida e vida em abundância" (Jo 10,10).

O cuidado deve ser devotado à pessoa como um todo. As adversidades da vida atingem o ser humano na totalidade, isto é, física, afetiva, social e espiritualmente. E esse é o desafio do cuidado do novo presbítero católico.

O enfrentamento da missão presbiteral se faz a partir da espiritualidade do cuidado fundamentado no sentido e valores transcendentais. O cuidado deve funcionar como uma forma de terapia para ajudar o ser humano a se integrar como pessoa, a crescer afetiva, social e espiritualmente.

O novo presbítero católico na modernidade parece estar ouvindo uma nova sinfonia. Já não é mais a sinfonia da homogeneidade, dos mesmos valores e costumes, mas a "sinfonia do plural". O mundo, segundo Bauman (2001), já não está tão obcecado pela verdadeira ordem. Hoje, com a aceitação da pluralidade de formas de vida, vemos numa parcela considerável de discurso intelectual, o crescimento do reconhecimento dos direitos das mais diversas comunidades ou expressões sociais.

Podemos dizer que a sociedade hoje se reconhece como plural. É uma pluralidade diversa daquela combatida na Revolução Francesa com a bandeira da liberdade, igualdade e fraternidade (1789-1799). Se naquela época se lutava para romper toda distância, toda discrepância econômica e social, poucos séculos depois, a sociedade dá sinais de reconhecimento da pluralidade como algo positivo e saudável, não tolerando a desigualdade social, mas incentivando e valorizando as minorias, os pequenos grupos, as culturas, as raças, os comportamentos e os valores dos mais diversos grupos. Segundo Boaventura de Souza Santos:[8] "As pessoas têm direito a serem iguais sempre que a diferença as tornar inferiores; contudo, têm também

---

[8] Boaventura de Sousa Santos (1940) é doutor em sociologia do direito pela Universidade de Yale, professor catedrático da Faculdade de Economia da Universidade de Coimbra.

direito a serem diferentes sempre que a igualdade colocar em risco suas identidades". Ser diferente, ser plural passa a ser a prerrogativa da existência humana. Se antes o presbítero católico podia ser comparado a um maestro que aceitava somente a sinfonia dos que seguiam a moral cristã, hoje parece que ele está sendo forçado a aceitar a diversidade de "instrumentos para compor a sua orquestra" e se comportar como o "regente dessa pluralidade de valores e costumes". Ser o regente de uma grande orquestra passa a ser a "prerrogativa de cuidado" do presbítero católico na modernidade.

A Igreja Católica parece apostar na obediência às leis de Deus e na construção da ordem como força motriz da religião, bem como no engajamento direto com as pessoas, na atividade de padronizar, vigiar, monitorar e dirigir as ações de cada um dos batizados como principal método de projeto, construção e manutenção da ordem. Este modelo tradicional de compreender a vida, o mundo e a filiação numa religião, parece estar em decadência. Vivemos o tempo do encolhimento desse modelo e da necessidade de "flexibilização" e da procura de "modos alternativos" de ser religioso. Ser "flexível" é a palavra da hora e princípio estratégico louvado e praticado pelos batizados.

Os batizados não querem ter sua liberdade de escolha limitada nem a liberdade de movimento restrita. E fica a pergunta: será que os "presbíteros católicos modernos" estão preocupados em regular os batizados? O serviço de regular a vida dos batizados parece estar sendo entregue aos "mais fracos" na hierarquia e parecem ser fracos demais para recusar este "presente venenoso".

A mística do cuidado leva o novo presbítero católico a ser misericordioso, colocando empenho em voltar seu coração e suas mãos para quem dele necessita, estando preparado para o amor, o cuidado. Assim, ele será capaz da compaixão, que é o contrário da crueldade, do egoísmo, do descuido. Segundo Millen (*in* Trasferetti & Zacharias, 2010, p. 195): "Aquele que se compadece tem como referência a dor do outro, que ele deseja que cesse, pois sabe que todo aquele que sofre é seu semelhante e que a dor deste, hoje apenas compartilhada, pode ser amanhã sua dor". O modo de ser cuidado do presbítero católico o leva a ser-convivialidade e não conflitividade. Isto porque o modo de ser cuidado é o modo de ser amor, é o modo de ser cristão. E foi isto que Cristo fez e pediu depois a Pedro, o representante de toda a Igreja: "Simão, filho de João, tu me amas? (...) Apascenta as minhas ovelhas" (Jo 21,15).

O modo cuidado de Jesus depois de sua ressurreição deve servir de inspiração para a organização da identidade e espiritualidade do novo presbítero católico. O que chama atenção neste modo cuidado de Jesus é que ele caminhou com os Apóstolos (At 1,3): "Ainda a eles, apresentou-se vivo depois de sua paixão, com muitas provas incontestáveis: durante quarenta dias apareceu-lhes e lhes falou do que concerne ao Reino de Deus". Em Lc 24, 13-35, Jesus caminhou com os discípulos e os ouviu, percebeu a realidade que enfrentavam e depois os ajudou a entender as Escrituras, celebrou com eles a partilha do pão e somente aí eles tomaram o caminho de volta para a comunidade.

Jesus de Nazaré foi aquele que mais encarnou o *"modo-de-ser-cuidado"*. Revelou à humanidade o *"Deus-cuidado"*, experimentando Deus como Pai e Mãe divinos, que cuida de cada cabelo de nossa cabeça, da comida dos pássaros, do sol e da chuva para todos (Mt 5,45; Lc 21,18). Jesus mostrou cuidado especial com os pobres, os famintos, os discriminados e os doentes. Enchia-se de compaixão e curava a muitos. Fez da misericórdia a chave de sua ética. A parábola do bom samaritano, que mostra a compaixão pelo caído na estrada (Lc 10,30-37), e a do filho pródigo, acolhido e perdoado pelo pai (Lc 15,11-32), são expressões exemplares de cuidado e de plena humanidade.

Jesus foi um *"ser-de-cuidado"*. O evangelista Marcos diz com extrema finura: "Ele fez bem todas as coisas; fez surdos ouvir e mudos falar" (Mc 7,37). Vendo além dos desertos, Jesus se encanta com as flores e os pássaros e faz dessas singelas criaturas uma parábola da providência divina (Lc 12,24.27-28). Certa manhã, indignado, ele faz secar uma figueira estéril (Mt 21,18-22). Mas noutra ocasião, misericordioso, diz que é importante saber cultivar: dar atenção, cuidar, cavar ao redor, colocar adubo e esperar o tempo dos frutos (Lc 13,6-9).

O cuidado para Jesus Cristo foi mais que um ato e uma atitude, foi um modo de ser: Cristo é cuidado. O novo presbítero católico, ao ser ordenado, assume a missão de seguir Jesus Cristo, de trilhar seus passos, seguir seu caminho. Seguir Jesus Cristo é fazer-se cuidado como Ele.

Identidade e espiritualidade presbiteral e a arte do cuidado na modernidade

A arte de cuidar como identidade e espiritualidade do novo presbítero católico leva a perguntar pelo mistério que envolve a vida humana.

O viver humano, a partir do crescimento das subjetividades humanas, vem ganhando autonomia frente aos modos "sedimentados" de ser e pensar do passado. Hoje, mais do que nunca, o ser humano vem se descobrindo, sobretudo os marcados por alguma doutrina religiosa, que a religião não pode sufocar suas subjetividades, sua individualidade, sua autonomia. Existe uma tendência a banir esse tipo de religião, caso contrário, são tidos como fundamentalistas ou tradicionalistas. Desta forma, percebe-se que cresce a consciência de cada um poder escolher, falar, expressar suas ideias, exercer sua autonomia.

A questão da autonomia humana, da possibilidade de escolha, do exercício da individualidade, da acolhida da subjetividade, foi visto, durante muito tempo, dentro de um modo mais tradicional e fundamentalista da disciplina cristã, como algo negativo, algo do maligno. Assim, muitas dessas questões parecem estar além do mistério da interpretação, até o presente momento, da teologia católica, exigindo novas hermenêuticas teológicas. Tais situações têm influências física, psíquica, social e espiritual. Por não saber lidar com essas questões, muitos presbíteros católicos acabam sendo permissivos ou intolerantes, faltando-lhes uma atitude de cuidado humano, de misericórdia, como diz o livro da Sabedoria: "Pois não há, fora de ti, Deus que cuide de todos, para que devesses mostrar que teus julgamentos não são injustos (...). Assim procedendo, ensinaste a teu povo que o justo deve ser amigo dos homens e a teus filhos deste a esperança de que, após o pecado, dás a conversão (...). Assim nos instruís quando castigas nossos inimigos com medida para que, ao julgar, lembremo-nos da tua bondade e, ao sermos julgados, esperemos misericórdia" (Sb 12,13.19.22).

A indiferença com que muitos presbíteros católicos lidam com as questões da autonomia, das individualidades e das subjetividades é um fator desumanizante, fazendo aumentar a dor e o sofrimento de muitos. O futuro da Igreja Católica está em saber lidar bem com essas questões. Segundo Leo Pessini (*in* Trasferetti & Zacharias, 2010, p. 51): "O cuidado é responsabilidade de todos. Ninguém pode não fazer nada, pois estará, simplesmente, se autodestruindo". O cuidado presbiteral deve caminhar no sentido de dar atenção a todos os casos e situações da vida humana. O cuidado presbiteral deveria começar pelos mais desfavorecidos. Se ele não começar por aí, ele correrá o perigo de exercer seu ministério de modo desumano e desumanizante, cujos sintomas mais evidentes se manifestam sob o descuido, o descaso, a indiferença e o abandono, atitudes que clamam aos céus.

As adversidades da vida afetam não só uma dimensão da vida humana, mas o conceito de si próprio, de Deus, de Igreja e do senso global de se sentir conectado com os outros e com o mundo. Muitas questões trazem um sentimento de impotência, desesperança e isolamento.

Para lidar com essas questões se faz necessário uma proximidade maior do novo presbítero católico nessas situações. Elas não são resolvidas somente com missas, sacramentos, bênçãos e orações, embora tudo isso se faça necessário, mas também com um cuidado mais qualificado. Pois até mesmo os sacramentos, que são sinais sensíveis da graça de Deus, podem tornar-se apenas um modo de manter a ordem no meio do caos ou de enquadramento pastoral do fiel, não despertando a mente dele para a presença benéfica de Deus e um processo incessante de reconstrução da vida em Deus.

As pessoas, em estado de adversidades, de crises, de turbulências sentem muito mais necessidade de proximidade e atenção daqueles que representam o ser supremo, para serem capazes de dar um rumo melhor para a vida, do que até mesmo dos ritos e celebrações presididas pelos novos presbíteros católicos.

A qualidade curadora, transformadora, libertadora, salvadora pode facilmente ser enfraquecida ou ameaçada quando reações emocionais (negação, desprezo, medo, culpa, raiva, exclusão) são sentidas pela pessoa, amigos, familiares como falta de cuidado do presbítero católico. Os sentimentos negativos advindos da falta de cuidado têm levado muitos à apatia religiosa, à descrença, ao indiferentismo religioso, ao abandono das práticas religiosas, à busca de outras religiões e/ou fechamento ao transcendente.

O cuidado possibilita àquele que foi cuidado ter melhor frequência religiosa, participação na vida comunitária, melhor direcionamento da vida para o bem e reorganização do sentido da vida. Neste caso, os novos presbíteros católicos precisariam desenvolver um tipo de investimento em seu atendimento que os possibilite distanciar de ações simplesmente vigilantes ou de controladores ou "meros executores de ritos", evidenciando um cuidado mais qualificado do rebanho do Senhor.

O cuidado como centralidade
da identidade e espiritualidade presbiteral

O cuidado é uma maneira de o novo presbítero católico dar uma resposta clara à convivência dos seres humanos, convivência deficiente e indiferente, negligenciada ou irresponsável, possibilitando vir à tona a verdade sobre a existência humana, sobre a Igreja, sobre Jesus Cristo. É a partir da mística do cuidado, exercida pelo novo presbítero católico, que se torna mais possível desvelar uma nova ordem social.

Olhando para a história da humanidade, vemos que os seres humanos vêm passando por concepções diferentes do ser humano. Segundo Pegoraro[9] (*in* Trasferetti & Zacharias, 2010, p. 89): "A antiguidade grega colocou a razão como fundamento da dignidade humana. A época judaico-cristã manteve esta base, mas a reforçou com a luz da fé. A fé leva a razão a admitir realidades que o transcendem, mas a contradizem. A era contemporânea criou outro conceito metafísico do ser humano definindo-o como cuidado (um ser que é, por excelência, cuidadoso)".

Na história dos presbíteros católicos vemos que já houve diversas noções da identidade e espiritualidade presbiteral. Cada uma tentando responder a um modo de ser, pensar e responder às necessidades e desafios de cada época. Assim, temos uma concepção de "*Martirialitas*", de "*Regalitas*", de "*Magisterialistas*", de "*Sacerdotalistas*" (Santos, 2010, p. 146-147). Em nossa época vivemos a tentativa de síntese desses modelos. O cuidado se apresenta como possibilidade de síntese na estruturação da identidade e espiritualidade presbiteral na modernidade.

Entender a identidade e espiritualidade presbiteral dentro da concepção do cuidado é abrir uma porta para entendê-lo como ser racional, como um ser humano e humanizador, como um ser de fé

---

[9] Olinto Antônio Pegoraro é pós-doutor em Filosofia e professor da Universidade do Estado do Rio de Janeiro e da Universidade Federal do Rio de Janeiro.

em Jesus Cristo, mas também como alguém aberto aos sinais dos tempos, à mudança de época pela qual passamos.

Segundo Agostini[10] (*in* Trasferetti & Zacharias, 2010, p. 110): "A vida é, por excelência, cuidado". Colocar o cuidado como modo de ser presbítero católico é fazer do cuidado o distintivo do novo presbítero católico. É a capacidade de cuidado do novo presbítero católico que irá distingui-lo na missão presbiteral.

É do cuidado que deve emanar o fundamento primeiro da identidade e espiritualidade presbiteral. O cuidado deve ser a matriz de onde o novo presbítero católico vai travar intercâmbio social, anunciar a Palavra de Deus, presidir os sacramentos, guiar a comunidade, realizar as mais diferentes tarefas, resolver problemas, corrigir incessantemente os resultados obtidos. É do princípio do cuidado que deve emanar toda a percepção, avaliação e ação presbiteral.[11]

É o cuidado humano, caloroso, dedicado e desinteressado que garante ao exercício da missão presbiteral o título de ser um "*Alter Christus*", como diz João Paulo II. Assim, o cuidado deve ser a esteira na qual deve ser tecida a identidade e espiritualidade do novo presbítero católico.

A figura do novo presbítero católico como cuidador

Ser presbítero católico é estar entre as profissões e funções que denotam seriedade. De outro lado, é também uma função que denota simplicidade, espírito de partilha, dedicação e serviço.

---

[10] Nilo Agostini é doutor em Teologia e professor no Mosteiro de São Bento e na Faculdade João Paulo II.

[11] Psicossocialmente, a atitude de cuidado tem poder de gerar sobre o psiquismo de quem o presbítero católico se tornou cuidador um sentimento de bem-estar, crescimento e confiança, sendo um componente fundamental do processo de crescimento espiritual deste outro.

O presbítero católico é um personagem da nossa sociedade. Uma figura com longa história em nossa cultura. Ele é um personagem que vem mudando ao longo da história porque o ambiente em que ele se situa vem mudando. Embora, perseguindo o seguimento de Cristo e buscando desempenhar sua função social, o ambiente no qual vive o modificou, mudando até o modo externo com o qual se apresenta ao povo. De batina preta com barrete ou chapéu de abas largas, é possível vê-lo, às vezes, à paisana, com jeans e camiseta, não mais identificável ou imediatamente reconhecível.

A identidade e espiritualidade presbiteral atravessa uma época de intensas transformações. Parafraseando Ciampa (2001), podemos dizer que vivemos intensas "metamorfoses identitárias". Metamorfosear-se em cuidador da vida humana na modernidade, eis o desafio para cada novo presbítero católico! Pois, ele deve ser um vocacionado do cuidado, sempre disposto a escutar esse chamado que ressoa dentro dele mesmo. Sem a escuta atenta, o cuidado se perde entre as muitas demandas internas e externas a que o novo presbítero católico está submetido na modernidade.

Numa dimensão psicossocial e porque não dizer de fé, o cuidado foge às atitudes moralizantes, discriminatórias, de exclusões, de excomunhões ou de condenações. Na mística do cuidado o valor é o respeito à vida humana e a sua inclusão. Isto exige flexibilização nas ações. A flexibilidade não representa perda da capacidade profética da Igreja Católica, mas a busca de novos caminhos para não cair num discurso vazio ou moralizante sem referência direta com os novos valores da sociedade hodierna.

O discurso dos novos presbíteros católicos deve levar em conta o lugar social, o tempo e as novas transformações pela qual a humanidade passa. Parece que a centralidade do discurso não deve ser a conversão, como foi no passado, pois pouco ou quase ninguém está disposto a se converter, mas sim em discernir o melhor caminho para poder sobrevir nesta nova sociedade, apresentando abertura para uma incessante reconstrução da vida humana em Deus. Dentro dessa nova configuração do ser humano, vemos que a mística do cuidado se faz necessário.

Muitos comportamentos, até contraditórios para a Igreja Católica, são formas de sobrevivência numa sociedade de discriminação, de exclusão e de descuido. Talvez o novo presbítero católico tenha que ser moderno em sua capacidade, como diz Benedetti[12] de Paulo VI (*in* Carranza, Mariz & Camurça, 2009, p. 25), "de aceitar as contestações com convicções, expressas em certo momento com muita dor, mas sem condenações". A mística do cuidado leva o novo presbítero católico a agir com sensatez e respeito para com a vida humana.

O cuidado do rebanho não se faz sozinho, nem o novo presbítero católico é seu iniciador. O novo presbítero católico se torna cuidador de um rebanho que foi cuidado por outros. Além do mais, há muitas outras pessoas envolvidas nos trabalhos de cuidados que não se resumem à dimensão religiosa. O cuidado ainda acontece através dos meios de comunicação, de outras pessoas significativas para a pessoa e assim por diante. Assim, o cuidado do novo presbítero católico deve somar-se aos outros cuidados e cuidadores da vida humana. Por isso o novo presbítero católico nunca deve cuidar da comunidade como dono, mas como alguém que soma com as outras formas de cuidados e, também, com os outros cuidadores.

Dia do padre: dia do cuidador

Nada melhor do que começar o desenvolvimento deste tópico com uma oração pelos novos presbíteros católicos: "Ó Pai de

---

[12] Luiz Roberto Benedetti é titular de Sociologia da Pontifícia Universidade Católica de Campinas, membro Nacional de Pastoral da Conferência Nacional dos Bispos do Brasil.

Amor, no silêncio de vossa ternura, tocai nos corações de vossos presbíteros católicos para que se deixem seduzir pelo fascínio de gerar comunidades vivas em Cristo Jesus, o Filho bem amado. Fecundai-os com seu amor para que sejam especialistas no relacionamento, operários da reconciliação, cuidadores do rebanho, celebrantes da eucaristia, anunciadores de Vossa palavra e motivadores, pela alegria e entusiasmo, da resposta e seguimento de muitos. Fortalecei-os no poder do Vosso Espírito Santo, concedendo-lhes a sabedoria de serem vértices do diálogo entre o mundo e Vosso Mistério Santo. Dai-lhes, Senhor um coração segundo o Vosso Coração para que possam, verdadeiramente, apascentar o Vosso rebanho de acordo com a Vossa Vontade. Trabalhai em suas vidas, Senhor, para que possam estar atentos aos sinais dos tempos e nunca se afastarem de sua função principal que é cuidar prioritariamente do vosso povo. Senhor, peço-vos também, guardai-os no vosso nome! Amém!".

Dia do padre, dia de homenagear alguém que tem uma função significativa na comunidade católica, alguém que exerce uma função de cuidado da comunidade. Pela graça da ordenação presbiteral lhe foi concedido transformar pão e vinho no corpo e sangue de Jesus Cristo. Através de suas mãos Deus abençoa seu povo; através de suas palavras e gestos Deus se comunica com seu povo. Esta é crença que a comunidade católica nutre dele. Ele se doa para a vida da comunidade, tornando-se um amigo e irmão pronto para servir a todos. Mas nem sempre os membros da comunidade conseguem olhar para suas dores, angústias e conflitos. Por isso, que bom, no dia do padre, elevarmos a Deus uma prece por ele. A comunidade que espera encontrar em seus novos presbíteros católicos Deus, apoiada na fé e fortalecida pelas ações presbiterais, deve, nesse dia, rezar por seus presbíteros.

Dia 4 de agosto é um dia reservado no calendário católico para o reconhecimento da grandeza e importância do presbítero católico.[13] Esse dia deve ser uma oportunidade especial para que a comunidade possa manifestar carinho, atenção e cuidado para com esse homem de Deus. Afinal de contas, esse reconhecimento, algo merecido, faz muito bem para sua autoestima e desenvolvimento de sua missão. O novo presbítero católico precisa do povo tanto quanto o povo precisa dele. Ele precisa do apoio, da colaboração, compreensão, amor, amizade e orações de seu povo. É necessário que o povo reze pedindo que Deus o santifique, o ampare e o console nos instantes de fraqueza; que Deus lhe dê ânimo e coragem para seguir confiante e com alegria sua missão.

Mas o dia do padre é também um dia de revisão de vida. Um dia da comunidade perguntar: quem são seus novos presbíteros católicos? O que esperam deles? Como tem cuidado deles? Como os tem ajudado em sua missão? É um dia de ele perguntar também: quem está sendo, como tem cuidado de si mesmo e do rebanho do Senhor? O que o motiva e o anima em sua missão? Como ser sempre mais um sinal vivo de Deus no mundo?

Dia do padre é um dia de reflexão. Muitos presbíteros católicos depois de uma caminhada presbiteral colocam a projeção pessoal e os trabalhos burocráticos em primeiro lugar e esquecem de cuidar das amizades, da saúde, do lazer, do descanso, do futuro, da espiritualidade, da formação permanente, da aposentadoria, de si como um todo. Ainda é bom ter consciência de que não basta cuidar de si somente, é necessário cuidar do rebanho, não deixando o rebanho para o fim da

---

[13] A Igreja Católica escolheu o dia 4 de agosto para celebrar o dia do presbítero católico, o dia do padre. O dia foi escolhido em memória de São João Maria Vianney, que morreu no dia 4 de agosto de 1859, aos setenta e três anos. Ars foi transformada em meta de peregrinações antes mesmo do Papa Pio XI canonizá-lo. Foi canonizado em 1925 e é venerado como padroeiro dos párocos.

lista de prioridades, como nos exorta São Paulo: "Cuida de ti mesmo e todo rebanho" (At 20,28). O cuidado de si e o cuidado do rebanho devem ser algo inseparável na vida dele.

Dia do padre é dia de ele perguntar sobre seu amor e sua fé. A segunda carta de São Paulo a Timóteo nos mostra que Paulo cuidava pastoralmente de Timóteo com muito Amor. Ele se lembrava dele nas orações (1,3), queria vê-lo (1,4) e admoestava-o a permanecer firme na fé (1,3-7; 13-14). Precisamos ter um amor que cuida do amor e da fé de nossos presbíteros católicos. O novo presbítero católico não deve ser visto como um profissional realizando uma tarefa necessária, mas sim como um irmão querido, enviado para participar naquilo que Deus espera que façamos juntos aqui na terra.

Ter um padre em nossas comunidades é uma bênção de Deus e isto precisa ser celebrado com muito amor e alegria. Padre significa pai. Pai é "porto seguro" dos filhos. Todos necessitamos de segurança paterna. O pai não exclui seu filho, mas o acolhe com suas diferenças e o educa para uma missão sublime no mundo. Agradeçamos a Deus esse "porto seguro" que são os novos presbíteros católicos.

Que nesse dia os novos presbíteros católicos também rezem pedindo as bênçãos de Deus: "Jesus, Divino Mestre, dou-vos graças e vos bendigo pela minha vocação. A mim confiastes os tesouros da vossa graça e do vosso Amor. Renovo, hoje, os propósitos e os deveres da minha ordenação e vos ofereço com humildade o meu propósito de ser-vos fiel. Desejo viver plenamente o meu presbiterato de acordo com a vossa vontade, quero preparar-me numa completa consagração a vós no emprenho de observar a pobreza, a castidade e a obediência. Peço-vos, Senhor, fazei de mim um instrumento de união, de paz e comunhão no meio do vosso povo. Senhor, que através de meu ministério presbiteral, vosso povo seja alimentado com o pão da Palavra e de Eucaristia e sinta impulsionado a formar comunidades vivas. Senhor Jesus, peço-vos também pelos meus irmãos presbíteros, pelos nossos bispos e pelo papa e todo o vosso povo. Senhor, guardai-nos em vosso nome para que não sejamos contaminados pelo ódio, a divisão e o egoísmo preconceituoso e excludente, livrai-nos da ação do maligno e consagrai-nos na verdade. Fortalecei-nos no vosso Espírito para que possamos seguir sempre as sendas da verdade que conduzem à comunhão no vosso amor. Amém!".

O cuidado de si mesmo e de todo o rebanho (At 20,28)

a) Cuidar de si mesmo

"Cuidai de vós mesmos e de todo o rebanho, sobre o qual o Espírito Santo vos colocou como guardas, para pastorear a Igreja de Deus, que ele adquiriu com o sangue do seu Filho (...). Bem sei que, depois de minha partida, introduzir-se-ão entre vós lobos vorazes que não pouparão o rebanho (...). Vigiai, portanto, lembrando de que, durante três anos, dia e noite, não cessei de exortar com lágrimas a cada um de vós" (At 20,28.29.31).

Essa passagem guarda inalterada sua atualidade e seu valor. Vemos nesta passagem a preocupação do Apóstolo, recomendando aos anciãos de Éfeso, constituídos pelo Espírito Santo, que cuidem de si mesmos. O cuidar de si mesmo significa qualificar-se bem, atualizar-se, cuidar da saúde, buscar o descanso semanal, saber tirar férias e se aposentar quando chegar a idade avançada, cultivar amizades, ter vida pessoal de oração, estar atento aos sinais dos tempos. Hoje se fala em qualidade de vida. Cuidar de si mesmo significa lutar por uma vida melhor. Uma melhor qualidade de vida implica cuidar bem de alguns pilares, tais como alimentação, atividade física, sono, trabalho, afetividade, sexualidade, lazer, atualização e espiritualidade. Segundo Moreira & Goursand (*in* Moreira, Dr. Ramon Luiz & Goursand, Dr. Marcos, *Os sete pilares da qualidade de vida*, Editora Leitura, 2ª edição, 2006), o interesse pela melhor qualidade de vida cresce hoje. Os novos presbíteros católicos não podem basear suas vidas apenas em trabalho, mas sim numa melhor qualidade de vida para si e para os outros.

A qualidade de vida abarca dimensões vitais da vida, tais como domínio físico, domínio psicológico, liberdade, autonomia, relações sociais, meio ambiente, espiritualidade, formação permanente, renda, acesso aos serviços de saúde, religião e crenças pessoais. Para isso, requer-se mudanças de estilo de vida, desenvolvimento da autoestima e autoconfiança, promoção de mudanças de hábitos, desenvolvimento da afetividade, promoção da realização e a satisfação profissional, adaptação às situações de reconstrução de vida e de crise e cuidado da espiritualidade. Caso contrário, poderá ter uma vida tensa, com desequilíbrios, doenças e sintomas psicossomáticos, tais como problema de peso, alcoolismo, irritabilidade, fadiga, perda do interesse de relacionamento, insônia, desânimo, perca do sentido da vida, desânimo espiritual etc. Buscar uma melhor qualidade de vida requer parar, pensar e confiar na mudança. Isto, às vezes, torna-se muito difícil para o presbítero católico, pois ele faz parte de um grupo que se subestima muito. Além do mais, muitos foram moldados por hábitos e estilos de vida ultrapassada, do tempo em que a ciência ainda não conhecia os conceitos fundamentais da qualidade de vida.

Segundo Edgar Morin (*in Os sete saberes necessário à educação do futuro*, Editora Cortez, 12ª Edição, 2007), a sociedade moderna é uma sociedade do pensamento fragmentado. O pensamento na modernidade está fragmentado, não se consegue mais uma totalidade do modo de pensar. Cada um pensa parte do todo, desta forma, o todo está fragmentado nos diversos modos de pensar. O novo presbítero católico, como parte desse processo, não fica imune a ele. Vivemos a fragmentação de tudo aquilo que motiva e direciona sua vida. Mas ele não pode ter medo, nem deixar de evoluir, mesmo sabendo que, ao acolher o novo, deve estar disposto a descartá-lo também amanhã.

Muitos presbíteros católicos têm dificuldades de cuidar de si mesmos. São Paulo, na exortação a Timóteo (1Tm 4,16): "Vigia a ti mesmo e a doutrina" ou "cuida de ti mesmo e da doutrina", lembra-nos de que antes do cuidado da doutrina deve haver cuidado de si.

Isso vale para os presbíteros católicos, que devem aprender que, antes de cuidarem da doutrina, devem saber cuidar de si mesmos.

Segundo Freud o ser humano está em permanente conflito entre a satisfação de suas necessidades e as pressões de seu meio social. O novo presbítero católico é um todo, de corpo, mente e espírito, influenciado por inúmeros fatores, cada um deles com menor ou maior peso sobre sua vida física, psicológica e espiritual. Com o desenvolvimento da civilização na modernidade, o crescimento das cidades, estamos pagando um alto preço: violência, poluição, insuficiências dos recursos básicos, tensão, conflitos sociais, redução do espaço vital etc. Esses problemas estão tanto nas cidades como nas zonas rurais. O novo presbítero católico está desafiado a viver neste ambiente que, muita vezes, é hostil. Entretanto, uma grande parte de seus problemas pode ser minimizada desenvolvendo uma mentalidade preventiva. Cuidar de si mesmo significa cultivar o equilíbrio psíquico e fisicamente estar habituado a ter medidas preventivas de saúde física, psíquica e espiritual; ter consciência de que é possível alcançar um estado de satisfação e felicidade em seu ministério presbiteral; estar em paz consigo mesmo, com os irmãos presbíteros, com o bispo e a comunidade; buscar interação com a sociedade e adaptação às transformações socioculturais; ter uma boa espiritualidade. Isto significa um novo paradigma para compreender a vida, não mais numa forma de negação de uma dimensão ou de barganha para afirmação da outra, mas de integração num conjunto harmonioso.

Cuidar de si mesmo exige um processo de autoconhecimento e de revisão de vida. Para Habermas (2004, p. 9), no processo de revisão de vida o "indivíduo precisa recobrar a consciência de sua individualidade e de sua liberdade". Ao fazer isso ele toma distância de si mesmo para depois conferir à própria vida continuidade e transparência. Não tem jeito de cuidar de si mesmo sem a revisão de vida, sem tomar consciência de quem se é e de quem gostaria de ser. Muitas vezes começamos a rever nossas verdades no final da vida. É preciso fazê-lo mais cedo.

Recobrar a consciência de ser si mesmo é recobrar a consciência de sua autonomia. Sem autonomia não se é possível ser si mesmo, não se é possível ser autêntico. Mas fica a questão: os presbíteros católicos, com pouca autonomia para serem "si mesmos", poderão ser autênticos presbíteros? Muitas vezes, para poder recobrar a consciência de si mesmo se faz necessário buscar um apoio psicológico através de psicoterapia. O novo presbítero católico não vive numa sociedade saudável psiquicamente: há muitos conflitos, dificuldades, frustrações, incompreensões, humilhações, dificuldades afetivas e espirituais, traumas etc. que podem ser mais bem trabalhados e elaborados através das técnicas psicológicas. Psicoterapia não é aconselhamento, mas uso de técnicas específicas de mudança de comportamento e reflexões sobre os problemas emocionais e espirituais.

Cuidar de si mesmo implica em rever as verdades internalizadas. Dizem que dentro de nós há "muitas mentiras que se tornaram verdades", isto é, mandamos uma mentira para dentro de nós, interiorizamos essa mentira como se fosse verdade. Muitas dessas verdades se tornam verdadeiras camisas de força em nossa vida. Mais do que nunca, se exige hoje uma constante revisão das "verdades", das ideias, dos conhecimentos, dos conceitos, das posturas que ao longo da vida foram se sedimentando. Rever as "verdades" é uma atitude profética, no mundo atual, uma necessidade para se adequar a mudança de época, aos novos tempos.

Há muita coisa que mandamos para dentro de nós mesmos sem nenhum espírito crítico, e o pior é que nos adaptamos a essa verdade. Isto acontece através de um processo de internalização, na qual mandamos algo para dentro de nós mesmos sem reflexão e diálogo. Precisamos cuidar daquilo que internalizamos. Hoje vivemos a pós-crítica,[14] o que implica em ter a coragem de rever até mesmo aquilo

---

[14] Eneida Maria de Souza. *Tempo de pós-crítica*. Editora Veredas & Cenários, 2010. Para Eneida o mundo passa por várias transformações. As informações passam ao nosso conhecimento com uma velocidade cada vez maior. O que sabíamos ontem pode ser

que já foi dado e posto para sempre. Aquilo que interiorizamos ganha significado para nossa vida. Este é um processo consciente (Santos, 2010, p. 74-75). Na interiorização assumimos algo já organizado, já na internalização há o processo de crítica antes de ser passado para a estruturação da experiência individual. Todo o processo de revisão significa esperança para a purificação e amadurecimento por que vêm passando a identidade e espiritualidade presbiteral.

Somente quando o novo presbítero católico aceita cuidar de si mesmo é que ele se torna apto para poder transformar e buscar a identificação com Jesus Cristo. Para João Paulo II (PDV, 1992, n. 52): "Jesus oferece em si mesmo o rosto definitivo do presbítero, realizando um sacerdócio ministerial, do qual os apóstolos foram os primeiros a ser investidos". O Cristo, "caminho, verdade e vida", deve tornar-se a porta que se abre para emancipação e individualização do presbítero católico. A metamorfose que deve haver nos novos presbíteros católicos é para a maior identificação com Cristo. Em 1Cor 2,2 São Paulo fala da importância dessa experiência de Deus: "Pois não quis saber outra coisa entre vós a não ser Jesus Cristo, e Jesus Cristo crucificado".

O novo presbítero católico é um homem de Deus, mas em sua vida pode ter algo bom e algo ruim. Em Mt 12,35, encontramos a passagem na qual está escrito: "O homem bom, do seu bom tesouro, tira coisas boas, mas o homem mau, do seu mau tesouro, tira coisa más". O novo presbítero católico, por si só, já implica em ser uma

---

contestado ou acrescido de novas informações amanhã. Nesse girar alucinado de um mundo em transformações constantes, os críticos e teóricos partem para novos debates e conceitos. Para estes a globalização, as novas tecnologias da comunicação e a conformação de uma sociedade cada vez mais complexa é uma premissa para repensar o novo modo de ser. Assim surge a teoria pós-crítica, esta vem não só para ampliar, mas também para modificar o que foi construído pela teoria crítica. Novos temas passam a ser tratados como gênero, sexualidade, etnia, raça, multiculturalismo, descentralizando com isso as relações de poder, espalhando-se por toda rede social.

pessoa boa. Mas conforme levantamento de Gino Nasini, em seu livro: "Um espinho na carne: má conduta e abuso sexual por parte dos clérigos da Igreja Católica do Brasil", existe má conduta sexual entre os presbíteros católicos.

O novo presbítero católico, dentro da perspectiva do Reino de Deus, é como um pai de família que tira coisas novas e velhas de seu tesouro. De dentro de seu tesouro, ele deve tirar modos antigos e novos de cuidar da existência humana.

b) Cuidar do rebanho

Cristo envia seus seguidores com a missão de cuidar do rebanho, de trazer vida, ele "os enviou para curar, para expulsar toda sorte de mal, levar a boa nova do Reino" (Mt 10,7-8; Mc 3,13-15).

Na primeira carta de São Pedro (5,1-4), existe um texto muito ilustrativo sobre o cuidado do rebanho: "Aos presbíteros que estão entre vós, exorto eu, que sou presbítero como eles e testemunha dos sofrimentos de Cristo e participante da glória que há de ser revelada. Apascentai o rebanho de Deus que vos foi confiado, cuidando dele, não como por coação, mas de livre vontade, como Deus o quer, nem por torpe ganância, mas por devoção, nem por senhores daqueles que vos couberam por sorte, mas, antes, como modelos, do rebanho. Assim, quando aparecer o supremo pastor, recebereis a coroa imarcescível da glória".

Em seguida ao cuidar de si mesmo, nos Atos dos Apóstolos (20,28), vem o cuidar do rebanho do Senhor. São Paulo, em 1Tm 3,5, diz que quem não é capaz de cuidar de sua própria casa não é capaz de cuidar dos outros: "Pois se alguém não sabe governar (cuidar) bem a própria casa, como cuidará da Igreja de Deus?" e ainda 1Tm 5,8: "Se alguém não cuida bem dos seus, e sobretudo dos de sua própria casa, renegou a fé e é pior do que um incrédulo".

O presbítero católico, a partir de sua ordenação, recebe a missão de cuidar do rebanho do Senhor. A necessidade de uma identificação com o papel a ser desempenhado cresce sempre mais a partir do momento da ordenação presbiteral. Psicossocialmente, os papéis facilitam a interação e, segundo Rodrigues, Assmar & Jablonski (2005, p. 384), "fazendo com que, a princípio, as pessoas saibam mais prontamente o que esperar umas das outras". A ordenação, parafraseando Ciampa (2001, p. 131), "serve como uma espécie de sinete ou chancela, que confirma e autentica nossa identidade", tornando o símbolo de si mesmo. Ciampa usa a expressão "sinete ou chancela" referindo-se ao nome, o qual como que se funde no indivíduo ao qual ele se identifica (Santos, 2010, p. 80-81).

A função do presbítero católico é cuidar do rebanho do Senhor. Por isso São Paulo vai dizer: "vigiem o rebanho de Deus a fim de que os hereges não destruam o rebanho". O rebanho precisa de cuidados. Portanto: "Vigiai, lembrando de que, durante três anos, dia e noite, não cessei de exortar com vós" (At, 20,31). O cuidado é sempre e a todo o momento, pois os indivíduos "são como ovelhas sem pastores" (Mc 6,30-44) e precisam sempre de cuidados.

No mundo moderno, onde não existe mais noite nem dia, o mundo já não está mais dividido entre a luz do sol e a luz da lua, nem existe a mesma compreensão de tempo e espaço. Neste "novo mundo" ou "nesta nova ordem", o novo presbítero católico é chamado a refazer seu modo cuidado. O cuidado exige atenção, disposição em servir. São Paulo vai dizer: "pois há mais alegria em dar do que em receber" (At, 20,35c).

O rebanho do senhor na modernidade requer um modo mais leve, criativo e inovador de atuação do presbítero católico. O rebanho hoje busca por uma celebração na qual se pode até retomar o modo clássico ou tradicional de viver a fé, mas de forma personalizada, inovadora e criativa. Além do mais, as celebrações devem ser envolventes, participativas, tendo sempre um cunho de alegria, de êxtase e de personalização.

O rebanho do Senhor, sobretudo a geração mais jovem, tem apresentado mais abertura para aceitar aqueles presbíteros católicos que apresentam bom cuidado de si, bom gosto e estética no modo ser, liderança, flexibilidade, atualização e adaptação à realidade, paixão, entusiasmo, inovação, segurança, autoestima e confiança. É um rebanho que quer ser cuidado, aceita o cuidado, mas de alguém que mereça a confiança e o respeito, alguém ético, autêntico e transparente. Embora seja um rebanho mais "arrogante", sabe que precisa de alguém para ajudá-lo a decodificar a vida espiritual e organizar a espiritualidade. É um rebanho mais exigente no cuidado. Para esse rebanho o mais importante não são as celebrações, reflexões e atividades religiosas lineares, "conteudistas" e sistematizadas, mas aquelas envolventes, criativas e personalizadas, na qual o conteúdo, a moral, a doutrina cedem lugar a estes outros dados ou se somam a eles, sem oposição ou exclusão. Tudo se mistura ou se soma. O jeito de esses sujeitos se expressarem é menos tímido em comparação com os de outras épocas, por isso gostam de gestos ou de alguma forma de envolvimento.

Este é o eixo para as ações de cuidado de todo presbítero católico na atualidade! No cuidado presbiteral do rebanho do Senhor deve estar: o cuidado para trazer de volta tantos irmãos e irmãs indiferentes, descrentes, sofridos, sem rumo, mas sedentos de Deus, de amor, de compreensão; o cuidado para incluir tantos irmãos e irmãs que vivem contrários a alguns valores doutrinais; o cuidado para com aqueles que estão indo longe em busca de um sentido para a vida. Somente um cuidado será capaz de levar o rebanho do Senhor ao encontro com o Deus de Jesus Cristo, à partilha da Palavra de Deus e do Pão da Eucaristia, gerando novo sentido e rumo à vida como fez Jesus com os discípulos de Emaús.

Conclusão

O modo cuidado deve estar na raiz, ou razão, ou motivação primeira de ser novo presbítero católico, isto é, antes que ele faça qualquer outra coisa. E, se fizer, ela deve sempre vir acompanhada e imbuída de cuidado.

O modo cuidado, como essencial na identidade e espiritualidade presbiteral, requer reflexão, diálogo e abertura de coração para poder entrar no espírito novo de ser presbítero católico.

Às vezes, ficamos com medo de mudar as coisas, pois sempre há risco em perder o que se é essencial, mas o maior risco é quando nada se quer mudar. Portanto, o desafio está posto. Somente uma nova estruturação da identidade e espiritualidade presbiteral, sobre a mística do cuidado, poderá oferecer substrato e condições para que, no exercício de seu ministério presbiteral, sejam trazidos de volta tantos irmãos indiferentes, descrentes, sofridos, sem rumo, mas sedentos de Deus, de amor e de compreensão, desejosos de cuidados.

O cuidado, como identidade e espiritualidade presbiteral, implica em ter um presbítero capaz de privilegiar o estar com as pessoas e caminhar com elas, aquecendo seus corações com o pão da Palavra e alimentando suas vidas com o pão da Eucaristia, colocando em marcha suas vidas rumo a uma maior proximidade de Deus e de seu Reino.

Parte VII

A arte do cuidado como espiritualidade do novo presbítero católico

Vamos tentar desvendar um pouco a importância da espiritualidade do novo presbítero católico. Psicologicamente, a tendência de todo ser humano que busca uma espiritualidade é escolher aquela que permita simplesmente confirmar suas visões de mundo, de valores e de Deus.

Dentro do cristianismo, o cuidado espiritual é sinal de cuidado da vida interior, isto é, de uma vida de intimidade com Jesus Cristo. Esta espiritualidade não está desligada da felicidade, da descoberta do próximo e da realização pessoal.

A espiritualidade é de onde origina a consciência do sagrado, do temor do Senhor, do senso do estético e da consciência comunitária na vida presbiteral.

O cuidado é o remédio contra o cinismo e a apatia, duas feridas profundas de nosso tempo. Colocar cuidado em tudo o que se projeta e faz, eis como deve ser a característica singular do novo presbítero católico, eis como deve ser sua espiritualidade, sua identidade.

A espiritualidade que acompanha o presbítero católico está ligada à cosmovisão de Deus, Igreja, ser humano e mundo do qual ele partilha. A lógica é que cada cosmovisão constitui, até certo ponto, uma "camisa de força", da qual é difícil escapar, não mudando facilmente. E quando uma espiritualidade já não satisfaz, leva tempo para surgir outra melhor.

O cuidado como modo de se viver a espiritualidade cristã

Podemos dizer, sem sombra de dúvida, que espiritutalidade e mística são as grandes gestoras da esperança, dos grandes sonhos, de um futuro melhor, das possibilidades de transcendência do ser humano e da permanência da existência humana e do universo. Percebe-se, na atualidade, uma redescoberta da espiritualidade, com projeções de que o século XXI seja um século com um grande acento na espiritualidade. Segundo Pessini (2010, p. 18), citando André Malraux, um literata francês: "o século XXI será o mais religioso da história (...). E este próximo século será místico ou não será (...). O estado místico é o que permite ter acesso direto a Deus pela experiência".

Olhando para os seres humanos vemos que em cada um deles, uns mais e outros menos, há uma tendência a buscar uma forma de entrar em contato com o transcendente. O caminho é quase sempre através de alguma religião.

Olhando para o novo presbítero católico, como representante de uma religião, ele é tido como alguém que fez e faz uma experiência de Deus em sua história de vida. No modo simples de compreender os representantes de Deus, estar a serviço de Deus implica, antes de tudo, ter feito a experiência do chamado desse ser superior para uma missão. Aquele que fez e faz a experiência de Deus tende a se tornar um místico, isto é, alguém que se engaja na luta para tornar o mundo melhor. Em 1Cor 2,2 São Paulo fala da importância dessa experiência de Deus: "não conheço outra coisa, a não ser Cristo e este crucificado". Aqui vale apenas citar o que diz o Papa Bento XVI (2011)[1] sobre Jesus

---

[1] A obra de Bento XVI, *Jesus de Nazaré*, v. 2, Editora Planeta, 2011, mostra-se, portanto, como fruto de um longo trabalho de exegese, que não esquece nem as antigas, mas sempre vivas, leituras dos Padres, nem o trabalho do método histórico-crítico ou das mais recentes teorias sobre as estruturas literárias. Seguindo a exegese do Papa que, entre outras coisas, com esta obra não pretende impor um ato magisterial,

de Nazaré. Para o papa, a experiência de Deus se torna fundamental para a vivência cristã.

Segundo Boff (2003), talvez uma das transformações culturais mais importantes do século XXI seja a volta à dimensão espiritual da vida humana. O ser humano não é somente corpo, parte do universo material, nem somente psique que se torna consciente e responsável, mas também espírito.

Reconhecer o cuidado como um "modo-de-ser essencial" do presbítero católico é retornar às origens cristãs ou às origens do presbiterato, às origens da razão de ser dos primeiros seguidores do Caminho (Jo 14,6; At 9,2; At 19,9). Cristo envia seus seguidores com a missão de cuidar do rebanho, de trazer vida (Mc 3,13-15). O envio é para curar, para expulsar toda sorte de mal, levar a boa nova do Reino (Mt 10, 7-8).

Ser seguidor do Caminho deve ser uma dimensão fontal, originária e primeira daquele que é ordenado presbítero católico. Assumir o Caminho, ser seguidor do Caminho significa abraçar a vida presbiteral como cuidado. Assim, o cuidado entra na razão de ser presbítero católico e na constituição de sua identidade e espiritualidade. O "modo-de-ser cuidador" como presbítero revela, de maneira concreta, como é sua identidade e espiritualidade presbiteral. Sem cuidado, o presbítero católico deixa de ser presbítero, perde sua identidade e espiritualidade ou deixa ofuscada sua missão, deixa de ser seguidor do Caminho.

Se, ao longo da vida, o novo presbítero católico não fizer com cuidado tudo o que empreender, acabará por prejudicar a si mesmo

---

encontramos as várias etapas que a leitura crítica e meditativa da Escritura percorreu em dois mil anos de história da Igreja. Estamos, nesse momento, no ponto de virada, num momento novo e extremamente simples. Um momento que quer unir a sabedoria dos antigos padres à acuidade crítica da exegese moderna. Uma obra que mira sobretudo a fé do povo de Deus, a que quer alimentar e defender e de onde pretende tirar as certezas fundamentais, os pontos que servirão de guia para a própria busca.

e por destruir o que estiver a sua volta. Por isso o cuidado deve ser entendido na linha da essência de ser novo presbítero católico.

A comunidade ou porção do povo de Deus confiada ao novo presbítero católico, se não receber cuidado, tenderá a definhar-se, perder sentido e morrer. O cuidado há de estar sempre presente em tudo o que o novo presbítero católico fizer. Assim, o novo presbítero católico deve tornar-se um "ser-de-cuidado", mais ainda, sua essência se encontra no cuidado.

Espiritualidade e felicidade do novo presbítero católico

Podemos dizer que temos muitos modos de entender a espiritualidade presbiteral. Uma delas é acentuando a dimensão da "alma" e desvalorizando tudo o que está ligado ao corpo, à matéria, ao social; outra é pensar uma espiritualidade acentuando muito a dimensão material, do "corpo", sacrificando a dimensão da "alma". Vencer este modo dualista de pensar a espiritualidade cristã do novo presbítero católico, eis o desafio.

Barros (*in* Beozzo, 1997, p. 31) ilustra um pouco, com uma história, esse modo de pensar: "contaram que um bom cristão morreu e não pode entrar no céu. Sentindo-se injustiçado, pediu uma audiência com o próprio Deus. Deus o atendeu e ele se queixou muito. Disse que tinha procurado sempre ser fiel e não sabia por que não tinha entrado no céu. Com toda a paciência, Deus o escutou. O homem insistiu: 'por que não fui direto para o céu?' e Deus respondeu: 'Porque não foste tão feliz quanto podias ter sido!'".Essa anedota alude a um problema que vem da tradição espiritual do cristianismo e que afeta os novos presbíteros católicos. Por toda a herança espiritual grego-romana, os presbíteros católicos têm sido muito menos sensíveis a essa vocação humana para a felicidade. Durante muito tempo, a Igreja Católica pregou uma espiritualidade que privilegiava muito mais a dor e o sofrimento do que a busca da felicidade.

Hoje vivemos um modo mais humano do que "espiritualista", mais intuitivo do que analítico, um modo mais holístico de buscar o transcendental. Tal modo abre espaço para pensar o cuidado da vida, a felicidade aqui na terra sem excluir a possibilidade de ir à busca de Deus que se manifesta na natureza e no interior de cada um. O diferencial é o maior cuidado com a vida, com o corpo, com as relações humanas.

Após séculos de materialismo, buscamos hoje ansiosamente uma espiritualidade simples e sólida, baseada na percepção do mistério do universo e do ser humano, na ética da responsabilidade, da solidariedade e da compaixão, fundada no cuidado, no valor intrínseco de cada coisa, no trabalho bem-feito, na competência, na honestidade e na transparência das intenções.

O modo cuidado implica em compreender, saber fazer e querer fazer bem-feito, remetendo o presbítero católico ao compromisso com a missão presbiteral, com a comunidade e com a existência humana.

Cuidar da fé e da espiritualidade do novo presbítero católico é cuidar de seu bem-estar. As religiões resistem às transformações e mudanças, mas o destino da história parece convidá-las à transformação. No mundo líquido moderno, de fato, a solidez das coisas, tanto quanto a solidez das relações humanas, vem sendo interpretada como uma ameaça: qualquer juramento de fidelidade, compromissos em longo prazo, prenuncia um futuro sobrecarregado de vínculos que limitam a liberdade de movimento e reduzem a capacidade de agarrar no voo as novas e ainda desconhecidas oportunidades. A perspectiva de assumir uma coisa pelo resto da vida é absolutamente repugnante e assustadora. É dado que inclusive as coisas mais desejadas envelhecem rapidamente, não é de se espantar se elas logo perdem o brilho e se transformam, em pouco tempo, de distintivo de honra em marca de vergonha. A alegria de livrar-se das coisas, de descartar e eliminar é a verdadeira paixão de nosso mundo.

Abraçar uma espiritualidade, com acento na felicidade, é acreditar que é possível ser feliz aqui na terra, podendo continuar sendo feliz depois. É acreditar nas bem-aventuranças pregadas por Jesus Cristo (Mt 5); é acreditar em Jesus Cristo que disse que "veio para trazer vida e vida em abundância" (Jo 10,10).

Assim, a felicidade é a grande tarefa dos novos presbíteros católicos e, é claro, de todos os seres humanos. Muitos de nós recebemos uma quantidade tamanha de ideias equivocadas sobre Deus, nas quais se misturam opiniões de pessoas que frequentam templos, com algumas leituras de folhetos e missais, sermões, reflexões, documentos eclesiásticos, vida de santos etc., e a tudo isso se dá um valor muito grande. E isto é compreensível, pois vivemos de um catolicismo que se primou, no passado, pela ascese, pelo sacrifício, pela felicidade na outra vida.

Sabemos que a aspiração básica de qualquer ser humano é ser feliz. E não podemos imaginar um Deus que vá contra esta aspiração. Jesus nos revelou que Deus deseja e colabora com nossa felicidade. É verdade que uma coisa é a felicidade, e outra, o prazer. Jesus nos convida a viver uma felicidade como consequência de um modo de ser e de viver em comunhão com o outro, no cuidado permanente do outro. Jesus foi um homem profundamente feliz porque se sentia amado por seu Pai, e por esse amor se dedicou a fazer seu próximo feliz, combatendo o sofrimento das pessoas. Sentia-se tão cheio de amor que precisava dedicá-lo especialmente aos que sofrem.

A felicidade é algo "relacional", algo que tem a ver não só com minha felicidade, mas também com a da outra pessoa. O novo presbítero católico, imbuído da espiritualidade cristã, deve não só buscar a sua felicidade, mas a felicidade de todo rebanho a ele confiado. E ao fazer algo pela felicidade de todo rebanho, também será feliz. Assim, ele será feliz não porque realizou um ato de "caridade", mas porque realizou sua capacidade de amar.

A espiritualidade do cuidado e a evangelização
na vida do novo presbítero católico

De modo muito superficial, a evangelização em nosso Brasil, no início, parece que, muitas vezes, teve a fachada de "cuidado dos índios e negros", mas na verdade a preocupação era cuidar mais da pureza das normas da fé, de ser batizado e casado na Igreja, de ter o nome de cristãos. O cuidado aí estava limitado e não atendia a totalidade da mística cristã, que é o cuidado da existência humana. Como houve descuido com a qualidade de vida, descuido com a partilha, a fraternidade, a justiça e a igualdade, realizou-se uma evangelização que não tocou na essência do evangelho que é "amar a Deus e ao próximo" (Mt 22,37-40), permitindo a legitimação da desigualdade, da exploração, o acúmulo de bens nas mãos de poucos e o crescimento da miséria.

No modelo de pureza da fé muitos índios e negros foram dizimados. O chavão era: "É preferível um índio ou negro cristão, mesmo morto, do que um pagão vivo". Houve um erro na compreensão de evangelização, de cuidado da fé, erro a que todos os presbíteros e evangelizadores podem estar sujeitos. No entanto o cristianismo do Mestre Jesus Cristo é o do amor, da misericórdia, do cuidado da vida. É esta espiritualidade que precisa ser resgatada pelos novos presbíteros católicos e não da observância e pureza da lei.

Em nome do projeto de evangelização tradicional cometiam-se muitas injustiças. Libânio (*in* Silva, 1990, p. 12) expressa um pouco isso quando fala do projeto de evangelização que imperou no início da evangelização aqui no Brasil: "Falar dele, e deixar morrer milhões de seus filhos na miséria e na indignidade humana, contradiz ao próprio Ser de Deus". E Freitas (*in* Silva, 1990, p. 14) acrescenta: "De acordo com a ideologia desse projeto, 'cabia às tropas militares assegurar, mediante a força, se necessário, a conquista material. Às milícias clericais competia, mediante a persuasão, levar os indígenas a aceitar a dominação política e religiosa das metrópoles ibéricas". Podemos dizer que aí tínhamos a figura do presbítero católico como funcionário da coroa real. Neste projeto a ênfase era a salvação das almas. O triste é que este projeto parece continuar imperando até hoje. Em tal projeto a ação missionária se reduz simplesmente à conversão espiritual e observância das leis e normas da Igreja. Esta é uma prática não humanizadora, transformadora e construtora do Reino de Deus.

A espiritualidade que se requer do novo presbítero católico hoje deve ser mais humanizadora, transformadora e construtora do Reino de Deus do que redutora à observância dos preceitos doutrinais, ao enquadramento sacramental do fiel às normas da Igreja. Um projeto desumanizado tende a ficar mais perto da ortodoxia tridentina do que das novidades do Concílio Vaticano II. Talvez falte a muitos presbíteros católicos a coragem do qual testemunha um presbítero católico, denominado Sebastião (Santos, 2009, p. 251): "A experiência missionária me abriu a visão de Igreja; a visão de Igreja que temos, isto é, a que aprendemos na faculdade de Teologia, é bem diferente da visão na prática. A Igreja missionária mesmo é bem diferente do que nós vivemos aqui na Arquidiocese, nem se compara. Eu acho que todo presbítero pelo menos deveria ter um ano de experiência missionária para mudar a visão, não de mundo, mas de Igreja. Aí você deixa sua localidade para ver outra realidade diferente. Tudo muda quando nos deparamos com a experiência missionária. Muda a moral...! Mudou tudo! A religião é mistério e não tem como dar exemplo prático. Aprendi a dialogar com os grupos, com as pastorais, com as pessoas, a coordenar um setor... Tudo isto mudou! Não mais aquela "coisa" clerical, aquela visão hierárquica acabou. A visão é comunitária, tudo é distribuído, é partilhado".

A nosso redor, em nosso Brasil, cada vez mais vai-se destruindo o "tempo" de um cristianismo homogêneo, de um país católico. A grande dificuldade para evangelizar, que o novo presbítero católico tem encontrado na modernidade, é que o mundo não está sendo idêntico para ambos. Os novos presbíteros católicos parecem estar falando a partir de uma cosmovisão marcada pela tradição e os seres humanos estão vivendo um mundo presente, um mundo possível, o mundo da transformação, o mundo de tantas possibilidades e impossibilidades. A espiritualidade cristã é um caminho para se alçar uma melhor qualidade de vida, para vencer as adversidades do viver humano, para dar sentido e rumo à existência humana, mas ela não pode ficar desvinculada de sua dimensão humanizadora, transformadora e construtora do Reino de Deus. Para isso se faz necessário que o novo presbítero católico seja portador de uma espiritualidade mais encarnada na realidade do dia a dia do povo de Deus.

O novo presbítero católico e os novos sinais dos tempos

Para algumas pessoas, a espiritualidade é uma ajuda para aguentar os sofrimentos da vida e por isso a buscam pelos mais diversos caminhos, como o do pentecostalismo, do esoterismo, de práticas próprias das religiões orientais, como, por exemplo, a meditação transcendental etc. Na realidade, todos procuram espaços que garantam uma boa qualidade de vida nesta tumultuada e complexa realidade do mundo de hoje. É um grande interesse pela espiritualidade e por tudo o que contribui para encontrar sentido e orientação para viver neste mundo marcado pela complexidade. Mas, com tanta demanda, a espiritualidade está tendendo a se tornar mais um artigo de consumo que se encontra na TV, na internet, nos shoppings e nos grandes acontecimentos mundiais, comprometidos com o mercado global.[2] Nesse contexto estão em moda os shows cele-

---

[2] O mundo de hoje não é mais o mundo das identidades fixas nem dos tempos fixos, isto é, jovem e velho, criança e adulto, homem e mulher, noite e dia, todas essas separações tende a desaparecer fazendo surgir o mundo artificial, o mundo no qual não precisa ter janelas, nem escadas, nem divisões e classificações ou que diversifica muito todas as classificações. Esse mundo é mais bem representado pelo shopping

brativos, seja em rituais de grupos religiosos, seja na realização de grandes eventos esportivos, os quais, na maioria das vezes, não compreendem as dimensões mais profundas do ser humano em sua busca de encontro pessoal com Deus, nem expressam o grande mistério de sofrimento e de felicidade que as pessoas experimentam em seu dia a dia.

Uma ala muito grande da Igreja tem demonstrado certo encantamento como os shows-missa, como se esse fosse a solução da evangelização no mundo moderno. Não podemos negar que a concentração de fiéis em grande massa causa uma sensação saudável, dando a impressão de que foi encontrada a solução para a evangelização no mundo moderno. Penso que não é nem prudente negar esse modo de evangelizar nem

---

center, onde você entra e perde a noção de noite e dia, de sol e chuva, de tempo e espaço. Tudo aí é reproduzido artificialmente. É o mundo das portas eletrônicas, elevadores, escadas rolantes, sem noite nem dia, é o mundo da higienização, da segurança, dos manequins. Os seres humanos aí presentes não dialogam com a realidade, mas estão conectados através das lojas, espelhos e tecnologias de informação. Tudo isso é chamado de moderno. É o mundo da informação e não da percepção. No mundo moderno as pessoas se deslocam, mas acabam não saindo do lugar, pois através das redes hoteleiras, das redes de comunicação, o ambiente é reproduzido artificialmente e o contato com as mesmas pessoas acontece através dos meios de comunicação, tendo a "mesma cara". Neste novo cenário se vive o "monólogo", brinca-se e diverte-se nas telas dos computadores, mas as brincadeiras são narcisistas, primando-se pelo recorde, não havendo diálogo. Podemos dizer que acontece aí o narcisismo de Freud levado ao máximo. É o mundo das facilidades, do menor esforço, acreditando proteger contra todas as possíveis frustrações. E quando as frustações não podem ser evitadas, recorrem-se aos medicamentos farmacêuticos. Tal sociedade mais infantiliza do que faz crescer e amadurecer, tirando o espaço da subjetividade, gerando ansiedade e rapidez em tudo o que precisa ser feito. Neste novo cenário, que podemos chamar de nova época, qual é o sujeito que o novo presbítero católico evangeliza? A Igreja Católica tem uma proposta de coletividade, esse mundo é o mundo do individualismo, do narcisismo. As religiões protestantes parecem ter conseguido melhor penetração nesses cenários, mas na verdade o que acaba acontecendo é mais a "venda" de bens religiosos, sendo mais um "balcão de economia", na qual se vendem curas, possibilidade de ser bem-sucedido na vida, expulsão de demônios etc., ficando silenciada a experiência do Evangelho de Jesus Cristo.

prudente supervalorizá-lo. O mais prudente é que os shows-missa são eventos de massa que conseguem responder à pluralidade, à diversidade e às diferenças nos modelos de vivenciar a fé na modernidade, sendo uma forma de estar nos "novos areópagos". Esses eventos não representam nenhuma ameaça à unidade, à evangelização, aos "planos pastorais" e à Igreja Católica. Além do mais, não podemos negar que o evangelho está sendo anunciado e que muitas vidas foram e são transformadas pelo amor de Deus, através dessas experiências de fé. Mas, lançando um olhar mais profundo, é possível perceber que esse modo de evangelizar ou expressar a fé não representa uma mudança na evangelização, pois reproduz um modo tradicional de comportamento religioso, com acento na emoção e no fanatismo religioso, ficando, muitas vezes, desencarnados e alienados da realidade. Assim, os shows-missa são nova forma de atuar no mundo moderno, mundo plural, significando uma mudança do perfil religioso que é mais sensível ao entretenimento e ao lazer do que ao arrebanhamento dos fiéis através das oratórias ou dos grandes sermões ou celebrações mais recolhidas ou modestas. O que deve ficar claro para o novo presbítero católico é que, nos shows-missa, parece haver uma evolução para acolhida dos novos sinais dos tempos, algo que as pastorais e as celebrações mais silenciosas não conseguem responder. Na verdade, há uma grande parcela do povo de Deus, na modernidade, que deseja ver nas celebrações religiosas uma vibração maior, a exteriorização das emoções, certo intimismo religioso ou devocionismo e os shows-missa respondem melhor a essa questão.

Psicossocialmente, a compreensão que o novo presbítero católico tem da Igreja, do ser novo presbítero católico, de sua função na Igreja parece requerer "mudanças" para poder atender aos novos sinais dos tempos.

Para nossas análises em Psicologia Social sobre o cuidado, importa perceber aqui a estruturação do eu presbiteral, tendo de um lado as doutrinas permanentes da Igreja e, de outro, os novos sinais dos tempos.

O conhecimento formal, base da formação que os novos presbíteros católicos vêm recebendo, é determinado pela "tradição", com um acento muito forte na visibilidade da instituição Igreja Católica, como se isto fosse o caminho certo. A visibilidade da Igreja Católica foi muito acentuada pelo Papa João Paulo II como um modo de atender às novas questões apresentadas pela humanidade na atualidade. Sobre a tradição, se ela não puder ser reformada, ela passa a ser uma "camisa de força" ou uma forma de manipular o tempo, como diz Giddens (2001), em que passado e presente se tornam unos e, nessa unicidade, o futuro já está dado, repetindo uma "verdade" infinitamente, perpetuando através de rituais o "tempo primordial". Sobre a visibilidade mediática e globalizada, isso por si só não tem poder de transformação. O problema não está na visibilidade, mas no que se visibiliza.

Os novos sinais dos tempos pedem um avanço na compreensão da estruturação do eu presbiteral. Atento à passagem dos Atos dos Apóstolos (20,28): "Cuida de ti mesmo e todo rebanho", o novo presbítero católico, na atualidade, deve avançar no cultivo do espírito crítico,[3] da criatividade, da flexibilidade, da busca do essencial no seguimento de Jesus Cristo. Isto exige que os novos presbíteros católicos não se fechem em suas posições, em posições de cunho mais tradicional, mas que sejam os primeiros a estar abertos aos sinais dos tempos.

Estar atento aos novos "sinais dos tempos" significa que os novos presbíteros católicos precisam aprender a ser os facilitadores da salvação, respeitando sentidos, valores do outro a sua frente como fez Jesus Cristo quando disse: "tua fé te salvou" (Mt 5,34). É como se

---

[3] Sobre o espírito crítico, podemos dizer que muitos presbíteros católicos até possuem, só que apresentam isso de modo muito pesado. Na contemporaneidade o que se exige é um espírito crítico mais leve, isto é, um espírito crítico que tenha uma leveza no discurso, seja eficaz e audacioso.

dissesse que um "outro cristianismo é possível", conforme diz Lenaers (2011), mas que também outro modo de ser presbítero católico é tanto necessário quando possível.

Mas a maior de todas as mudanças que tem impulsionado todas as outras é a do ser humano. O ser humano descobriu a autonomia do universo e, com isso, sua própria autonomia. Este é o maior sinal dos tempos. Diante disso, a doutrina da fé em seu conjunto, construída como foi sobre o axioma da heteronomia (sujeição a uma lei exterior ou à vontade de alguém; ausência de autonomia), a qual o presbítero católico assume como continuador, vem perdendo sua capacidade de atração. Ela não perde, no entanto, a própria mensagem da fé, que reflete a mensagem de Jesus de Nazaré e que prosseguiu nas experiências de seus discípulos com ele, mas perde seu poder de atração e arrebanhamento. Os novos sinais dos tempos exigem uma mudança do novo presbítero católico no modo de continuar transmitindo tais experiências de Deus, não mais na linguagem da heteronomia, caso contrário, o poder de atração e acolhida da mensagem cristã irá perder sempre mais seu poder de atração.

Os novos sinais dos tempos parecem indicar que os dois grandes modos de ser presbítero católico, na atual conjuntura, não estão dando conta das necessidades de cuidado na atualidade. Um deles, o que parece estar mais em voga, principalmente na mídia e nas grandes concentrações da fé, traz uma abordagem conservadora e tradicionalista, geralmente imbuída de muito emocionalismo e devocionismo. Jesus Cristo, a partir desse modo de ser presbítero católico, é o Senhor dos grandes milagres e dos discursos moralistas, desvinculados da vida real e das condições históricas de seu povo. Este modo de ser novo presbítero católico continua gerando cristãos, mas cristãos infantilizados, na linguagem de Kant, cristãos que vivem na "minoridade", despreparados para enfrentar os desafios deste mundo caótico e desprovidos de identidade eclesial; gerando dóceis crianças conduzidas por qualquer vã doutrina ou por qualquer um que se apresente diante dele; gerando frequentadores de atos litúrgicos, de reuniões e mais reuniões infrutíferas. As fórmulas devocionais desse grupo de "verdadeiros guerreiros da fé" são cópias mal-feitas de um neopentecostalismo alienante e completamente avesso aos ensinamentos claros e "incômodos" da doutrina social da Igreja, os quais, na maioria das vezes, ainda se pautam por uma moral tradicional.

Um segundo modo, um modo mais clássico de ser novo presbítero católico, é o do apego à tradição, do presbítero piedoso, observante e fiel, isto é, inspirado nos santos. Neste modo continua o enquadramento do fiel na vida sacramental, nas normas de pureza da fé e na negação dos avanços e transformações do mundo. Esse modo tem gerado muitos católicos, mas católicos fechados em princípios tradicionais da fé cristã, saudosos da missa em latim, do canto gregoriano, da uniformização de todas as crianças para a catequese, da volta ao uso da "batina", como se o passado fosse melhor. Este modelo acaba se perdendo, muitas vezes, em fanatismos perigosos, fundamentalismos doentios, dogmatismo intransigente e/ou coletivismos ideológicos, pois se fecham ao diálogo e à alteridade.

Entre esses dois extremos, situa-se a posição crítica de abertura e de diálogo, que recorre à lúcida consciência judicativa que conjuga a reestruturação de valores, de imagens, de comportamentos em perspectiva nova sem abrir mão da originalidade e singularidade de si e de sua cultura. Esta postura tem como fundamento a compreensão de que a identidade e a espiritualidade presbiteral reestruturam-se processual e historicamente, requerendo a dialética da conservação da própria identidade e espiritualidade com as modificações pedidas pelo processo e pelas novas situações históricas.

Esse modo causa insegurança se entendermos que o novo presbítero católico deve estar aberto ao novo, tendo uma postura crítica e autonomia de ação. Por medo de decisões, este escolhe os modelos anteriores. Mas os novos sinais dos tempos requerem novos presbíteros católicos, presbíteros mais qualificados, capazes de continuar seguindo a mística do mestre Jesus Cristo que veio para que "todos tenham vida e a tenham em abundância" (Jo 10,10). Este é um modo encarnado, com acento no seguimento de Jesus histórico. Isto implica em continuar a lutar por uma sociedade verdadeiramente justa e igualitária, denunciar os desmandos daqueles que oprimem e massacram os mais pobres, tendo uma atitude de amor evangélico para com todos, mas conscientizando a população acerca de seus direitos e deveres, unindo fé e vida, sendo discípulos e missionários de Jesus Cristo.

Nesse antigo e novo modo de ser novo presbítero católico, o que se percebe, mais claramente, na maneira simples de celebrar e partir o pão, é o convite a todos para resgatar o verdadeiro projeto de Jesus Cristo, para que ele não se torne uma figura proeminente do passado sem implicações concretas na vida atual, nem também uma figura puramente devocional.

Assim, atento aos sinais dos tempos, faz-se necessário, não só para as bases, mas também para os que ocupam lugares de destaque na condução da Igreja Católica, formar um "novo cristianismo", como bem profetiza Lenaers (2011). Segundo o mesmo autor, vivemos uma mudança de época na qual o ser humano descobriu sua autonomia. A doutrina católica, em seu conjunto, foi construída sobre o axioma da heteronomia e numa fase cultural da comunidade cristã bem determinada, "servindo para expressar as experiências e representações de um grupo, pequeno em seus inícios, que, em sua busca da realidade transcendente de 'Deus', se deixou inspirar e guiar pela figura messiânica de Jesus de Nazaré" (Lenaers, 2011, p. 16). Atento aos sinais dos tempos, requer-se um avanço para não ficar num discurso que terá, quase sempre, pouco resultado na transformação espiritual dos indivíduos, comunidades e sociedade.

Eis a indicação para que os novos presbíteros católicos deixem de lado suas preocupações tribais e hierárquicas, não sejam seres sobrenaturais e isolados numa redoma divina, nem seres que se compreendem como celestes ou com poderes divinos, mas que busquem o Deus vivo e presente em toda a humanidade, sejam irmãos entre os irmãos. Só assim será possível que o cristianismo continue vivo e pujante, caso contrário, poderá haver graves perdas para a própria fé em Jesus Cristo.

Por uma espiritualidade presbiteral encarnada e profética

Segundo São Paulo, o primeiro dom do Espírito de Deus é o dom de "apostolado" (1Cor 12,28). Em segundo lugar, aparecem os profetas, considerados com muita insistência (1Cor 14). Assim, psicossocialmente, o novo presbítero católico deve, antes de tudo, procurar exercer em sua vida o profetismo.

Muitas espiritualidades de nossos novos presbíteros parecem mais instrumentos de uma pastoral do céu do que da terra. Quando isso acontece é porque há uma confusão entre "espírito" como sinônimo de alma em oposição ao aspecto corporal ou material da vida. Neste sentido, há presbíteros católicos que afirmam: "É preciso deixar as coisas materiais e dar mais atenção às coisas espirituais". Se espiritualidade fosse isso, deveríamos chamar de "espiritualismo", porque mantém um dualismo.

Uma espiritualidade encarnada é a expressão da fé, da certeza de que dos corpos crucificados emanam um brilho, uma luz muito mais instigante e duradoura do que a das imagens maquiadas que aparecem na TV e nas revistas, sorridentes por terem conquistado o êxito que nossa cultura tanto valoriza. Uma espiritualidade encarnada tende a se identificar com o mistério da encarnação do Verbo de Deus, experimentando, como Jesus de Nazaré, o cansaço, a fome, a sede, a dor da perda de um amigo, a angústia diante da morte. Essa espiritualidade encarnada somente é possível quando se vive no âmago da história, ainda que esta seja contraditória e desafiadora, como no tempo de Jesus. É dentro dessas contradições que o novo presbítero católico deve viver o amor autêntico, solidário e generoso de sua doação de vida.

Uma espiritualidade profética é aquela que não se acomoda ao status, ao superficialismo, ao poder, ao tradicionalismo, ao comodismo, ao aparente, ao fundamentalismo e ao dogmatismo, mas sim a que se abre à denúncia de uma espiritualidade somente de piedade, de observância e fidelidade a regras e normas ou de apenas cultivo da exterioridade, do aparente, do estético.[4]

Na espiritualidade encarnada e profética há lucidez para captar as raízes dos avanços e postulados da modernidade, sabendo valorizar a positividade de muitas novidades e de alguns aspectos. Assim, ser profético não se trata de julgar moralisticamente a modernidade, mas de mostrar que se deve cultivar o prazer dos sentidos em consonância com o sentido maior da verdade, do bem, da beleza, do amor e da vida humana.

Muitas espiritualidades, como a dos monges anacoretas (século III), franciscanas (século XIII), inacianas (século XVI), da libertação e carismáticas (século XX), têm elementos válidos e atuais, mas não coincidem, muitas vezes, com as necessidades e urgências da espiritualidade na modernidade, que deve ter um cunho mais profético.

Viver uma espiritualidade presbiteral encarnada e profética é buscar uma forma concreta de viver o Evangelho de Jesus Cristo. Segundo Barros (*in* Beozzo, 1997, p. 24), citando Michel de Certeau, o filósofo e pensador francês: "Uma espiritualidade responde às questões de um tempo e nunca pode responder a não ser nos pró-

---

[4] Segundo Libânio (2011, p. 35): "Não se trata de uma espiritualidade intimista, carismática, festiva, como se tem visto com frequência, mas da que corresponde à situação de nosso continente. Nesse sentido, ela se articula com a missão profética de anunciar a opção pela libertação dos pobres. A unidade identitária da pessoa não permite que a profecia e a espiritualidade caminhem por vias diferentes". Trata-se de, segundo o mesmo autor, de "espiritualidade profundamente encarnada que vem responder criticamente a cenário religioso fluido".

prios termos dessas questões, porque são os problemas concretos que se vivem naquele momento histórico e dos quais as pessoas tratam, tanto os cristãos como os outros".

Como no monte Horeb (1Rs 19), Deus não se revela de modo antigo e costumeiro, mas sempre surpreendendo e mostrando-se de um modo novo e a partir dos desafios da realidade histórica em que se vive. Desta forma, podemos dizer que buscar uma espiritualidade presbiteral profética, na modernidade, significa buscar tudo aquilo que possa ajudar o novo presbítero católico a viver uma vida nova pelo "Espírito de Deus".

Por uma espiritualidade presbiteral relacional e ecumênica

Há quem fale de identidade espiritual do presbítero católico preocupado com a diferenciação ou oposição às coisas materiais e ações sociais. A identidade espiritual do presbítero católico deve ser exatamente uma profunda abertura de amor e entrega de sua vida como a que Jesus Cristo viveu. Jesus Cristo viveu, segundo os evangelistas, uma relação íntima com o Pai à medida que se relacionava com as outras pessoas e fazia dos outros um sacramento do encontro com Deus.

Hoje se fala de uma espiritualidade mais aberta, ecumênica e inculturada, diferentemente das espiritualidades exclusivas ou excludentes, numa palavra, mais profética.Em um mundo cada vez mais plural, o novo presbítero católico deve saber trabalhar o ecumenismo, educando os fiéis para a vivência ecumênica. A espiritualidade ecumênica exige uma mudança de coração e uma santidade de vida, derivada do apelo de Jesus à conversão. Olhando de maneira mais profunda para a vida de discípulo e missionário de Jesus, percebemos que sem mudança de coração e abertura à conversão, torna-se impossível permanecer no seguimento de Jesus. O cristão do futuro tenderá a ser ecumênico ou não será cristão. A busca da unidade dos cristãos é, antes de tudo, um sopro do Espírito de Cristo que cada presbítero católico deve respirar em sua trajetória, em seu ministério presbiteral.

Uma espiritualidade relacional e ecumênica leva o novo presbítero católico a valorizar o papel profético do leigo na comunidade, conforme diz o Concílio Vaticano II (LG, n. 35). Cristo preenche seu serviço profético não somente pela hierarquia, mas também pelo laicato. Cada leigo tem uma parte a realizar nesse serviço do Evangelho, conforme o carisma que Deus lhe deu, e esses dons que lhe foram dados são ao mesmo tempo testemunhas e instrumento vivo da missão do próprio Cristo, segundo os dons de Cristo (Ef 4,7).

Existem enormes feridas que nossa divisão produziu no Corpo Místico de Cristo, os quais exigem gestos sinceros de humildade, reconciliação de ambas as partes. A maioria dos cristãos está cansada dessa divisão, porque isto não está em conformidade com o amor de Cristo. A divisão não somente é um pecado, mas um verdadeiro crime contra o cristianismo. Os novos presbíteros católicos, profeticamente, devem ser mensageiros da unificação.

Um dos aspectos da espiritualidade ecumênica é o engajamento na luta por causas comuns na defesa da vida. Para isso se faz necessário vencer os obstáculos. Um deles é o da presunção da salvação. É preciso vencer a divisão na luta pela defesa da vida e a presunção de que Deus só ouve as orações espontâneas e não ouve o terço do católico ou os cultos das outras igrejas. Isto exige deixar ser movidos pelo Espírito de Deus, como diz São Paulo na carta aos Romanos 8,14: "Todos os que são conduzidos pelo Espírito de Deus são filhos de Deus". Os novos presbíteros católicos devem testemunhar esta unidade espiritual em Cristo Jesus, sendo testemunhas de que os esforços em favor da vida e as orações unidas serão mais poderosas.

Atento ao texto de Mt 12,25 de que: "Todo reino dividido contra si mesmo acaba em ruína e nenhuma cidade ou casa divida contra si mesma poderá subsistir", o novo presbítero católico, ciente de que essa divisão não venha diretamente dele, mas dos antepassados, ainda assim, ele a mantém viva enquanto permanece dividido. Resta perguntar se Deus está sendo servido enquanto permanece a divisão. Romper a divisão exige muita humildade, amor e conversão dos corações. A divisão significa que não se está conseguindo viver os dois maiores mandamentos da lei de Deus: amar a Deus e ao próximo (Mt 22,37-40). Romper a divisão, psicossocialmente, exige morrer um pouquinho para o ego, para a dureza de coração, um gesto de humildade e humanidade: "Humilha-vos diante do Senhor e ele vos exaltará" (Tg 4,10).

Com uma identidade e espiritualidade fechadas, lacradas, preocupadas em certificar-se de que suas portas realmente estão bem trancadas, não se apercebe que em seu interior adquire-se mofo. Por causa do medo e da divisão, a graça de Deus acaba ficando impedida de fluir nos corações dos fiéis. Cristo nos reconciliou para que sejamos um só: "Não há mais diferença entre judeu e grego, entre escravo e homem livre, entre homem e mulher, pois todos vocês são um só em Jesus Cristo" (Gl 3,28). A oração do novo presbítero católico, com espírito ecumênico, deve estar iluminada pela prece de Cristo: "Não rogo somente por eles, mas pelos que, por meio de tua palavra, crerão em mim: a fim de que todos sejam um. Como tu, Pai, estás em mim e eu em ti, que eles estejam em nós" (Jo 17,21).

O novo presbítero católico que abraça a espiritualidade ecumênica, que escuta, dialoga e valoriza as experiências de oração e de vida no interior de cada tradição eclesial, buscando individualizar as efetivas possibilidades da unidade cristã através da mística do ecumenismo, é alguém que dá demonstração de abertura à ação do Espírito de Deus.

Falar de uma espiritualidade ecumênica é falar de uma espiritualidade relacional ao modo de Jesus Cristo. Vemos em sua vida uma espiritualidade do encontro: encontro com a samaritana (Jo 4, 1-42), com a mulher sírio-fenícia (Mc 7,26), com Nicodemos (Jo

3,1-21), com o jovem rico (Mt 19,16-22), com a sogra de Pedro (Mc 1,29-31), com os endemoniados (Mc 1,32-34), com os discípulos de Emaús (Lc 24,13-35), com as crianças (Mc 10,13-16), com os grupos famintos de pão (Mc 6,30-44), com os pescadores (Lc 5,1-11) e assim por diante.

Muita coisa tenderia a ser diferente se o novo presbítero católico perguntasse qual a marca que ele tem deixado na vida das pessoas com quem ele está sempre se relacionando. Parece que tudo seria diferente se essa marca fosse uma marca de ternura e cuidado, uma marca de fé com ternura.

Uma espiritualidade relacional parece ter mais substratos para ajudar a sociedade a vencer os males. Uma espiritualidade relacional e ecumênica favorece melhor a compreensão de que o mal que os seres humanos enfrentam, os problemas de saúde, os desajustes não são culpas simplesmente do indivíduo que vive no pecado. Sair de uma relação de "culpabilização" é sair do modo de pensar característico da Idade Média, na qual o indivíduo precisava somente da misericórdia de Deus para recobrar o equilíbrio, tanto físico, psicológico, social e espiritual.

A consciência que a humanidade vai chegando hoje, como diz Barchifontaine[5] (*in* Trasferetti & Zacharias, 2010, p. 58-59), é a de que o indivíduo não é o único culpado pelas doenças, patologias, desequilíbrios familiares e sociais. Muitos problemas advêm da agressão à natureza, ao meio ambiente, da falta de solidariedade social, das injustiças sociais, das péssimas condições a que muitos seres humanos são condenados a viver. Percebe-se que as religiões e culturas têm muitos valores que, somados, poderiam trazer melhores e maiores benefícios para a sociedade. O novo presbítero católico, ao assumir

---

[5] Christian de Paul de Barchifontaine é mestre em Administração Hospitalar e da Saúde, doutorado em Enfermagem e Reitor do Centro Universitário São Camilo.

uma espiritualidade relacional e ecumênica, parece dar testemunho de uma postura mais saudável e benéfica para todos. Ademais, sabemos que a solução de muitos problemas se alcança mediante o esforço concentrado da comunidade na luta por melhores condições de vida.

Por uma espiritualidade orante

O novo presbítero católico é um crente, alguém que acredita no poder de Deus, alguém que tem fé. A fé é um dom e está ligada a uma experiência de Deus, ao encontro com uma pessoa que é Jesus Cristo. E como dizia Blaise Pascal (1623-1662), físico, moralista, matemático, filósofo e teólogo francês: "não basta querer crer para crer, é necessário a experiência". Crer, segundo Andreoli (2010, p. 11), "antes de ser uma resposta exata por uma religião, é uma necessidade do ser humano. A necessidade de crer é humana, é desta terra. É a resposta específica, daquele credo, a resposta daquela religião que une ao céu e talvez proceda do céu". Segundo Vattimo[6] (1996), em *Credere di credere,* "creio porque creio, a oração brota da fé em Deus". Cremos em Deus, acreditamos em seu poder, por isso rezamos. Segundo Martini *(in* Pessini, 2010, p. 36): "Existe em nós um ateu potencial que grita e sussurra a cada dia suas dificuldades em crer". Crer é um processo dinâmico que emerge de nossas profundezas, supõe envolvimento e inclui compromisso, entrega e adesão. Crer não é um processo puramente racional, mas algo integrando a esfera da vida e do coração, o que significa dar crédito a Deus, evocando assim uma atitude de comunicação com um ser pessoal em quem se confia e cuja proximidade ou presença dá sentido à vida.

---

[6] Vattimo é filósofo italiano.

O novo presbítero católico é, pois, um ser religioso que, através de sua fé, realiza gestos, liturgias, ritos, cerimônias para dar respostas às necessidades do sagrado que todo ser humano experimenta. Desta forma, o novo presbítero católico tem uma função social. Segundo Andreoli (2010, p. 13): "Se o sagrado é uma função da mente, do ser humano, e, poderíamos dizer, é uma característica da sua biologia, então se compreende bem porque se fala também de uma função social do sacerdote, deste nível terreno da sua função".

Do ponto de vista psicológico, o novo presbítero católico situa-se entre o eu atual e o eu ideal que tende a melhorar a pessoa, fazendo-a alcançar objetivos mediante um compromisso. O novo presbítero católico deve alcançar um eu ideal cristão na vida de oração que tem em Cristo sua imagem e exemplo. Cristo foi um homem de oração. Ele precisa dedicar-se a oração. Este já é um discernimento feito pelos apóstolos quando escolheram sete diáconos: "Deste modo, nós poderemos dedicar-nos inteiramente à oração e ao serviço da Palavra" (At 6,4).

O sagrado faz parte da natureza humana. Toda pessoa humana, para sua sustentação e afirmação, precisa de um Deus, ainda que seja um "deus menor". O modo de entrar em contato com esse Deus é através da oração. O novo presbítero católico, por natureza de sua função, deve ter uma vida pessoal intensa de oração. Sem uma vida intensa de oração pessoal, seu ministério corre o risco de se esvaziar. Assim, para que ele possa ajudar as pessoas a entrar em contato com Deus, é necessário que ele faça essa experiência.

A oração tende a se tornar mais intensa na vida das pessoas quanto mais elas passam a amar. Diz o ditado que "quem ama reza melhor e reza mais". O novo presbítero católico deve cuidar de sua vida pessoal de oração como um modo de cuidar de seu ministério presbiteral, de cuidar de seu amor pelo Reino de Deus. Sem oração pessoal, sem amor, seu ministério presbiteral poderá ser apenas ritualismo ou formalismo, sendo como um sino que retine, como diz São

Paulo 1Cor 13,1: "Ainda que eu falasse línguas, as dos homens e dos anjos, se não tivesse amor, seria como sino ruidoso ou como címbalo estridente". Assim, podemos dizer que a fé de um novo presbítero católico é a fé de um novo presbítero católico que reza. Para que ele seja um profeta anunciador da Palavra de Deus se faz necessário uma vida orante, uma vida orante até mesmo das trevas da vida.

O novo presbítero católico é convidado a ser perseverante na oração: "Sede alegres na esperança, pacientes na tribulação e perseverantes na oração" (Rm 12,12). As maiores graças e revelações de Deus recebemos quando estamos em oração: "Eu estava na cidade de Jope e, ao fazer oração, entrei em êxtase e tive a seguinte visão: vi uma coisa parecida com uma grande toalha que, sustentada pelas quatro pontas, descia do céu e chegava até mim" (At 11,5); "Cornélio então respondeu: 'Há quatro dias, a esta mesma hora, eu estava em casa a recitar a oração das três horas da tarde, quando se apresentou diante de mim um homem com vestes resplandecentes" (At 10,30).

O grande modelo de oração para o novo presbítero católico é o próprio Cristo que nos exorta a uma vida orante. "Só a oração e o jejum podem expulsar este tipo de demônios" (Mt 17,21); "E disse: 'Está nas Escrituras: A minha casa será chamada casa de oração'. No entanto, vós fizestes dela um covil de ladrões" (Mt 21,13); "E tudo o que na oração pedirdes com fé, recebê-lo-eis" (Mt 21,22); "Eu vos garanto: se alguém disser a esta montanha: 'Levanta-te e lança-te ao mar', e não duvidar no seu coração, mas acreditar que isso vai acontecer, assim acontecerá" (Mc 11,23); "É por isso que Eu vos digo: tudo o que pedirdes na oração, acreditai que já o recebestes, e assim será" (Mc 11,24); "Naqueles dias, Jesus foi para a montanha a fim de rezar. E passou toda a noite em oração a Deus" (Lc 6,12); "Um dia, Jesus fazia oração em certo lugar. Quando terminou, um dos discípulos pediu: 'Senhor, ensina-nos a rezar, como também João ensinou os seus discípulos'" (Lc 11,1); "Levantando-se da oração, Jesus foi para junto dos discípulos e encontrou-os a dormir, vencidos pela tristeza" (Lc 22,45).

Cuidar para que o novo presbítero católico tenha uma espiritualiade orante implica em ajudá-lo a ir além da simples realização de ritos ou rituais de oração. O encontrar Deus, o fazer a experiência de seu amor, pode ser prejudicado quando o presbítero católico só cumpre rituais de oração. Para que ele possa ficar mais perto de Deus e ajudar seu povo a fazer a experiência do Deus de Jesus Cristo, deve desenvolver uma atitude de admiração, de respeito, de agradecimento, de reverência a Deus, aos seres humanos e à natureza. Sem esta consciência, sua oração poderá ser apenas recitação de formúlas, ritualismo vazio e entediante.

A espiritualidade orante passa primeiro pela admiração, o respeito e a revência, depois pelo agradecimento, somente depois se chega à petição. Na oração de petição, algo muito praticado pelos cristãos deve estar sempre presente, o pedir algo para os outros. É daí que surge a responsabilidade das petições litúrgicas. Em muitas celebrações litúrgicas dominicais falta esse espaço de petição comunitária. Além do mais, é preciso atentar para o que se pede muito hoje, isto é, o desejo do ser humano é ter saúde, ser feliz, abrir o coração a Deus e ter energia criadora; é isso que se pede. Esse é um modo saudável de petição comunitária. Quanto mais unido o novo presbítero católico estiver com o próximo, com sua comunidade, melhores condições terá de ser condutor do amor de Deus, de ajudar esse modo saudável de oração acontecer na vida das pessoas e poderá conduzir melhor as celebrações comunitárias.

Por uma espiritualidade apostólica

Na carta aos Efésios, 2,20, lê-se: "Estais edificados sobre o fundamento dos apóstolos e dos profetas, do qual é Cristo Jesus a pedra angular". O novo presbítero católico é alguém que escolheu seguir Jesus Cristo como modelo e mestre, estabelecendo com Ele uma relação de discípulo e de seguimento como modelo de existência. Cabe, então, ao presbítero católico interpretá-lo dentro daquela relação da qual podem emergir decisões e comportamentos que lhe dizem respeito individualmente.

A missão do novo presbitero católico não é algo subjetivo, mas, antes de tudo, testemunhar Jesus Cristo aos outros. A dimensão de um Deus pessoal é necessária, como na "Imitação de Cristo", pois ela se torna fundante, mas o presbítero católico deve tornar-se o apóstolo, aquele que narra, que difunde, que propõe o exemplo de Jesus Cristo. Desta forma, o novo presbítero católico se torna modelo fisíco, vivendo de um Jesus Cristo que não está aí naquele momento, que não é visível sensivelmente, que não se reveste da mesma carne quando andou pela Judeia e Samaria. Segundo Andreoli (2010, p. 53), "toda pessoa necessita de um mestre, de modelos para crescer e viver; o sacerdote descobriu Cristo como modelo de vida, foi por ele chamado a tornar-se apóstolo e, portanto, a percorrer o mundo mostrando-se como ele se mostrou".

O novo presbítero católico é um discípulo de Jesus Cristo e deve comportar-se como ele queria que se comportassem seus discípulos: "rezai e orai para não cairdes em tentação"; "quando orardes dizei: 'Pai, santificado seja o teu Nome; venha o teu Reino; o pão nosso cotidiano dá-nos a cada dia; perdoa-nos nossos pecados, pois também nós perdoamos aos nossos devedores; e não nos deixes cair em tentação'" (Lc 11,1-4). O fundamento para o novo presbítero católico estruturar sua identidade e espiritualidade é dos apóstotos, tendo como pedra angular Jesus Cristo.

Por uma espiritualidade centrada na misericórdia

Em Eclesiástico 44,10, encontramos um grande elogio às pessoas de misericórdia: "Estes são homens de misericórdia; seus gestos de bondade não serão esquecidos". Este texto indica ser imortal, isto é, não esquecida a misericórdia. Os homens bons são misericordiosos. O novo presbítero católico, por si mesmo, denota ser um homem bom, assim a misericórdia deveria ser sua marca. Por isso vamos olhar o que significa agir com misericórdia.

No salmo 144 (145),8-9 a misericórdia é um atributo de Deus: "Misericórdia e piedade é o Senhor, ele é amor, é paciência, é compaixão. O Senhor é muito bom para com todos, sua ternura abraça toda criatura".

Os novos presbíteros católicos são aqueles que têm a missão de interpretar a Palavra de Deus para sua comunidade de fé e devem, antes de tudo, saber interpretá-la para si mesmo, sob o risco de se tornarem guias cegos: "Ora, se um cego conduz outro cego, ambos acabarão caindo num buraco" (Mt 15,14).

A misericórdia deve ser a "carta magna" dos novos presbíteros católicos que querem pautar suas vidas pela mística do cuidado. Inspirados em Jesus que pregou a misericórdia e convida sempre seus seguidores a essa mesma atitude, a misericórdia deve estar no centro da vida presbiteral. Em inúmeras passagens dos Evangelhos, vemos a misericórdia tomada como centralidade da vida de Jesus, na busca de fazer a vontade de Deus que "faz chover sobre justos e injustos" (Mt 5,45).

Antes, vamos tentar tirar o "mal compreendido" da entrada de Jesus no Templo e expulsão dos vendedores, pois alguns tomam essa passagem para justificar a dureza das muitas de suas ações. Aos que arrogam essa atitude de Jesus (Jo 2,13-16) para agirem sem misericórdia, precisam entender, como diz Mateos & Barreto (1989, p. 146), "que a presença de Jesus, o novo templo, no antigo produz sempre tensão (...). Pela mesma razão é parte de sua missão tirar o povo do templo (2,15; 10,4; cf. 12,12s.). A razão que serve de base para a condenação de Jesus será considerá-lo perigoso para o templo e a nação (11,48s.)". Além do mais, o pátio onde estava havendo o comércio era o único lugar para os gentios. Esse gesto de Jesus é mais um sinal profético do que uma falta de misericórdia para com os vendedores.

Na vida de Jesus a misericórdia transparece em todos os seus ensinamentos. Ele começa seu ministério dizendo: "O Espírito do Senhor está sobre mim, porque me ungiu para evangelizar os pobres; enviou-me para proclamar a remissão aos presos e aos cegos, a recuperação da vista, para restituir a liberdade aos oprimidos e para proclamar um ano de graça do Senhor" (Lc 4,18-19). Em Mt 12,20, "Ele não discutirá, nem clamará; nem sua voz nas ruas se ouvirá. Ele não quebrará a caniço rachado nem apagará a mecha que ainda fumega, até que conduza o direito ao triunfo".

A misericórdia está na acolhida do outro, conforme diz Jesus: "Se soubésseis o que significa: misericórdia é que eu quero e não sacrifício, não condenaríeis os que não têm culpa" (Mt 12,1-8); em Mt 13,29-43, quando os empregados perguntam ao patrão se ele "quer que arranque o joio do meio do trigo e a resposta é não"; está em Jo 8,1-11, "quem não tem pecado atire a primeira pedra" e "ninguém te condenou nem eu te condeno"; está em Lc 19,2-10 na visita que Jesus faz a Zaqueu e diz que a salvação tinha entrado naquela casa; está em Jo 11,1-46 na ressureição de Lázaro; está em Mt 9,10-13, quando Jesus diz que "quer a misericórdia e não o sacrifício", e assim em muitas outras passagens bíblicas.

Os novos presbíteros católicos são chamados a ser um sinal profético para a humanidade, agindo com misericórdia para com os pobres, sendo irmãos entres os irmãos: "Na companhia de todos os que se regeneram na fonte do batismo, os presbíteros são irmãos entre os irmãos, como membros de um só e mesmo Corpo de Cristo, cuja edificação a todos foi confiada" (*Presbyterorum Ordinis*, n. 9). Assumir a realidade dos pobres é uma condição para manter o espírito evangélico numa sociedade narcisista, alienada e excludente como a nossa.

Diante de todas as transformações pelas quais passa a humanidade, sendo a maior delas sobre o modo como o ser humano vem compreendendo a si mesmo, os novos presbíteros católicos são chamados a rever o conceito de misericórdia. O chamado à misericórdia está ligado à vivência da radicalidade evangélica, como diz Gutiérrez (1984). Segundo o Papa Bento XVI (Alocução de junho de 2010), a radicalidade evangélica está ligada à misericórdia: "saiba sempre unir a radicalidade evangélica e a misericórdia, para que todos aqueles que buscam a Deus possam encontrá-lo".

Buscar a misericórdia é buscar viver a "radicalidade evangélica". Mas quando buscamos a "radicalidade evangélica" em nossa vida, devemos lembrar que também somos guias do povo de Deus. E, como diz Jesus (Jo 10,16): "Mas tenho outras ovelhas que não são deste redil: devo conduzi-las também; elas ouvirão a minha voz; então, haverá um só rebanho, um só pastor".

Gosto da saudação de um leigo ao presbítero que estava chegando à paróquia. O leigo assim expressou ao presbítero: "Que o Senhor possa trazer para nós orientações seguras de fé, mas que também possa ser misericordioso quando errarmos e nos desviarmos de Deus. E, pode ter certeza, vamos precisar muito de misericórdia!".

Quando Jesus veio ao mundo parece que existiam dois tipos de pessoas. Havia os que tinham sido condenados pela Lei e foram condenados a ficar à margem da vida, e havia os que se sentiam orgulhosos e melhores que os outros por observar a Lei, acreditando que estavam em primeiro lugar no Reino e mereciam ser honrados por Deus. Neste segundo grupo estavam os líderes religiosos judeus que, constantemente, estavam tentando condenar a Jesus, porque Ele não se submetia às tradições orais e escritas dos rabinos e não observava a Lei. Dentro dessa visão era a observação da lei que salvava.

Jesus fez da misericórdia a chave de sua ética. As parábolas do bom samaritano, que mostra a compaixão pelo caído na estrada (Lc 10,30-37), e a do filho pródigo, acolhido e perdoado pelo pai (Lc 15,11-32), são expressões exemplares de cuidado, de plena humanidade e misericórdia.

O chamado à misericórdia passa então pela capacidade do abraço do Pai no filho pródigo. Muitas vezes fazemos coro ao filho mais velho que quer a discriminação e exclusão de todos os que apresentam qualquer anormalidade de valores ou costumes. Jesus coloca para nós o exemplo do Pai que "faz chover sobre justos e injustos" (Mt 5,45). Em Mt 12,20 se diz: "Ele não quebrará o caniço rachado nem apagará a mecha que ainda fumega, até que conduza o direito ao triunfo". E ainda, o pedido do dono da figueira: "Senhor, deixa-a este ano para que eu cave ao redor e coloque adubo. Depois, talvez, dê frutos... Caso contrário, tu a cortarás"(Lc 13,6-9).

Penso que esses textos nos ajudam a entender um pouco o que significa para um novo presbítero católico agir com misericórdia, isto é, agir de acordo com a vontade de Deus.

Conclusão

A espiritualidade é um dos pilares da identidade presbiteral. Existe um modo de representar a identidade presbiteral que é através da luta política e outro através da espiritualidade. Estes dois modos de agir não devem estar separados. O grande perigo é opor esses dois modos. Se há oposição e um fica enfraquecido, o outro também não resiste. A espiritualidade na missão presbiteral, na luta social e política são dois caminhos de uma mesma estrada. A missão do novo presbítero católico é levar a santificação para todos os povos, o que inclui atitudes de luta social e espiritualidade.[7] Para

---

[7] Segundo Libânio (2011, p. 32): "O múnus de santificação assume hoje conotações bem diferentes. Merece reflexão detida. Na compreensão tradicional, a santificação se entendia em relação estrita com a administração dos sacramentos e das práticas religiosas. O presbítero era reduzido a sua dimensão sacerdotal. Tal permanece verdade até hoje. Sacramento e exercícios espirituais continuam principal fonte de santificação e o presbítero exerce o ministério conferindo os sacramentos e incrementando os atos religiosos no seu entorno".

muitos, falar desse tema: luta social e espiritualidade, pode parecer fora do tempo, anacrônico, visto que os presbíteros católicos da teologia da libertação, como os das décadas de setenta e oitenta, parecem não existir mais.

Falar de identidade espiritual do novo presbítero católico não é falar simplesmente de oração, mas da humanidade desse novo presbítero, de como ele vive ou deve viver aqui na terra. Não se pode focar a espiritualidade somente na oração ou modos de rezar, de vestir, mas sim na identidade espiritual encarnada, isto é, de humanidade, de como viver aqui na terra, de bondade, de tolerância, de amor, de atenção, numa palavra, de cuidado, sobretudo de cuidado para com os mais desfavorecidos. E isto por causa do amor ao Reino de Deus.

Não podemos medir a identidade espiritual do novo presbítero católico por aquilo que ele não faz, pelo que ele nega no modo de pensar, de ser e de agir; nem por seu dogmatismo, fundamentalismo e fanatismo; nem por seu esteticismo e exteriorismo; nem pelo que ele nega a ele mesmo, como prazer, satisfação e alegria; nem pelo que resiste e exclui. Mas sim por sua capacidade e atitude de cuidado da existência humana.

A identidade espiritual do novo presbítero deve ser medida pela sua capacidade de cuidado, por aquilo que ele abraça, inclui, cria e ama. Assim, a identidade espiritual do novo presbítero católico deve ser vista numa dimensão do serviço a Deus e ao próximo, de abertura, de inclusão, de dedicação no crescimento, consciência e maturidade de sua fé e da fé de seus irmãos. A espiritualidade da identidade presbiteral deve integrar o humano e o divino, levando-o a ser um presbítero mais humano, feliz, responsável, autonômo, mais parecido com Jesus Cristo.

Neste sentido, a mística da espiritualidade presbiteral, a partir do cuidado, está em saber lançar as redes em águas mais profundas, buscando colocar vinho novo em odres novos (Mt 9,17).

Parte VIII

Pastoral presbiteral: atenção e cuidado com o novo presbítero católico

A Pastoral Presbiteral é um dos instrumentos de fomentação da união dos novos presbíteros católicos. Como em todo grupo social, existem entre os novos presbíteros católicos necessidades de cuidados para dirimir as divergências, ouvir os anseios e angústias, fomentar o amor, a amizade, a fraternidade, o respeito, a união e o espírito de partilhar, diminuir as distâncias entre eles e com o bispo ou superior local.

De certo modo, o surgimento da Pastoral Presbiteral assinala, de um lado, a deficiência das relações de cuidado entre bispo e presbitério. De outro, aponta para o crescimento da consciência do valor da fraternidade presbiteral, da comunhão entre o bispo e seu presbitério.

A Pastoral Presbiteral é uma ferramenta nas mãos dos bispos e dos novos presbíteros católicos após o Concílio Vaticano II. Ela tem como grande objetivo o cuidado dos presbíteros católicos em todas as dimensões: humano-afetiva, pastoral, intelectual e espiritual. Ela quer ser um lugar de escuta e de fala, um modo dos presbíteros católicos se organizarem para cuidar de si mesmos.

A Pastoral Presbiteral é um espaço de integração e de intercâmbio, levando o novo presbítero católico a cultivar a alegria e o prazer de ser presbítero, superando obstáculos e dificuldades. Ela tem como objetivo proporcionar ao presbítero católico condições para sua própria realização humana e vocacional, ajudando-o em sua configuração com Cristo Bom Pastor.

Nascimento da Pastoral Presbiteral
e a fraternidade presbiteral

A Pastoral Presbiteral, assumida nacionalmente pelos presbíteros do Brasil, no ano de 2005, quer ser um modo de cuidar do novo presbítero católico. Ela é formada por todo o presbitério, olhando a vida em comum e suas necessidades, almejando tornar concreta a prática que o evangelista Lucas escreve em Atos dos Apóstolos: "Os cristãos tinham tudo em comum e dividiam seus bens com alegria conforme a necessidade" (At 4,35). Ela é um modo de demonstrar presbíteros católicos que precisam de cuidados.

Qual o objetivo da Pastoral Presbiteral? Podemos dizer que seu grande objetivo é sustentar o presbítero católico em sua vocação presbiteral. Desta forma, participar da Pastoral Presbiteral é abrir-se para a perseverança na missão e no seguimento de Jesus Cristo. Quando ela nasceu, muitos presbíteros católicos assustaram, pois estavam acostumados a criar pastorais para cuidar dos leigos e leigas, e agora nascia uma pastoral para cuidar deles próprios. No começo ela teve dificuldade de ser aceita e compreendida pelos bispos e pelos próprios presbíteros católicos. Mas com o passar dos anos, ela vem tornando-se um modo muito especial dos presbíteros católicos viverem a fraternidade presbiteral.

A Pastoral Presbiteral se apresenta como um novo pentecostes para os presbíteros católicos. Segundo o Documento de Aparecida, n. 362: "Esperamos um novo Pentecostes que nos livre do cansaço, da desilusão, da acomodação ao ambiente; esperamos uma vinda do Espírito que renove nossa alegria e nossa esperança. Por isso, é imperioso assegurar momentos de oração comunitária que alimentem o fogo de um ardor incontido e tornem possível um atraente testemunho de unidade, para que o mundo creia". Podemos dizer que a Pastoral Presbiteral vem trazendo mudanças entre os presbíteros católicos na questão da fraternidade presbiteral, na questão da humanização, na vivência da afetividade, nas relações com os bispos ou superiores, no reencantamento com a missão e na formação permanente. Tudo isso é algo muito saudável para os presbíteros católicos e para todo o povo de Deus.

Não basta ser presbítero católico, é necessário viver como presbítero católico. Através da mística da Pastoral Presbiteral a fraternidade presbiteral vem avançando. Sobre a fraternidade presbiteral, os encontros entre os presbíteros católicos têm sido um verdadeiro presente para a Igreja do Brasil. Eles estão ajudando a moldar uma comunhão maior entre os presbíteros católicos, moldando uma espiritualidade e identidade presbiteral de acordo com as orientações do Concílio Vaticano II e da caminhada da Igreja local. Através da Pastoral Presbiteral vai crescendo a colegialidade presbiteral e os presbíteros católicos começam a saborear a fraternidade que brota do sacramento da Ordem. A Pastoral Presbiteral é uma proposta contra a correnteza do individualismo e do hedonismo reinante em nossa sociedade. A pastoral presbiteral é uma forma do presbítero católico deixar-se amar. A formação presbiteral, muitas vezes, acentuou demasiadamente a dimensão oblativa do amor: sair de si mesmo e servir o outro. Por isso os presbíteros católicos têm dificuldade em deixar-se amar. Participar da Pastoral Presbiteral é uma forma de deixar-se amar. Muitos presbíteros católicos ainda acham que isso é perca de tempo, que cuidar das finanças, cuidar da paróquia são mais importantes do que participar da Pastoral Presbiteral.

A Pastoral Presbiteral vem fomentando a fraternidade presbiteral. A fraternidade é o maior sonho de Deus. Por isso, podemos dizer que a fraternidade presbiteral coincide também com o sonho do coração de cada presbítero católico: ser e viver como irmãos, superando toda espécie de preconceitos e divisões! A fraternidade presbiteral é algo concreto que vai tecendo-se no dia a dia de cada presbítero católico. É uma história de presbítero católico que admite que é carente e frágil, mas que sabe repartir o riso e as lágrimas, os êxitos e os fracassos, os sonhos e as esperanças. Na fraternidade presbiteral o presbítero católico aprende a respeitar o outro com suas diferenças, fazendo crescer o amor. A falsa amizade entre os presbíteros católicos minam a vida presbiteral, a alegria de viver e destroem as relações fraternas. A fraternidade presbiteral trabalhada pela Pastoral Presbiteral que ajuda a vencer essas questões entre os presbíteros católicos.

O presbítero católico aprende a ser presbítero com o outro presbítero. A fraternidade presbiteral, trabalhada pela Pastoral Presbiteral, tem por objetivo ajudar o presbítero católico a caminhar com alegria e esperança, apesar das dificuldades e crises existenciais. É um convite para que cada presbítero católico se coloque a serviço, na escuta, no diálogo e na valorização do outro presbítero católico, tornando-se amigo dele, como diz Jesus: "não vos chamo de servos, mas amigos" (Jo 15,15).

A Pastoral Presbiteral desloca o acento da pergunta da identidade e espiritualidade com acento em quem sou para a questão de: Com quem ando? Com quem sou? De quem sou? Para quem sou? A resposta a essas questões configuram a relação do presbítero católico, sua totalidade e sua busca de plenitude. Tais questionamentos trazem à luz uma visão melhor do que é essencial na identidade e espiritualidade do presbítero católico. Esses questionamentos vão à linha da problemática da passagem do Evangelho de Jo 1,6-19, na qual João Batista, interrogado quem ele seria, nega ser Elias ou qualquer outro profeta, renunciando a entrar na forma instituição para permanecer livre e fiel à missão de precursor verdadeiro do Messias, que vem de forma transgressora e contrária à expectativa oficial. Por isso ele declara: "Eu sou a voz que grita no deserto: 'Aplanai o caminho do Senhor". Desta forma, a Pastoral Presbiteral, inspirada na resposta de João Batista, deve ajudar o presbítero católico a deslocar a questão de quem ele é para os questionamentos de: Com quem ele anda? Com quem ele é? De quem ele é? Para quem ele é?

Assim, algo muito positivo da Pastoral Presbiteral é que vem crescendo o despertar, entre os novos presbíteros católicos, para o avanço da consciência do "pertencimento ao presbitério". Dentro desta mística, os desafios, sofrimentos, alegrias, fracassos, êxitos, acertos e erros de um novo presbítero católico são de alguém que pertence a um presbitério. Esta consciência de pertencimento a um presbítero leva-o a agir com mais responsabilidade e estar mais atento ao espírito de comunhão. O trabalho em equipe, a revisão de vida, o senso eclesial, o apoio mútuo, o cultivo da amizade, as fraternidades, os momentos de partilhas, as celebrações em comum, a vida partilhada de oração, o respeito e o reconhecimento mútuo, a fraternidade com o bispo local são traços a serem permanentemente trabalhados dentro desta tomada de consciência do pertencimento a um presbitério. É a consciência de que não há novo presbítero católico sem presbitério. O presbítero católico que não aceita fazer parte da pastoral presbiteral, de certa forma, pode estar assinalando seu orgulho próprio ou fechamento, ou falta de consciência que só será reconhecido como discípulos do Senhor se tiver amor uns pelos outros (Jo 13,35).

O novo presbítero católico tem a missão de cuidar do povo de Deus, cuidar das pessoas na caminhada de fé, nas horas de provações, tristezas e angústias. Ele passa horas e horas a ouvir a partilha dos problemas de outros. Leva-lhes o conforto da palavra de Deus, dos sacramentos, da fé. Mas ele não está imune aos problemas físicos, emocionais e espirituais, não está livre das crises existenciais, dos desgastes da vida, das turbulências do cotidiano, da angústia, da solidão, do silêncio, do fracasso, das noites do espírito! Embora ele seja, muitas vezes, um herói, sente a própria fraqueza e, como qualquer outro ser humano, tem necessidade de conforto, de presença, de cuidados.

Um dos quesitos da Pastoral Presbiteral é proporcionar o bem-estar do novo presbítero católico. Muitos de nossos presbíteros mais velhos relatam as dificuldades e penúrias com que exerceram seus ministérios. Os presbíteros, para servirem as comunidades a eles confiadas, utilizavam, para sua locomoção, cavalo, bicicleta, moto, carro, canoa, trem ou, até mesmo, o deslocamento a pé.

Embora a situação financeira de nosso país esteja mudando nos últimos tempos, ainda prevalecem, no meio dos novos presbíteros católicos, grandes distorções de ordem econômico-financeira, criando, assim, um desconforto geral entre aqueles que trabalham em áreas, paróquias ou comunidades mais bem equipadas e estruturadas, com melhores condições financeiras, e aqueles que trabalham em áreas, paróquias ou comunidades com menores condições financeiras. Mesmo havendo uma grande solicitude entre eles, essa situação exige uma solução eficaz e definitiva, pois, muitas vezes, ela clama aos céus. Fazer a transferência de caixa, tanto interno, no entorno da paróquia, quanto para as outras paróquias do setor ou diocese, ainda é algo pouco praticado entre os novos presbíteros católicos.

Diante da questão econômica o desafio da pastoral presbiteral é trabalhar a fraternidade entre os novos presbíteros católicos. A fraternidade presbiteral não deve resumir-se em encontros, mas em avançar para acolher o outro tal como o outro é; avançar para a partilha da vida; avançar para a partilha financeira dos bens econômicos. Sobre a questão econômica, avançando para romper o sistema de desigualdade financeira, de discriminação entre os presbíteros que trabalham em paróquias mais pobres e outras mais bem situadas economicamente, como diz as Diretrizes Gerais da Ação Evangelizadora da Igreja no Brasil, CNBB, n. 94: "A efetivação de uma Igreja comunidade de comunidades com espírito missionário manifesta-se também na bela experiência das paróquias-irmãs, dentro e fora da diocese, análoga ao projeto Igrejas-irmãs. Faz-se necessário estimular, sempre mais, com oportunas iniciativas, a partilha e a comunhão dos recursos da Igreja do Brasil, desenvolvendo e ampliando o projeto Igrejas-irmãs nas Igrejas Particulares, nos regionais e em âmbito nacional, levando em conta a situação de graves necessidades pessoal e de recursos financeiros nas regiões mais carentes do país" (n. 105).

O sistema de receber espórtulas de intenções de missa é um sistema medieval e precisa da coragem dos bispos e ministros para colocar um salário igual para todos, uma vez que em lugares mais pobres o povo nem tem condições de pagar uma espórtula de missa ou de qualquer outro sacramento. Ajudar na revisão disso, preocupando-se com a igualdade, é saudável e proporciona um clima melhor entre eles, evitando que alguns possam fazer "seu pé de meia". A média que se percebe no Brasil é de três salários mínimos e um plano de saúde. As despesas pessoais devem ficar por conta de cada presbítero.

A Pastoral Presbiteral perece estar apenas engatinhando. Falta criar, entre os presbíteros católicos e bispos, aquilo que Berger (*in Perspectiva sociológica*, Editora Vozes, 1989) diz: "Trabalhamos melhor quando estimulados por nossos superiores. É difícil não sermos desajeitados numa reunião na qual sabemos que as pessoas nos consideram inaptos. Isto torna compreensível o processo segundo o qual os indivíduos preferem ligar-se a outras pessoas que sustentem suas autointerpretações". A Pastoral Presbiteral deve avançar para ser um lugar e espaço de os novos presbíteros católicos, bispos e comunidades trabalharem os novos caminhos de reconhecimento e estima mútua.

Toda pessoa precisa saber o que é importante em sua vida; saber o que é importante é saber sua própria identidade, aquilo que dá sentido à própria vida. Para a organização da Pastoral Presbiteral, para que ela não seja apenas mais uma pastoral, algo exterior e apenas de fachada é necessario que, tanto bispos e presbíteros, abracem esta causa, deixando ser tomados pelo exemplo de Jesus.

A Pastoral Presbiteral nasce como um sopro do Espírto Santo, algo que vem ajudando muito os presbíteros católicos a perceber toda grandeza que levam dentro de si, como diz o texto de São João (2,20-27): "Vós, porém, tendes recebido a unção que vem do Santo, e todos possuís a ciência. Eu não vos escrevi porque ignorais a verdade, mas porque a conheceis e porque toda mentira não procede da verdade (...). Se em vós permanece o que ouvistes desde o início, vós também permanecereis no Filho e no Pai (...). Quanto a vós, a unção que recebeste dele permanece em vós, e não tendes necessidade de que alguém vos ensine; mas como sua unção vos ensina tudo, e ela é verdadeira e não mentirosa, assim como ela vos ensinou, permanecei nele". Muitos presbíteros católicos confiavam pouco em si mesmo, viviam a anulação de seu eu, viviam isolados em seu ministério ou silenciamento de suas vidas, e a pastoral presbiteral representou para todos eles um espaço de diálogo, de encontro consigo mesmo, de descoberta de quem são, de reencontro com Deus, com o outro e com a missão abraçada na ordenação.

Somente um coração de presbítero pode escutar outro coração de presbítero. Escutar o coração do novo presbítero católico é missão da pastoral presbiteral. Penso que o texto de João 21,1-23 serve de grande inspiração para a estruturação da pastoral presbiteral. Sabemos que somente o amor pode curar a negação, pode tirar da anulação e do silenciamento, isto vemos na passagem citada acima.

Mas vamos olhar primeiro para o comportamento de Pedro e depois fazer a aplicação para a Pastoral Presbiteral. Parece que Pedro achava que a salvação deveria vir pela força e não pelo amor. No amor, a condição colocada é de amizade e não de súdito, de escravo, de silenciamento. Segundo Mateos & Barreto (1989), o episódio de Jo 21,1-23 pode ser divido em duas partes, isto é, até o versículo 14, no qual Pedro vai até Jesus, e depois do v. 15 até o v. 23, no qual Jesus começa a falar com Pedro indicando como deve ser seu proceder.

Nos versículos de 1-14 está o modo impositivo de ser de Pedro retratado nos episódios anteriores. Em Jo 6,69, Pedro toma a dianteira e faz a profissão de fé em nome de todos; em Jo13,6-8, Pedro rejeita Jesus lavar-lhe os pés; em Jo 13,37, Pedro diz que dará sua vida por Jesus; em Jo 18,10, no horto da Oliveiras, Pedro arranca da espada e fere o servo contrariando a ordem de Jesus. Em todos esses episódios Pedro parece impor o poder e a força física. Segundo Martini (1987), no amor somos todos iguais, é por isso que Jesus convida Pedro, na segunda parte do texto, isto é, versículo 14-23, a entrega ao amor. A prova do amor é colocar-se a serviço dos mais humildes e é isto que Jesus pede de Pedro.

O modo cuidado de Jesus, no texto Jo 21,1-23, representa um novo modo de os novos presbíteros católicos se relacionarem entre si, com o bispo e a comunidade. Neste episódio, os discípulos estão exaustos e não conseguem nenhuma pesca. Com a chegada de Jesus, que leva pães e peixe, a situação muda. Jesus parece indicar aos discípulos que há uma forma especial de pescar, por isso ele consegue peixe e pão e pode ensinar os discípulos. Ele pergunta aos discípulos (v. 5): "Jovens, acaso tendes algum peixe?". O segredo parece estar no jeito de lançar as redes (v. 6): "Lançai a rede à direita do barco e achareis". Ao lançarem a rede à direita e pegarem cento e cinquenta e três grandes peixes, o discúpulo amado diz (v. 7): "É o Senhor!". Simão Pedro toma novamente a dianteira e vai até ao encontro de Jesus (v. 7). Mas quando os discípulos encontram com Jesus "viram brasas acesas, tendo por cima peixe e pão" (v. 9). A ironia é que, enquanto os discípulos não pescam nada, Jesus tem peixe e pão. Mas Jesus lhes diz: "Trazei alguns dos peixes que apanhastes" (v. 10). Simão Pedro subiu ao barco e arrastou a rede com cento e cinquenta e três grandes peixes (v. 11). Jesus toma os pães e os peixes e distribui entre eles (v. 13).

A pesca é uma experiência comunitária. Neste texto de Jo 21, 1-23, está aquilo que deve ser a centralidade da Pastoral Presbiteral e inspiração para sua organização, isto é, a escuta de Jesus, o tomar a refeição em comum e a partilha. Neste texto está o símbolo da ceia em comum, símbolo fundamental da comunidade cristã. Comer juntos, intercambiar, participar da mesma mesa, eis o que deve sempre acontecer entre os novos presbíteros católicos como presbitério e entre eles e o bispo titular. A mesa é o lugar da conversa, da troca de experiências e do reprojetar a vida. O ato de comer juntos é um ato no qual não se é possível fingir. No teatro se finge, na refeição não. Sentar-se à mesa é um gesto de igualdade. Partilhar do que se tem é uma forma de amor. A comunidade de Jesus é uma comunidade na qual ele oferece pão e peixe, mas pede algo: "Trazei alguns dos peixes que apanhastes" (v. 10). Jesus ensina que deve haver partilha dos peixes. Talvez aqui pudéssemos pensar numa Pastoral Presbiteral que desperte os novos presbíteros católicos e bispos para sentar juntos à mesa e, partilhando um pouco de suas mesas com os que têm menos, possam sentir que são irmãos. Mas não deve parar aí, penso que o desafio maior é depois colocar a partilha com todas as outras paróquias e necessidades da Igreja como um todo. A base para essa atitude segue na segunda parte do episódio de Jo 21,1-23.

Na segunda parte do espisódio de Jo 21,1-23, isto é, a partir do v. 15, Jesus toma a palavra e diz como Pedro deve se comportar, isto é, amando-o: "Simão, filho de João, tu me amas mais do que estes?" (...) "Apascenta os meus cordeiros" (...) "Simão, filho de João, tu me amas?" (...) "Apascenta as minhas ovelhas". (...) "Simão, filho de João, tu me amas?" (...) "Apascenta as minhas ovelhas" (v. 15-17). Depois da refeição é o amor que deve ser a base do relacionamento. Quem está disposto a sentar-se à mesa, a tomar a refeição em comum, a partilhar e a amar, pode seguir Jesus: "Segue-me" (v. 19). Penso que aí está a base para a organização de uma Pastoral Presbiteral autêntica.

Sobre a questão de incentivo de maior partilha ente os novos presbíteros católicos, um dos caminhos de solução para essa questão é a criação de um fundo comum para a manutenção deles. Algumas dioceses já têm o fundo de participação dos presbíteros,[1] evitando que aqueles que trabalham em áreas, paróquias ou comunidades maiores ou mais bem estruturadas financeiramente recebam mais do que os outros que trabalham em áreas mais pobres. O sistema de espórtulas, que alguns bispos ainda não conseguiram tirar, continua sendo causa de divisão e de discriminação entre eles. Muitos bispos

---

[1] Como exemplo temos a Diocese de Santos que desde 1972 procurou estruturar a dedicação de 10% da remuneração básica de cada presbítero para o Fundo, que é gerenciado por três padres diocesanos, que tem a tarefa de estar atentos ao bem-estar dos irmãos no presbitério, a fim de que todos tenham a mesma situação econômico-financeira para o seu justo sustento.

parecem "fingir" não perceber essa discriminação. O mais justo seria uma tentativa de equiparação salarial entre os presbíteros da mesma diocese e no país como um todo e até a criação, pela CNBB, de um fundo de aposentadoria do novo presbítero católico no futuro. Rever o modelo de manutenção dos presbíteros católicos e a equiparação salarial entre eles é ainda algo que não temos entre os novos presbíteros diocesanos. Este é um desafio para a Pastoral Presbiteral.

Pastoral Presbiteral e o relacionamento do novo presbítero católico com o bispo

Dado que precisa ser trabalhado pela Pastoral Presbiteral é o relacionamento entre os novos presbíteros católicos e os bispos. Se, como diz o Documento de Aparecida (n. 370), que deve haver uma "conversão pastoral", a Pastoral Presbiteral vem apresentando-se como um convite à conversão de bispos, superiores e presbíteros católicos, levando-os a serem mais humildes, diminuindo distâncias, quebrando tabus, levando a uma maior harmonização das relações entre ambos. A partir da mística da Pastoral Presbiteral, muitos bispos e superiores vêm redescobrindo sua função social, que é serem pais e irmãos mais velhos dos presbíteros católicos.

A harmonização entre bispos e presbíteros é essencial para melhorar a qualidade de cuidado do povo Deus. Sobretudo se esta harmonização se estender também entre os leigos, bispos e presbíteros. A harmonização é muito saudável para que o Reino de Deus possa crescer. O que se percebe é que os novos presbíteros católicos vêm vencendo aquele velho chavão de que "bispo nem muito perto nem muito longe. De que perto queima e longe morre-se de frio". Algo que vem crescendo, como um sopro do Espírito Santo, é a consciência dos novos presbíteros católicos de que é bom viver uma fraternidade melhor com o bispo diocesano e com os outros bispos da Igreja.

Diante disso, o desejo de muitos presbíteros é vencer as barreiras que os dividem, melhorando o relacionamento, rompendo modos punitivos de agir, mudando as relações que, muitas vezes, se tornaram puramente burocráticas e estabelecendo um clima de irmãos, de fraternidade, de amizade, de respeito e de reconhecimento mútuos.

Romper as distâncias entre bispos e novos presbíteros católicos exige mudança no modo de compreender a missão e função de ambos. Neste caso, a Pastoral Presbiteral tem um grande campo de ação. Inspirada na Palavra de Deus: At 11,30; 15,2; 20,17-35; Tg 5,14; 1 Pd 5,1-4, deve fomentar as relações respeitosas, a proximidade, a amizade, a escuta, a comunhão e a partilha. Tudo isso vai desde gestos simples como visitas, diálogos, presença do bispo nas atividades pastorais dos novos presbíteros católicos, celebrações comunitárias, até na abertura das casas dos bispos para os novos presbíteros, envolvendo uma compreensão de que ser bispo é serviço e não poder, status, pompa e "mando". Muitos novos presbíteros católicos vivem tal distância de seus bispos, que nem conhecem onde eles moram, não lembram aniversário, não celebram datas significativas em comum, apenas se encontram em reuniões e o máximo que trocam de palavra é um "bom dia" ou "sua bênção"!

Dentro da fraternidade ente bispos e os novos presbíteros católicos, percebe-se o crescimento da consciência de que é bom ter o bispo junto e que a presença dos bispos junto de seus trabalhos pastorais e paroquiais faz muito bem para ambos. Assim, o desejo dos novos presbíteros católicos é que o bispo esteja junto, não para vigiar, mas para somar forças e apoiá-los na missão evangelizadora e na fraternidade presbiteral.

Para facilitar uma agenda de trabalhos para a Pastoral Presbiteral, fomentando a fraternidade e um melhor relacionamento entre bispos e os novos presbíteros católicos, vamos enumerar alguns anseios que devem ser trabalhados pela Pastoral Presbiteral:

a) Quando o bispo receber uma reclamação ou ouvir uma "fofoca" sobre a atitude de algum presbítero, o desejo é que o bispo não tome a decisão de punir a paróquia ou o presbítero, mas converse, reúna os interessados, veja o que está acontecendo de verdade e ajude ambos a resolver os dilemas. Toda atitude de punição dos bispos só parece causar mais mal-estar entres os presbíteros, leigos e paróquias. Ainda o desejo é que os bispos sejam os primeiros a não aceitarem a "fofoca", a formação de grupos, as "panelinhas", a divisão e a discriminação de ninguém, nem a punição como forma de ação. Assim, ele estará comprimindo melhor o que diz 1Tm 5,19: "Não aceites denúncia contra presbítero, senão exclusivamente sob o depoimento de duas ou três testemunhas". Isto protege o líder de ataques pessoais e dificulta a ação de fofoqueiros maldosos que porventura queiram atingi-lo.

b) Sobre a questão das decisões, transferências, reuniões dos conselhos, o desejo dos novos presbíteros católicos é que o bispo possa ser o elo do diálogo, da misericórdia, da comunhão, da partilha, da transparência e da comunhão; que as transferências sejam feitas ouvindo o presbítero; que o bispo reúna e respeite os conselhos: presbiteral, de ordem, econômico, consultores e de pastoral. Muitos bispos dizem que não reúnem seus conselhos, pois os novos presbíteros são os "primeiros a não guardarem segredo". Vencer essa "desculpa" ou esse "problema" é melhor, mais evangélico e mais saudável do que não reunir os conselhos. Todo trabalho da Pastoral Presbiteral deve ser em vista de gerar um clima de conquista e estima tanto do bispo para com seu presbitério quanto do presbitério para com o bispo, diminuindo as distâncias entre eles.

c) A Pastoral Presbiteral deve ajudar na humanização do relacionamento entre bispos e presbíteros. Muitos presbíteros católicos reclamam que o relacionamento acaba acontecendo numa atitude de submissão ou de medo, não havendo diálogo, mas monólogo, no qual o bispo fala e o presbítero escuta e obedece. Evoluir para que ambos possam falar e escutar um ao outro, que as distâncias sejam encurtadas e que haja um clima de harmonia e confiança entre ambos é algo que a Pastoral Presbiteral pode e deve trabalhar. Viver uma fraternidade com o bispo é algo muito saudável para o presbitério.

d) Além do mais, muitos presbíteros católicos reclamam da relação com o bispo dizendo que, muitas vezes, ela é muito burocrática, distante, sendo só para resolver agenda de trabalho, faltando um clima de amizade e de escuta fraterna. Penso que o desafio da Pastoral Presbiteral está em ser capaz de discutir para que essas relações possam ser menos dramáticas, evitando o desânimo, a destruição de trabalhos já feitos, o sofrimento e a angústia de muitos irmãos presbíteros e comunidades.

A Pastoral Presbiteral: uma forma de humanização do novo presbítero católico

A Pastoral Presbiteral é uma forma humanizadora do novo presbítero católico. Os bispos que ousam incentivar a Pastoral Presbiteral estão dando uma grande demonstração de amor e cuidado do seu presbitério. Como também os novos presbíteros católicos que abraçam a Pastoral Presbiteral estão demonstrando amor e cuidado dos irmãos presbíteros e cuidado de si mesmos.

Um das formas humanizadoras que vem sendo trabalhada entre os novos presbíteros católicos é a questão do cuidado com a saúde. Muitos de nossos leigos(as) médicos(as) faziam (ou ainda fazem) de maneira "caridosa" o atendimento dos presbíteros católicos. Percebendo a necessidade de se ter algo mais concreto e seguro, tem havido a possibilidade da filiação do presbítero católico num plano de saúde. Isto vem tornando-se uma prática a partir dos anos 1990. Antes, qualquer presbítero que adoecesse ou precisasse de algum cuidado da saúde tinha de recorrer ao caixa da paróquia, familiares ou a "boa vontade" ou "caridade" dos médicos(as) leigos(as).

Vemos também a evolução na questão de criar um espaço onde os novos presbíteros católicos, após sua aposentadoria, possam ficar e continuar suas atividades pastorais, ou a criação de um espaço de lazer e encontro deles no dia a dia de sua caminhada.[2] Esta é uma prática que vem caminhando lentamente. Ainda se percebe pouca preocupação e investimento das dioceses, no sentido de criar um espaço que ofereça o conforto que merecem nossos novos presbíteros católicos após uma vida dedicada ao serviço do povo de Deus.

Outra prática que vem também sendo estruturada entre os novos presbíteros católicos é o incentivo para que cada um passe a pagar o INSS, na condição de autônomo. Existindo, também, o incentivo para que ele possa aderir a um plano de previdência privada para garantir uma melhor remuneração no futuro.

Percebe-se, assim, que vêm havendo avanços na questão da cidadania dos presbíteros católicos. Além dos dados acima citados, na questão da cidadania dos presbíteros católicos, temos o avanço do reconhecimento dos cursos de Filosofia e Teologia pelo MEC. A Igreja vem perdendo o medo de dar esse direito aos presbíteros católicos. Talvez, aqui pudemos falar da mística de João Paulo II: "Não tenhais medo". A Igreja parece que tinha medo de que um presbítero católico pudesse ter um título ou um curso reconhecido e depois deixar

---

[2] Como exemplo temos na Arquidiocese de Belo Horizonte a "Casa do Peregrino", aberta exclusivamente para presbíteros. A proposta dessa casa é ser um espaço de convivência, onde as cobranças sociais e até as autocobranças possam ser deixadas do lado de fora, em troca de um acolhimento. Ela é um espaço onde os presbíteros podem partilhar os anseios, projetos, dificuldades e conquistas, sendo um espaço de comunhão e respeito. A casa possui uma programação variada, dias de vivificação, uma manhã de retiro, uma noite de adoração ao Santíssimo Sacramento, seções de filmes, geralmente às segundas-feiras, grupos de estudos e até a promoção de almoços, especialmente abertos para jovens padres, de zero e cinco anos de ordenação. Em seu caráter preventivo, a casa começa agora a receber seminaristas, que podem vivenciar esse acolhimento, mesmo antes de se sentirem sós ou desamparados no caminho que escolheram.

o ministério presbiteral ou que pudesse ser contaminado no mundo do conhecimento um pouco mais secularizado. Tal medo fez com que ela ficasse distante desse reconhecimento. A bandeira erguida era de que para ser "presbítero católico não se precisava disso". Mas com o abandono dessa bandeira, permitindo agora a cidadania, vem crescendo a autoestima dos presbíteros católicos e eles estão avançando para novos espaços de evangelização. Com isso a Igreja Católica vem recobrando um espaço de produção de conhecimento, deixando de ser apenas reprodutora de conhecimentos. Seu fechamento a essa questão só lhe trouxe empobrecimento.

Há também a preocupação com o acompanhamento psicológico dos novos presbíteros católicos. Temos em São Paulo a criação do Instituto Terapêutico[3] e em Belo Horizonte a criação do grupo NATUS.[4]

Além dessas preocupações levantadas, há também uma preocupação com o cuidado do novo presbítero católico na dimensão relacional.

O novo presbítero católico é uma figura respeitada. Em seu círculo social ele goza, muitas vezes, de grande poder e reconhecimento, sobretudo no meio católico. A expectativa que a sociedade gera sobre o presbítero católico é muito grande. Mas esse indivíduo que fez escolhas em sua vida, muitas vezes, para ajudar as pessoas com os auxílios dos meios divinos de aliviar os aflitos, vê-se afligido diante de impasses de conjuntura, por vezes muito maiores do que sua condição de vencê-las.

---

[3] No Brasil o Instituto Terapêutico Acolher é o mais importante centro de tratamento de presbíteros católicos. Ele é presidido pelo presbítero Edênio Valle. O Instituto Terapêutico Acolher é uma instituição autônoma, que tem a função de acolher os presbíteros para o acompanhamento psicológico, dedicando-se, sobretudo, no acompanhamento dos presbíteros pedófilos.

[4] Foi nessa linha de questionamento e na busca de uma resposta que Dom Walmor Oliveira de Azevedo, Arcebispo de Belo Horizonte-MG, teve a iniciativa de criar o Grupo NATUS – *Núcleo de Atendimento Terapêutico para a Unidade do Ser*, há quatro anos na capital mineira.

Psicossocialmente, embora o novo presbítero católico goze, sobretudo no meio católico, de respeitabilidade, e, por ocupar a função que ocupa, acaba sendo compreendido, muitas vezes, como se fosse "alguém muito perfeito" ou muito bom, na verdade, nós o vemos cercado de fraquezas, tais como: ciúmes, discriminação, disputa de poder, falta de hospitalidade, falta de solidariedade, fofocas, críticas maldosas e desrespeitosas, desprezos, numa palavra, falta da caridade pastoral ou espiritualidade presbiteral. Tudo isso é contrário ao Evangelho de Jesus Cristo e contribui para destruir todo um presbitério de uma diocese ou arquidiocese. Tais fraquezas podem ser mais bem trabalhadas pela Pastoral Presbiteral. Trabalhar essas questões é uma forma de ajudá-lo a viver de modo mais humanizado, numa palavra, mais presbiteral.

Sobre o ciúme, todos os grupos são passíveis desse sentimento, uma vez que são seres humanos. Jesus já enfrentou isso no meio de seus discípulos (Lc 9,46-48; Mt 20,20-28). Outra questão é a partilha. Espera-se que o novo presbítero católico saiba partilhar. Mas, na verdade, pode acontecer que ele não consiga viver a partilha, sendo apegado ao dinheiro. A Pastoral Presbiteral deve incentivar os novos presbíteros católicos a uma maturidade maior, possibilitando o rompimento das barreiras de ciúme, de fechamento à partilha, levando-os a serem mais irmãos.

A espiritualidade presbiteral, trabalhada pela Pastoral Presbiteral, deve poder tocar nessas questões básicas, que entravam a fraternidade presbiteral. Assim, a Pastoral Presbiteral deve incentivar a partilha como uma forma de humanização entre os novos presbíteros católicos. A partilha é um modo de se viver o Evangelho de Jesus e ganhar o coração do irmão (Lc 16,9-13; 19,2-10). Além da partilha econômica, está também a partilha do tempo, sendo presença nas ordenações dos futuros colegas, nos aniversários, datas significativas, nas horas limites da vida, como morte do pai, da mãe, do irmão ou da irmã, nos momentos de crises, crises não só afetivas, mas de insônia, de ação pastoral, de falta de dinheiro, de dificuldade em lidar com os leigos e leigas etc.

A Pastoral Presbiteral, na linha da humanização das relações presbiterais, deve trabalhar, também, para que diminua a discriminação entre os presbíteros católicos, evitando a discriminação por cor, estudo, posição, função, título, antipatia etc. Assim, a Pastoral Presbiteral deve ser um espaço de maior humanização nas relações presbiterais, evitando as ironias, o desprezo e as divisões entre eles. Além do mais, viver uma espiritualidade presbiteral evangélica implica em ser fraterno com o colega, ter bom relacionamento com ele.

Ainda, na questão da humanização dos presbíteros católicos, sabemos que muitos deles perderam seu amor pela humanidade e, com isso, acabam amando mais o poder, a ostentação, o luxo, as aparências, os primeiros lugares e o tradicionalismo. Muitos até ocupam cargos representativos dentro da hierarquia da Igreja Católica, mas uns não são mais capazes de se compadecerem dos pobres, dos injustiçados, outros estão agarrados ao tradicionalismo, outros ao poder ou ao luxo e outros estão fechados à mudança de época em que vivemos. Com isso, acabam entrando na lógica do mundo ou não contribuindo para que o mundo seja melhor, seja a casa de Deus. Reverter essa questão exige conversão. Portanto, falar de humanização do presbítero católico é falar da conversão do presbítero católico. Mais do que usufruir dos benefícios dos avanços da humanidade, mais do que defender ideias ou modelos de cristianismo, muitas vezes, já ultrapassados, deve haver uma conversão dos presbíteros católicos em cuidar para que todos tenham direito à vida, e vida em abundância. A visita de Jesus na casa de Zaqueu deve servir de referência em todas essas questões. Muitos presbíteros católicos gostam dos basquetes na casa dos ricos ou de estarem junto daqueles que ocupam cargos de poder na sociedade, ou gostam da ostentação. Nada contra isso, só que isso deve se dar tendo em vista a mística da visita de Jesus na casa de Zaqueu (Lc 19,2-10). Jesus na casa de Zaqueu disse: "Hoje a salvação entrou nesta casa". Muitos presbíteros católicos não estão sendo capaz de levar a salvação para dentro dessas casas ou para a vida dessas pessoas. A presença de Jesus na casa de Zaqueu trouxe discernimento, mudança de comportamento, distribuição de bens aos pobres e a devolução ao povo do que Zaqueu tinha acumulado, o reconhecimento de que os outros são irmãos e precisam de ajuda. Tal tarefa de conversão dos presbíteros católicos deve ser abraçada pela Pastoral Presbiteral.

Assim, na linha da humanização do presbítero católico, a Pastoral Presbiteral deve ajudá-lo a descobrir sua verdadeira identidade e espiritualidade, cumprindo melhor sua função social na sociedade.

A Pastoral Presbiteral e a afetividade do presbítero católico

Sobre a questão da afetividade do presbítero católico, muitos deles têm apresentado dificuldade em trabalhar essa questão. Ela é, muitas vezes, um tabu no meio eclesial. A dificuldade em se lidar com o tema da afetividade do presbítero católico se dá pela formação recebida, na qual a ideia é que sua vida não é para esse mundo, mas para o outro. Com esse tipo de raciocínio, a atenção aos aspectos corporais da existência humana fica comprometida, a vida afetiva fica empobrecida.

Por uma longa história, que não vamos aqui falar, acostumou-se, na tradição judaico-cristã, a pensar o ser humano dentro de um dualismo, tendo o predomínio da alma sobre o corpo, levando-o a uma subjugação dos gozos e das emoções e sentimentos corporais. Essa longa história de dualismo levou, muitas vezes, a transformar o corpo no lugar do demônio e as reações corporais como algo do mal. Dentro dessa visão, a mulher passou a ser vista, muitas vezes, como uma tentação. Toda a espontaneidade do corpo era combatida. É uma espiritualidade de negação do corpo. Tal espiritualidade tem dificultado os presbíteros católicos trabalharem sua afetividade.

Romper o dualismo, fazer a reconciliação entre alma e corpo, é algo necessário e indispensável para que melhor seja trabalhada a efetividade do presbítero católico, tornando-o mais humano. Para essa reconciliação o que diz Bento XVI, em sua Carta Encíclica "Deus é Amor" (Editora Loyola, 2006, n. 5), é muito significativo: "O homem torna-se realmente ele mesmo, quando corpo e alma se encontram em íntima unidade; o desafio do *eros* pode considerar-se verdadeiramente superado, quando se consegue esta unificação. Se o homem aspira a ser somente espírito e quer rejeitar a carne como uma herança apenas animalesca, então espírito e corpo perdem a sua dignidade. E se ele, por outro lado, renega o espírito e consequentemente considera a matéria, o corpo, como realidade exclusiva, perde igualmente a sua grandeza. O epicurista Gassendi, gracejando, cumprimentava Descartes com a saudação: 'Ó Alma!'. E Descartes replicava dizendo: 'Ó Carne!' Mas nem o espírito ama sozinho, nem o corpo: é o homem, a pessoa, que ama como criatura unitária, de que fazem parte o corpo e a alma. Somente quando ambos se fundem verdadeiramente numa unidade, é que o homem se torna plenamente ele próprio. Só deste modo é que o amor – o eros – pode amadurecer até à sua verdadeira grandeza".

Do ponto de vista psicológico, a unidade do corpo e espírito é muito significativo para discutir a questão da efetividade presbiteral. Caso contrário, os sentimentos e emoções ficam empobrecidos. Com a falta de integração entre corpo e alma, muitos presbíteros católicos aprendem desde cedo que, para serem santos, devem desprezar todas as manifestações do corpo, devendo rejeitar as emoções e os sentimentos considerados "impuros". E, quando na vida presbiteral, aparece alguma manifestação de emoções e sentimentos considerados "impuros", é vista como falta de oração e espiritualidade. O problema é que não há como o ser humano não sentir determinadas emoções abdicando-se de sentir as outras. À medida que se empobrece o contato corporal para se evitar a percepção de outros sentimentos considerados negativos, "impuros" ou "pecaminosos", empobrece-se também a veracidade do amor do presbítero católico. Quando isso acontece há uma tendência a negar todo acesso à vida e à felicidade no que diz respeito ao corpo. Tal processo leva a um rompimento de diálogo entre espírito e corpo. Numa visão psicológica, é somente na qualidade do diálogo entre corpo e espírito que se dá a qualidade de integração do ser humano, podendo, como diz Freud, "sentir em casa no mundo".[5] Trazendo isso para a compreensão da afetividade do presbítero católico, caso falte esse diálogo, haverá perda de liberdade e autonomia, algo prejudicial para a saúde física, emocional e espiritual do presbítero católico.

A questão da sexualidade é um dos temas mais polêmicos na identidade e espiritualidade presbiteral. Sabemos, psicologicamente, que a vivência da sexualidade não se dá apartada dos sentimentos, meio e época cultural em que o ser humano vive. O presbítero católico vive hoje em um meio diferente, em uma nova época e cultura. Tudo isso tem levantado questionamentos das bases culturais na qual foram geradas muitas orientações que têm norteado, até o presente momento, a vida afetiva dos presbíteros católicos.

Segundo a compreensão judaico-cristã, que marca a construção da identidade social de cada ser humano, a definição de sexo à que a pessoa pertence é determinante em toda uma história existencial a ser construída. Segundo Ênio Brito Pinto, *in Os padres em psicoterapia: esclarecimentos singulares* (Editora Idéias & Letras, 2012, p. 80): "A vivência da sexualidade se dá a partir de suportes afetivos, ou seja, o ser humano vivencia a sexualidade por meio de seus sentimentos e da cultura, e não apenas a partir da biologia. A sexualidade humana é mais ampla que o puramente instintual e não se limita apenas na

---

[5] Freud, S. (1917). *Uma dificuldade no caminho da Psicanálise*, Edição Standard das Obras Psicológicas Completas de Sigmund Freud. Rio de Janeiro: Imago, 1976. 24v, V. 17, p. 169-182.

busca de um parceiro nem se reduz apenas à união dos órgãos genitais no coito. A sexualidade humana é recheada de símbolos que direcionam o desejo e são por ele direcionados. Ela não se limita aos órgãos sexuais, mas todo o corpo humano é sexualizado, ainda que se privilegiem, no ato sexual, os órgãos genitais".

Numa visão unitária de corpo e alma não há como se abdicar da sexualidade. O conceito de sexualidade foi ligado historicamente, na tradição religiosa, ao conceito de castidade, dando posteriormente um conceito moralista a essa questão, quase que destruindo a sexualidade. O grande problema psicológico que daí deriva foi a negação ou repressão dos afetos, dificultando a transcendência para um relacionamento harmonioso e saudável consigo mesmo, com Deus e com os outros seres humanos. O que isso tem trazido como problema para os presbíteros católicos na atualidade? Dessa dissociação entre corpo e alma, têm-se gerado na vida de muitos presbíteros católicos sofrimentos, crises de saúde física e emocional, vida de aparências, sentimentos de culpas e outras patologias mais. Tal questão tem trazido também problema para a vida celibatária dos presbíteros católicos. Uma vez que as tradições religiosas fizeram a dissociação entre sexualidade e genialidade, fica sempre mais difícil fazer a integração daqueles que abraçam a vida celibatária. O caminho que se abre para o celibato é o da escolha consciente, devendo ser sempre retomado ao longo da vida. Para se viver como celibatário precisa-se sempre de sentido. Mas como vivemos em um novo meio, época e cultura, o celibato vem perdendo seu sentido e razão de ser na vida presbiteral. Assim, além das questões dualistas de alma e corpo, o meio, a cultura, e a época em que o presbítero católico vive hoje têm dificultado a compreensão do sentido do celibato e, consequentemente, sua razão de ser.

A questão afetiva dos presbíteros católicos deve ser trabalhada com humildade entre eles, pela Igreja Católica e, se possível, por toda a sociedade, sobretudo a católica. Nas questões afetivas existe, em muitos casos, uma fobia patologizante, algo que tem dificultado a discussão desses assuntos, impedindo a maturidade, o crescimento, o amadurecimento, a integração dos presbíteros católicos. Tal fobia tem impedido também os presbíteros católicos descobrirem quem são. Trabalhar a afetividade dos presbíteros católicos é, assim, para a Pastoral Presbiteral, um modo de buscar o enriquecimento do contato do presbítero consigo mesmo, com o outro e com o meio em que ele vive, de ajudá-lo a descobrir quem ele é.

Sabe-se que a ordenação dá um poder psicológico muito grande àquele que foi ordenado, podendo depois, não tendo uma boa integração afetiva, usar desse poder para subjugar ou explorar moralmente as outras pessoas. Tal questão deve ser trabalhada pela Pastoral Presbiteral.

A Pastoral Presbiteral quer ser uma ferramenta para ajudar os presbíteros católicos a cuidar melhor de sua afetividade. O que fica claro é que a vida presbiteral não pode nem deve afastar o presbítero de seu corpo, colocando a centralidade na negação dos sentimentos e emoções, centrando sua vida só no fazer, na ação e na outra vida. O ministério presbiteral sadio é aquele que prima pelo equilíbrio das questões afetivas.

A Pastoral Presbiteral
e o reencantamento da missão presbiteral

A Pastoral Presbiteral quer ser para o novo presbítero católico uma tentativa de reencantamento, caso tenha deixado o encantamento em alguma parte do caminho. Mas também quer ser um espaço de discussão de todas as controvérsias da existência humana; quer ser um espaço de encontro do novo presbítero católico com sua difícil arte de ser presbítero católico.

Fruto da Pastoral Presbiteral é o incentivo para os novos presbíteros católicos em não formar somente um grupo de trabalho, mas uma verdadeira comunidade. Muitos presbíteros católicos estão morando na mesma casa, mas não formam uma comunidade de vida e fé, apenas executam trabalhos na mesma região.

Cuidar da Pastoral Presbiteral é cuidar para que os novos presbíteros católicos possam dar o melhor de si mesmos, sendo amigos de Jesus Cristo e irmãos entre si. Como em todo grupo social, entre os presbíteros católicos existem muitos conflitos, angústias e distâncias. Fomentar a Pastoral Presbiteral é fomentar a escuta dos anseios mais profundos deste grupo para que possam crescer na consciência crítica, saindo de uma condição de passividade, de conveniência e de acomodação para uma forma humana, política, profética e comunitária de ser.

Sabemos que aquele que conhece os outros é sábio, mas aquele que conhece a si mesmo é um iluminado. Muitas vezes, o novo presbítero católico acaba conhecendo muito bem os outros, pois ele é um ser de escuta, de relacionamentos, mas acaba não tendo ninguém para falar de si mesmo, alguém capaz de ouvi-lo e ajudá-lo a conhecer quem ele é. O conhecimento dos outros pode levá-lo a ser uma pessoa bem relacionada e atualizada, algo positivo. Mas o ser humano precisa de conhecimento de si mesmo. O conhecimento de si mesmo é mais bem percebido quando se é ouvido e interpretado pelo outro. É como uma pedra que bate na outra. Deste atrito saem faíscas que iluminam. No relacionamento humano o encontro pode gerar faíscas, gerando luz. No caso do novo presbítero católico, ele poder ser luz para os que se achegam a ele. Segundo o Evangelho, todo o seguidor de Cristo deve ser luz: "Vós sois a luz do mundo" (Mt 5,14). Mas isto não quer dizer que o presbítero católico sendo luz conheça a si mesmo; ele pode caminhar na solidão de seus pensamentos, desejos e conflitos. Se ele não tiver o conhecimento de si mesmo, esta falta pode levá-lo a ser uma pessoa angustiada, sofrida, com possíveis patologias de ação, de inadequação no mundo e desencantamento para com a missão presbiteral. Assim, a Pastoral Presbiteral quer ser um espaço e ferramenta para que ele possa conhecer melhor a si mesmo, abrindo possibilidades de novos caminhos e entusiasmo para a missão presbiteral.

Podemos dizer que, como indivíduo, o novo presbítero católico vive em seu dia a dia "momentos em que ele é mais transparente e momentos em que ele é menos transparente". Segundo Varela[6] (2003, p. 76): "Quando nos sentamos à mesa para comer com um parente ou amigo, o conhecimento completo e complexo da manipulação de talheres, as posturas corporais e pausas durante a conversação, tudo está presente sem deliberação. Nosso eu-a-mesa é transparente. Terminado o almoço, retornamos ao escritório e entramos em nossa prontidão, com um modo diferente de falar, uma postura diferente e avaliações diferentes. Apresentamos uma prontidão para a ação adequada à cada situação específica vivida". Se isto faz parte da natureza ou estrutura do indivíduo comum, mais do que nunca faz parte da estrutura psicológica do presbítero católico. Na vida presbiteral existe uma identificação muito profunda entre o eu individual e o eu presbiteral. Mas mesmo havendo essa identificação profunda, podemos dizer que o novo presbítero católico apresenta, muitas vezes, em sua vida pública, comportamentos diferentes daqueles apresentados em sua vida particular. Isto se dá porque o ser humano apresenta um repertório de comportamento variado. O modo de agir em cada momento significa a estratégia "ótima" de "bom-senso" que o indivíduo encontrou naquele momento. Parafraseando Bauman (2001), o presbítero católico escolheu, nas múltiplas identidades, uma identidade para o momento.

A Pastoral Presbiteral quer ser um espaço e uma ferramenta para os novos presbíteros católicos perceberem o quanto podem ser forta-

---

[6] Francisco Varela (1946-2001), biólogo, diretor de pesquisa no laboratório de neurociências do CNRS (Paris) e cofundador da teoria da autopoiese em biologia teórica. Para aprofundamentos veja seu artigo in Peter Pál Pelbart & Rogério Costa (orgs), *O reencantamento do concreto*. Editora Hucitec, 2003.

lecidos entre eles e, sobretudo, na missão eclesial, em profunda comunhão com os irmãos leigos, com os pastores e com o sucessor de Pedro. João Paulo II recorda-nos tal verdade: "É no interior do mistério da Igreja como comunhão trinitária em tensão missionária que se revela a identidade cristã de cada um e, portanto, a específica identidade do sacerdote e do seu ministério" (*Pastores Dabo Vobis,* n. 12).

Segundo a Comissão Nacional de Presbítero do Brasil (2001, p. 360-361): "Cresce em algumas dioceses a consciência de que é preciso dar um acompanhamento especial aos presbíteros. É louvável o esforço da Igreja em oferecer sua presença, apoio e assistência a grupos de pessoas em situações difíceis, criando pastorais específicas, tais como as várias pastorais sociais. Por que não criar uma pastoral específica para acompanhar os presbíteros? Sendo pessoas que se doam tanto pelo povo, muitas vezes não têm tempo nem condições de cuidar de si. A comunidade eclesial deverá despertar para cuidar daqueles que entregaram todo o seu coração, seu afeto e sua vida a serviço de Deus e de seu povo. Compete ao bispo diocesano e ao conselho presbiteral organizar a Pastoral Presbiteral para zelar pela vida e ministério dos presbíteros".

A proposta da Pastoral Presbiteral é uma proposta de amizade e unidade entre os novos presbíteros católicos. É uma proposta contra a tendência hedonista e individualista da sociedade atual. Ela é uma aposta de formação de uma verdadeira comunidade fraterna. O principal agente da Pastoral Presbiteral deve ser o bispo, que, como o Bom Pastor, empenha-se em valorizar seus irmãos presbíteros; conhecê-los com o coração, para compreender sua história de vida, seus desejos e anseios, bloqueios e limitações. Espera-se do bispo que seja amável e acolhedor, que promova a unidade do presbitério em torno de si, como sinal do próprio Cristo. Por outro lado, os novos presbíteros procurem ser a presença do pastor junto ao povo, na pregação e na ação pastoral. É necessário que o bispo saiba onde mora cada presbítero, como vive, quais as carências e necessidades, para que possa oferecer uma presença de consolo, uma palavra firme e aponte objetivos claros.

A Pastoral Presbiteral se faz necessária, sobretudo, pelas mudanças sociais, políticas, econômicas, religiosas e culturais pelas quais vem passando a sociedade moderna. Segundo Bauman (2001, p. 72), existe um processo de erosão das instituições normatizadoras e dos centros promotores de segurança e certeza, os quais recolocam a questão das finalidades e dos objetivos a serem perseguidos, gerando uma "sensação enervante de incerteza e, portanto, um estado de ansiedade perpétua" (Bauman, 2001, p. 72). De maneira resumida podemos dizer que temos uma miríade de fatores envolvidos na conformação do estado de ansiedade que é marca característica do cotidiano. A possibilidade de insegurança diante da violência onipresente, a preocupação com o desamparo em caso de doença ou a chegada da velhice, as dúvidas sobre o futuro – tudo isso forma um cotidiano de miséria material e moral que a todos atinge. Desaparece a ideia de que a vida pode e deve ter um horizonte sólido, amplo e aberto. Em seu lugar, predomina a sensação, psicologicamente desestruturante de desgoverno das expectativas. Tudo se torna precário. O novo presbítero católico está aí neste mundo em transformação e sofre essa carga emocional do mundo, trazendo-lhe ansiedade, gerando um sentimento de provisoriedade, de angústia, de conflito, de fragilidade, de especulação, de incertezas. Neste cenário, a Pastoral Presbiteral quer ser um lugar de segurança, de diálogo, de escuta e de pistas para adaptação às transformações sociais.

O novo presbítero católico e a formação permanente

Em qualquer dimensão da vida humana parece que a salvação está na velocidade. Mas aqueles que buscam a salvação devem mover-se bastante rápido de modo a não arriscar pôr à prova a resistência do "problema". No mundo mutável da modernidade líquida, onde dificilmente as figuras conseguem manter sua forma por tempo suficiente para dar confiança e solidificar-se de modo a oferecer garantia a longo prazo (em cada caso, não é possível dizer quando e se se solidificarão e com que pequena probabilidade, no caso de isso ocorrer), caminhar é melhor do que ficar sentado, correr é melhor que caminhar e surfar é melhor que correr. Não podemos esquecer o provérbio: "Quando planejas por um ano, semeias o grão. Quando planejas por uma década, plantas árvores. Quando planejas por uma vida inteira, formas e educas as pessoas".

A Igreja Católica sempre foi uma instituição produtora de valores e conhecimentos. O novo presbítero católico, fazendo parte da nova sociedade, não pode nem deve contentar-se apenas em reproduzir valores e conhecimentos. Sobretudo, porque hoje existe uma concorrência maior de outras instâncias produtoras de valores e conhecimentos. Assim, o novo presbítero católico é chamado a se lançar na produção de novos valores e conhecimentos, dando direção e sentido ao mundo presente. Ele faz parte de uma sociedade "do conhecimento e da aprendizagem contínuos", de inquietações relativas à exigência de conviver cotidianamente com a incerteza, a ausência de autoridade, a solidão e a precariedade. Neste mundo ele se apresenta como um ícone a direcionar para as riquezas do Evangelho de Cristo.

Os presbíteros católicos precisam vencer o comodismo. Diferentemente das outras profissões, parece que os presbíteros católicos se acomodaram na questão do conhecimento. Cuidar de uma melhor qualificação deve ser de responsabilidade daquele que ocupa um lugar representativo na sociedade. Muitos presbíteros estão entrincheirados em seu mundo, armados contra tudo e contra todos, e não conseguem crescer nem ter consciência de si mesmo e de sua missão. A formação permanente quer ser para o presbítero católico um espaço de crescimento de sua autonomia e liberdade para que ele possa melhor conduzir sua vida própria e a sociedade. A missão do novo presbítero católico não é adaptar suas capacidades humanas ao ritmo desenfreado das mudanças do mundo, mas, sobretudo, de tornar o mundo, em contínua e rápida mudança, mais hospitaleiro para a humanidade. Essa tarefa requer do novo presbítero católico cuidado contínuo e permanente. Muitas pessoas hoje concordariam, sem muita insistência, com o fato de que seus conhecimentos religiosos necessitam de atualização e que precisam assimilar novas informações religiosas para não ser "deixadas para trás" e fora do "progresso da humanidade" em contínua evolução.

Nesse cenário de ignorância, é fácil o novo presbítero católico sentir-se perdido e sem esperança, e é ainda mais fácil sentir-se perdido e privado de esperança quando não se tem capacidade de compreender aquilo que acontece. No cenário atual, o presbítero católico que não tem uma visão mais acabada do presente não pode sonhar controlar o futuro. A ignorância leva à paralisia da vontade, não tendo possibilidade de ajudar a humanidade a caminhar.

No modo cuidado da fé, antes da modernidade, o que imperava era a conservação dos modelos tradicionais. Mas parece que esta época terminou. Terminou a época heroica dos "chefes espirituais", dos "missionários" que elaboravam o projeto de vida que serviam de referência permanente para a organização da sociedade. Segundo o Documento de Aparecida: "A conversão pastoral de nossas comunidades exige que se vá além de uma pastoral de mera conservação para uma pastoral decididamente missionária" (n. 370).

Neste mundo líquido, os novos presbíteros católicos se veem desafiados a desenvolver novas competências e informações que tornam vãs as competências pregressas e as informações memorizadas. Aprender quantidades excessivas de informações, procurando absorvê-las e memorizá-las, aspirando tenazmente à completude e à coesão das informações adquiridas, é visto com suspeita, como uma ilógica perda de tempo. Tudo contradiz a verdadeira essência da fé.

Diante disso surgem muitos desafios que requerem uma formação premente do novo presbítero católico, no sentido de poder responder a essas demandas. Um primeiro desafio é de que o conhecimento bom na modernidade consumista é aquele que pode ser usado de imediato e, sucessivamente, estar pronto para sua imediata eliminação. É esse conhecimento que se mostra muito mais atraente do que aquele proposto por uma formação sólida e estruturada. Segundo desafio: vem da natureza excêntrica e essencialmente imprevisível das mudanças contemporâneas, o que reforça o primeiro desafio. Antes, existia uma fé de que o mundo sempre seria igual e imutável, e se poderiam recusar as possibilidades de mudanças. As ações de cuidados dos presbíteros católicos estavam baseadas numa estrutura de mundo imutável e sólida. Aquela da ordem imutável do mundo que está na base de toda a variedade da experiência humana e aquela da natureza igualmente eterna das leis que regem a natureza humana. Desta forma, sua ação seria a de incutir nos indivíduos e comunidade a autossegurança necessária para esculpir a personalidade. Isto era feito como se o presbítero católico fosse um escultor com o mármore, do qual se pressupunha que o modelo fosse sempre justo, belo e bom, portanto virtuoso e nobre.

Tudo o que tem a aparência do permanente, do eterno e do imutável, vem sendo colocado à prova. Além do mais, os conhecimentos seguem uma velocidade grande de mudança, transformação, abrangência e profundidade. Isto requer uma capacidade muito grande de atuação, inovação e buscas incessantes de todos os que vivem nesta sociedade e querem acompanhar suas transformações e evoluções. Somente uma formação permanente poderá oferecer ferramentas suficientes para que os novos presbíteros católicos possam continuar cumprindo sua função social nesta sociedade. Caso contrário, eles correrão o risco de perder sua razão de ser.

Pensar a formação permanente do novo presbítero católico é pensar a gênese de sua formação, para que ele não esteja em descompasso com as transformações e evoluções da sociedade. Existe uma nova ordem social, e o futuro pertence àqueles que o constroem hoje.

Sem dúvida, um bom começo para estar acompanhando as transformações e evoluções da sociedade seria a capacitação do novo presbítero católico. Somente assim ele poderá, mais facilmente, responder aos desafios dos novos valores, conhecimentos e inovação a que assistimos no momento. Isto requer tomar consciência de que estamos na década das "pessoas" e das grandes transformações que requer um presbítero católico mais crítico, criativo, audacioso, que participe, que empreenda, que esteja mais inteiro e tenha mais consciência profissional.

O novo presbítero católico não é simplesmente um agente de mudanças, mas um agente nas mudanças fazendo parte delas. Isso exige uma reformulação em sua prática presbiteral e na concepção de sua identidade e espiritualidade. Lembramos ainda que, no ambiente religioso de cunho mais conservador, o compromisso maior dele era com o trabalho em si, com os sacramentos, com a doutrinação, com a disciplina, o cuidado com a existência humana era entendido de forma mais espiritual, como salvação da alma. Assim, ele tinha de se ocupar em celebrar a Eucaristia, desempenhar ritos sagrados, ungir pessoas, celebrar os sacramentos, não pensando sobre sua prática.

Hoje se exige uma reflexão de sua ação, o aperfeiçoamento de sua prática, bem como sua inovação. Refletir sobre isso é muito importante para o novo presbítero católico e para seu trabalho de evangelização, para que ele possa melhor desenvolver sua ação e alcançar seus objetivos. A formulação de estratégias para essa capacitação é um grande desafio. Propor a mudança, descortinar o norte institucional, gerar nos novos presbíteros católicos uma nova visão, sonho, mudança na forma de caminhar, mais que treinar ou capacitar, é conscientizar de que a fé não pode nem deve estar em descompasso com a existência humana. Penso que o que diz Joseph Campbell, em "O Poder do Mito", 1988, é muito válido para os novos presbíteros católicos: "Heróis são as pessoas que se afastam da senda traçada pela tradição e ingressam na floresta densa da experiência original. A coragem de enfrentar julgamentos e trazer um novo conjunto de possibilidades para o campo da experiência para ser experimentado por outras pessoas é a façanha do herói". O novo presbítero católico da atualidade deve comportar-se como um herói em desbravar novos caminhos de evangelização, de construção do Reino de Deus.

O movimento da formação permanente dos novos presbíteros católicos surgiu no início dos anos 60, num contexto marcado pela explosão das tranformações sociais e a realização do Concílio Vaticano II. A formação permanente do novo presbítero católico deve repousar sobre os seguintes pressupostos: a) o homem é um ser que nunca está acabado; b) uma sociedade de mudança exige uma formação permanente; c) não faz sentido manter a separação entre a religião e as tranformações sociais, dadas suas múltiplas interdependências. Ademais, diariamente a mídia despeja uma quantidade incalculável de informações, impondo novos valores que, muitas vezes, desestruturam a sociedade em que vivemos. No meio de tudo isso vemos pessoas e famílias induzidas a não lutar por valores importantes, especialmente para nós cristãos.

O texto da carta de São Pedro me parece muito ilustrativo para a formação permanente do novo presbítero católico: "Reconhecei de coração o Cristo como Senhor, estando sempre prontos a dar a razão de sua esperança a todo aquele que vos pede" (1Pd 3,15). A formação permanente do novo presbítero católico quer ser um modo de alimentar sua fé, tornando-o ativa na caridade, a caminho de um aperfeiçoamento maior. A formação é processo para a vida inteira. Presbíteros jovens, de meia-idade e mais idosos precisam continuar aprofundando sua própria fé. O aprofundamento pode ser reforçado através de cursos, leitura espiritual, participação em seminários, encontros e todo processo formativo das diversas pastorais. Se todo cristão iniciado no processo da fé é chamado a aprofundar sua fé e a adesão a Jesus Cristo, quanto mais aqueles que se colocam a serviço da Igreja como novos presbíteros católicos.

Percebe-se que as pessoas não se satisfazem com explicações superficiais que não respondem aos múltiplos questionamentos que o mundo lhes traz ao coração. A formação permanente quer ser uma oportunidade de amadurecimento e crescimento do novo presbítero católico para que ele possa oferecer respostas convincentes às indagações que lhes são feitas. Abraçar a formação permanente é vencer o medo das transformações e evolução da humanidade. Não tenham medo!: "Eu estarei com vocês todos os dias, até o fim do mundo" (Mt 28,20).

Cuidar da formação permanente do novo presbítero católico deve ser um modo sublime de atuação da pastoral presbiteral.

Por uma Pastoral Presbiteral do novo presbítero católico

Em Mc 6,30, os apóstolos estão felizes. Cristo também está feliz com o empenho deles em evangelizar. Mas os mesmos estão fatigados depois daqueles dias anunciando o Reino de Deus por toda a parte. Por isso, disse-lhes Jesus: "Vinde vós, sozinhos, a um lugar deserto e descansai um pouco" (Mc 6,31). Tinham de afastar-se de Cafarnaum, porque "os que chegavam e os que partiam eram tantos que não tinham tempo nem de comer". Com esse gesto Jesus ensina a seus discípulos a trabalhar para Deus e a descansar em Deus.

A vida apostólica é um misto de atividade, de luta, de cansaço e deve haver espaço para o descanso e o recolhimento. É na solidão que o homem de Deus se recupera, é na oração que ele oferece a Deus o resultado de seu zelo e bebe novas forças para a salvação das ovelhas. Era tal a dedicação de Jesus que, por duas vezes, São Marcos (3,20) faz notar que, inclusivamente, lhe faltava o tempo para comer. Mas Jesus também ensina que a atitude de disponibilidade deve levar os discípulos a estar dispostos a mudar seus planos quando o cuidado do rebanho o exige (Mc 6,34). Jesus fez planos para descansar algum tempo, juntamente com o seus discípulos, mas não os pode levar a cabo pela presença de um grande número de gente que acorreu a Ele ávido de sua Palavra. Jesus não só não se aborreceu com eles, mas teve compaixão por ver que eram como ovelhas sem pastor (Mc 6,30-35).

Nesta passagem Jesus educa os futuros evangelizadores para a missão salvífica. No envio da missão, Jesus alterna a ação e o contato com a multidão com o descanso. Essa pedagogia pastoral de Jesus leva os presbíteros católicos de hoje a buscar o merecido descanso uma vez por semana e a tirar suas férias durante o ano. Algo que também vem tornando-se comum entre os presbíteros católicos e serve como sinal profético para o futuro da Igreja é sua aposentadoria. Muitos já compreendem e aceitam que não precisam morrer trabalhando, que no final da vida podem pedir a aposentadoria.

Estamos no século XXI, no qual ser novo presbítero católico parece que não é mais seguir os padrões do passado, mas ter a coragem de quebrar velhos modelos, velhos paradigmas, sendo capaz de absorver o novo. Mas como não esquecer o princípio evangélico? Como não se deixar aburguesar e esquecer sua condição de discípulo e missionário de Jesus Cristo? Este é um grande desafio que se põe no presente. Além do mais, psicossocialmente, percebe-se hoje crescer o número de presbíteros católicos "fragmentados". Tais presbíteros são bons em algumas dimensões da evangelização, mas acabam deixando a desejar muitas outras dimensões, apresentando contradições comportamentais.

Quem não cuida do que tem, tende a perdê-lo. Se existimos é porque está havendo cuidado com a vida. O novo presbítero católico precisa estar sempre mais despertado para com o cuidado com o corpo, com a saúde, com a sexualidade. Se por outro lado nos negamos a cuidar da vida, isolamos ou vivemos de maneira não responsável, isto é, sem cuidado de si mesmo, e do outro, aquilo que era muito bom pode ser transformado em maldição.

A identidade e espiritualidade presbiteral, na atualidade, parece tender a fundir-se à identidade da sociedade atual, sobrepondo-se a identidade que vinha sendo proposta pela instituição Igreja Católica. Isto pode parecer, à primeira vista, uma negação da identidade presbiteral. O que parece é que está havendo uma nova compreensão da vida sobre a terra e sobre o projeto de Deus para a humanidade. Esta nova compreensão tem influenciado a construção da identidade e espiritualidade presbiteral. A sociedade tradicional parece que tendia a pensar o presbítero católico como um "ser de outro mundo". Assim, aos presbíteros, era negado usufruir de tudo aquilo que o povo tinha. Hoje, parece que os novos presbíteros católicos vêm descobrindo que também são "filhos de Deus" e podem usufruir de academias, de festas, de rodeios, de carnaval, de praias, de viagens, do conforto e bem-estar, de tecnologias e modos plurais de ser e pensar. Mas isto não está acontecendo somente com eles, mas com a sociedade em geral, pois vemos, constantemente, crianças, jovens e adultos, mergulhando-se em tantos estímulos tecnológicos e nas transformações sociais e culturais, e muitas vezes fundindo-se à identidade dos grupos, permitindo que esta sobreponha à estrutura familiar a que pertencem.

O modelo de formação dos novos presbíteros católicos deve favorecer para que eles possam entender sua missão como cuidador do rebanho do Senhor. Muitos modelos, como nos lembram Cencini (2007), acabam desviando o presbítero católico do essencial, que é cuidar do rebanho do Senhor. Um primeiro modelo é formar o presbítero para a perfeição. O resultado desse processo é que o sujeito não é convidado a conhecer-se e aceitar-se, mas extipar tudo o que parece contrário ao plano de perfeição. Isto traz empobrecimento do eu, empobrecimento da vida psíquica. A única vantagem desse modelo é a clareza dos princípios e segurança da vida. Este modelo responde à necessidade de radicalidade do coração humano e talvez por isso continue a atrair muitos educadores e educandos.

Um segundo modelo é da observância comum. É o modelo do comunitarismo, a uniformização. Este modelo se choca com a sociedade atual, na qual o que impera é o diferente, e não a uniformização, o comunitarismo, a homogeneidade. Na observância comum o grupo deve ser perfeito. O acento recai, não sobre o indivíduo, mas sobre o grupo. O que aparece neste modelo não é tanto o dado relacional e comunitário, mas o dado da coletividade. Neste modelo a individualidade fica comprometida, como também a autorrealização. O mais importante é a homogeneidade. Aqui o que conta são os horários, a mesma voz, a observância das regras. Sempre se fez assim... Aqui entram o formalismo, importância excessiva para cada norma; o conformismo geral; a hipocrisia; a falta de espontaneidade e desenvoltura nos relacionamentos; as atitudes de agrado para com os superiores; a sufocação da própria individualidade; a ausência de liberdade e consciência individual. Na espiritualidade o costume é propor vida de santos como modelo repetitivo para serem copiados. Neste modelo prevalece o conformismo. Segundo Cencini (2007, p. 48): "O conformismo é um vírus, não é uma virtude".

Um terceiro modelo é o da autorrealização. Este vem posterior ao Concílio Vaticano II. Este modelo parece desbloquear a formação de uma ideia estática, imprimindo certo dinamismo. O que se valoriza neste modelo é a lógica do eu-autor-de-si, dos próprios cuidados e sucessos, para chegar à autoestima e realização construída com as próprias mãos. Neste modelo prevalece o eu muito preocupado com seus dotes, qualidades, talentos e com a autoestima, e o que prevalece é a autorrealização, ficando ofuscada a abertura ao Espírito de Deus. Neste caso, a autorrealização se torna a coisa mais importante e o aspecto mais relevante da própria identidade. Segundo Cencini (2007, p. 63): "O modelo da autorrealização, muitas vezes, tem poder de distorcer a percepção do futuro e criar expectativas irreais, nas quais, obviamente, não haverá lugar para os insucessos ou para um resultado, naquilo que se faz, um pouco abaixo do empenho colocado para fazê-la". Este modelo não educa para os próprios limites. Ela terá uma tendência a identificar-se aos "gostos do público", enquanto a imagem se torna cada vez mais fonte de identidade e verdadeira regra de vida. Este é o modelo mais buscado hoje, embora contrarie o princípio evangélico: "eu vim para servir e não para ser servido".

Quarto modelo, o da autoaceitação. Este modelo vem também após o Concílio Vaticano II. Neste modelo entra o reconhecimento das próprias inconsistências, os fechamentos à ação do Espírito de Deus. Segundo Cencini (2007, p. 74-75): "É óbvio que, quanto mais precisa for a identificação das próprias fragilidades, mas eficaz poderá ser, posteriormente, o trabalho de purificação e conversão". Tal reconhecimento parece ficar mais no nível do subjetivismo e ser insuficiente para proporcionar um crescimento na pessoa. O risco deste modelo é o assentimento tácito e prático à própria negatividade, como uma autoabsolvição cada vez mais pacífica e tranquila, na qual a pessoa pode cair na justificação da própria situação. Esse modelo pode levar, também, ao relativismo, à indiferença ética, a criar indivíduos medíocres, isto é, indivíduos que não entram em crise, o indivíduo fica numa passividade de contentamento daquilo que se é. A aceitação só é positiva quando possibilita a abertura para Deus e para o outro, o crescimento como pessoa.

O quinto modelo é o da não integração ou modelo único. Neste, privilegia-se uma única dimensão da formação. Segundo Cencini (2007, p. 89): "o aspecto privilegiado determinará um atenção formativa exclusiva, isto é, voltada somente para o aspecto correspondente da personalidade e do psiquismo humano, excluindo ou menosprezando, na prática, os outros aspectos". Na prática, com esse sistema pode correr-se o risco de valorizar, exclusivamente, por exemplo, o "cuidado" pela liturgia. Se se elege um único modelo, corre-se o risco de premiar somente aqueles que correspondem apenas a esse modelo. E isto traz o empobrecimento do grupo. Temos alguns modelos clássicos de modelo único, como espiritualismo, pietismo, moralismo, liturgismo, intelectualismo, psicologismo, experiencialismo e subjetivismo.

O modelo proposto para o novo presbítero católico estruturar sua identidade e espiritualidade é o da integração. No modelo da integração é preciso tomar consciência da dimensão antropológica.

Ninguém nasce perfeito, somos santos e pecadores. São Paulo fala de "espinhos na carne", de "gloriar-se das próprias fraquezas" (2Cor 12,10). Gloriar-se das próprias fraquezas é o ponto máximo de um processso de integração da mesma fraqueza. É necessário colocar algo que esteja no centro da vida. Para o novo presbítero católico deve ser Cristo. Cristo deve ser fonte de sentido e centro de atração. Fonte de sentido para a história passada, presente e futura; centro de atração em torno do qual ele deve unificar as forças vivas da afetividade, da capacidade de relação e alteridade, da sexualidade, da fecundidade humana. Tanto a fonte de sentido quanto a atraçao devem proporcionar unidade ao movimento de crescimento dele, como também força e amparo psíquico para que ele possar escolher e projetar responsavelmente sua própria vida. Dentro de cada ser humano existem ambivalências, é preciso encontrar um centro, algo primário que fornecerá a matéria-prima para a organização e reorganização de toda vida presbiteral. É neste centro que está a verdade do novo presbítero, sua identidade, aquilo que ele é e chamado a ser, como diz Cencini (2007, p. 146): "o que é ponto de referência da identidade".

O modo integração tem também seus limites, pois num mundo globalizado, plural e democrático, muitas vezes contraditório, faltam formadores com uma visão global; faltam também referenciais seguros para fazer a integração e abertura para acolher o novo.

Mesmo percebendo os limites do modelo da integração a Pastoral Presbiteral deveria investir nesse modelo. A integração da identidade e espiritualidade do novo presbítero católico deve ser um processo constante e permanente. Ele está num mundo muito dinâmico e que evolui numa velocidade muito grande. Tudo isso afeta sua identidade e espiritualiade, trazendo-lhes desencontros e choques com os valores do passado. Falar de identidade e espiritualidade presbiteral de integração é falar de um processo permanente de fazer e refazer a vida, a identidade e a espiritualidade presbiteral, algo necessário para poder estar por inteiro no mundo atual.

Conclusão

O novo presbítero católico vive em uma sociedade marcada por imensos desafios, um mundo que está em constante transformação. Sobre ele pesa uma grande expectativa de encontrar no novo presbítero católico segurança nos valores da fé.

A Pastoral Presbiteral quer ser um lugar e um espaço de cuidado dos novos presbíteros católicos, possibilitando-os ser capazes de se colocar como ponte entre o passado e o futuro, entre a tradição e os valores do mundo moderno, entre a tradição e o terror das transformações, favorecendo o clima de partilha, de união e fraternidade deles entre si e com o bispo. A Pastoral Presbiteral se apresenta assim como um sinal dos tempos, sendo um convite a sentar-se à mesa juntos, discutir os projetos e repropor um novo modo de seguimento de Jesus Cristo, baseado no amor (Jo 21,1-23).

A Pastoral Presbiteral quer despertar nos novos presbíteros católicos e nos bispos que ambos devem saber "perder tempo", sentando-se à mesa, dialogando, partilhando, sendo amigos. Muitos presbíteros católicos e bispos vivem uma pressa excessiva e têm conduzido suas vidas com pressa excessivas, carregando consigo descuido e desatenções insuportáveis. É preciso reverter este quadro. Penso que a Pastoral Presbiteral se apresenta com capacidade para contribuir, nesta questão, favorecendo uma melhor qualidade de cuidado do novo presbítero católico.

Conclusão

De uns tempos para cá temos visto, com mais frequência, expressões e pensamentos de presbíteros católicos, senão de uma boa parte deles, querendo ser presbíteros católicos de uma Igreja que não é a Igreja Povo de Deus proclamada pelo Concílio Vaticano II. Isto é preocupante, porque a identidade e a espiritualidade do novo presbítero católico não é algo que possa ser desligada da mística do Concílio Vaticano II, sobretudo de uma Igreja Povo de Deus, Igreja toda ministerial. Caso aconteça esse desligamento, corre-se o risco de ter uma identidade e espiritualidade presbiteral muito abstrata.

Uma identidade e espiritualidade presbiteral centrada somente no modelo de uma Igreja queprivilegia mais a preservação estrutural, o ritualismo, a disciplina, a lei, a visibilidade, o tradicionalismo, tendem a levar os novos presbíteros católicos a uma fidelidade à lei, à hierarquia, à uniformidade, não havendo novidade do Espírito, pois esta passa a ser temida como causa de "desordem". O modelo de presbítero católico que dai deriva tende a identificar-se com o poder e apegar-se, exacerbadamente a ele, levando o povo a viver uma vida regrada no direito e no dever para com as prescrições canônicas. Tal modelo tende, também, a gerar novos presbíteros católicos de vida tranquila e boa, mas que não se preocupam com as causas dos pobres, tendo uma visão de que ele é perfeito, que a imperfeição está naquele que desobedece ao que foi inspirado e instituído pela Igreja, comportando-se como o centro da vida da comunidade, ou seja, aquele que deve saber tudo e autorizar todas as coisas. Tal presbítero católico acredita que sem ele não existe Eucaristia e que o povo não sabe caminhar sozinho, precisa ser guiado, que ele deve ser temido, pois é o representante de Cristo na comunidade.

Pensar um novo presbítero católico a partir da amplitude da mística do cuidado parece retomar a discussão de que é muito ampla a missão presbiteral, devendo comportar-se quase que como um superpresbítero. Para fugir a isso, fazem-se necessárias mudanças no modo de conceber a identidade e espiritualidade do novo presbítero católico, mudanças da visão de Igreja e da função social desse novo presbítero católico, mudanças no modo de conceber o cuidado do povo de Deus.

Assim, resta perguntar: como organizar o cuidado que o novo presbítero católico deve ter de si e do rebanho do Senhor de forma a evitar o reducionismo da identidade e espiritualidade do novo presbítero católico, mas não fazendo dele também um superpresbítero? Como cuidar da tradição de dois mil anos da caminhada de Igreja, discernindo, à luz do Espírito de Deus, toda esta riqueza para a mística do cuidado do novo presbítero católico? Como, à luz do Espírito de Deus, construir uma nova identidade e espiritualidade presbiteral, fugindo à tentação de centralização do poder, busca de status e de visibilidade, fundamentalismo, tradicionalismo, burocratização, ritualismo, intimismo religioso, fechamento ao social, aos novos sinais dos tempos e as novas necessidades de cuidados? Sobre quais bases o novo presbítero católico deve construir sua identidade e espiritualidade, na mudança de época em que vivemos, em vista a poder cuidar melhor de si mesmo e dos novos sujeitos sociais, com novos valores, comportamentos e necessidades?

Se não tivermos "cuidado" em analisar bem a mística do cuidado presbiteral na modernidade, poderemos cair na tentação de pensar uma identidade e espiritualidade do novo presbítero católico como tendo de ser um superpresbítero, jogando fora toda a história de dois mil anos de caminhada de Igreja Católica. Ser um superpresbítero é um retrocesso na questão de uma eclesiologia de uma Igreja comunhão e participação, de uma Igreja toda ministerial.

Ao pensar um novo presbítero católico, sob o prisma da mística do cuidado, deve-se evitar pensar uma Igreja que não conseguiria sobreviver sem o presbítero católico.

Assumir a vida presbiteral como cuidado implica em deixar ser seduzido e dominado pelo Deus Cuidador, o que significa dizer como o profeta Jeremias 20,7: "Seduziste-me, Senhor, e eu deixei-me seduzir; foste mais forte, tiveste mais poder". É preciso deixar ser seduzido pelo cuidado. O cuidado deve ser mais forte e falar mais alto. Deixar ser seduzido pelo cuidado é deixar ser seduzido por Deus. Aquele presbítero católico que deixa ser seduzido por Deus se torna, necessariamente, cuidador, tendo sempre uma inquietude, agindo de modo responsável para que haja vida e vida em abundância para todos.

Assim, concluímos que o novo presbítero católico deve, acima de tudo, ser aberto ao discernimento do Espírito de Deus, cuidador de si e do rebanho do Senhor, fazendo parte de uma Igreja Povo de Deus, uma Igreja toda ministerial. Sua identidade e espiritualidade está em relação a essa consciência. Fica muito distante ou abstrato querer pensar um novo presbítero católico sem pensar uma Igreja toda ministerial, senão ele teria de ser um superpresbítero católico.

Concluímos também que, na questão da evangelização, não é o número de presbíteros que faz a diferença, mas o comprometimento deles com o cuidado na evangelização. Podemos ter muitos presbíteros católicos, mas se não estiverem comprometidos com o cuidado, se não abraçarem a vida presbiteral a partir da mística do cuidado atento à mudança de época em que vivemos, o resultado poderá ficar muito aquém do satisfatório.

Assim, na mudança de época em que vivemos, sob a mística do cuidado, compete fazer o discernimento, à luz do Espírito de Deus, de toda a tradição de se pensar a identidade e espiritualidade presbiteral, buscando estimular uma identidade e espiritualidade do novo presbítero católico na fidelidade ao Espírito de Deus.

Bibliografia

ANDREOLI, Vittorino. *Padres: viagem entre os homens do sagrado.* Editora Paulus, 2010.

BAKKER, Pe. Nicolau João. "A pastoral em novas perspectivas (II): cosmovisão ecológica e perspectivas pastorais", in *Vida Pastoral*, Julho-Agosto, ano 52, n. 279, 2011.

BAUMAN, Zygmunt. *Modernidade líquida.* Editora Jorge Zahar, 2001.

_____. *Comunidade: a busca por segurança no mundo atual.* Editora Jorge Zahar, 2003.

BENELLI, Sílvio José. *Pescadores de homens.* Editora Unesp, 2005.

BENTO XVI. *Sacramentum Caritatis – Sobre a Eucaristia fonte e ápice da vida e missão da Igreja – Exortação Apostólica.* Edições Paulinas, 2007.

_____. *Verbum Domini – Sobre a palavra de Deus na vida e na missão da Igreja – Exortação apostólica pós-sinodal.* Edições paulinas, 3ª edição, 2010.

BEOZZO, José Oscar (Org.). "Espiritualidade e mística", in *Curso de Verão.* Editora Paulus, 2ª edição, 1997.

BERGER, Peter. *O dossel Sagrado.* Editora Paulus, 1985.

BIANCHI, Enzo. *Presbíteros: Palavra e Liturgia.* Editora Paulus, 2010.

BIRMAN, Joel. "Uma leitura psicanalítica", in MEDEIROS, Kátia Maria Cabral & FERNANDES, Sílvia Regina Alves (Org.). *O Padre no Brasil – interpretações, dilemas e esperanças.* Edições Loyola, 2005.

BOFF, Leonardo. *Saber Cuidar: ética do humano – compaixão pela terra.* Editora Vozes, 6ª edição, 2000.

CARRANZA, Brenda; MARIZ, Cecília & CAMURÇA, Marcelo. *Novas Comunidades Católicas: em busca de espaço pós-moderno.* Editora Idéias & Letras, 2009.

CENCINI, Amedeo. *A árvore da vida: proposta de modelo de formação inicial e permanente.* Editora Paulinas, 2007.

CIAMPA, Antônio da Costa. *A história de Severino e a estória da Severina.* Editora Brasiliense, 7ª reimpressão, 2001.

CONGREGAÇÃO PARA O CLERO. *O presbítero: pastor e guia da comunidade paroquial.* Editora Paulinas, 2003.

Compêndio do Vaticano II. Editora Vozes, 1984.

COZZENS, Donald. *Liberar o celibato.* Edições Loyola, 2008.

COZZENS, Donald B. *A face mutante do sacerdócio.* Edições Loyola, 2001.

CONSELHO EPISCOPAL LATINO-AMERICANO (CELAM). *Documento de Aparecida: Texto conclusivo da V Conferência Geral do Episcopado Latino-Americano e do Caribe.* Editora Paulus, 2007.

FREITAG, Bárbara. *Piaget e a Filosofia.* Editora Unesp, 1991.

FREUD, Sigmund. *O futuro de uma ilusão.* Coleção "Os Pensadores" – volume *Freud.* Tradução de José Otávio de Aguiar Abreu. Abril Cultural, 2ª edição, 1978.

GIAMPIETRO, Nicola. *The Development of Liturgical Reform.* Italian Edition, 2010.

GIDDENS, Anthony. *A vida em uma sociedade pós-tradicional.* Unesp, 2001.

GRAMSCI, Antônio. *Concepção dialética da História.* Editora Civilização brasileira, 1986.

HABERMAS, Jurgen. *Para a reconstrução do Materialismo Histórico*. Tradução de Carlos Nelson Coutinho. Editora Brasiliense, 1983.

_____. *A crise de legitimação no Capitalismo tardio*. Tradução de Vamireh Chacon. Editora Tempo brasileiro, 2ª edição, 2002a.

_____. *Pensamento pós-metafísico*. Tradução de Flávio Beno Siebeneichler. Editora Tempo brasileiro, 2ª edição, 2002b.

_____. *O discurso filosófico da Modernidade*. Editora Martins Fontes, 2002c.

_____. *O futuro da natureza humana*. Tradução de Karina Jannini. Editora Martins Fontes, 2004.

_____. *Diagnóstico do tempo – seis ensaios*. Tradução de Flávio B. Siebeneicler. Editora Tempo brasileiro, 2005.

_____. *Entre Naturalismo e Religião*. Tradução de Flávio B. Siebeneicler. Editora Tempo brasileiro, 2007.

HEIDEGGER, M. *Ser o Tempo*. Editora Vozes, 1998.

HERVIEU-LÉGER, Daniele. *O peregrino e o convertido – A religião em movimento*. Editora Vozes, 2008.

JOÃO PAULO II. *Pastores Dabo Vobis: Exortação Apostólica sobre a Formação Presbiteral*. Editora Vozes, 1992.

JONAS, Hans. *O princípio responsabilidade.* Editora Contraponto, 2006.

JUNG, C. Gustavo. *Psicologia e religião*. Editora Vozes, 1987.

KOVÁCS, Maria Júlia. *Morte e desenvolvimento humano*. Editora Casa do Psicólogo, 1992.

LACAN, Jacques. "As Psicoses", in *O Seminário*, livro 3. Editora Jorge Zahar, 1985.

LE BOM, Gustave. *Psicologia das Multidões*. Editora Martins Fontes, 2008.

LENAERS, Roger. *Outro cristianismo é possível – A fé em linguagem moderna*. Editora Paulus, 3ª edição, 2011.

LIBÂNIO, João Batista. *A identidade e a espiritualidade do Presbítero no processo de mudança de época.* Comissão Nacional dos Presbíteros (Apostila), 2011.

LOBINGER, F. *Faltam padres: uma nova solução.* Editora Santuário, 2004.

_____. *Altar Vazio: as comunidades podem pedir a ordenação de ministros próprios?* Editora Santuário, 2010.

MACKENZIE, John L. *Dicionário Bíblico.* Edições Paulinas, 2ª edição, 1984.

MARX, Karl. *Manuscritos econômicos e filosóficos.* Edições 70, 1989.

MARTINI, Carlos M. *Retiro vocacional para jovens.* Editora Paulinas, 2ª edição, 1987.

MATEOS, Juan & BARRETO, Juan. *O Evangelho de São João.* Editora Paulinas, 1989.

NASINI, Gino. *Um espinho na carne: má conduta e abuso sexual por parte dos clérigos da Igreja Católica do Brasil.* Editora Santuário, 2ª edição, 2001.

OLIVEIRA, Pedro A. Ribeiro. "Uma leitura sociológica", in MEDEIROS, Kátia Maria Cabral & FERNANDES, Sílvia Regina Alves (Org.), *O Padre no Brasil – interpretações, dilemas e esperanças,* Edições Loyola, 2005.

OLIVEIRA, Rita de Cássia da Silva. *Terceira Idade: do repensar dos limites aos sonhos possíveis.* Editora Paulinas, 1999.

PAULA, José Rogério Machado. *Identidade Social do Sacerdote Católico Brasileiro.* Tese de doutoramento. Instituto de Psicologia, Universidade de São Paulo, 2006.

PESSINI, Leo. *Espiritualidade e arte de cuidar.* Editora São Camilo & Paulinas, 2010.

POLTAWSKA, Wanda. *Diário de uma amizade – A família Poltawski e Karol Wojtyla.* Editora Paulus, 2011.

REALE, Giovanni. *Corpo, alma e saúde: conceito de homem de Homero a Platão.* Editora Paulus, 2002.

RODRIGUES, Aroldo; ASSMAR, Eveline Maria Leal & JABOLONSKI, Bernardo. *Psicologia Social.* Editora Vozes, 23ª edição, 2005.

SANTOS, Jésus Benedito. *O Presbítero católico: uma identidade em transformação.* Editora Santuário, 2ª edição, 2010.

_____. *O Presbítero católico: identidade, metamorfose e emancipação.* Tese de doutoramento. PUC-SP, 2009.

SILVA, Antônio Aparecido (Org.). *América Latina: 500 anos de evangelização.* Edições Paulinas, 1990.

TRASFERETTI, José Antônio & ZACARIAS, Ronaldo (Orgs.). *Ser e Cuidar: Da ética do cuidado ao cuidado da ética.* Editora Santuário, 2010.

VALLE, Edênio (Org.). *Padre, você é feliz?.* Edições Loyola, 2004.

Vv.Aa. *Presbíteros do Brasil construindo história.* Editora Paulus, 2001.

VASCONCELOS, Eymard Mourão (Org.). *A espiritualidade no trabalho da saúde.* Editora Hucitec, 2006.

YEPES, Carlos. *Vale a pena ser padre hoje em dia?* Pastoral dos Pastores – CELAN , Coleção autores 36, novembro de 2007.

ZOBOLI, Elma. "Cuidado: no encontro interpessoal, o cultivo da vida", in *Vida Pastoral*, Editora Paulus, ano 52, n. 276, janeiro-fevereiro de 2011.

 A marca FSC® é a garantia de que a madeira utilizada na fabricação do papel deste livro provém de florestas que foram gerenciadas de maneira ambientalmente correta, socialmente justa e economicamente viável.

Este livro foi composto com as famílias tipográficas Arial Narrow, Adobe Garamond e Gill Sans
e impresso em papel offset 75g/m² pela **Gráfica Santuário**.